동시성, 양자역학, 불교: 영혼 만들기

동시성, 양자역학, 불교: 영혼 만들기

2021년 12월 15일 초판 1쇄

지은이 빅터 맨스필드
옮긴이 이세형
펴낸이 김유빈
편집 및 디자인 김유빈
펴낸곳 월정분석심리학연구원/도서출판 달을 긷는 우물

등록 2021년 02월 16일 제 566-10-01643호
주소 서울시 서초구 강남대로 365 대우도씨에빛 1차 1005호
전화 070-8100-3319
e-mail souyou67@gmail.com
홈페이지 https://blog.naver.com/puitsdelalune

ISBN 979-11-91335-11-8 93180

값 27,000 원

Synchronicity, Science and Soulmaking: Understanding Jungian Synchronicity through Physics, Buddhism, and Philosophy by Victor Mansfield.

Copyright © 1995 by Open Court Publishing Company. All rights reserved.

Korean translation copyright © 2021 by Éditions Puits de la Lune

이 책의 한국어판 저작권은 Open Court Publishing Company와 독점 계약한 도서출판 달을 긷는 우물 에 있습니다. 저작권법에 의하여 한국 내에서 보호를 받는 저작물이므로 무단 전재 및 복제를 금합니다.

동시성, 양자역학, 불교: 영혼 만들기

빅터 맨스필드 지음
이세형 옮김

역자서문

이 책의 저자 빅터 맨스필드는 『동시성, 과학, 영혼 만들기』에서 심리학과 과학과 철학의 세계를 아우르며 동시성을 전체성의 틀에서 이해한 깊은 해석을 우리에게 전해준다. 그는 이런 자신의 여정을 소프라노와 바리톤과 베이스가 만나 아름다운 화음을 만들어내는 음악에 비유한다. 이런 종합의 전통은 이미 융이 임상경험에서 자신의 분석심리학에 양자물리학과 동양사상(주로 『도덕경』과 『주역』)을 접목하여 세 영역에서 얻은 영감으로 써 내려간 동시성에 대한 논문에서 찾아볼 수 있다. 이 책에서 독자는 인간의 마음의 심층 세계에 대한 분석심리학적 이해와 더불어 외부세계에 대한 과학적 관찰과 탐구, 그리고 깊은 종교적 수행과 철학적 사유의 세계에서 동시성이 어떻게 이해되고 해석될 수 있는 지를 보여주는 다층적 해석의 층위를 만나는 행운을 경험할 것이다. 거기다가 이 책의 중간 중간에 삽입된 동시성적 사건들의 사례들을 통해 독자들은 자신의 삶 속에서 동시성적 경험을 만나게 될 것이다.

융은 합리적이고 논쟁하기를 좋아했던 어느 여성 내담자와 가졌던 임상 실제를 소개하면서 동시성에 대한 예를 제시한다. 어느 날 이 여인이 황금색 풍뎅이를 받는 자신의 꿈을 융에게 말했다. 그녀가 그 꿈을 말하는 동안 융은 창문을 톡톡 두드리는 소리를 들었다. 그 순간 융은 창문을 열고 그 풍뎅이를 잡아 "여기 당신의 풍뎅이가 있어요"라고 말하면서 여인에게 건네주었다. 융은 이 경험이 그녀의 합리주의 안에 있었던 욕망의 구멍을 뻥 뚫어 주었고, 그녀의 지성적인 저항의 얼음을 깨부수었다고 회상하였다. 그녀의 꿈에 풍뎅이가 나타났고, 풍뎅이가 상담실 창에 나타났다. 그리고 융의 권위 있는 행동이 더해져 새로운 사건이 되었다. 이 일이 있은 후 그녀의 이분법적 합리성은 줄어들었고, 정신적 변환의 과정이 시작되었다. 이 사건은 꿈에 등장한 풍뎅이의 원형적인 이미지를 말하는 순간 창문을 두드리던 풍뎅이와 합치 되었고, 그 때 융이 풍뎅이를 들어오도록 함으로써, 여인은 신비로운 체험을 하게 된 동시성적 사건이었다.

맨스필드는 분석심리학에서 만난 동시성 개념을 현대 철학의 비인과론과 물리학의 탈지역성, 그리고 양자물리학과 중도불교의 상호 의존성의 빛에서 풀어간다. '이것이냐 저것이냐'라는 이분법적 구조로는 사건으로서의 실재를 설명할 수 없다. 원형들은 물질과 정신의 양극 모두에 참여한다. 빛은 입자와 파동을 함께 말해야 설명이 가능하다. 종교적인 명상은 원리와 수행은 상호 보완적으로 함께 있어야 한다.

동시성적 사건은 전체적인 틀을 요한다. 해방철학의 아폴로적인 상승과 심층심리학의 디오니소스적인 열정을 함께 요청한다. 분리는 비분리를 필요로 한다. 심층심리학이 우리 자신과 세계 사이의 비분리성을 말하고 있다면 물리학은 물질의 광범위한 분리 요소들 사이의 비분리성을 말하고 있다. 동시성은 인과적이지 않으면서 분리되지 않은 관계 속에서 경험된다.

동시성이 전체적인 틀을 필요로 한다는 말은 동시성의 뿌리가 하나인 세계(*Unus Mundus*)라고 보았던 융의 시각과 통한다. 맨스필드에 의하면 동시성은 단순한 동시 발생적 사건이 아니고, 인과론의 지배를 받는 것도 아니며, 어떤 한정된 장소를 차지하는 지역성도 아니다. 동시성의 뿌리는 하나인 세계다. 여기서 말하는 하나인 세계는 과거로 회귀하여 근원에서 하나라든지 미래로 확장하여 목적에서 하나라는 개념이 아니다. 그렇게 회귀나 확장에 기인한 하나인 세계는 인과론에 기초한 것이다.

　인과론이란 원인이 있어서 결과가 온 것이고, 어제가 있어 오늘이 있으며, 그것이 있어서 이것이 있는 것으로 시공의 지배를 받는다. 그러나 융의 동시성은 인과적 연결이 아니고 비인과적 연결이다. 동시성은 '아하!'의 경험으로 그 순간 그 자리에서 일어나는 의미 창출의 사건이지만 시간과 공간의 특정 영역에 한정되지 않고 인과적 연결보다는 의미를 통한 비인과적 연결, 지역적 연결보다는 탈지역적 연결을 갖는다. 또한 주관적 세계와 객관적 세계 사이의 의미 있는 연결들을 드러냄으로써 내면세계와 외부세계의 드러나지 않은 연합을 제시한다.

　맨스필드는 동시성을 설명하는데 긍정의 방법이 아닌 부정의 방법을 사용한다. 그 이유는 우리가 양자역학이나 불확정성의 실재 이론이 시대적 사유 방식이 된 현대를 살아가고 있지만, 여전히 우리의 사유는 근대의 인과론적인 사유 방식에 기초하고 있고, 현존하는 존재자들이 독립적인 존재라고 믿기 때문이다. 실로 우리의 사유는 여전히 근대의 인과론에 기초하고 있고 존재자들이 독립적인 존재라는 사고에 묶여 있다. 이처럼 뿌리 깊은 근대의 인과론을 넘어서서 동시성을 설명해야 하기 때문에 맨스필드는 부정의 방식을 사용한다.

　맨스필드에 의하면 동시성은 초자연적인 것이 아니다. 동시성은 주관적인 것만도 아니다. 동시성은 마술이 아니다. 동시성은 자아의 산물이 아니다. 자아가 의미의 근원이 아니다. 원형이나 무의식이 동시성 경험의 원인이 아니다. 그렇다면 동시성이란 무엇인가? 동시성이란 의미를 통한 내적 사건과 외적 사건의 비인과적 연결이다. 동시성은 개성화의 표현이며, 영혼 만들기의 표현이다. 어떤 고차원적 목표가 자기의 표현 안에서 작동하는 그 무엇이다.

　따라서 동시성은 객관적인 사건이나 일련의 외적 사건들이 어떤 주관적인 심리적 상태(꿈, 환상, 감정)와 의미 있게 관계하는 특징을 갖는다. 그렇지만 외적 사건과 주관적인 내적 상태 사이의 인과론적 연결이 결핍되어 있다. 의미를 통해 비인과적으로 관계하며, 더 높은 것이 낮은 것의 원인이 되고, 원형이나 집단무의식이 경험적 사건들을 야기시킨다고 보는 수직적 인과론과 어제가 오늘의 원인이고 오늘이 내일의 원인이라는 수평적 인과론 모두를 넘어선다. 동시성적 사건은 동시적으로 발생하지만 인과론과 지역성의 지배를 받지 않는다. 전체로서 자기의 계시이고 의미의 창출이기 때문이다. 동시성은 거기와 여기에, 객관과 주관에, 무의식과 의식에 동시성적으로 발생하지만 이 발생은 서로 간의 인과론적인 관계가 아니고 비인과론적인 관계를 통해 의미가 창출되는 사건이다.

그러므로 동시성이란 말은 개성화를 통해 가장 잘 이해되며 무의식의 특정한 의미, 무의식의 특정한 보상의 작용을 표현하는 비인과적으로 연결된 사건에서 경험된다. 동시성적 경험들은 내면세계와 외부세계 모두에서 자기의 계시들이며, 개인을 변환시키고자 하는 의미의 계시들이다. 달리 말하면 외적으로 내적으로 전개되는 동시성의 근본 의미는 무의식적 보상이며 개성화 과정이고, 활동 중인 영혼 만들기이다. 때문에 동시성은 융의 종교심리학을 단순한 심리적 현상들로 처리한 심리주의로부터 구해낸다.

동시성을 천에 비유한다면 의미, 시공 초월, 탈지역성, 비인과론, 정신과 물질의 실들이 연합하여 엮어져 있다고 할 수 있다. 이 점에서 동시성에 대한 이해는 정신과 물질의 분리를 치유하는 길을 제시하고 무의식적 보상을 깊이 내면화하게 한다. 따라서 동시성적 사건은 폰 프란츠의 말대로 우주적 또는 더 큰 의미가 개인에게 점차 의식되는 순간을 구성한다. 이는 기반이 흔들리는 경험이고, 어떤 은총이 동반되는 느낌을 받는 경험이다. 빅터 맨스필드는 심리학, 물리학, 철학의 여러 실들을 꼬아 만든 굵은 철제 밧줄로 동시성적 사건을 깊이 이해할 수 있게 하였다.

이제 독자들은 동시성을 주제로 맨스필드가 만들어낸 아름다운 화음을 들을 수 있게 되었다. 삶의 다양한 영역에서 전해주는 맨스필드의 동시성 이야기는 이 책을 읽는 모든 분들에게 새로운 영혼의 탄생을 선물할 것이며, 무의식적 보상을 통해 멋진 개성화 과정으로 향하도록 의미 있는 시간을 만들어줄 것이다.

마지막으로 이 책의 출판에 도움을 주신 분들게 감사를 전하고 싶다. 먼저는 책을 소개해주고 번역을 격려해준 김성민 교수님께 감사한다. 진솔한 자세로 묵묵히 분석가의 길을 가는 그의 여정이 귀감이다. 색인작업과 책의 출판 과정을 꼼꼼하게 챙겨주신 김유빈 선생님께 감사를 드린다. 박사과정 세미나 시간에 영어로 된 원서를 강독하며 함께 했던 학생들과 초고 번역을 읽어준 박방초, 최혜정, 김혜연, 황정연 님에게 고마움을 전한다. 책을 번역하는 동안 내내 존재가 가득해지는 그윽한 행복감을 경험했다. 이것으로 역자는 충분한 무의식의 보상을 받았다.

2021년 8월 봉담 서재에서
이세형

차례

역자 서문 ····· 5
그림(혹은 인물사진)과 삽화 목록 ····· 12
감사의 글 ····· 15

1. 서론 ····· 18
2. 개성화: 무의식적 보상 ····· 37
3. 동시성: 의미를 통한 비인과적 연결 ····· 53
4. 동시성: 예들과 분석 ····· 78
   물리학에 이르는 다리 ····· 97
5. 중세에서 근대의 세계관에 이르기까지 ····· 102
   동시성적 막간 1: 인정과 자기 ····· 129
   동시성적 막간 2: 공동체 음미하기 ····· 131
6. 자연 안에 있는 인과론과 비인과론 ····· 134
   동시성적 막간 3: 자기의 무소부재성 ····· 152
7. 시간과 공간의 탄성 ····· 156
   동시성적 막간 4: 꿈의 결혼식 ····· 167
8. 참여 양자 우주 ····· 173
   동시성적 막간 5: 내면의 소리 신뢰하기를 배우기 ····· 189
9. 자연 안에 있는 탈지역성 ····· 196
   동시성적 막간 6: 현자의 돌 ····· 218
   철학에 이르는 다리: ····· 223
10. 중도불교의 구조 ····· 226
    동시성적 막간 7: 영성적 삶에서 여성성을 음미하기 ····· 251

11. 중도 공(空)의 적용들 ····· 260
　　동시성적 막간 8: 독서 초대장 ····· 278
12. 심리학적 입장: 덕과 악 ····· 287
　　동시성적 막간 9: 더 높은 자기를 경험하기 ····· 312
13. 동시성을 위한 철학적 모델 ····· 318
　　동시성적 막간 10: 교훈 적용하기 ····· 350
14. 조화를 이루고 불화를 드러내기 ····· 355
　　동시성적 막간 11: 균형 잡는 것을 배우기 ····· 376
15. 동시성과 개성화 ····· 381

부록 ····· 403
주석 ····· 408
참고문헌 ····· 424
찾아보기 ····· 431

그림(혹은 인물사진)과 삽화 목록

1. 신성한 파이프를 가진 블랙 엘크
2. 팽이를 돌리고 있는 볼프강 파울리와 닐스 보어
3. 콜게이트 대학이 찍은 은하
4. 비크의 친한 친구
5. 마리-루이제 폰 프란츠
6. 칼 구스타프 융
7. 초능력의 상징들
8. 초자연적 현상들과 동시성
9. 초자연적 현상들과 동시성의 재분류
10. 딸에게 끼워준 진주 반지
11. "췌(萃)"괘
12. 아버지와 아들
13. 철학적 물고기
14. 물리학에 이르는 다리
15. 단테의 무덤
16. 단테의 세계관
17. 갈릴레오의 무덤
18. 행성 간 탐사 갈릴레오에서 바라본 지구
19. 산길에서 만난 수사슴
20. 마하바라타의 서기관, 가네쉬 신
21. 볼프강 파울리
22. 닐스 보어
23. 앤서니 다미아니

24. 스페이스타임 샘의 지팡이와 상자

25. 상자에서 보았을 때

26. 코넬 대학교 싱크로톤은 입자를 거의 c(빛의 속도)로 가속시킨다

27. 지팡이에서 보았을 때

28. 스페이스타임 샘의 항해 동반자

29. 결국 보다 깊이 볼 수 있도록 정신을 멀게 하는 에로스

30. 간섭 관측기

31. 부분적으로 위상을 벗어난 파동들

32. 닐스 보어의 문장(紋章)

33. 상호 보완성을 위한 시각적 은유로서의 입방체

34. 가야트리 데비

35. 과달루페에서의 미국인들

36. 탈지역성

37. 티베트 종

38. 총가파

39. 총가파 종 시험

40. 알베르트 아인슈타인

41. 존 벨

42. 해변의 돌

43. 노래하는 돌

44. 철학에 이르는 다리

45. 17세기 중국 붓다

46. 제14대 달라이 라마

47. 아미타불

48. 포광산의 여성들과 함께

49. 허블의 발견

50. 산을 내려오는 일본의 붓다

51. 의문의 사무실

52. 에살렌 연구소 인근의 빅 수르

53. 아니엘라 야페

54. 융

55. 융의 우주론

56. 라마나 마하르시

57. 인간이 생각해낸 트리케라톱스

58. 어윈 슈뢰딩거

59. 초기 비행기 — 화가가 그린 세부도

60. 우로보로스

61. 폴 브런튼

62. 세계 제2차 대전 폭탄 투하 조종사

63. 앤서니 다미아니

64. "새로운 명상 기법"

65. 히로시마 원폭

66. 달라이 라마

감사의 글

이 책을 쓰면서 가장 큰 즐거움 중 하나는 내게 많은 도움과 격려를 준 이들에게 공개적으로 감사할 기회를 갖는 것이다. 심리학, 물리학, 철학에서 상호 의존성의 중요성에 대한 논의가 이 책을 채우고 있지만, 그것을 쓰는 것은 나에게 그 위대한 원리의 진실에 대해 값진 개인적 경험을 하게 하였다. 도움을 준 이들에 대한 나의 의존과 그들의 너그러움의 깊이는 나의 타고난 외로운 늑대 성향을 극복하는데 도움을 주었고, 학문적이고, 심리학적이며, 영적인 우정에 대한 고마움을 더 깊게 하였다. 수년에 걸쳐서 나는 양자물리학의 비분리성의 미묘함과 현대 분석철학의 엄격함에서부터 심층심리학의 힘과 신비 철학의 숭고한 신비에 이르기까지 모든 것을 이해하는 데 도움을 받았다.

특히 융 분석가이자 작가이며 친애하는 친구인 마빈 슈피겔만 박사(Dr. Marvin Spiegelman)에게 감사드린다. 슈피겔만 박사는 이 책에 나오는 여러 문제들에 대한 나의 관심을 촉발시켰고 이 책의 초고에 대해 여러 유용한 의견을 제시해주었으며 내내 많은 격려를 해주었다. 진리 추구의 친구인 코넬대 아시아학과의 존 맥래 교수(Professor John McRae)도 이 책의 초고를 꼼꼼히 읽고 논평함으로써 많은 도움과 격려를 주었다. 또한 워싱턴 가르멜 회 소속인 로버트 스테파노티 신부(Rev. Robert Stefanotti), 버몬트 대학의 천문학 교수 조엔나 랭킨 박사(Dr. Joanna Rankin), 그리고 NASA 아미스 연구 센터에서 일하는 소중하고도 오랜 친구 데이비드 홀렌바흐 박사(Dr. David Hollenbach)가 이 책의 초고에 유용한 의견을 주었다. 이 일들에 감사를 드린다. 또한 건강이 좋지 않았지만, 원고를 전부 읽고 격려를 해주었던 마리 루이제 폰 프란츠 박사(Dr. Marie-Lousie von Franz)에게 특별한 감사를 표한다.

초기 원고 제출부터 최종 책이 출판되어 나오기까지 오픈 코트 출판사(Open Court Publishing)와 함께 일하는 것은 큰 즐거움이었다. 케리 마머(Kerri Mommer)는 모든 단계에서 도움을 주었고, 특히 꼼꼼하게 편집을 해 주었다. 이 점에 깊은 감사를 표한다. 아울러 오픈 코트 출판사의 독자란에 세심한 독서와 함께 유익한 댓글을 남겨준 세분의 익명의 독자분들께 특별히 감사드린다.

지난 20년간 일반 교육 프로그램에서 여러 과목을 가르칠 수 있는 기회를 준 콜게이트 대학교에 감사한다. 이 과정들에서 나는 내 전문 분야인 물리학과 천문학 밖의 영역에서 통용되는 여러 관념들을 공유할 수 있었다. 특별히 콜게이트 대학교의 연구 위원회는 수년간 이 책과 이전에 실행된 나의 여러 연구를 위해 관대한 재정적 지원을 아끼지 않았다. 내 강의를 들은 콜게이트 학생들은 특별한 찬사를 받을 자격이 있다. 학생들의 성실함과 끈기는 종종 이 어려운 관념들을 더 명확하게 이해하도록 몰아갔고 표현하는 능력이 향상되도록 해주었다. 또한 코넬 대학교 천문학과, 특히 학과장인 예반트 터지안 교수(Professor Yervant Terzian)께 이 책을 집필하는 지난 몇 년 동안 여름을 지낼 수 있도록 환대를 베풀어준 것에 대해 감사드린다.

이 책의 원고를 읽고, 논평해 주었을 뿐 아니라 생각의 발전을 돕는 편지를 주고받았던 프리초프 카프라 박사(Dr. Fritjof Capra)에게 감사한다. 특별히 샌프란시스코에 있는 뉴 디멘션 라디오의 마이클 토른스(Michael Torns)에게 감사한다. 그의 지지와 격려, 그리고 그 동안의 여러 단계에서 가치 있는 제안들이 큰 도움이 되었다.

위즈덤스 골든로드 철학연구센터(Wisdom's Goldrod Center for Philosophic Studies) 회원들의 우정과 지적 자극, 그리고 영적 공동체를 형성해 주었던 것에 대해 감사의 말씀을 드리게 되어 매우 기쁘다. 수년간, 특히 1993년 여름, 나는 위즈덤스 골든로드에서 열린 세미나에서 이 책에 나오는 많은 관념들을 공유할 수 있는 특권을 누렸다. 그 세미나 참가자들의 의견, 제안, 격려 등은 내가 이 책의 관념에 대한 이해와 표현을 명확히 하는 데 큰 도움이 되었다. 특히 이 책의 초고에 대한 조나단 백(Jonathan Back)과 샘 코헨(Sam Cohen)이 주었던 광범위한 논평에 감사드린다. 랜디 캐시(Randy Cash)는 이 책을 준비하는 과정에서 세심한 독서와 폭넓은 논평, 그리고 많은 유용한 제안들에 대해 특별한 감사를 받을 자격이 있다. 자신들의 동시성 경험에 대해 서면으로 글을 보내준 분들께 특히 감사드린다. 이런 경험을 되새기고 글로 쓰는 것은 항상 의미심장하면서도 때로는 힘들고 고통스러웠다.

나의 지적 동반자이자 연인이며 가장 친한 친구인 배우자 일레인(Elaine)에게 오랜 세월 동안 도움, 영감, 격려, 그리고 세부적인 제안들을 해 준 것에 대해 특별히 감사할 가치가 있다. 그녀는 내 책이 나올 때마다 책의 초고를 읽고 논평했으며, 내내 수많은 도움이 되는 제안들을 했다. 그녀의 제안은 내 글을 인간화하는 데 크게 기여했다. 그녀가 없었다면 나는 내 전공에서 이만큼 멀리 방황하는 것은 고사하고 박사학위를 끝내지도 못했을 것이다.

나는 폴 브런튼(Paul Brunton)에게 영적인 영감을 주고 과학과 신비철학을 연관짓는 일반적인 문제를 제시해 준 것에 깊은 감사를 표한다. 마지막으로, 위즈덤스 골든로드의 창시자인 앤서니 다미아니(Anthony Damiani)에게 깊은 감사를 표한다. 그의 지혜, 연민, 그리고 폭 넓은 비전은 철학과 심리학의 지적 이해에 대한 우리의 관심을 자극하고 위대한 진리의 내적 실현을 추구하도록 영감을 주었다. 그는 이 모든 것을 전통에 얽매이지 않고 정신적 독립을 간직하면서 추구하도록 영감을 주었다.

제1장
서론

이 논문을 쓰면서 나는 수년 동안 용기를 내지 못했던 일을 완수하고 이제야 약속을 지킬 수 있게 되었다. 문제의 어려움과 그 문제를 내놓는 것이 너무 크게 보였기 때문이다. 이 문제를 다루지 않으면 이런 주제가 다루어질 수 없을 것 같은 지적 책임감도 느꼈다. 하지만 나의 과학적 실력이 너무 부족한 것처럼 느껴졌다. 그럼에도 나의 주저함을 넘어서 다루려는 내가 주제를 넘보게 된 것은 동시성 현상에 대한 나의 경험들이 지난 수십 년에 걸쳐 크게 축적되었기 때문이다.

- C. G. 융[1]

1992년 가을 학기 1년 차 글쓰기 세미나를 수강하는 학생들에게 개인적인 문제들을 나누라고 하지 않았음에도 불구하고, 한 학생이 다음과 같은 꿈을 소개하면서 자신의 글을 시작하였다.

> 오렌지색으로 물든 구름이 달을 가려서 희끄무레하게 달빛이 비치고, 짙은 안개가 드리워 초행길이 잘 보이지 않는다. 사촌인 칼과 나는 필사적으로 도망치고 있다. 나는 지진으로 산산이 부서진 파편들이 흩어져 있는 도로 위를 쿵쿵 거리며 뛰어 가는 발자국 소리를 듣는다. 다른 발자국 소리가 쾅쾅 거리며 바짝 추격하고 있다. 어둠을 틈타 칼은 바로 앞에 나타난 골목길로 숨고는 뒤쫓던 나를 거기로 잡아당긴다. 붕괴되고 있는 창고의 벽에 등을 댄 채 골목 입구에서 겨우 몇 피트 떨어진 거리에서 우리는 어둠의 하늘로 녹아 들어간다. 칼은 안심시키려는 듯 내 손을 꽉 잡았고 흩어진 쓰레기 더미에서 무릎을 꿇어 몸을 낮추도록 부드럽게 안

내한다. 그러자 우리를 추격하던 사람은 우리가 숨은 곳을 지나쳐 달려 간다. 가까스로 숨을 쉬면서, 귀기울여 멀어져 가는 발자국 소리를 듣는 다. 나는 웃음을 머금고, 잠시 우리가 안전하다고 느낀다. "칼" 하면서 그를 보는 순간 내 손에 감각이 없다. 내 손을 꽉 잡았던 그가 사라진 것이 다. 골목 맞은편에 병 하나가 옆으로 돌려져 있다. 나는 소리가 나는 쪽으로 머리를 돌린다. 공포에 싸여 모퉁이가 돌아가는 곳에 사촌의 그림자를 본다. 나는 그를 향해 달려가 왜 떠나려고 하는지 물으며 떠나지 말라고 하면서 내 손에 그의 힘을 다시 느끼고자 한다. 나는 그를 잡을 수가 없다. 사촌이 모퉁이를 도는 순간 어둠이 내 쪽으로 확 밀려온다. 두려움에 떨면서 새벽 12:32분에 잠에서 깬다.

다음 날 아침 일찍 아버지가 내 침실 문을 노크하셨다. 지난 밤 꿈 때문에 지쳐 게슴츠레해진 눈으로 아버지가 이렇게 이른 아침 무엇을 원하시는지 보려고 눈을 돌리고 있었다. 아버지는 우울한 얼굴을 하고 계셨고 그의 눈은 충혈되어 있었고 충격에 놀란 눈을 하고 있었다. 아버지는 어렵게 말을 이어갔다. "네 사촌 칼이 어제 밤 자살을 하였다는구나."

나는 아버지가 말을 맺기도 전에 물었다. "몇 시에요?" 내 첫 반응을 의아해 하면서 대답해주셨다. "오늘 새벽 12:30분쯤이라고 하더구나."

대학생 글쓰기 세미나 첫 학기 학점을 학생들에게 부여하는 중에 이 이야기를 발견하고는 내가 얼마나 놀라고 고통스러워했는지 당신은 상상할 수 없을 것이다. 그녀의 경험에서 내면의 심리적 상태(꿈)와 객관적인 외적 사건(자살)은 서로 아무런 인과적 관계없이 의미 있는 상관관계를 가지고 있다. 융과 마찬가지로 나도 전통적인 의미에서 하나의 잘 정의된 사물의 원인이 에너지나 정보의 교환을 통해 또 다른 잘 정의된 사물 안에 어떤 변화를 만들어 내거나 그 변화를 가져온다고 생각한다. 예를 들면, 강풍은 사과나무를 쓰러지게 하고, 어떤 소식은 나를 매우 슬프게 하며, 불안은 나로 하여금 그의 이름을 망각하게 한다. 분명 그 꿈과 자살은 의미 있게 연결되어 있다. 그러나 그 꿈이 자살의 원인이 아니고, 또 그녀의 꿈이 자살을 만들어낸 것도 아니다. 융은 이처럼 외적인 사건과 내적인 사건들 사이에 의미는 있지만 인과율을 뛰어넘어 관계하는 상관관계를 동시성적이라고 부른다.

나는 나의 인생과 다른 사람들의 인생에서 너무 많은 동시성적 경험들을 만났기 때문에 이것들을 간과할 수 없다. 오히려 이처럼 놀라운 공통의 경험들은 우리의 세계관을 향해 엄청난 심리학적이며 철학적인 도전을 준다. 특히 과학적 물질주의에 기반을 둔 문화에서 훈련받은 물리학도인 나에게 이 경험들은 고민할 수밖에 없는 것들이다. 과학적 유물론의 세계관에서 보면 모든 주체와 객체, 모든 인격과 사물은 궁극적으로 물리학의 법칙에 따라 춤추는 기초 분자들인 물질의 복합체(a complex of matter)로 환원될 수 있다. 유물론 내에서 이런 경험이 그 젊은 여성에게 어떤 의미나 목적이 있음을 어떻게 발견할 수 있을까? 이 질문이 유물론적 세계관 속에서 타당하기나 한 것인가? 그 학생에게 이 경험은 심리적 의미로 가득하다. 이 의미를 명료하게 하는 것 만으로도 그 학생에게는 수십 년이 걸릴지 모른다. 철학적 측면에서 보면, 이 잊을 수 없는 동시성 경험들은 나로 하여금 내적 심리적 상태들과 이에 상관되는 외적 사건들의 관계에 대한 질문을 하게 하였다. 나는 물질주의라는 학문적 유산에 고집스럽게 집착하고 있었는데, 이 동시성적 경험들은 엄청난 문제를 드러내고 있었다. 모든 철학적 여로에서 동시성적 경험들은 어쩔 수 없이 다음과 같은 물음을 내게 묻게 하였다. 정신과 물질의 관계는 무엇인가? 또는 내적인 경험들과 외적인 경험들 사이의 관계는 무엇인가? 인과율만 가지고서 이들 관계의 특성을 충분하게 설명할 수 있을까?

이 책의 도발적인 제목이나 표지의 모양에도 불구하고, 나는 보수적인 사람이다. 그리고 서론을 여는 인용문의 주인인 융과 마찬가지로 나는 주저함과 조심성을 가지고서 도발적인 동시성의 주제에 접근한다. 그러나 나의 동시성적 경험들과 더불어 모호하지만 강력한 힘이 가차 없이 나로 하여금 천체 물리학이라는 이론적인 안전한 전문 분야를 벗어나 심층심리학과 동양 철학에 뛰어들게 하였다. 나는 과학과 다른 관심 영역에서 탁월한 스승들을 만날 수 있는 행운을 누렸다. 그 탁월한 스승들 덕분에 지난 수년에 걸쳐서 나의 다이몬(daïmon)에게 나의 이질적인 관심들을 부분적으로 통합할 수 있는 기회와 공간을 허락할 수 있었다. 나는 앞에 융의 말을 인용한 곳에서 표현된 신중함과 일반 과학 공동체가 드러내는 동일한 성향에 감사한다. 노벨 물리학상을 수상한 바 있는 스티븐 와인버그(Steven Weinberg)는 이런 조심성을 이렇게 반향해주고 있다.

> 이는 종종 물리학에서 지녀야 하는 방식이다. 우리가 실수하는 것은 우리의 이론들을 너무 진지하게 대한다는 점이 아니라 충분히 진지하게 대하지 않는다는 점에 있다. 우리의 실험실 책상에서 다루는 숫자들과 등식들이 실재 세계와 관계가 있다는 것을 깨닫는 것은 언제나 쉽지 않다. 더 심각한 것은 어떤 현상들이 존중하며 이해하려고 노력해야 하는 이론이자 시험적 주제들인지를 의심케 하는 일반적인 동의가 있는 것처럼 보인다는 것이다.[2]

비록 우리의 생애 동안 동시성적 경험들이 종종 가장 기억될 만하고 의미 있는 사건들이라 할지라도, (와인버그를 포함하여) 과학 공동체 내에 있는 많은 사람들에게 동시성적 경험들이란 "어떤 현상들은 존중하며 노력해야 하는 이론이자 시험적 주제들일까 의심케 하는 일반적인 동의가 있는 것처럼 보인다"는 범주로 전락한다. 나는 동시성적 사건들이 일으키는 여러 어려운 문제들을 회피하는 대신 동시성적 사건들이 개인적인 입장과 과학적인 입장 모두에서 존중을 받을 가치가 있다고 생각한다. 우리가 동시성을 돌보듯이 다룬다면, 와인버그의 몹시 울적한 신념으로 떨어질 것 같지는 않다.

"우주가 더 이해될 수 있는 것으로 보일수록, 우주는 또한 초점을 잃은 것처럼 보인다."[3]

나는 와인버그의 건전한 가르침을 따라서 양자물리학과 심층심리학이라는 과학을 아주 진지하게 받아들여 정통 물리학의 입장과 융 심리학의 표준적 이해로 시작한다. 그러나 이들이 지닌 의미를 나의 몸에 밴 조심성보다는 용기를 가지고 풀어가려고 한다. 물리학과 심리학은 정신과 물질의 전통적 분리를 치유하는 철학적 관점을 발전시키도록 하였다. 이런 입장은 융의 입장과 다르다. 하지만 잘 알려진 동양 전통들 뿐만 아니라 슈뢰딩거(Schrödinger), 에딩턴(Eddington), 진스(Jeans) 같은 탁월한 물리학자들의 입장과는 비슷하다. 이 책은 독자들에게 나의 논의를 따라오기 위해서 물리학이나 철학에 전문적인 배경을 요구하지 않는다.

세계와 우리 자신에 대한 신념체계들을 수정하기

동시성을 담은 의미 있는 세계관을 음미하기 위해서, 우리는 강력하게 고착된 세계에 대한 어떤 신념체계들을 철저히 수정해야 한다. 이 신념체계들은 종종 무의식적이기 때문에, 우리는 세계에 이 신념체계들을 투사한다. 우리는 자신 안에 있는 어떤 특성을 알아차리지 못하고 무의식적으로 또 정서적으로 그것을 다른 사람들이나 사물들에게 돌리는 일반 심층심리학적 의미에서 투사라는 용어를 사용한다. 말하자면, 우리는 그 특성을 실제 가지고 있지 않은 사람들과 사물들에게 어떤 특성이 있다고 무의식적으로 인정하거나 적어도 그들이 그런 특성을 가지고 있다고 믿는다. 이런 투사들은 우리의 시야를 흐리게 하고 어떤 대상에 묶이게 하여 애증 관계에 빠지게 한다. 이처럼 차폐적이고 강요적인 투사들은 우리에게서 합리성, 자유, 자기-인식 등을 빼앗아간다. 사태를 더 어렵게 하는 것은 투사된 내용이 대상에 완전히 거한다는 것을 조금도 의심하지 않게 되는 것이고, 또한 그 투사된 내용이 우리가 통제하지 못하는 현실 너머에 존재하게 된다는 점이다. 물론 차폐적 투사들을 다른 사람들에게서 제거하고 세계가 세계이게 하기 위해서는 심리적 작업이 요구된다. 그러나 타자에 대한 이해를 높이고, 그들의 진정한 본성을 이해하기 위해서는 먼저 사람과 사물에 던졌던 투사를 제거해야 한다. 그러나 이와 반대로 무의식적 상태로 남겨진 모든 투사는 진정한 성격을 숨기고 감정적으로 우리를 가둔다. 가족, 친구, 이웃에게 던졌던 투사를 거두어들이면 이에 상응하여 결코 값싸거나 쉽게 얻을 수 없는 어떤 것, 곧 자기 인식이 증가하게 된다. 마찬가지로, 어렵게 얻은 외부세계에 대한 지식의 증가 또한 세상에 드리웠던 우리의 투사를 거두어들일 것을 요구하고, 이럴 경우 이에 상응하여 우리는 해방을 경험하고 우리의 자기 인식을 확장시킨다.

지난 2-3세기 동안 과학은 세계에 던졌던 은폐시키는 투사들을 제거하는 과정을 가속화시켜왔다. 그러나 이런 지식의 증가는 또한 명백한 상실을 내포하고 있다. 의학의 발달과 더불어 우리의 기대수명은 증가하였다. 하지만 냉전 이후의 시대에서조차 인류는 세계 전체 인구를 수차례나 전멸시킬 수 있는 핵탄두를 가지게 되었다. 눈부신 기술공학의 발전 한가운데서 폭발적인 세계 인구에 의해 촉발된 다양한 생태학적 재앙에 대한 단호한 목소리들이 모든 영역에서 들려오면서 우리를 포위하고 있다.

역설적이게도 최근 객관적 세계에 대한 지식이 증가한 결과, 우리는 방향을 잃었고, 동일한 세계인 우리가 이해하려고 하는 살아 있는 자연으로부터의 소외라는 엄청난 아픔을 경험하고 있다. 달리 말하면, 과학과 기술공학의 진보는 우리에게 새로운 지식과 여러 현실적인 혜택을 가져다주었다. 그러나 이런 진보가 자연과의 살아 있는 관계에서 우리를 잘라내었다. 과학 지식은 보통 물질적 차원 너머의 풍요로운 세계로 우리를 안내하지 않는다. 뿐만 아니라 자연과의 단절과 소외는 우리를 더 깊은 불안으로 몰아간다. 대부분의 현대인들에게 자연은 이제 더 이상 우주적 지성의 예증이 되지 않고 신성을 담고 있지도 않다. 이들에게 자연은 자신들의 만족을 위해서 정복되고 조작되어야 할 어떤 것이다. 지배와 통제가 자연에 대한 존중을 덮어버렸고 자연이 가진 힘을 눌러버렸다. 나는 현대인의 자세와 미국 원주민의 전통적인 입장을 대비함으로써 세계에서 영혼을 거두어들인 결과 우리가 어떻게 소외되었는지를 예증해 보이겠다.

우리는 위대한 성인 오글랄라 수우(Oglala Sioux) 블랙 엘크가 성스러운 파이프를 기술하면서 다음과 같이 말할 때 부러움과 갈망은 있지만 불행하게도 공유된 헌신은 하지 않은 채 감동을 받는다.

그러나 여기 네 개의 영들은 결국은 유일한 하나의 큰 영이다. 그리고 여기 이 독수리 깃털은 아버지처럼 그 큰 영을 위한 것이다. 또한 이 독수리 깃털은 독수리가 날 듯이 높이 올라야 하는 사람들의 사유를 위한 것이다. 하늘이 아버지이고 땅이 어머니 아니냐? 발과 날개와 뿌리를 가진 모든 살아있는 생명체들은 하늘과 땅의 자녀들이 아니냐? 들소가죽으로 만든 파이프의 입을 대는 이 부분은 땅을 위한 것이다. 우리는 땅에서 왔고 어린아이처럼 모든 동물과 새와 나무와 식물과 더불어 모든 살아 있는 것들을 땅의 가슴에서 빨아들인다. 이 파이프가 그 모든 것을 뜻하기 때문에 우리가 이해할 수 있는 것보다 이 파이프는 거룩하다.[4]

대부분의 사람들에게 과학과 일반적인 현대성의 흐름은 물질에 대한 지식과 힘을 크게 증가시켰다. 이들은 자연과 우리 자신으로부터 투사를 없애도록 하였다. 그러나 동시에 이들은 "아버지와 같은 그 큰 영"과 "독수리가 날 듯이 높이 올라야 하는" 우리의 사유를 우리에게서 빼앗아갔다. 물론 유럽인들이 아메리카에 도착하기 이전부터 블랙 엘크 부족과 같이 기술공학 이전의 시대를 살았던 사람들이 견뎌온 고통을 간과하는 것은 감상적인 주장일 수도 있다.

1. 신성한 파이프를 가진 블랙 엘크

그럼에도 불구하고 블랙 엘크와 달리 우리는 신성이 박탈된 세계에 살도록 현대인들을 소외시켰다.

상처에 모욕을 더한다면, 심리적 지식은 투사를 없앰으로써 현대인들을 물질화시켰다고 생각하는 겸손한 만족마저 우리로부터 없애버린다. 융이 종종 말했던 바대로, "우리 모두는 여전히 투사의 늪에 빠져 있다."[5]

동시성에서 배우는 교훈들

그러나 종종 무관심해 보이기도 하고 심지어는 적대적인 것처럼 보이는 파편화되고 비인격적인 세계에서 우리는 때때로 동시성적 경험들을 한다. 이 경험들은 외부세계가 의미 있게 우리의 내적인 심리적 상태와 관계하는 신비한 사건들이다. 예를 들어 융은 다음과 같이 기술한다.

그것은 인격에 한정되지 않듯이 몸에도 한정되지 않는다. 그러므로 그것은 스스로를 인간 존재 안 뿐만 아니라 동시에 동물들의 내면과 심지어 물리적 환경들 안에서 표상한다. … 나는 이런 현상을 원형적 사건들의 동시성이라고 부른다. 예를 들면, 나는 여성 환자와 숲속을 걷고 있다. 그녀는 나에게 그녀의 삶에서 잊지 못할 인상을 주었던 첫 번째 꿈에 대해서 말한다. 그녀는 부모의 집에서 유령같이 생긴 한 마리의 여우가 계단을 내려가는 것을 본 적이 있다고 말한다. 그녀가 이 말을 하는 바로 그때 진짜 여우 한 마리가 40야드 떨어진 나무에서 나와서 아무 말 없이 우리 앞에서 6-7분 동안 조용히 걷고 있다. 그 동물은 인간의 상황에서 마치 동반자가 된 것처럼 행동한다.[6]

어쩌면 그런 경험들은 블랙 엘크에게는 보통 있는 일이었을 것이다. 그러나 우리가 이런 경험들을 한다면 우리는 대부분 놀라워한다. 아래 논의될 여러 예들이 보여주겠지만, 어떤 동시성적 경험들은 더 높은 세계의 실재나 지식을 살짝 보여주는 것처럼 보인다. 때때로 동시성적 경험들은 말하자면 번뜩이는 통찰이나 은총의 수여처럼 신의 현현같이 보일 수도 있다. 안타깝게도 우리는 이런 사건들을 그저 예외적인 우연이나 우연의 산물로 치부할 수 있다. 그러나 융과 다른 사람들에게 동시성적 경험들은 훨씬 자주 발생하였고, 의미가 깊어 단순한 우연의 일치일 수가 없었다. 그러나 위에서 말한 융의 경우에서 내적 경험(여우 꿈이라는)은 결코 외적인 사건(여우가 길에 나타나는)을 만들어내지 않았고, 또 외적 사건이 내적 경험을 만들어내지도 않았다. 학생의 꿈이 자살을 야기하지 않았고, 자살이 꿈을 야기한 것 같지도 않다. 그러나 자살하기 전 사촌 칼의 밀도 있게 집중된 사유는 내 학생으로 하여금 그에 대해서 꿈을 꾸도록 야기하였다고 할 수 있다. 이 가능성이 문제를 복잡하게 한다. 우리가 어떤 형태의 원인적 사유 전이가 일어났다고 말할 수 있다면, 꿈-자살 경험은 비인과적 동시성의 예가 아니다(앞으로 다른 유형의 심리적 경험들과 초능력으로부터 동시성을 자세하게 구분해 볼 것이다). 융은 동시성을 이런 인과적 연결들보다는 **의미를 통한 비인과적 연결**로 이해하였다. 아래 제시된 분석과 예들은 동시성 안에 담긴 의미가 융의 심층심리학의 핵심인 개성화 과정의 표현임을 보여준다. 동시성은 영혼 만들기를 하고 있다.

  치료적 과정에 담긴 엄청난 의미 외에도 동시성은 융에게 아주 큰 이론적 의미를 지닌다. 동시성을 가진 임상적 경험은 융으로 하여금 정신과 물질 모두에게 유형들을 구조화하는 정신양(psychoïd)과 같이 동시성적 사건들의 근간을 이루는 원형들을 이해하도록 하였다. 여기서 융은 정신을 위한 구조적 원리에 관심을 두는 것을 넘어서 외부세계를 위한 구조적 원리에 관심을 두는 것으로 옮겨간다. 그러므로 동시성적 사건들의 기초를 이루는 원형들은 심리학자들과 물리학자들에게 즉각적인 관심을 불러일으켰다. 이때 원형들은 정신의 내면세계와 물질의 외부세계 사이의 교량이 된다. 저명한 물리학자 베르너 하이젠베르크(Werner Heisenberg)는 이 개념에 반향을 주었다. 하이젠베르크의 말이다. "자연의 모든 모양을 형성했던 그 동일한 구성적 힘은 또한 우리 마음의 구조에도 책임이 있다."[7]

동시성적 경험들이 정신과 물질의 연합을 제안하고 있기 때문에, 이것들은 우리가 우리 스스로와 세계에 던졌던 가장 강력한 투사, 곧 정신과 물질이 근본적으로 분리되어 있고 독립되어 있다는 우리의 신념체계를 부수게 한다. 비록 현대성이 감정, 상상, 환희, 갈망이라는 내면세계가 역학 법칙들에 의해서 경도된 비인격적 물질세계와 근본적으로 다르다는 우리의 신념체계를 키워왔음에도 불구하고, 동시성은 **주관적 세계와 객관적 세계 사이의 의미 있는 연결들**을 드러냄으로써 이런 우리의 신념체계를 반박한다. 이제 동시성은 내면세계와 외부세계의 드러나지 않은 연합을 제안하고 있다. 이런 인간과 자연의 시각은 융이 하나인 세계(Unus Mundus)라고 불렀던 것에 뿌리를 두고 있는데, 그렇게 쉽게 이해되거나 경험될 수 있는 것은 아니다. 나는 동시성이 우리로 하여금 정신을 넘어설 것을 요청한다고 주장한다. 말하자면, 우리는 스스로를 유한한 심리적 존재들 이상이라고 생각해야 하는 것이다. 그러나 이처럼 통합된 이해가 파편화된 현대성 안에, 특히 별과 식물과 자연에서 신들을 쫓아내고 백억 개가 넘는 은하수가 있는 상상할 수 없이 광대한 우주 안에 우리를 고독한 방랑자로 남겨둔 현대 과학 안에 어떻게 자리 잡을 수 있을까? 로버트 프로스트는 자신의 시[8] "오늘을 위한 교훈들"에서 다음과 같이 슬픔을 노래하였다.

 우주가 현대인을 병들게 한다.
 우리는 우주와 함께 병이 들었다.
 우주를 생각하자 우리는 한 없이 작아진다.
 지구상에서 가장 작은 잔

멋진 술잔에 기어가는
작은 미생물의 전염병처럼

정신과 물질 사이의 분리를 치유하기 위하여

나는 다음에 이어지는 장에서 "지구상에 가장 작은 잔"(the patina of the least of globes)이 되는 이런 느낌에 적어도 부분적인 해법을 제시했으면 하는 바람이 있다. 나는 심리학적 소프라노, 과학적 바리톤, 철학적 베이스를 합해서 3부 화음을 만듦으로써 영을 쫓아낸 세계에서 소외된 방랑자들로 살아가는 우리 자신의 처량한 모습에 나름대로의 대답을 제시하려고 한다.

첫째, 내가 심리학적 렌즈를 통해 동시성을 탐구할 때는 소프라노가 주도적으로 이끌어간다. 나는 융의 무의식적 보상과 개성화라는 중심 개념들을 개괄하면서 시작한다. 왜냐하면 우리는 그런 맥락에서만 융이 말하는 동시성의 중심축이 되는 의미의 개념을 이해할 수 있기 때문이다. 나는 분석과 예를 제시하며 의미를 통해 비인과적 연결로서 동시성의 개념을 명료화 하고 개성화에서 동시성의 역할을 강조할 것이다. 또한 동시성을 주제로 썼던 이전의 저술과는 달리 유사 심리학을 동시성의 형태로 생각하는 것에 반대할 것이다.

동시성 분석과 그 예들은 우리로 하여금 네 가지 근본적인 주제들을 탐구하게 한다. 곧 **의미**의 본성, 동시성의 **시공** 초월적 차원, **비인과론**의 역할, 그리고 **내면세계와 외부세계의 내포된 연합**이다. 이 네 가지 주제들은 학제 간 연구를 하나로 묶는 강력한 유선들처럼 활동한다. 나의 세 가지 목소리들은 언제나 심리학적, 물리학적, 철학적 멜로디들을 함께 엮어냄으로써 동시성의 통일된 이해를 향한 그들 방식을 구성하면서 이 네 주제들을 다루고 있다. 우리는 이 책 전체를 통해 영혼의 영역에서부터 터져 나오는 맑은 소프라노 목소리를 듣는다. 소프라노 목소리는 이 책 전체에 소개된 신비로운 동시성 경험들에 대한 생생한 이야기들을 14장에 걸쳐서 따뜻함을 담아 노래할 것이다.

둘째, 과학적 바리톤은 이 책의 앞부분에 등장한다. 그러나 과학적 바리톤의 주된 공헌은 이 책의 중간부터 나타난다. 우리는 바리톤의 노래를 들어야 한다. 왜냐하면 동시성이 과학에 의해 조건 지어진 세계관에 강력하게 도전하고 있기 때문이다. 만약 우리가 안과 밖이나 정신과 물질의 통일을 어느 정도 이루어야 한다면, 양자역학에서부터 물질에 대한 전혀 새로운 관점을 배워야 한다. 양자역학의 물질에 대한 관점은 뉴턴 물리학의 성소에 자리한 물리주의와 우리의 성찰 없는 물질에 대한 개념들과는 너무도 다르다. 거기다가 융은 심층심리학과 현대 물리학 사이에 심오한 연관이 존재한다고 생각했다. 이런 이유들 때문에 나는 현대 물리학에 관심을 갖게 되었다.

그러나 동시성의 타당성이나 동시성에 담긴 세계관을 "입증하는"(proving) 물리학에 대해서는 의문이 없다. 대신에 의미, 시공, 인과론, 그리고 현대 물리학 내에 있는 내면세계와 외부세계의 연합이라는 네 주제들을 탐구함으로써 나는 물리적 본성에 대한 가장 의미 있는 최근의 발견들이 동시성을 이해하는데 어떤 변화를 가져오는지 살필 것이다. 의미의 개념은 지난 3세기에 걸친 과학 혁명에서 중요한 진보를 이루었다. 그러나 불행하게도 엄격한 객관성에 대한 현대의 강조는 동시성을 이해하는데 중심이 되는 주관적 원리들을 이해하는 데 큰 어려움을 주었다. 동시성은 종종 시공에 대한 우리의 상식적인 개념들을 뛰어넘는 지식에 놀람으로 다가가는 것을 포함하고 있기 때문에, 나는 현대 물리학에서 우리의 시공에 대한 개념이 갖는 역할을 살필 것이다. 비인과론과 관련해서 어떤 사람들은 이것을 "여기서 과학과 합리성이 끝납니다"라는 푯말로 여긴다. 그렇지만 나는 비인과론이 이전에 뉴턴 물리학의 엄격한 인과론에 의해 차단된 것들에 대해 풍요롭고도 새로운 이해의 가능성을 제공해준다고 본다. 이어서 단순한 시험을 통해 비전문적 내용을 다룬 마지막 두 장은 양자역학의 개념적 기초들을 논의한다. 여기서 우리는 많은 사람들이 양자역학의 가장 심오한 영역으로 여기는 탈지역성(nonlocality)을 만난다. 잘 정리된 이론과 실험 사이의 결합은 이 노래들을 깊이 이해하도록 한다. 현대 물리학자들은 존 벨(John Bell)[9]의 유명한 연구를 이해하려는 엄청난 노력에 힘입어 반세기 전 양자역학 창시자들이 했던 것보다 오늘날 우리가 이 결정적인 문제들을 훨씬 더 잘 이해한다는데 널리 동의하고 있다.

양자 이론의 위대한 창시자 가운데 한 사람인 볼프강 파울리(Wolfgang Pauli)는 융의 개념들, 특히 동시성 개념에 깊은 영향을 주면서 오랫동안 융과 관계하였다. 그러나 파울리는 지난 20년 동안 양자역학을 연구하는 행운을 얻지 못했다. 지난 20년 동안 우리는 양자역학의 현재적 공식화와는 별도로 자연에 대한 철학적 기초들을 이해하는데 혁명을 이루었다. 자연에 대한 이들 철학적 차원에 대한 우리의 이해가 자연에 대한 어떤 특정 이론에 묶이지 않고 안전하게 되었기 때문에 우리는 그 결과를 훨씬 더 확신하게 되었고, 그 의미를 더 깊이 이해하게 되었다. 나는 이 연구들을 논의할 것이며, 동시성이 그러하듯이 이 연구가 어떻게 자연과 우리 스스로에게 던진 우리의 가장 다루기 힘든 투사들 중 하나를 ─ 예컨대 투사들의 분리되고 상호 소외된 존재에 대한 생각 ─ 제거하는데 얼마나 의미 있게 기여하는지 보여줄 것이다. 나는 또한 "물리학과 정신이 동일한 실재의 상보적인 두 차원들로 보여질 수 있다면 이것은 가장 만족스러운 것이 될 것이다"[10]라는 물질과 정신의 연합을 향한 파울리의 소망을 실현하는데 오늘날 우리가 보다 가까이 접근해 있음을 보여줄 것이다. 내가 (양자물리학적 팽이와 연관된) 다음 쪽에 나오는 팽이 돌리는 사진에 있는 파울리와 보어와 같이 물리학을 조심스럽게 다루고 있지만, 나의 발표는 종종 놀이로 가득하다.

셋째, 우리는 이 책의 마지막 부분에서 베이스 음성을 듣는다. 여

2. 볼프강 파울리와 닐스 보어

기서 철학적 맥락에서 동시성이 논의될 것이다. 나는 최근 양자물리학에 대한 우리의 심화된 이해가 불교의 제1원리인 공(emptiness)과 직접적 연관을 갖는다는 점을 보여줌으로써 철학적 논의를 시작한다. 공에 대한 불교적 관점은 직접 분리되거나 독립적인 존재가 갖는 허구에 도전한다. 불교인들에 따르면 이 허구는 모든 고통의 뿌리다. 따라서 나는 이 허구가 양자역학과 동시성에 대한 우리의 이해를 차단한다는 점을 보여줄 것이다. 나는 공(空) 이론으로부터 오는 통찰들을 양자물리학과 심층심리학 모두 안에 있는 집요한 문제들에 적용할 것이다. 이어서 불교로부터 이 통찰들을 발전시키기 위해서 나는 융이 자신의 "심리학적 관점"이라고 불렀던 것을 탐구할 것이다. 비록 융은 심층심리학과 동시성에 대해서 완전히 일관된 철학적 관점을 발전시키는 것을 자신의 과제로 삼지 않았음에도 불구하고, 그것을 이상으로 삼았다는 중요한 단서들이 융의 심리학적 관점에서 발견된다. 나는 이 단서들을 택하여 이것들을 동시성, 물리학, 불교에서 얻은 의미들과 종합하여 심리학과 물리학을 위한 포괄적인 철학적 모델을 발전시킬 것이다.

심리학에서 물리학을 거쳐 불교와 같은 해방 철학들에 이르는 여러 학문들은 상호 지지하는 개념과 경험들의 연동 모자이크를 형성한다. 이전 뉴턴 학파의 개념과는 완전히 다른 물질에 대한 관점을 이해할 필요가 있는 것처럼, 우리의 개인적 마음을 충분히 표현한 것과는 완전히 다른 마음에 대한 관점을 이해할 필요가 있다. 따라서 마음과 물질에 대한 이 개정된 개념들을 가지고, 세계가 물질보다는 관념과 같음을 보여주기 위해서, 또 우리의 개인적인 마음들은 동시에 경험된 세계와 이 세계 안에서 구현된 무한한 지성에 이르는 관문임을 보여주기 위해서, 논증된 자료들과 경험적 자료들을 사용할 것이다. 이처럼 확장된 마음의 인식 안에서, 우리의 개인적 마음이 과학 지식을 위한 일차 도구이며 해방 철학들에 의해 제기된 우리의 궁극적인 영적 성취의 수단으로 이해될 것이다.

나의 철학적 분석은 하나인 세계(만법 귀일, *Unus Mundus*)에 대한 융의 관념들을 확장한다. 나의 확장된 해석들은 정신과 물질 모두에게 기초가 되는 통일된 원리를 위한 하나의 모델을 제공하는데 도움이 될 것이며, 상상, 갈망, 창조성이라는 내적인 태음적 영역이 어떻게 객관성, 사실, 쿼크입자로 구성된 태양적 세계에 연결되는지 보여줄 것이다. 만일 이 세 음성들이 불협화음보다는 화음을 만들어낸다면, 우리는 어쩌면 블랙 엘크의 통일되고 신적인 세계관을 가지고 현대 철학적 진리를 들여다 볼 수 있게 될 것이다. 그것이 아니라면 우리는 알베르트 아인슈타인이 "몸과 영혼은 두 개의 다른 사물이 아니고 동일한 것을 지각하는 두 방법에 지나지 않는다"[11]라고 했던 말의 의미를 더 깊이 이해할 수 있게 될 것이다.

동시성을 논하면서 또한 융 학파 사유와 유사한 내용들이 논의될 것이다. 비록 동시성과 초자연적 현상의 관계에 대해 명료하게 설명했음에도 불구하고, 동시성에 대한 나의 설명은 본래 융의 공식을 따르고 있다. 소프라노가 표준적인 융 학파 사상을 노래하고 있지만, 나는 이 책 말미에 소프라노 가수에게 한 옥타브 더 높여 노래하도록 할 것이다. 나는 언제나 내 관점과 융의 관점이 어디에서 다른지를 분명히 할 것이다. 마찬가지로, 현대 물리학의 철학적 기반에 기초하고 있는 이들 또한 과학적 바리톤을 알아볼 것이다. 바리톤 가수는 현대 물리학의 인식적 기반에서 작업하고 있는 물리학자들과 비슷한 음조로 노래한다. 비록 철학이라는 베이스 음이 그 결론에서 가장 급진적이긴 하지만, 사실은 동양에서 온 고대 멜로디로 노래하는 것이고, 현대의 어떤 사람들에게는 익숙한 소리로 들릴 것이다. 그럼에도 멜로디 각각의 세세한 부분들은 새롭고도 낯선 것으로 다가올 것이다(특별히 내가 동시성을 명료화하고 개선시킨 부분이 그렇다). 마찬가지로 이들 세 음성이 화음이 맞도록 하고 심리학적이며 과학적인 전망을 포용적이고 통일된 철학적 풍경 속으로 확장시킨 부분도 아주 특별하다. 이와 함께 나는 임상심리학적인 내용과 도덕적인 내용이 우리 자신과 세계에 대한 통일된 관점에서 흘러나온다고 주장한다. 이론은 임상에서 입증되어야 한다.

동시성에 대한 융의 선구적인 논문은 임상경험, 양자물리학, 동양사상(주로 『도덕경』과 『주역』)이라는 세 영역에서 근본적 영감을 얻고 있다. 내가 받은 세 가지 영감도 비슷하다. 나는 주로 동시성에 대해서 직접 경험한 이야기에 기초하고 있지만 아주 최근 양자역학에서 발전된 내용에 집중한다. 고대 중국 사상 보다는 동시성 설명을 제안하는 철학적 관점의 서론으로 중도불교를 차용한다. 또한 나는 이 세 영감들이 우리의 최근 신념들을 개정하도록 서로 힘을 모아 격려함으로써 세계와 우리 자신에 대한 이상을 철저하게 변혁해가고 있음을 보여줄 것이다.

과학은 분명 그 안에서 발전해 갈 수 있는 새로운 세계관, 곧 새로운 철학적 기반을 필요로 한다. 현대 과학은 엄청난 힘과 탁월함에도 불구하고 위기에 처해 있다. 앞으로 내가 보여주겠지만, 이것은 특별히 그 인식적 기반에서 그렇다. 예를 들면, 아무리 따져 보아도 자연에 대한 이론 중에 양자역학 만큼 성공적인 이론이 없었다. 그러나 인식의 견지에서 보면 양자역학은 어떤 이론보다도 사람들이 잘 이해하지 못하는 이론이었다. 다른 이론들과 더불어 물리학의 기반에서 우리가 당황스러워 하는 많은 이유는 사실은 철학적 세계관의 부적절함 때문이다. 더군다나 역사는, 과학에서의 근본적인 진보는 언제나 철학적 세계관의 혁명과 함께 간다는 것을 말해준다. 나는 동양 사상에 의해 영감을 받은 근본에 있어 비물질적인 세계관을 지닌 이 책이, 도래하는 과학이 큰 진보를 이루는데 필요한 인식 체계의 대 전환(paradigm shift)에 기여하기를 희망한다.

과학을 형성하는 세계관, 곧 과학적 물질주의는 실재에 대해 죽은, 그리고 죽어가는 이상이다. 이런 세계관은 자연에서 영혼을 배격할 뿐 아니라, 인간을 "지구상에 가장 작은 잔"으로 환원시켜버린다. 과학과 기술공학은 여러 차원에서 세계를 변화시킨다. 그러나 이들이 가져온 변화는 긍정적이라기보다는 부정적이다. 많은 사람들은 우리의 물질주의적 세계관이 물리적이고 심리적이며 영적인 재앙을 초래하고 있다는 나의 위기의식에 동조하고 있다. 종(種)으로서 인류가 살아남기 위해서는 새로운 인간관, 자연관, 그리고 이 둘의 상호 교류가 필요하다. 다시 말하거니와 나는 이 책이 우리가 그렇게도 절실하게 필요한 갱신과 치유를 향한 여정에 기여할 수 있기를 희망한다.

이 책을 쓰면서 나는 무거운 짐을 짊어진 것 같은 느낌이 들었다. 그 이유는 다음과 같다. 첫째, 나는 이 책이 심층심리학과 심층심리학이 지닌 영적이고 철학적인 함의에 관심을 가진 독자들의 마음과 생각을 사로잡기를 바란다. 나는 부분적으로 과학이나 철학에서 어떤 전문적인 배경을 요구하지 않고 종종 감정에 호소하는 사례 자료들을 사용함으로써 이 꿈을 이루었다고 생각한다. 둘째, 나는 물학을 전공한 동료들이 내가 제시한 세계관을 포용할 수는 없다고 할지라도 내가 과학을 다룬 것이 정확했고 균형을 이룬 것이었다고 동의해주기를 바란다. 셋째, 나는 철학적으로 지성 있는 독자들이 여기 내포된 모든 논증과 세계관을 받아들이지는 못할지라도 나의 철학적 분석이 합리적이라고 동의하기를 바란다. 나의 가장 커다란 부담감은 감정들과 지성에 동시에 호소하려고 하는, 다시 말해서 디오니소스(Dionysus)와 아폴로(Apollo)에게 모두 경의를 표하려는 나의 욕망 때문이다.

제2장
개성화: 무의식적 보상

일반적으로, 무의식적 내용은 놀랍게도 무의식적 물질과 대비된다. 특히 의식적인 태도가 개인의 결정적인 필요를 위협하는 방향으로 너무 배타적인 경향을 지닐 때 그렇다. 누군가의 의식적인 태도가 한쪽으로 치우쳐 있고, 그것이 최적의 상태에서 벗어난 것일수록, 매우 대조적이면서도 목적을 지향하는 생생한 꿈들이 정신의 자기-조절의 표현으로 등장할 가능성이 더욱 커진다.

— C. G. 융

은유로서의 현대 우주론

우주가 어떻게 시작했으며 어떻게 발달해 가는지, 그리고 우주의 궁극적 상태는 무엇인지 묻는 질문들보다 더 원형적이고, 신화적인 것은 없다(아마 이것보다 더 분명하게 원형적인 물음은 우리가 우리들에게 똑같은 질문들을 하는 것이다). 지난 반세기 동안 천문학자들은 우주 대폭발(빅뱅) 모델을 통해서 우주의 탄생, 발달, 죽음에 대한 이론을 발전시켜왔다. 이전의 모든 우주론과 마찬가지로 빅뱅 이론이 원형적이고, 신화적인 차원들을 가지고 있음에도 불구하고, 현대 우주론은 아인슈타인의 우아한 일반 상대성 이론과 눈부시게 발전한 현대의 다양한 망원경들에 의한 관찰의 상호 작용에 견고한 토대를 이루고 있다. 표준 빅뱅 우주론에 따르면, 우주는 상상할 수 없는 열과 밀집된 조건을 가지고 대략 150억 년 전에 시작되었다. 그리고 이어서 폭발이 일어났고, 냉각을 계속하는 가운데 오늘날도 여전히 서로로부터 멀어져가는 은하계들을 형성해가고 있다. 현재로서는 이 모델이 견고하게 구축된 듯이 보인다. 그러나 모든 과학 이론들이 그렇듯이 내일이 되면 빅뱅 이론도 뒤집혀질 수 있다.

금세기 초에 우주의 평균 질량 밀집도(부피 당 질량)는 우주의 궁극적 운명을 결정하는 중요한 매개변수임이 분명해졌다. 만일 평균 밀집도가 이론과 시험의 조합으로 찾아진 어떤 확정된 임계값보다 작다면, 우주는 끝없이 확장될 것이고, 모든 은하계들은 계속해서 서로로부터 끝없이 멀어져서 결국에는 항성의 발달에서 떨어져 나와 죽은 재로 냉각될 것이다. 다른 한편, 밀집도가 임계값보다 크게 된다면, 어떤 시점에서 멀리 나아가던 것을 멈추고 그 방향이 반대로 돌아설 것이다. 그렇게 되면 은하계들이 빠른 속도로 완전히 줄어들어서 우주적 불속, 즉 "우주 대수축"(big crunch)으로 돌아가게 될 것이다. 그러므로 우주의 평균 질량 밀집도는 우주가 흐지부지 끝나든지, 아니면 쾅하고 끝나든지를 결정한다. 좀 더 적절하게 표현하자면, 우주가 분산돼서 차가운 죽은 우주로 끝날 것인지, 아니면 대재앙의 우주 대수축으로 끝날 것인지를 결정할 것이다.

지난 20년 동안 전파의 파동에서 감마선에 이르는 전체 전자기의 범위를 사용하여 드러난 가시적인 우주는 전체 우주 질량의 10%에도 미치지 못한다는 것이 분명해졌다. 예를 들면, 사진에 찍힌 나선형 모양의 은하계는 주로 보이지 않거나 비발산적인 물질로 구성되어 있다. 네안데르탈인 조상들이 하늘을 응시한 이후 우리의 호기심을 사로잡았던 가시적 우주는 진정 빙산의 일각에 지나지 않는다. 일반적으로 하나의 은하계에는 1,000억 개의 별들이 있고, 가시적 우주에는 100억 개의 은하계가 있다. 그렇지만 이 모든 은하계들, 별들, 그리고 전자기 범위의 일부로 보이는 가스 구름들은 우주 전체 질량의 1%에서 10%에 해당할 뿐이다.

우주의 눈에 보이지 않는 커다란 용적이 주로 평균 밀도를 결정하기 때문에 눈에 보이지 않는 물질이 대체로 우주의 발달과 궁극적 운명을 결정한다. 현대의 연구들도 우리의 우주는 중요한 밀도와 같은 평균적인 밀도를 가지고 있다고 주장한다. 만일 밀도가 중요한 것이라면, 빛을 발하는 부분이 전체의 10%도 안 되지만, 그 부분이 있다는 것은 아직도 중요하다. 그 때문에, 어느 정도 눈에 보이는 물질이 임계값의 위 아래로 전체 우주를 변화시켜갈 것이다.

거대한 우주의 용적이 눈에 보이지 않는다면, 그 눈에 보이지 않는 우주가 존재한다는 것을 어떻게 알 수 있을까? 눈에 보이지 않는 물질에 미치는 중력 효과들은 눈에 보이지 않는 물질의 존재를 의미한다. 예를 들면, 은하계들과 은하성단들의 움직임에 미치는 중력 효과들은 눈에 보이지 않는 물질들이 훨씬 더 많이 있다는 것을 말해준다.

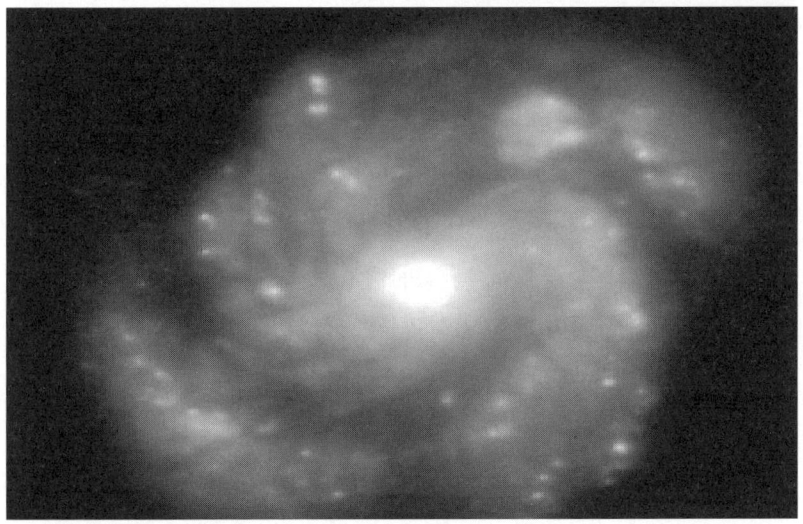

3. 콜게이트 대학이 찍은 은하

이처럼 현대 우주론은 정신의 의식적 측면과 무의식적 측면 사이의 관계성에 놀라울 정도의 적절한 은유를 제공한다. 융이 의식의 영역이라고 부른 눈에 보이는 영역인 이미지들, 알려진 내용들, 감정들, 사유들, 욕망들의 영역은 전체 정신세계의 작은 부분만을 구성한다. 우주에서 빛을 발하는 은하계들처럼 눈에 보이는 영역은 눈에 보이지 않는 내용들인 훨씬 더 큰 무의식으로 뒤덮여 있다. 정신의 의식적인 부분은 대양의 바닥에서부터 올라와 거대한 바다에 둘러싸인 조그만 화산섬과 같은 것이다. 의식을 둘러싼 바다인 무의식은 다양한 생명체들을 품고 있는 엄청난 풍요이고 가끔은 그 자신의 피조세계를 파괴하려고 위협하기도 한다.

눈에 보이는 물질이 우주의 물리적 발달을 지배하고 있듯이, 눈에 보이지 않는 정신의 내용인 무의식이 심리적 발달을 지배한다. 그럼에도 불구하고 정신의 의식적인 부분이 결정적인 역할을 하는데, 그 이유는 무의식이 종종 의식에 반응하기 때문이다. 비록 우리의 눈에 보이는 자아의식에 대한 관심이 우리를 사로잡기는 하지만, 심층심리학은 정신의 어둡고, 눈에 보이지 않는 측면인 무의식이 우리의 발달과 나아가는 방향에 심오한 지혜를 드러낸다는 사실을 분명하게 보여준다.

우주론자들이 가시적 물질의 세세한 활동을 연구함으로써 비가시적 물질의 존재를 추론하는 것처럼, 무의식의 현존은 무의식이 의식에 미치는 영향들을 신중히 관찰함으로써 추론된다. 우주론에서 중력의 상호작용이 가시적 물질과 비가시적 물질의 상호 작용을 지배하지만, 심층심리학에서 의식과 무의식의 상호 작용은 주로 의식에 대한 무의식의 보상을 통해서, 다시 말해서 이 장을 시작하면서 인용한 융의 글에 언급된 "정신의 자기-조절"(self-regulation)을 통해서 이루어진다.

무의식적 보상의 한 예

나는 개인의 사례를 가지고 앞에서 인용한 융의 글에 언급된 무의식적 보상의 관념을 발전시킬 것이다. 그 이야기는 구두를 중심으로 전개된다. 양발과 발에 딸린 장식은 물고기자리 태생인 우리에게 매우 중요하다.

중요한 꿈들은 주로 그 순간 의식적인 상황에 대한 무의식의 보상과 반응들이라고 융이 가르친 이후, 주어진 꿈을 해석하는데 있어 의식적인 배경을 이해하는 것은 언제나 필연적인 것이 되었다. 더 나아가서 우리가 꿈의 이미지들을 상징적으로 이해하려고 한다면, 우리는 꿈꾼 이의 꿈 이미지들에 대한 연상과 꿈꾼 이와 꿈 이미지들과의 관계를 알아야 한다. 아래의 예에서처럼 드물게 분명하기는 하지만, 상징은 알려지지 않은 내용을 의식에 표명하거나 드러내는 최상의 표현이다. 상징의 의미는 결코 고정되는 법이 없다. 하지만 상징의 의미는 상징을 향한 꿈꾼 이의 세밀한 연상과 역사에 의존한다. 원형적 꿈의 경우 개인적 연상들이 종종 누락되거나 불충분하지만, 이후 신화적이며 문화적인 확충이 필연적으로 따라온다. 따라서 현재의 예에서 나는 무의식이 그 보상을 어떻게 적용하고 있으며, 무의식이 나의 의식적 태도에 균형을 맞추어 주고 나의 발전을 조정하기 위해서 어떻게 작동하고 있는지 보여줄 어떤 역사적 배경을 제공하고자 한다.

나는 대학원에서 물리학과 천체 물리학을 공부하였다. 그러나 나의 영혼은 다른 영역에서의 진보를 간절히 열망하고 있었다. 몇 차례 변화를 경험한 후에, 나는 박사학위 논문을 쓰다가 대학원을 떠났다. 나는 다양한 형태의 심리학과 융 심리학에 크게 영향을 받아서 정신병원의 임상 병동에서 얻은 작업에 몰입하면서, 무의식의 세계 속으로 깊이 빠져 들어갔다. 병동에서의 일은 신나게 흥분되는 일로서 나를 한 사람의 직원으로 머무르게 하지 않고, 병원에 입원한 환자로 바꾸어 놓을 지경까지 되어버렸다. 병동 문들의 열쇠를 맡고 있는 것이 나를 환자들로부터 구별시켰던 경계였다. 그러나 나는 박사학위를 취득하기 위해 학교로 돌아갔고, 그 과정은 순조롭지 않았다. 나는 즉시 여러 방식으로 방해를 받았고, 대학원 공부를 다시 시작하는 것이 쉽지 않았다. 종종 내가 잘못된 곳에 와 있으며, 동료들과 친밀한 교제를 나눌 자격이 없는 것처럼 느꼈다. 사태가 심각하게 된 어느 날 어떤 건물에서 주임 교수가 내게 걸어오고 있었고, 나는 그를 피하기 위하여 다른 사람의 방에 들어가서 몸을 숨겼다. 내가 지난 번 그를 만난 이래 성과가 별로 없는 것을 받아들이기 싫었기 때문이었다. 그러나 그 다음의 일이 순조롭게 진행되어서, 나는 박사학위를 받았고, 굽이 높은 이탈리아제 구두를 샀다.

콜게이트 대학교는 교수 종신직을 보장하는 조건으로 나를 임용하였다. 나의 연구는 잘 진행되어가고 있었고, 가르치는 일 또한 잘 되어갔다. 모든 사람들이 나를 좋아하는 것 같았고, 심지어 나의 명상도 깊어지는 것처럼 보였다. 나는 크게 만족하여 "이런 속도라면 몇 년이 안 되어 대학의 총장이 될 수 있겠다"고 생각했다. 어느 날 아주 호전적인 어떤 사람이 나를 귀찮게 하려고 전화를 하였다. 그 때 나는 샤워를 하고 있었다. 나는 이 전화가 어려운 투쟁이 될 것이라는 것을 알았다. 그래서 나는 샤워장에서 나와서 "전동 부츠"를 신으면서 장난스럽게 나 자신을 준비시켰다. 나는 신발만 신은 채 알몸으로 거기에 서 있었다. 내 모습을 보고 아내가 배를 잡고 웃는 동안 전화로 상대와 격렬하게 싸웠다. 그리고 나서 아래와 같은 꿈을 꾸었다.

나는 어떤 정신병원을 방문하였고, 방 주위에 아주 불안해 하는 사람들 몇명이 있는 것을 보았다. 그때 나는 뒷다리로 꼿꼿하게 서서 멋있는 쓰리피스 정장을 한 돼지 한 마리와 이야기를 나누기 시작하였다. 나는 놀랐다. 그렇지만 그와 농담을 해가면서 논의하는 것은 중요한 일처럼 보였다. 그는 아이큐 110의 숙녀들에게 아주 인기가 높은 영적인 거인이 되었다고 자랑하였다. 나는 예의를 갖추어 그의 말에 귀를 기울이면서 조심스럽게 그를 살폈다. 나는 그의 흠잡을 데 없이 묶은 넥타이와 양복의 꼼꼼한 손질에 주목하였다. 나는 그의 발을 따라 눈길을 아래로 돌렸다. 그리고는 놀랍게도 그의 갈라진 발굽에 내가 가장 좋아하는 부츠를 신고 있는 것을 보았다.

4. 빅의 친한 친구

나는 이 즐거운 꿈을 꾼 다음에 웃으면서 잠에서 깨었다. 그리고 즉시 꿈이 말하는 의미를 알아차렸다. 나는 이 경험을 하기 전에 주관적인 꿈 해석 방법을 배웠었다. 이 방법은 꿈의 각각의 요소를 꿈을 꾸는 순간 우리의 심리적 구조들의 투사, 혹은 인격화로 본다. 꿈의 각각의 요소는 나의 성격의 한 측면이고 가장 개연성 있는 표현인 것이다. 그것을 피할 수는 없었다. 이렇게 단순하지만 강력한 꿈은 균형 잡히지 않은 나의 심리 상태에 꼭 필요한 보상을 한다. 내 아내가 "당신은 스스로에 대해 좀 더 현실적인 평가가 필요해요! 당신은 내가 어떻게 반응할 것이라고 상상하는 것처럼 가식적인 돼지처럼 부풀려져 있어요"라고 말했다면, 나는 마음에서 분노하고 방어적으로 대했을 것이다. 그러나 무의식은 나의 거침없는 심리적인 진실을 표현하면서 이 터무니없는 돼지 상징으로 나를 궁지에 몰아넣었다. 서두의 인용문에서 융이 말했듯이 "누군가의 의식적 태도가 일방성을 띠고, 최적의 상태에서 벗어난 것일수록 매우 대조적이지만 생생한 꿈들은 정신의 자기-조절의 표현으로 등장할 가능성이 더욱 커진다."[2] 그 꿈을 꾼 다음에 나는 "돼지 부츠"라고 부르는 것에서부터 관심이 멀어졌다. 부츠를 신는 일은 더 이상 가능하지 않게 되었다.

개성화의 기초로서 무의식적 보상

융은 정신의 이런 자기-조절적 기능을 "무의식적 보상"이라고 불렀다. 이 원리는 주로 정신의 의식적인 면과 무의식적인 면의 관계를 지배한다. 이것은 마치 중력의 상호 작용이 우주 안에 있는 가시적 물질과 비가시적 물질 사이의 상호 작용을 중재하는 것과 같다. 융은 종종 무의식적 보상을 기술할 때 생물학적 은유를 사용하곤 하였다. 그는 감염된 상처 부위에 열이 나거나 부어올라서 몸이 자기-조절적 경향을 갖는 것처럼 무의식적 보상은 이에 대한 심리적 등가물이라고 하였다. 그러나 무의식적 보상은 심리적 평형을 추구하는 것 이상이다. 단순히 평형을 추구하는 것이라면 이것은 성장이 아니라 권태와 정체의 요법이 될 것이다. 따라서 융은 길게 연속된 꿈들을 살펴보면서 꿈꾼 이의 삶에서 스스로 발휘되는 전체적인 형태와 목적이 분명한 안내를 뚜렷하게 분별할 수 있는 방식을 찾아내었다. 조심스럽게 유도된 로켓이 터지는 것처럼 일련의 구체적인 보상을 통해서 무의식은 그 사람에게 독특한 궤적을 따라서 한 개인을 안내한다. 우리의 꿈, 환상, 내면세계와 외부세계에 대한 정감적 반응을 통해서 우리는 이러한 역동적인 과정을 발견하며, 그 과정과 협력하기를 시도한다. 이런 식으로, 우주 안에 있는 비가시적 물질이 전체적인 발달을 결정하는 것처럼, 직접 인식할 수는 없지만 거대한 정신의 부분인 무의식은 우리의 발달을 이끌어간다. 그러나 일반 상대성에 따르면 단지 몇 개의 종점(end points)을 가진 우주와 달리 무의식은 한 사람 한 사람을 전체성, 즉 그들이 그렇게 존재해야 하는 내면의 신성의 빛의 표현인 자기에게로 특별한 일치의 독특한 표현 방식을 통해 안내한다. 융은 이렇게 말한다.

> 이 현상은 성격 그 자체 안에 작용하는 일종의 발달 과정이다. 처음에는 각각의 보상이 순간적인 일방성의 조정이나 흐트러진 균형의 균등화처럼 보인다. 그러나 좀 더 깊은 통찰과 경험을 통해서 보면 분명하게 나누어진 보상의 행위들은 일종의 계획을 세운다. 그것들은 협력하는 듯이 보이며, 가장 깊은 의미에서 공동의 목표를 가진 것처럼 보인다. 따라서 길게 연속된 꿈들은 더 이상 일관성도 없고, 단절된 우연한 사건들의 의미 없는 연속으로 보이는 것이 아니라, 계획되고 질서가 있는 발달 과정에서 연속적인 단계와 닮아 있다. 나는 길게 연속된 꿈의 상징 안에서 자발적으로 스스로를 표현하는 이런 무의식적 과정을 개성화 과정이라고 불렀다.[3]

물론 모든 보상이 앞의 예와 같이 하나의 수축이 아니다. 무의식적 보상은 아주 다양한 형태들을 띤다. 이 책의 후반부에 나오는 몇몇 꿈 사례들이 보여주는 것처럼, 고통 받는 자아를 돕는 것에서부터 낡고 완강한 심리적 태도를 보상하는 것까지 그 범위가 아주 다양하다. 그 순간의 필요와 무의식의 목적을 향한 긴 여정, 곧 개성화 과정이 무의식적 보상의 형태를 결정하는 것이다.

자기의 원형은 개성화 과정에서 스스로를 표현하는 지성이다. 모든 우주적 원형과 마찬가지로 자기의 원형은 의미의 매듭과 행동을 위한 원천을 제공한다. 원형들은 의미와 행위를 구조화하는 것 이 외에 세계에 흩어져 있는 신화와 민담들 속에 있는 상세한 구조적 유사성들을 설명한다. 융에게 있어서 자기는 주로 의미의 원형이며, 그 의미는 주로 신비한 감정들과 융합되어 있다. 삶에서 의식적으로 자기의 의도를 실현하고 표현하는 것은 우리의 지고의 선(善)인 개성화의 과정이다.

우리의 자아와 우리의 개인적인 의지보다 우월한 지성, 곧 우리의 발달을 인도하기 위해서 무의식적 보상을 통해서 작용하는 개인의 실현은 내적 발달의 가장 큰 기쁨들 가운데 하나이다. 융이 강조했듯이, 그것은 코페르니쿠스 혁명에 해당되는 심리적 혁명이다. 자기는 자아를 대신해서 삶의 중심을 차지한다. 이런 심리적 혁명에서 우리는 금성의 위상(phases of Venus)이나 목성의 위성(moons of Jupiter)을 보기 위해서 갈릴레오의 망원경을 사용하지 않는다. 그 대신 우리는 상징적 방법을 배우고, 우리 자신의 영혼의 심층을 들여다본다. 그리고 거기에서 자기의 흔적, 자기의 독려, 암시를 발견하고 때로는 흔들리지 않는 법칙을 발견한다. 우리의 자아가 자기-확장(self-aggrandizement)을 추구하는 것보다 더 큰 지혜에 의해서 인도된다는 것을 아는 것이 얼마나 경이롭고 영감이 되는지!

그것이 인도와 만날 때마다 의미의 원형으로서의 자기는 우리를 새롭게 하고 영감을 주어 우리의 독특한 전체성을 향해 나아가게 한다. 여러 가지 무의식적 보상들이 우리의 개인적 욕망을 위협할지라도, 그 과정에서 겪는 모든 경험은 삶의 의미와 목적에 대한 우리의 믿음을 강화시킨다. 여기서 신비적인 정신적 발달은 거룩한 변화에로 나아간다. 우리 본연의 모습이 전개되는 "이상" 안에 스스로를 표현하는 것처럼, 자기의 원형을 목적을 지닌 지성이나 의미로 여기는 것은 참으로 혁명적인 생각이다. 우리가 이 과정을 의식화하고 의도적으로 이 의미와 이상을 구체적인 현실로 가져와서 실현하려고 할 때에만 참된 개성화 과정이 된다.

개성화의 관점에서 보면, 우리는 아동기의 외상과 초기의 경험들을 성격의 구성요소로 환원하지 않는다. 그 대신 우리는 삶의 문제들을 포함하여 모든 차원에서 삶을 우리 본연의 모습이 지닌 무시간적 이상을 실현하려는 자기의 시도, 즉 우리의 존재 전체와 그 경험들의 원재료를 사용하는 실현으로 생각한다. 나의 아동기 경험들은 더 이상 단순한 어떤 기쁨이나 외상, 그렇지 않으면 나를 어른으로 형성하는 구성적 경험들의 집합이 아니다. 아동기 경험들은 초기의 나의 전체성에 대한 표현들이며 나의 독특한 정체성이다. 이것들은 부분적이며 종종 왜곡되고 또 때에 따라서는 심지어 아픔으로 가득한 자기의 표현들이다. 우리가 아동기 경험들을 우리 고유의 정체성에 대한 초보적인 표현으로서 곧 미성숙한 날개로 날아오르려는 시도로 볼 때 그것은 훨씬 더 깊은 의미로 우리에게 다가온다.

융에게 개성화 과정을 실현하고 구현하는 것은 인생의 최고 목적이다. 자아는 그 원초적 지혜와 의미, 우리 안에 있는 신성의 광선, 즉 자기와의 대화를 발전시켜야하고 의식적으로 매일의 활동 속에서 전체성으로서의 자기의 이상을 실현해야 한다. 이것이 바로 우리의 정제되지 않은 정신이라는 기초 물질을 정신적인 금으로 변환시키는, 전 세계의 신화들이 칭송하는 과정인 연금술 작업이다. 이 책에 소개된 사례들은 그 과정 속에 담긴 이야기들을 극적으로 그린다.

물론 의미는 광범위한 용어이지만 일반적으로 아주 개인적인 내용으로 쓰인다. 우리가 그 의미를 파악할 수 있고, 또 어느 정도 그 아픔을 더 깊은 의미와 연결시킬 수 있다면, 어떤 종류의 고통과 역경도 대부분 견딜 수 있다. 이와 반대로 외양적으로는 안정된 삶이라고 할지라도, 적절한 의미가 주어지지 않는다면 견딜 수 없을 정도로 비참한 삶이 되고 만다. 융에게 있어서 의미, 개성화, 동시성은 아주 밀접하게 연결된 것으로 나는 이 책 전체를 통해서 이 주제를 강조한다. 예를 들면, 융의 가까운 동역자였던 마리-루이제 폰 프란츠는 이렇게 말한다.

융에게 개성화와 삶의 의미 실현은 하나이다. 왜냐하면 개성화는 자신의 의미를 찾는 것을 말하며, 그 의미는 보편적인 원초적 의미와 자신이 연결되어 있다는 것을 뜻하기 때문이다. 이것은 분명히 오늘날 **정보, 초지성, 우주적이나 보편적 정신**이라고 언급되는 것과 다른 어떤 것이다. 왜냐하면 감정, 정감, 개인의 전체가 포함되기 때문이다. 이런 동시성적 사건과의 만남에서 우리에게 갑작스럽게 충격을 주고, 깨달음을 주는 연결은 융이 잘 기술하였듯이 두 정신 상태의 순간적인 일치이다. 여기서 두 상태란 하나는 논쟁적 사유의 흐름 속, 즉 물질적이고 외적이라고 불리는 세계에 대한 관념을 창조하는 계속적인 지각의 과정 속으로 움직여가는 의식의 정상적인 상태이다. 그리고 다른 하나는 전체의 "의미"가 "절대지"의 영역에 머무는 심오한 차원의 상태이다.[4]

개성화 과정이나 어떤 특별한 동시성 경험 그 자신을 드러내는 의미, 즉 "보편적 의미와 그 자신이 연계되는 것은 우리 자아가 만들거나 창안하는 것이 아니라는 것을 매우 강조해야 한다. 그렇다. 이 의미는 그것이 우리의 자아와 친밀하게 연결되어 있고, 개인적으로 우리에게 궁극적 의미를 가지고 있기 때문에 개인적인 차원을 갖는다. 그러나 무의식적 보상을 통해서 표상하는 초인격적 지성인 자기를 표현하는 의미는 자아의 작업이 아니다. 자아는 스스로를 보상할 수 없다. 자아는 보상적인 의미를 필요로 하는 것이지 그 근원이 아니다. 우리의 자아는 자기의 의미의 침투, 곧 자기의 요구 때문에 고통당하기도 한다. 그렇다. 사실은 무의식적 보상 안에 있는 특별한 의미는 세밀하게 우리의 개인적인 발달과 조율되어 있다. 그리고 오류가 있고 분투하는 개인들로서 우리는 구체적으로 우리의 일상적인 삶에서 이 의미를 실현해야 한다. 무의식의 다른 계시와 마찬가지로 우리의 자아는 무의식적 보상의 의미를 곡해하거나 왜곡할 것이라는 것도 사실이다. 그럼에도 불구하고 의미 그 자체는 우리의 개인적인 산물도 아니고 우리의 소원 성취도 아니다. 융은 개성화의 탄생에 대해서 코페르니쿠스 혁명에 유비할 만큼 진지하였다. 우리가 의미를 자아의 욕망이나 요구의 기능이라고 보는 것은 지구가 우주의 중심이라고 여기는 것만큼 타당하지 않다고 할 수 있다. 융이 말한 것처럼, "의무의 갈등들이 해결된 것처럼 보일 때 당신은 당신이 바른 길에 들어섰다고 느끼기 때문에 당신은 머리를 넘어서 결정을 내리거나 싸우려는 마음으로 결정을 내리는 희생양이 된다. 여기서 우리는 다른 방식으로는 경험할 수 없는 신비한 자기의 힘을 볼 수 있다. 따라서 **자기의 경험은 언제나 자아에게 패배이다.**"[5]

직접 동시성과 절대지의 개념을 논하기 전에 융의 관점과 이 책에서 중심 역할을 하는 밀접하게 관계된 두 가지 원리들을 주목하는 것이 중요하다.

두 가지 이론적 요점들

첫째, 융에게는 목적이나 의도가 인과론이나 심리적 사건을 일으키게 했던 것보다 더 중요하다(나는 융을 따라서 "원인"이라는 용어를 에너지, 힘, 혹은 그것이 물리적이든 심리적이든 어떤 정보 교환을 포함하는 이제까지 사용한 원인이라는 말의 의미를 살리기 위해서 "최종적"이나 "목적 가득한"과 같은 어떤 수식어 없이 사용할 것이다). 프로이트와 융은 모두 꿈을 표면적인 이미지나 겉으로 드러난 내용을 넘는 의미를 가리키면서 상징적으로 이해하였다. 프로이트와 달리 융은 정신에 있는 극히 적은 원시적 충동들이 꿈을 만들었다고는 생각하지 않았다. 그는 꿈의 의미를 근친상간이나 종종 반복되는 성적 주제를 가진 다른 꿈들과 같이 하나의 콤플렉스로 환원시키지도 않았다. 융은 꿈들을 단지 인과적으로 만들어진

심리적 현상들로 보기보다 무엇인가 아직 성취되지 않은 대상인 어떤 목표를 향해 나아가는, 의도가 있는 목적이 분명한 것으로 이해하였다. 심리적 현상들의 **근접 원인들**을 강조하는 대신, 융은 이 현상들의 **목적적 원인들**(final causes)에 더 관심을 가졌다. 간단히 말해서 무엇이 나의 신경증을 일으키는가를 이해하는 것보다 그 의도를 결정하는 것이 더 중요했던 것이다. 이 꿈은 나를 어디로 이끌어 가려고 하는가? 꿈은 나에게 무엇을 요구하는가? 융이 말한 것처럼, "나는 궁극성이란 말이 목표를 향한 심리 내적인 노력을 의미한다고 본다. 하나의 목표를 추구하는 것 대신 우리는 목적의 의미를 말할 수 있다. 모든 심리적 현상들은 어느 정도 그 현상들 안에 내포하고 있는 목적적인 어떤 의미를 가지고 있다. ..."[6]

또한 융은 동시성의 원리에서 모든 기계적인 인과론 개념에서 돌이켜 목적적이거나 목적 가득한 원인들에 관심을 기울이게 한다. 융에게 있어서 동시성은 근접 원인들의 표현도 아니고 물리적이건 심리적이건 에너지 교환이나 힘에게 그 기원을 돌릴 수 있는 그런 유형의 원인이 아니기 때문에, 동시성을 비인과적이라고 기술하였다. 혼돈을 피하기 위해서는 다시 반복해서 말을 해야겠다. 동시성을 비인과적이라고 하면서 이때 부정된 인과론은 뉴턴의 역학이나 (뉴턴의 역학에 의하면 중력은 사과를 내 머리 위에 떨어지게 한다) 정신역동론(두려움이 나를 떨게 한다)과 유사한 전통적 형태의 인과론이다. 앞으로 살펴보겠지만, 목적적이거나 목적 가득한 원인은 그것이 개성화의 표현이며 초월적 자기의 표현이기 때문에 동시성 안에 본래적으로 존재한다.

둘째, 목적적이거나 목적 가득한 원인은 언제나 어떤 초월적 원리를 내포하고 있다. 무의식적 보상이라는 융의 개념 속에 내포된 것은 내 안에서 작용하는 어떤 목적적 원인, 즉 본연의 내 모습에 대한 어떤 예지가 존재한다는 관념이다. 그렇지 않다면, 어떻게 무의식이 나에게 적합한 태도나 심리적 정향을 줄 수 있으며, 또 어떻게 나만의 독특한 여정을 따라서 나를 안내할 수 있겠는가? 만일 개성화 과정이 우리가 발견하여 전개되도록 도와야 하는 본연의 내 모습에 대한 어떤 이상을 내포한다면, 이것은 분명 어떤 무시간적인 지(知)가 존재한다는 것을 의미한다. 일단 보통의 우주의 운명이 주어진 상황에서 우주와 더불어 나의 은유를 추구하기 위해서 자연의 무시간적 법칙이 여지없이 우주의 궁극적인 운명을 결정하는 것이다. 심층심리학에서 개성화 과정에 함축된 이 무시간적 지(knowledge)는 무의식적 보상을 통하거나 동시성적 경험들을 통해서 스스로를 자아에 드러낸다. 융은 다음과 같이 말한다.

> 우리가 그것을 좋아하든지 좋아하지 않든지 간에 우리는 생물학에서 목적론적 과정들을 진지하게 성찰하기 시작하자마자 혹은 동시성적 현상을 설명하기 위하여 무의식의 보상적 기능을 탐구하기 시작하자마자 이 당혹스러운 자리에 우리 자신이 있음을 발견한다. 우리가 어떻게 할 것인지를 강요하는 목적인은 **어떤 종류의 예지를 가정한다**. 그것은 분명 자아에 연결될 수 있는 그런 지식이 아니다. 따라서 우리가 알고 있는 그런 의식적 지식이 아니다. 오히려 그것은 내가 "절대지"(absolute knowledge)라고 부르기를 선호하는 자존적인(self-subsistent) 어떤 "무의식적" 지식이다.[7]

다음에 동시성을 좀 더 자세하게 다룰 때, 나는 융의 절대지(絶對知)의 개념으로 돌아가 다루고자 한다. 현재로서는 무의식적 보상의 개념이 그 안에 본래적으로 내포하고 있는 초월적 전제들을 지니고 있어서 어떤 인과율의 목적적이나 목적 가득한 형식을 요청한다는 것을 파악하는 것만으로도 충분하다. 융이 동시성 개념을 더 발전시키지 않았음에도 불구하고, 그는 우리의 개성화의 독특한 여정에서 의미를 통해 열어 보이는 자기, 즉 우리의 전체성에 대한 어느 정도의 무시간적이며 영원한 이상에 대해서 연구하였다.

마지막으로 약간의 미묘함에 주목해보자. 동시성이란 의미를 통한 내적 사건과 외적 사건의 비인과적 연결이다. 역학적이거나 에너지에 기초한 원인들은 내적 사건과 외적 사건을 연결하지 않는다. 내면세계는 외부세계를 만들어내거나 그 반대로 외부세계가 내면세계를 만들어내지도 않는다. 융이 반복해서 강조하였듯이, 원형이나 무의식은 동시성 경험의 원인이 아니다. 그럼에도 불구하고, 동시성은 개성화의 표현이며, 영혼 만들기의 표현이다. 따라서 어떤 목적론, 고차원적 목표나 목적인(目的因)은 이런 자기의 표현 안에서 작동한다. 여기에 갈등은 존재하지 않는다. 동시성 안에 있는 에너지의 의미에서 인과론을 부인한다고 해서 개성화의 목적인이나 목적론을 부정하는 것이 아니다. 이 모든 것은 몇 가지 실례를 들고 몇 개의 분석을 거치게 되면 자명해진다.

동시성적 후론

어쩌면 나는 결국 아직도 나의 돼지꿈의 내용이 무슨 의미인지 답을 얻지 못한 듯하다. 이 장을 끝낸 지 두 시간이 안 되어 물고기 자리를 그리는 화가인 나의 좋은 친구가 농부이자 포도주를 만드는 사람으로 변신하여 나를 만나러 들렀다. 그는 지금은 거친 밭에서 일할 때만 신는 아주 오래된 예복용 구두를 신고 있었다. 이 구두는 놀랍게도 나의 오래된 "돼지 부츠"처럼 보였다. 그는 저녁 식사하는 자리에 함께 했고 그 자리에서 나는 꿈에 대해 그에게 말해주었다.

제3장
동시성: 의미를 통한 비인과적 연결

> 말하자면, 동시성 개념은 전체적으로 볼 때 융 심리학에서 가장 지대한 영향을 미치는 의미를 지닌, 특별히 그의 종교심리학을 위한 유일한 이론이다. 그러나 동시성 개념은 융 학파 진영 안에서나 밖에서 어쩌면 융의 이론들 가운데서 가장 이해받지 못하는 이론일 것이다.
>
> 로버트 아지즈 (R. Aziz)[1]

동시성에 대한 정의

이름이 잘 알려진 록 음악 그룹인 더 폴리스(the Police)는 1983년 "동시성"(Synchronicity)[2]이라는 제목의 유명한 앨범을 제작하였다. 우리에게 어떤 증명이 필요하다면, 이런 현상은 얼마나 동시성이 모든 사람의 입에 오르내리는 말이 되었는지를 보여준다. 이 용어를 일상에서 바로 사용함에도 불구하고, 대부분의 사람들은 그 뜻을 거의 잘 알지 못한다. 아지즈는 앞에서 소개한 인용문에서 동시성 개념은 "융 학파 진영에서나 바깥에서 융의 이론들 가운데서 가장 이해받지 못하는 이론일 것"이라고 우리에게 전해준다. 그것은 두 가지 이유에서 중대한 의미를 안고 있다. 첫째, 동시성은 심리학뿐만 아니라 심리학을 넘어선 영역에서도 가장 지대한 영향을 미치는 의미를 지니고 있기 때문이고, 둘째, 최고의 심층심리학자들 가운데 누군가의 마음에서 동시성은 그 영역에서 눈에 띄는 문제이기 때문이다. 예를 들면, 우리가 동시성을 이해하는데 융 다음으로 기여를 한, 마리-루이제 폰 프란츠(그녀의 최근 책 『정신과 물질』[3]을 참조하시오)는 최근 네덜란드 텔레비전 인터뷰에서 다음과 같이 말하였다: "지금 이루어져야 하는 연구는 동시성의 개념을 고안하는 것이다. 나는 누가 그 일을 계속할 것인지 알지 못한다. 그런 사람들이 있어야 하지만, 나는 그들이 어디에 있는지 모른다."[4] 아래 보이는 폰 프란츠의 사진은 그녀가 이 진술을 하던 날 찍은 것이다.

5. 마리-루이제 폰 프란츠

동시성을 이해하는데 제일 쉬운 시도는 스카라브 딱정벌레라는 극적인 사례를 다룬 융의 동시성에 대한 논문으로부터 시작된다. 융은 이 예를 동시성적 경험들의 모범으로 생각하였다. 우리는 이 예를 가지고 이해하기 어려운 이 원리에 대한 우리의 이해를 개선

할 수 있다. 다음으로 우리는 이 이해를 다음 장과 이 책의 나머지 부분에서 제시된 사례 자료에도 적용할 수 있다. 융의 글을 보자.

나의 예는 분석가와 내담자가 양측에서 서로 노력을 했음에도 불구하고 심리적으로 접근할 수 없었던 젊은 여성 내담자에 대한 것이다. 그녀에게는 언제나 모든 것을 더 잘 알고 있었다는 사실이 어려움이었다. 그녀가 받은 탁월한 교육은 무엇인가를 더 잘 아는데 이상적인 무기가 되었다. 말하자면 그녀는 실재에 대한 흠잡을 데 없는 "기하학적" 관념을 가지고 고도로 정제된 데카르트의 이분법적 합리주의로 무장하고 있었다. 다소 무엇인가 인간적인 이해로써 그녀의 합리주의를 완화시키려는 몇 차례의 노력은 수포로 돌아갔다. 이후 나는 기대치 않은 비합리적인 어떤 일, 말하자면 그녀 스스로를 그렇다고 낙인 찍어버린 지적인 지적을 깨부술 수 있는 어떤 일이 일어날 것이라는 희망을 접어야 했다. 그때였다. 나는 어느 날 등을 창 쪽으로 하고 그녀 맞은편에 앉아 그녀의 이야기를 따라가며 듣고 있었다. 전날 밤 그녀는 아주 인상적인 꿈을 꾼 터였다. 그 꿈에서 누군가가 그녀에게 비싼 보석 장신구인 황금색 풍뎅이를 주었다. 아직 그녀가 자신의 꿈을 말하고 있는 동안, 나는 내 등 뒤에서 무엇인가가 창문을 조용히 두드리는 소리를 들었다. 나는 둘러보았고, 그 순간 어두운 방안으로 들어오기 위해 밖에서 유리창을 두드리며 날개 짓을 하던 제법 큰 곤충을 보았다. 이 장면은 나에게 아주 이상하게 보였다. 나는 즉시 창문을 열어 주었고, 그 곤충이 들어오자 그 곤충을 잡았다. 그것은 풍뎅이과에 속한 딱정벌레, 곧 꽃무지류에 속하는 풍뎅이로서 일종의 스카라브 딱정벌레였다. 이 벌레의 황금 초록 색깔은 황금색 풍뎅이의 색깔과 닮아 있었다. 나는 내 내담자에게 '여기 당신의 풍뎅이가 있어요'라고 말하면서 딱정벌레를 건네주었다. 이 경험은 그녀의 합리주의 안에 있었던 말라빠진 욕망의 구멍을 뻥 뚫어주었다. 그리고는 그녀의 지성적인 저항의 얼음을 깨부수었다. 치료는 만족스런 결과를 내면서 지금까지 계속될 수 있었다.[5]

융의 글들(사례 연구들과 이론적 공식화 모두)과 이 책에 제시된 예들을 연구할 때, 모든 동시성적 경험에는 두 개의 본질적인 특성이 드러난다. 첫째, 어떤 객관적 사건이나 일련의 외적 사건들은 어떤 주관적인 심리적 상태(꿈, 환상, 감정)와 의미 있게 관계된다. 또 다른 공정한 관찰자는 쉽게 객관적 사건을 증명할 수 있다. 그러나 그런 관찰자는 외부의 객관적인 사건과 한 개인의 내적인 심리적 상태 사이의 의미 있는 상관관계나 상응을 증명할 수 없다. 이렇게 외부 사건과 심리적 상태를 연결하는 깊은 의미나 뜻은 원형적으로 구조화되어 있지만 아주 개인적이다. 비록 이것이 개인적이라고 하더라도, 그 의미는 내가 앞 장에서 강조했듯이 단순히 주관적인 것만은 아니다. 내적 사건과 외적 사건 모두에서 스스로를 표현하는 의미는 무의식적 보상 속에 있는 자기의 원형적 표현이다. 의미는 자아의 산물이 아니고, 자아의 안내자이다. 융이 들었던 예에서, 객관적 사건은 내담자가 그녀의 꿈을 말하고 있는 동안 창으로 날아든 스카라브 딱정벌레였다. 이 놀랄만한 사건은 심리적 상태인 그녀의 꿈과 어떤 의미 있는 연결이 되었다.

> "나는 기대치 않은 비합리적인 어떤 일, 말하자면 그녀 스스로를 그렇다고 낙인 찍어버린 지적인 지적을 깨부술 수 있는 어떤 일이 일어날 것이라는 희망을 접어야 했다."

둘째, 본질적인 특성은 외적 사건과 주관적인 내적 상태 사이의 인과론적 연결이 결여되어 있다는 것이다. 앞 장에서 강조하였듯이, 나는 융을 따라서 전통적이며, 과학적인 의미에서 인과론을 말하는데, 그것은 나를 계단에서 넘어지게 하는 중력이거나 아니면 나의 비행을 고백하게 하는 죄책감이거나 간에 에너지나 정보의 교환을 통해서 다른 잘 정의된 것에 영향을 미치거나 산출하는 하나의 잘 정의된 것이다. 이런 의미에서 외적 사건(딱정벌레)이 내적 사건(꿈)을 만들어내지 않았고, 반대로 내적 사건이 외적 사건을 만들어내지도 않았다. 그 대신 이것들은 의미를 통해서 비인과적으로 관계되며, 외적 사건들과 내면의 심리적 상태들이 단순하게 같이 오는 것은 아니다.

비인과적 동시성 안에서 일어나는 개인적 사건들은 대체로 인습적인 원인들을 갖는다. 예를 들면, 빛이나 따뜻함이나 특정한 색깔은 딱정벌레를 불러들이는 것이다. 또한 우리는 꿈에서 어떤 독특한 일련의 상황들이나 환자의 분석 상태를 추적할 수도 있다. 그러나 딱정벌레가 들어오는 일이나 꿈은 인과적으로 관계된 것이 아니다. 오히려 그것들이 그때, 그 자리에서 원형적 재탄생의 의미를 지니고 같이 일어난 것은 그때 환자에게 특별히 들어맞는 것이었다고 해야 한다. 물론 회의론자들은 전체적인 것은 특별한 동시 발생일 뿐이며 우연한 일이고, 더 좋게 말하면 기껏해야 근거가 없다고 말할 것이다. 그러나 융과 많은 심층심리학자들은 이런 동시성적 사건들이 너무 많이 일어나는 것을 경험해서, 이 사건들의 의외성에 너무 감명 받아서 이것들을 단순히 일어나는 우연한 동시 발생적 사건, 즉 자연적인 사건들로 여기지 못한다. 융에게 동시성은 선형적인 인과론적 설명과 구분되는 어떤 설명이 필요한 것이다.

융은 개인 무의식이나 원형이 동시성적 경험들의 원인이 아니라는 것을 강조하였다. 그는 물리적 인과론을 어떤 새로운 심리적 인과론으로 대치하는 것에 관심이 없었다. 그 대신 융은 의미나 동시성을 통한 비인과적 연결은 인과적 설명에 대한 보충으로써 사건들에 대한 새로운 설명 원리를 제공한다고 생각하였다. 동시성은 인과론을 대치하거나 반박하는 것이 아니라 포괄적인 경험을 제공하기 위해서 인과론을 보충한다는 것이다. 인과론이 동시성적 경험을 낳는다하는 것은 융이 언제나 피했던 것으로 동시성에 대한 원시적이며 마술적인 관점이다. 마리-루이제 폰 프란츠는 다음과 같이 진술한다.

융 학파의 관점에 따르면, 집단적 무의식은 결코 개인적 소망이나 목적의 표현이 아니다. 오히려 그것은 절대적으로 초인격적 방식으로 존재하는 본성 안에 있는 중립적인 실체(a neutral entity), 곧 정신이다. 그러므로 동시성적 사건들의 배열을 관찰자의 무의식으로 돌리는 것은 원시적이고, 마술적인 사유로의 퇴행이다. 이것은 일찍이 일식은 주술가의 악의에 의해서 야기될 수 있다고 생각했던 것과 마찬가지다. 융은 분명하게 심지어 집단적 무의식의 원형이나 초능력(psi-power)을 동시성적 사건들의 인과적 대리인으로 취하지 못하게 하였다.⁶

6. 칼 구스타프 융

동시성에서 비인과론은 수직적 인과론과 수평적 인과론 모두를 배제한다. 내가 수직적 인과론이라고 하는 말의 의미는 더 높은 것이 더 낮은 것의 원인이 된다는 뜻이다. 특정한 경험을 초월하는 원형이나 집단적 무의식이 경험적 세계의 사건들을 야기한다는 말인 것이다. 또한 내가 수평적 인과론이라고 하는 말의 의미는 내적인 심리적 상태(꿈, 환상, 감정)가 외적 사건들을 야기하거나 그 역도 마찬가지라는 뜻이다. 이런 의미에서 동시성의 비인과적 성격은 수직적 인과론과 수평적 인과론 모두를 배제한다.

　의미를 통한 비인과적 연결이 주는 중요한 의미는 **상관관계에 놓인 객관적 사건들과 주관적 사건들이 이차적이고 우발적인 반면 동시성 안에서의 의미는 일차적이라는 점**이다. 융의 모형적 예를 가지고 설명해보겠다. 이 예에서 중요한 점은 재탄생의 원형적 경험인 "그녀가 스스로를 속인 지적 반격의" 폭발이다. 비록 덜 극적인 예가 이 여성에게 충분치 않았을지라도, 필연적인 무의식적 보상은 동시성과 함께 또는 동시성이 없었어도 여러 방식으로 이루어졌을 것이다. 그렇게 그녀가 꿈을 말하는 동안 딱정벌레가 들어왔고, 융은 꿈에서 딱정벌레가 나타난 것과 같이 창문으로 걸어가서 들어온 딱정벌레를 잡아 그녀의 손에 쥐어주었다. 이 모든 것은 우연이고(contingent), 우발적이며(accidental), 비본질적(nonessential)이거나 비결정적이었다. 그러므로 딱정벌레가 하나의 탁월한 예가 되는 그녀의 꿈의 정확하고 세세한 내용들도 마찬가지였다. 우리가 바로 이런 구체적인 외부 사건들이 필연적으로 이 정확한 꿈과 상호 연관된다고 주장한다면, 즉 이 내적이며 외적인 사건들이 확실히 동시성 경험에 본질적인 것이라고 주장한다면, 그것은 재탄생의 원형이 이 모든 세세한 영역에서 동시성 경험을 야기하였다고 암시하는 말이 될 것이다. 그러나 융은 계속해서 원형들을 동시성 경험의 인과적 작인으로 여기는 이런 수직적 인과론을 반대한다. 다시 말하자면, 의미 있게 상호 관계하는 정확한 외적, 내적 사건들은 동시성 경험 안에 표상하고 있는 원형적 의미에 이차적인 것이며, 우연적인 것이다. 불행하게도 동시성에 대해서 말하는 문헌들은 동일한 의미가 다양한 상황들을 통해서 표상될 수 있다는 점을 강조하지 않는다. 이런 생략은 동시성의 우발적인 측면들을 지나치게 강조하였고, 동시성에 인과적 과정이 있는 것처럼 생각하게 하면서 지속적인 혼돈으로 몰고 갔다.

내가 사람들에게 동시성 경험들을 했는지 물어 보았을 때, 그들은 종종 이렇게 대답하였다. "나는 매일 동시성적인 경험을 합니다. 예를 들면, 내가 친구를 생각하고 있는데 그 친구가 내게 전화를 거는 경우죠." 여기서 어떤 객관적 사건(전화를 걸어온 것)은 어떤 내적인 심리적 상태(친구에 대해 생각하기)와 상관관계를 갖지만, 어떤 수평적 인과론도 없다. 친구에 대해 생각한다고 해서 일반적으로 친구가 전화를 걸어오지는 않는다. 그리고 친구에게 전화를 걸 의도를 가졌다고 해서 우리가 필연적으로 친구를 생각해야 할 이유도 없다. 그럼에도 불구하고, 거기에는 의미, 중요성, 목적 가득한 의미 심장함이 전혀 없지는 않지만, 적어도 부족한 것은 사실이다. 여기서 우리는 원형적 의미가 드러나지 않기 때문에 어떤 수직적 인과론을 생각하는데서 어려움을 느낀다. 이와는 반대로 스카라브 딱정벌레 예에서 보듯이 원형적 의미는 일차적인 자리이다. 이 경험은 "그녀의 지성적인 저항의 얼음을 깨뜨려버렸고" 치료가 진행되도록 하였다. 융이 지적한 대로 이 경우 스카라브 딱정벌레가 고전적인 재탄생의 상징이었기 때문에 그 의미가 깊었다.[7]

동시성을 이해하는데 겪는 어려움들: 의미

동시성은 두 가지 이유에서 필요 이상으로 이해하기 어렵다. 첫째, 융은 한 개인에게 동시성적 사건들의 의미가 무엇인지 정확한 의미를 말하지 않았다. 둘째, 융은 동시성을 비일상적인 현상들의 전체 동물원을 동시성에 뒤섞으면서 두 종류의 경험들을 더 신비하게 만들었다. 이 절에서 나는 융이 의미를 불충분하게 처리했던 점을 탐구하고, 다음 절부터는 비일상적인 특성들을 다룰 것이다.

> "그러나 융이 이 사건들을 의미 있는 것으로 얼마나 정확하게 이해했는지 결정을 내리려고 할 때 혼동이 올라온다. 여기서 사람들은 융의 설명을 쉽게 따르지 않는다."

그의 전형적인 예에서조차, 융은 내담자들에게 사건의 의미에 대한 윤곽만 준다. 융의 다른 예들은 의미의 중요한 요소에 대한 논의를 훨씬 적게 다루고 있다. 비록 내가 아지즈(Robert Aziz)의 동시성 해석에 반대하고는 있지만[8], 나는 그가 주장하는 것 가운데서 두 요점에 대해서는 완전히 동의한다. 첫째, 동시성은 무의식적 보상과 개성화를 통해서 가장 잘 이해되며, 둘째, 동시성은 융의 종교심리학, 즉 형이상학적 원리들을 단순히 심리적 현상들로 다루는 심리주의(psychologism)로부터 구해낸다. 나는 다음에 심리주의의 문제를 다른 방식으로 다룰 것이다. 의미의 결핍에 대해 아지즈는 이렇게 애통해한다. "융이 동시성적 사건들을 아주 의미 있는 발생들로 간주한다는 것은 의심할 수 없는 진실이다. 그러나 융이 이 사건들을 의미 있는 것으로 얼마나 정확하게 이해했는지 결정을 내리려고 할 때 혼란스럽다. 여기서 사람들은 융의 설명을 쉽게 따르지 않는다."[9] 그리고 나서 아지즈는 마이클 포댐을 인용하여 자신과 유사한 점을 부각시킨다. "그(융)의 예들은 의미에 대한 그의 관념이 무엇인지 항상 분명히 하지 않는다."[10]

아지즈의 책은 이런 의미의 결핍을 수정하려고 한다. 그러나 불행하게도 그는 자신이 직접 경험하여 잘 알 수 있는 새로운 자료들을 가져오기 보다는 융이 출판한 사례 자료에 전적으로 의존함으로써 자신의 과제를 아주 어렵게 한다. 아지즈와는 다르게 나는 나의 삶과 나와 절친한 친구들의 삶에서 경험한 앞서 간행된 적이 없는 여러 다양한 동시성적 경험들을 소개함으로써 논의된 사건들의 의미를 분명하게 보여줄 것이다.

자기는 우리의 삶에서 볼 수 있는 의미의 원형이고, 의미는 동시성의 구성 요소이기 때문에, 자기와 개성화 과정이 언제나 동시성적 사건들의 핵심에 자리한다는 것은 놀랄 일이 아니다. 아지즈와 함께 나는 이 책에서 논의된 다양한 동시성적 경험들의 예들을 사용하여 외적으로나 내적으로 전개되는 근본적인 의미는 무의식적 보상이며 개성화 과정이라는 것과 동시성은 영혼 만들기 작업이라는 것을 논증할 것이다. 놀랍게도 동시성을 말하는 융과 대부분의 저자들은 이 점을 충분히 강조하지 않았다.

초자연적인 것은 동시성이 아니다: 반대인가 아니면 해명인가?

융의 선구적인 연구 논문 자료에 나오는 동시성을 이해하는데 두 번째 어려움을 생각해보자. 융은 지속적으로 동시성적 현상들을 비일상적이거나 초(유사)심리학적 현상들로 생각하였다. 비일상적이거나 초심리학적 현상들은 넓게, 또는 간헐적으로 몇 가지 겹치는 유형들이 된다. 그 중심 유형들은 다음과 같다: 알려진 감각 통로와는 다른 수단으로 정보를 획득하는 초감각적 지각(extra sensory perception); 사유 전이와 같은 정상적인 감각 통로들과는 다른 방식으로 두 마음 사이를 소통하기; 알려진 물리적인 수단으로는 설명될 수 없는 방식으로 대상들에게 정신적으로 영향을 주는 염력행위(psychokinesis); 알려진 감각 통로에 다다를 수 없는 영역으로부터 정보를 얻는 투시력(clairvoyance); 일어나기도 전에 사건들에 대해서 아는 예지(precognition) 등이다.

이 절에서, 나는 이전에 융 학파 학자들이 동시성에 대해 저술한 것들과 결별하면서 비일상적 현상들이 동시성의 예들이 아님을 주장하려고 한다. 우선 나의 이런 입장은 융의 이해로부터 의미 있는 독립처럼 보인다. 그러나 나는 비일상적인 것과 동시성의 관계에 대한 나의 논의가 결국 극단적인 반대보다는 유용한 명료화처럼 보이기를 바란다. 이 절에서 나는 논쟁이 될 만한 부분을 제시하지만, 다음 절에서는 내 생각의 조화로운 부분을 제시할 것이다.

구체적인 예를 들어보겠다. 라인(J. B. Rhine)[11]의 연구는 융에게 깊은 인상을 심어 주었다. 그래서 융은 자신의 새로운 동시성 원리에 대한 지지를 얻기 위해서 자신의 글에서 라인의 연구를 반복해서 언급하였다. 융에게 인상적이었던 시험 하나는 두 가지 분리된 시험 대상자들 사이의 통계적인 상관관계들이 포함되어 있다. 시험 대상자 A는 무작위로 정렬된 번호 카드를 뒤집고 각 카드에는 5개의 간단한 이미지 중 하나가 표시된다(그림 7의 이미지를 참조하라). 그들은 뒤집힌 카드의 순서를 기록한다. 다른 분리된 시험 대상자 B는 이 이미지들의 순서를 추측한다. 어떤 시험대상자들은 무작위 추측에서 기대했던 것보다 더 좋은 점수를 받지 못했다. 그러나 라인 교수는 일부 시험 대상자들 쌍에 대해 통계적으로 유의미한 상관관계를 얻었다.

카드를 돌리기 전에 추측하는 것과 같은 시험의 일부 버전에서 시간의 변화는 에너지 전달이나 기계적 기관이 상관관계를 설명할 수 없음을 보여주었다. 추측은 카드를 돌리기 전에 이루어졌기 때문에, 라인은 이런 통계적 상관관계가 비인과적이라고 추론했다. 시험 대상자 A가 시험대상자 B에 의한 추측 후에 카드를 돌리

7. 초능력의 상징들

는 것은 추측된 이미지를 발생시키거나 B에 앞서 발생한 이미지가

환자 A에 의해 나중에 카드가 돌려지는 순서에 영향을 미칠 수 없었다.

그러나 이런 초감각적 지각 사건은 융이 의미는 자기의 표현이라고 말하는 것으로서의 의미 있는 연관이 아니다. 개성화로 나아가게 하는 무의식적 보상으로서의 의미 있는 연관이 아닌 것이다. 따라서 융과 달리 나는 동시성을 비일상적 현상과 명확하게 구별하기를 제안한다. 비일상적인 현상들은 종종 우리를 사로잡으며, 자연에서 비인과적 과정이 있을 수 있다는 것을 깨우쳐 주기도 한다. 또한 나는 몇몇 드문 사람들에게 그런 비인과적인 비일상적 사건이 그 사람들에게 매우 의미 있는 중요한 무의식적 보상을 제공하는 신비한 경험이 될 수 있다는 것을 알고 있다. 이것은 진정한 동시성 경험이 될 것이다. 그러나 그 비일상적 특성은 필연적이기보다는 우연적인 것이 될 것이다. 통계적으로 유의미한 결과를 보여준 시험 대상자들은 대개 관심이 높을 때, 즉 감정이 자극되거나 무의식이 활성화될 때에만 그렇게 할 수 있다는 점도 인식하게 된다. 그럼에도 불구하고, 나는 대부분의 사람들에게 이와 유사한 유사-심리학적 현상들은 그들의 개성화, 다시 말해서 그들을 전체성으로 안내하는 자기나 의미 있는 삶에 이르는 그들만의 길과는 무관하다고 생각한다.

융이 동시성을 의미를 통한 비인과적 연결로 정의하고, 발달의 순간에 그 개인을 위한 구체적인 무의식적 보상으로 (융과 더불어) 그 의미를 해석할 때, 나는 융의 해석을 진지하게 받아들인다. 융이 주장하는 바와 같이,[12] 만약 내면세계와 외부세계 모두에서 어떤 초월적 의미가 나타나고 있다면, 우리는 동시성적 경험을 마치 신비한 꿈처럼 상징적으로 해석할 수 있는 것이다. 자기에게 안내하는 구체적인 표현으로 해석할 수 있다. 우리는 이것을 라인의 초능력 시험이나 지난 15년 간 로버트 쟌(Robert Jahn)과 그의 협력자들에 의해 프린스턴 공학 비정상 현상 연구소(Princeton Engineering

Anomalies Research Laboratory)에서 수행된 보다 현대적이고 정확한 유사-심리학 시험이라고 말할 수 없었다.[13]

우리는 꿈의 해석이 단지 무의식의 존재를 재확인하는 정도에 그친다면, 상징적으로 풍부하고 신비한 꿈의 해석을 완전하거나 만족스러운 것으로 받아들이지 않으려고 할 것이다. 그렇게 꿈을 해석한다면, 이 신비한 꿈이 어떻게 그 사람의 개성화를 구체적으로 표현하는지 설명하기 어려울 것이다. 마찬가지로, 나는 단지 주관적인 심리 상태와 객관적인 사건 사이의 비인과적 연결을 설명한다는 이유에서 비일상적 현상들을 동시성적이라고 받아들여서는 안 된다고 제안한다. 나는 무의식의 어떤 특정한 의미, 무의식의 특정한 보상의 표시를 표현하는 비인과적으로 연결된 사건에 대해서만 동시성이라는 단어를 견지할 것을 제안한다. 융이 비일상적인 현상을 동시성적이라고 분류한 것은 의미를 통한 비인과적 연결로 동시성을 정의했던 것과 충분히 일치하지 않는데, 여기서 의미는 우리를 개성화로 이끄는 자기의 표현이다. 그림 8은 나의 간단한 분류 체계를 요약한 것이다.

심리학에는 정확한 경계가 거의 존재하지 않는다. 동시성과 비일상적 현상을 분리하는 막힌 영역은 이런 현상들 사이의 구분이 항상 정확하지 않을 수 있다는 것을 나타내기 위해 도표로 표시한 것이다. 때로는 진정한 동시성적 경험과 (친구를 생각하는데 친구가 전화를 건 경우와 같은) 객관적인 상관관계를 가진 다소 흔하게 일

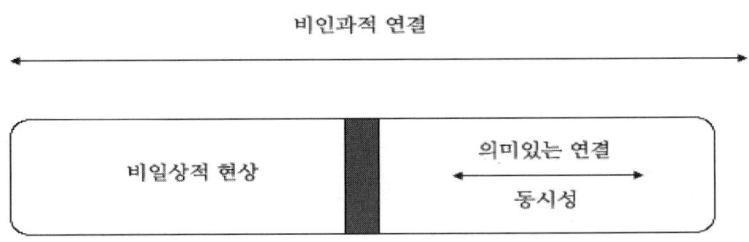

8. 비일상적 현상들과 동시성

어나는 심리적 경험을 구별하는 것이 어렵다. 이 문제는 내가 이 책의 사례 자료를 찾을 때 가끔 발생했다. 모든 동시성적 경험들에 대한 시금석은 그것들이 무의식적 보상의 극적인 표현과 무의식으로부터의 진정한 지침을 포함하고 있는지 여부이다. 이 기준을 엄격히 적용함으로써 나는 융이 동시성적이라고 생각하는 얼마의 비일상적인 경험들을 제거하였다. 이 문제는 복잡하다. 왜냐하면 만약 우리가 볼 수 있는 눈이 있다면 그 의미가 실제로 거기 있을 수 있기 때문이다. 그러나 나는 예를 선택할 때 가능성이나 가능한 의미를 받아들이지 않았다. 비록 우리가 심리적 경험의 중요성을 명확히 표현하지 못하더라도, 그것은 종종 변환적일 수 있기 때문이다. 무의식적 보상은 여전히 효과적일 수 있다. 그럼에도 불구하고, 동시성에 대한 나의 엄격한 해석이 없다면, 우리는 항상 모든 종류의 정신적이고 비일상적인 현상과 동시성을 혼동할 위험에 처하게 된다. 이것은 특히 동시성에 대한 우리의 현재 이해가 매우 기초적이기 때문에 명확성에 큰 손실을 초래할 것이다.

융이 "라인의 시험은 시험적으로, 그리고 이 경우 이 관계가 인과적임을 입증할 가능성이 전혀 없다면 의미 있게 서로 연관된 사건들이 있다는 사실과 상충된다"[14]고 말한 것을 나는 이해할 수 없다. 어떻게 이 인용문에서 그가 "의미 있게"라는 표현을 사용할 수 있었을까? 그렇다. 우연보다 더 큰 상관관계는 그 단어의 전통적인 의미에 어떤 의미를 갖는다. 우리는 그 의미를 수학적으로 분석할 수 있다. 우리는 그것에 대해 다른 사람들에게 알아들을 수 있게 말할 수 있다. 그러나 이것은 의미에 대한 개념의 관습적이고 사소한 사용이며, 융이 보통 이 용어를 사용하던 방식이 아니다. 융의 의미 개념을 논하면서 마리-루이제 폰 프란츠는 "따라서 '의미'의 실현은 단순한 정보나 지식의 획득이 아니라 마음만큼이나 가슴에 와 닿는 살아있는 경험"[15]이라고 말한다. 라인의 통계적 상관관계가 "마음만큼이나 가슴에 와 닿는다"고 말할 수 있을까? 이런 통계적 상관관계는 의미의 원형, 곧 자기의 표현일까? 그것들이 나의 독특한 전체성, 내가 나됨을 의미하는 바를 드러내는 어떤 것일까? 확실히 그렇지 않다. 여기서 독자가 나와 동의하는 것이 꼭 필요한 것은 아니지만, 나는 이 문제에 대해 융과 의견을 달리한다. 이 점에 관해서 나는 내가 아는 한, 동시성과 비일상적인 것을 묶으면서 융을 따르는 융 학파의 동시성에 관한 이후의 모든 문헌들과도 의견을 달리한다.

일반적인 비인과적 질서로서의 비일상성: 조화와 명료화인가?

동시성이 일부를 차지하는 일반적인 비인과적 질서라는 융의 보다 포괄적인 개념을 살펴보면, 우리는 아마 융의 용어 사용과 나의 엄격한 동시성 해석을 조화시킬 수 있을 것이다. 융은 다음과 같이 말하면서 보다 포괄적으로 자신의 비인과적 원리를 설명한다.

> 사실 나는 좁은 의미의 동시성은 일반적인 비인과적 질서, 즉 관찰자가 비교의 제3점(tertium comparationis)을 인식할 수 있는 다행스러운 위치에 있는 정신적 및 물리적 과정의 동가(同價, equivalance)의 특정한 예일 뿐이라고 보는 견해에 기울어 있다. 그러나 그가 원형적 배경을 깨닫는 순간 그는 독립적인 정신적 및 물리적 과정의 상호 동화를 원형의 (원인적) 결과로 거슬러 올라가서 그것들이 단지 우연이라는 사실을 간과하고 싶은 유혹을 받는다. 이런 위험은 동시성을 일반적인 비인과적 질서의 특별한 예라고 간주할 경우 피해갈 수 있다.[16]

융은 내가 이 책에서 검토해온 동시성("좁은 의미의 동시성")을 "일반적인 비인과적 질서"의 특별한 경우나 훨씬 광범위한 현상의 하위 집합으로 생각한다. "정신적 및 물리적 과정의 동가"는 "비교의 제3점"을 제공하는 의미와 동가이다. "그들은 단지 우연"이라는 표현은 심리적이며 물리적인 과정을 가리킨다. 앞에서 강조했듯이,

원형적 의미는 동시성 경험의 기본적이고 본질적인 측면인 반면, 심리적이고 물리적인 상관관계는 우발적이고 우연적이다. 달리 말하면 동일한 심리적 교훈이나 무의식적 보상이 다양한 우발적 방법으로 나타날 수 있다는 것이다. 융에 따르면, 일반적인 비인과적 질서는 "자연수의 특성, 현대 물리학의 단종 … 그리고 상수이면서 재생 가능한 현상들처럼 선험적인 요인"[17]으로 분류된다.

융은 일반적인 비인과적 질서에 대한 그의 개념을 설명하지 않았다. 하지만 융과 함께 동시성에 대해서 긴밀히 연구했던 마리-루이제 폰 프란츠는 다음과 같이 동시성을 기술함으로써 우리에게 약간의 도움을 주고 있다. "예를 들어 동시성은 빛의 특정 속도, 에너지의 양자화, 방사성 붕괴의 시간 속도, 또는 자연 내에서의 다른 상수 같은 어떤 규칙적인 무소부재한 그저-그러-함(just-so-ness)이다. 우리는 이런 규칙성에 대해서 어떤 원인을 지칭할 수 없기 때문에, 일반적으로 그저-그러-함을 어떤 숫자로 표현한다."[18] 그녀는 여기저기서 어떤 근본적인 것들이 더 깊은 원인 없이 있는 그대로라는 엄혹한 사실인 그저-그러-함을 강조한다. 그녀의 주요 저서들 중 하나인 『수와 시간』(*Number and Time*)[19]에서 폰 프란츠는 자연수의 속성을 비인과적 질서, 비인과적 그저-그러-함의 예로 연구했다.

융과 폰 프란츠는 현대 물리학의 전문적 세부내용에 익숙하지 않기 때문에, 그들의 예는 대부분 적절하지 않다. 일반적인 비인과적 질서의 예 가운데서 두 가지 예, 곧 자연의 상수(빛의 속도 등)와 양자역학에서 에너지의 양자화를 생각해보자.

먼저 우리가 갈릴레오 시대에 살고 있다 일반적인 비인과적 질서의 학생이라고 상상함으로써 자연의 상수 문제를 살펴보자. 갈릴레오의 연구는 우리에게 깊은 인상을 주는데, 지구 표면 근처의 모든 물체들이 같은 가속도로 (g = 32피트/초/초 = 9.8미터/초/초) 자유 낙하한다는 것을 보여준다. 이 특별한 결과는 우리가 공기 마찰을 간과할 수 있다면, 키안티 포도주 한 병을 탑에서 떨어트리든, 대포알을 떨어트리든 이것들은 같은 가속도로 떨어져서 동시에 땅에 닿을 것이라는 사실을 말해준다. 먼저 갈릴레오와 함께 자랑스러운 손님으로 만찬을 하고, 포도주병을 비운 다음 시험을 한다면, 빈 키안티 병과 대포알의 가속도는 같다. 갈릴레오와 동시대인이라고 한다면, 우리는 뉴턴의 중력 공식에 대해 알지 못한다. 그래서 우리는 어떠한 인과적 설명도 없이 g는 자연의 깊은 사실이라고 믿는다. 이것이 "비인과적 그저-그러-함"의 한 예이다.

그러나 우리의 손자들이 뉴턴의 중력을 공부하고 미적분을 배울 때 그들은 지구의 질량 분포와 뉴턴의 중력의 훨씬 더 근본적인 원리로부터 g를 계산할 수 있다. 다시 말해서 이제 우리는 이전에는 근본적인 것으로 보였던 자연의 이 상수가 자연의 훨씬 더 깊은 근원적인 원리로부터 온다고 이해한다. 자연스러운 의미에서, 더 깊은 원리는 g의 특별한 가치를 야기한다. 이런 더 깊은 원리들은 그 자체가 비인과적일 수도 있고 아닐 수도 있다. 오늘날에는 아무도 g가 얼마나 근본적인지에 대해서 혼동하지 않지만, 이 예는 비인과적인 그저-그러-함의 예로서 특정한 자연의 상수를 고려하는 어려움을 보여준다. 최근 몇 년 동안 물리학자들은 자연의 모든 힘을 강력하고 우아한 방정식의 집합으로 통일하려는 이론들을 개발했기 때문에 이 문제는 더욱 심각해졌다. 이렇게 통일된 "만물의 이론"(theories of everything)은 이전에는 근본적인 것처럼 보였던 자연의 많은 상수에 대해 설득력 있는 설명을 제공한다. 그래서 오늘날의 자연 상수는 내일 더 심오한 자연의 법칙의 결과로 보여질 가능성이 높아서 우리는 그것들을 일반적인 비인과적 질서의 예로 고려하는 것을 조심해야 한다.

다음은 융이 양자역학에서 양자화라고 불렀던 "현대 물리학의 불연속성"이나 폰 프란츠가 언급했던 것보다 더 구체적인 "에너지 양자화"를 고찰해보자. 이것들도 좋은 예는 아니다. 양자화는 양자역학의 수학적 법칙에 대한 몇 가지 간단한 사실에서 매우 직접적이고 명확한 설명을 찾는다(양자화는 사실 피아노 줄이 고정된 주파수나 음색으로 진동할 때 나타나는 성질과 유사하다. 이것은 줄들이 피아노 틀에 단단히 고정되어 있기 때문이다).[20] 따라서 이런 양자화는 비인과적이 아니다. 심지어 폰 프란츠가 언급한 "방사능 붕괴의 시간률"도 비인과적 질서의 좋은 예가 되기 위해서는 설명이 필요하다. 방사능 붕괴 속도는 일반적인 비인과적 질서의 예가 아니다. 그러나 원리상 개별 붕괴 사건에 대한 원인은 없지만, 이런 사건들이 잘 정의된 통계를 통해서 구조를 나타낸다는 것은 비인과적 질서의 표현이다.

이런 혼란에도 불구하고 융과 폰 프란츠가 양자역학에 호소한 것은 아주 옳다. 수많은 양자 현상은 개별 사건이나 심지어 사건 집단에 대한 구체적인 원인이 없다는 엄밀한 의미에서 비인과적이지만, 이런 사건들은 풍부하고 상세한 구조인 진정한 비인과적 질서를 보여준다. 이런 현상들 가운데 일부는 이 책의 뒷부분에서 논의된다. 비록 우리가 물리학에서 미래의 발전에 대해서 예측하려고 할 때 역사가 주의하라고 가르치지만, 이론과 시험 모두는 이런 현상에 대한 인과적 설명의 전망을 아주 불가능하게 보이게 하는 쪽으로 수렴된다.

나는 비일상적인 현상을 일반적인 비인과적 질서의 예로 볼 것을 제안하지, 동시성의 예로 볼 것을 제안하지는 않는다. 나는 동시성을 내면세계와 외부세계에서의 의미에 대한 비인과적 예로서 엄격하게 정의하는 것이다. 비일상적 현상은 측정된 상관관계를 에너지나 정보 교환이 책임질 수 없다는 점에서 비인과적이지만, 동시성과 관련된 의미는 결핍되어 있다. 더욱이, 유사한 양자 현상과 마찬가지로, 비일상적인 현상은 "상수적이고 재생 가능한" 것인데, 이것은 프린스턴 공학 이상성 연구소의 쟌(Jahn)과 동료들이 이런 현상에 대한 보다 현대적이고 엄격한 연구를 통해서 보여주었기 때문이다.[21] 이런 재생 가능성은 산발적이고 예측 불가능하며, 더 좁게 정의된 동시성의 고유한 성격과는 더욱 대조적이다. 비일상적 현상을 동시성에서 벗어나 일반적인 비인과적 질서로 재분류하면 그림 8의 이전 분류를 그림 9에 나타낸 형식으로 수정할 수 있다.

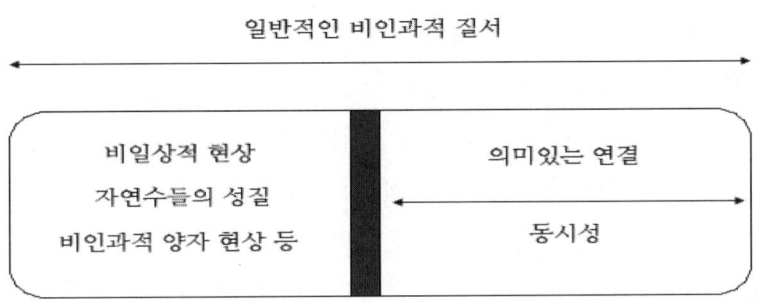

9. 비일상적 현상들과 동시성의 재분류

나는 비일상적인 것을 신비로운 자연 법칙의 표현이며, 일반적인 인과적 질서의 표현처럼 보지만 동시성의 표현처럼 보지는 않는다. 심리학자가 아닌 공학자인 로버트 쟌 박사가 이런 현상에 대해서 가장 세심한 연구를 한 것은 전적으로 적절하다. 쟌이 무작위로 선택된 시험 대상들에 대해 오랜 시간에 걸쳐 통제된 재생 가능성을 발견한 것은 그가 관련된 개인에 대한 원형적 의미를 가득 담은 복제 불가능한 동시성보다는 일반적인 비인과적 질서처럼 자연의 법칙과 같은 것을 연구하고 있다는 것을 더욱 그럴듯하게 한다.

융이 왜 동시성과 유사 심리학을 연결시켰는지에 대한 사색

나는 융이 동시성에 관한 논문을 썼던 1950년대 초의 적대적인 지적 풍토가 그로 하여금 동시성과 유사-심리학을 연관 짓도록 부분적으로 자극하였고, 라인의 시험에 의지하도록 했다고 생각한다. 비록 융은 인생의 80대에 다가가고 있었지만, 그는 여전히 신랄한 비평이 오가는 논쟁에 관심을 기울였다. 그는 동시성에 대한 그의

관념이 어떤 집단에서 등장할 것임을 알고 있었다. 통제된 시험과 통계 분석의 과학적 패러다임은 라인의 유사-심리학적 현상에 실재와 적합성을 부여하는 듯했다. 예를 들어, 융은 "사건들의 비인과적 조합의 존재에 대한 결정적인 증거가 최근에 이르러서 주로 라인의 시험을 통해서 적절한 과학적 안전장치와 함께 제공되었다. ..."[22]고 말한다. 오늘날 많은 사람들이 "적절한 과학적 안전장치가 있다"는 점에 이의를 제기하겠지만 그럼에도 불구하고 동시성은 이런 현상의 한 종류라고 주장함으로써 융의 새로운 원리의 실재와 적합성에 대한 지지를 얻었다. 융은 같은 논문에서 열매도 없는 점성술 시험을 시도했을 때도 과학적인 절차에서 유사한 지지를 구했다. 과학적 절차는 일반적인 비인과적 질서, 라인의 초능력과 같은 "사건들의 비인과적 조합의 존재에 대한 증거"를 찾는 데 적합하였다. 하지만 내가 엄격하게 정의하는 동시성에는 적합하지 않았다. 동시성은 자아의 변화를 추구하기 때문에, 우리의 의지에 종속되지 않는 것이다. 따라서 통제된 시험은 동시성을 연구하는데 적절한 방법이 아니다.

과학적인 방법은 재생 가능성, 완전히 통제된 환경, 그리고 양적 측정에 대한 요구와 함께 자연과 상호작용하는 한 가지 방법일 뿐이다. 과학은 고립된 상태에서 자연을 순수하게 드러내는 것이 아니라, 우리의 특정한 질문 형태에 대한 자연의 반응이다. 양자역학에서의 측정에 관한 다음의 장에서 알 수 있듯이, 과학은 부분적으로 자연과 우리 자신 사이의 독특한 상호 작용의 표현이다. 절망적이게도 양자역학은 자연이 그 상호작용과 무관하게 되는 것이 어떤 것인지 말해줄 수 없다. 과학적인 방법은 종종 특정한 종류의 수중 생물들을 잡을 수는 있지만 수많은 흥미로운 것들은 그대로 빠져나가는 어망과 비유되어 왔다. 아주 아름다운 작은 물고기나 해초(海草)들이 그물을 빠져나가기 때문에, 우리는 자연의 바다에서 그 존재나 실재를 부정해야 할까? 이처럼 작고 찾기 힘든 생명체는 우리의 이해를 크게 심화시키는 열쇠를 쥐고 있을지도 모른다. 마찬가지로, 동시성적 경험들을 다루는 과학적인 방법이 없기 때문에 우리는 그것들의 실재를 부정해야 하는가? 분명히 그렇지는 않지만, 입증되지 않은 개인의 일화적인 증거를 수집하고 그것을 한 사람의 개성화와 연관시키는 것은 과학적인 방법에는 거의 맞지 않는다. 그러나 만약 우리가 과학적 방법의 한계를 이해하지 못한다면, 우리는 그것을 향상시키기는커녕 우리의 이해를 방해하는 곳에 적용하고 말 것이다.

나는 제어되고 반복 가능한 시험과 수학적 분석은 동시성적 현상들을 이해하는데 완전히 잘못된 방법이라고 생각한다. 여기서 논의된 동시성의 예들과 같이 개성화의 진정한 이정표를 유사-심리학적 현상들과 혼동하는 것은, 그 적합성이 무엇이든지 간에, 특히 우리가 동시성에 대한 어느 정도의 이해를 구축하려고 하는 이 단계에서 오해를 불러일으킨다. 더 깊은 의미의 표현이 없는 한, 비인과적으로 연결된 사건들은 일반적인 비인과적 질서에 이르기까지 정신적, 비일상적 현상들의 커다란 정글에 속한다. 그것이 아니라면 때때로 이것들은 단지 우연에 지나지 않는 것일 수도 있다. 나는 이 정글을 탐험하는 것과 단순한 상상으로부터 진정한 정신적 경험을 가려내는 것에 전혀 관심이 없다. 나는 그저 의미 있는 동시성적 경험들을 구성하는 정글의 작은 개간지만을 고려할 뿐이다.

대부분의 영적 전통들은 그 전통을 따르는 자들에게 그들 자신을 위해서 유사-심리학적인 힘을 기르는 것을 피하라고 강력히 충고한다. 왜냐하면 유사-심리학적인 힘들은 쉽게 우리를 잘못된 길로 이끌 수 있기 때문이다. 이와 반대로 진정한 동시성 경험에 내재된 무의식적 보상은 우리에게 영적 지침이 될 수 있다. 이런 이유만으로도, 우리는 이런 현상들 사이를 명확하게 구분해야 한다. 그래서 이런 모든 이유들 때문에 나는 오직 개성화의 맥락 안에서 동시성에 초점을 맞추고 유사-심리학적인 현상들에 대해서는 어떤 고려도 하지 않는다.

동시성이 아닌 것

동시성에 관한 문헌을 조사하고 예를 들면서, 동시성에 대한 몇 가지 일반적인 오해들이 무성하다는 것이 분명해졌다. 그 정의를 명확히 하기 위해서, 나는 몇 가지 일반적인 오해들을 열거하고 예를 들어보겠다.

1. 동시성은 주관적인 것만이 아니다

모든 동시성 경험은 어떤 내적 심리 상태와 외부세계의 객관적인 사건이나 사건들 사이에 의미 있는 상응관계를 가져야 한다. 아무리 놀라운 사실을 폭로하거나 경험을 변화시키더라도 강력한 내적 경험만 가지는 것은 동시성으로 간주되지 않는다. 앞에서 제안한 것처럼, 단순한 경험만 있어도, 우리는 아무리 다른 관찰자가 외부 사건과 의미 있게 대응하는 내면의 상태에 대해서 알지 못할지라도, 또 다른 공정한 관찰자는 객관적인 사건이 일어났다는 것에 동의할 수 있다는 것을 안다. 융 학파 분석가인 로버트 아지즈(Robert Aziz)는 이 점에 대해서는 명료하지 않은 것 같다. 예를 들어, 아지즈는 어머니가 돌아가신 다음 융이 겪은 경험이 동시성적 경험이었다고 주장한다.[23] 그의 예를 뒷받침하기 위해서 아지즈는 융의 자서전에서 다음과 같은 구절을 인용한다.

나는 즉시 집으로 돌아갔고, 야간열차를 타고 가는 동안 큰 슬픔을 느꼈다. 하지만 마음속 깊은 곳에서는 이상한 이유 때문에 슬퍼할 수 없었다. 여행 내내 나는 결혼식이 축하되는 것처럼 댄스 음악, 웃음, 그리고 환희의 소리를 계속 들었다. 이것은 그 꿈이 보여준 재앙적인 인상과 격렬하게 대조되었다. 여기 즐거운 댄스 음악과 유쾌한 웃음이 있었고, 슬픔에 완전히 굴복하는 것은 불가능했다. 몇 번이고 슬픔이 나를 압도할 지경에 이르렀지만, 다음 순간 나는 다시 한 번 즐거운 멜로디에 휩싸인 나를 발견하곤 했다. 내 한쪽은 따뜻함과 기쁨, 다른 한쪽은 공포와 슬픔의 감정을 가지고 있었다. 나는 이 상반된 감정들 사이에서 왔다 갔다 했다."[24]

융이 묘사한 것에 의하면, 우리는 누군가 다른 사람이 좋은 장비로 음악을 듣거나 녹음할 수 있다고 생각할 이유가 없다. 그것이 융에게 아무리 감동적이고 중요한 경험이었다고 할지라도, 객관적인 요소가 없다면 그것은 동시성적일 수가 없다. 그러나 위의 인용문에는 어머니가 돌아가시기 전날 밤 융이 꾸었던 "재앙적인" 꿈이 언급된다. 비록 아지즈는 언급하지 않았지만, 융은 그 꿈이 분명히 죽음을 암시한다는 것을 알았다. 다음날 어머니의 죽음과 함께 이 꿈은 더 동시성적 경험으로 될 것이다. 여기에 꿈과 어머니가 돌아가신 객관적인 사건 사이에 의미 있는 상응이 있었다. 그러므로 융이 열차 안에서 음악을 들었던 주관적인 경험에는 객관적인 상관관계가 없고, 동시성의 예라고 할 수 없다.

2. 동시성은 마술이 아니다

내가 말하는 마술은 손놀림이나 환상의 나팔을 의미하는 것이 아니라 마술사의 매력, 주문, 암시, 의식, 또는 정신적 노력을 통해 결과를 산출하는 것을 의미한다. 그래야 마술사의 행동이나 생각과 생성된 결과 사이에 인과관계가 생긴다. 마술사는 개인의 의지를 발휘하여 결과를 도출하려고 하는 것이다. 인과적 연관이 강하지 않으면 우리는 그런 마술사를 사기꾼이나 최소한 전문성이 떨어지는 사람으로 판단한다. 따라서 동시성은 결과를 만드는 원인의 표현이 아니라 비인과적인 것이기 때문에, 폰 프란츠가 강조하는 것처럼 마술적 인과론의 표출이 될 수 없다.

융은 그의 개척자적인 논문 제목을 "동시성: 비인과적 연계의 원리"(Synchronicity: An Acausal Connecting Principle)라고 말하며 그 논문을 통해 비인과론(acausality)을 강조했다. 그러나 우리가 융을 자세하게 읽지 않는다면, 그는 어느 순간 동시성이 마술적으로 이해될 수도 있다는 것을 암시하는 위험에 가까이 다가간 것으로 보인다. 동시성에서 정서의 중요성을 논할 때, 그는 알베르투스 마그누스(Albertus Magnus)의 다음과 같은 말을 인용한다. "나는 영혼의 정동성(emotionality)이 모든 것들의 주요 원인임을 발견하였다. 영혼에 커다란 정동이 있어서, 영혼이 스스로를 향해서 나아가는 몸의 실체나 또 다른 것들을 변화시키기 때문이거나 아니면 영혼의 존엄성 때문에 다른 것이나 더 낮은 것들이 영혼에 종속되어 있기 때문이거나 ... 우리는 [결과적으로] 이 힘이 하는 것은 영혼에 의해서 이루어진다고 생각한다."[43] 자아와 혼동하지 않으면서 영혼에 대해서 잘 안다면, 이 말은 비인과적으로 읽히고, 융은 이점을 암시한 것처럼 보인다. 이 인용구를 논하면서 마그누스는 이미지들은 "신이 주신 것이며 우리 자신의 생각에서 온 것이 아니다"라고 말한다.

중요한 점은 동시성이 종종 감정이 흥분될 때 나타난다 하더라도, **우리의 개인적인 욕망이나 기대가 외부 사건의 원인이 아니라**는 것을 깨닫는 것이다. 물론, 동시성의 비인과론 또한 외부 사건이 내적 경험의 원인이 아니라는 것을 암시한다. 예를 들어, 융의 어머니의 죽음이 전날 밤 그의 꿈을 야기시키지 않았다. 오히려 이것은 융이 종종 "절대지"(絶對知)이라고 불렀던 것이 나타난 것이다.

3. 동시성에서의 의미는 자아의 산물이 아니다

이제 융은 동시성을 초월적 의미의 표현, 즉 자기 원형의 표현으로 이해했음을 분명히 해야 한다. 융은 "비록 의미가 분명 신인동형론적이기는 하지만 그럼에도 불구하고 그것은 동시성의 필수적인 기준을 형성한다"[44]라고 말한다. 의미는 분명히 신인동형론적이다. 왜냐하면 인간성이 없다면 그 의미는 공허한 개념이기 때문이다. 그러나 그 의미는 자아의 변혁을 추구하는 무의식적 보상의 한 형태이기 때문에 자아가 언제나처럼 의미를 왜곡시킬 수는 있어도 의미의 근원이 될 수는 없다. 여기서 내가 사용한 왜곡이란 말은 참된 의미가 종종 우리의 욕망, 공허함, 자기 과대를 향한 우리의 타고난 자아의 욕망 때문에 곡해로 얼룩진다는 뜻이다. 그럼에도 불구하고, 자아는 스스로를 보상할 수 없고, 따라서 그것은 동시성 경험의 의미의 원천이 될 수 없다. 다음 장에서 나는 실제 사례 자료로부터 의미 개념을 도입해 보고자 한다.

제4장
동시성: 예들과 분석

그러므로 우리가 하나의 동일한 (초월적) 의미 자체가 인간의 정신과 외부적이며 독립적인 사건의 배열 속에 동시적으로 드러날 수 있다는 가설을 받아들인다면, 그 즉시 우리는 전통적인 과학적이고, 인식론적인 견해와 충돌하게 된다.

- C. G. 융

이 장과 다음 장들에서 나는 친한 친구들의 동시성 이야기를 익명의 형식으로 소개할 것이다. 또한 그 여정에서 나는 나의 동시성 이야기 몇 개를 익명의 형식으로 이야기 할 것이다. 자료가 갖는 매우 개인적인 성격 때문에 익명성이 중요한 듯하다. 서론에서 소개된 학생과 또 다른 한 사람을 제외하고 여기 소개된 친구들은 모두 20년이 넘게 알고 지낸 지인들이다. 그 학생을 제외한 나머지 모두는 진지하게 철학, 심리학, 종교를 공부하고 있고, 명상을 수행하고 있다. 이들은 모두 개성화 과정과 영혼 만들기에 수년 간 헌신하였고, 그들이 경험한 것들이 지닌 심리적 의미를 명료하게 설명할 수 있는 사람들이다. 이들 대부분은 결혼을 했고 아이들을 키우고 있으며, 전문 경력을 추구하는 사람들이다. 이들 중 다수는 앤서니 다미아니(Anthony Damiani)가 세운 지혜의 황금막대 철학 연구소(Wisdom's Goldenrod Center for Philosophic Studies)[2]의 학생들이다. 황금막대는 어떤 특정 종교 집단이나 철학 운동에 연계되어 있지 않고, 20년이 넘게 비교 철학과 심리학에 깊은 학문성을 견지하면서 명상을 수행하는 곳이다.

나는 각각의 저술가에게 경험의 의미가 어떻게 특정한 심리적 발달과 영적 발달에 관계되는지 논의하자고 요청하였다. 명료하게 하기 위해서 나는 종종 그들의 이야기 중에 어떤 부분들은 더 자세하게 말해 줄 것을 요청하거나 저자들의 승인을 얻어서 편집상의 변경을 요청하기도 하였다. 선택된 이야기가 나의 것인 경우에도 나는 이야기의 본 내용을 침범하지 않으려고 무척 노력을 하였다. 이야기의 저자를 알아보지 못하도록 나는 이야기에 나오는 모든 사람의 이름을 바꿨다. 이러한 흐름을 견지하는 중에 중심 내용은 이야기 속 주인공들의 말을 통해서 전달된다.

비록 이 책에 실린 동시성 이야기들이 인간 경험의 전체 범위에 이르고 있고, 발간된 책들 중에서 가장 많은 이야기를 싣고 있다고 할지라도, 그것이 통계적으로 의미가 있거나 완전한 자료집이라고 할 수는 없다. 우리가 가진 현재의 이해 수준에서, 나는 미래의 희망으로서는 몰라도 현재로서 완전한 자료를 전개할 수 있다고 생각하지 않는다. 나는 기본적으로 두 가지 기준에 기초하여 이야기들을 선택하였다. 첫째, 이야기의 주인공이 어떤 중요한 의미를 명료화할 수 있는 이야기들만 뽑았다. 물론 무엇이 "중요한 의미"인가를 결정하는 것은 개인적인 판단이다. 나는 쓰여진 이야기들의 범주를 넘어서 이 경험들에 대해 확대된 해석을 하는 것에 반대하였다. 나는 종종 저자들에게 자신들의 경험이 개성화에 어떤 의미가 있는지 생각하라고 독려하였다. 그러나 저자가 전해준 이야기 밖의 경험들을 광범위하게 해석하는 것에는 반대하였다. 나의 친한 친구에게 일어났던 강력한 동시성적 경험들에 대해 내가 제한된 해석을 하는 것은 재미도 없고, 심지어 더 고약한 심리학일 수 있다. 앞에서 강조했듯이, 동시성 경험 안에 드러나는 의미는 아주 개인적인 것임에도 불구하고, 그 안에는 우리의 개성화를 통해서 그 자신을 드러내는 초월적 지혜인 원형적 자기의 객관적이며, 초개인적 특성이 들어있다. 이런 객관성 때문에 의미는 실제로 경험 안에서 현존할 수 있지만, 우리가 너무 둔감하여 이를 알아차리지 못한다. 나의 선택 기준은 이런 "무의식적 동시성"을 배제한다. 둘째, 나는 놀라울 정도로 자주 일어나지만 덜 구속적이면서 덜 명료한 매일 매일의 동시성 사건들을 버려둔 채 극적인 예들을 찾았다.

가치와 진주

나는 내 친구에게 이 이야기를 들려주었다. 그는 트롤(troll)이 동시성적 사건의 배후에 있다고 생각했다. 사실 그 자신도 약간 트롤처럼 보였다.

기억할 수 있는 한 내가 여섯 살이나 일곱 살이었을 때 처음으로 가치 있는 배움을 얻었다. 나는 주일학교 같은 반에 있는 소녀와 서로 반지를 교환했다. 내가 준 반지는 30 캐럿 금으로 띠를 두른 진품 반지였지만 나는 별로 개의치 않았다. 나는 친구가 준 반짝반짝 빛나는 예쁜 붉은 색 반지를 훨씬 더 좋아했다(알고 보니 그 반지는 풍선 껌 기계에서 나온 10센트짜리 반지였다).

친구와 함께 집에 왔을 때 양쪽 부모님들은 모두 충격을 받은 듯 했다. 소녀의 부모님께서 오시더니 누누이 사과를 하였고, 이어서 원래대로 반지들이 되돌려지는 극적인 교환이 있었다. 그것은 거의 어떤 예식 같았다. 분명히 나는 무엇인가 잘못된 일을 했던 것이다. 그러나 나는 무엇이 잘못되었는지 개념이 없었다. 왜냐하면 나는 당시에 사회적 가치에 대한 개념이 없었기 때문이다. 내가 알았던 것은 그녀가 준 반지가 반짝반짝 빛나는 붉은 색 반지였다는 점이다. 그리고 내 생각에는 두껍게 금으로 띠를 두른 나의 칙칙한 하얀색 반지보다 그녀가 준 반지가 훨씬 더 예뻤다. 그 후에 나는 작은 소녀가 그랬던 것처럼 몇 차례 반지를 끼고는 반지를 보석 상자에 넣어 둔 채 그것에 대해 다시 생각하지 않았다.

20대가 되었을 때 나는 진지한 애정 관계에 빠지게 되었다. 그리고 어떤 변화가 일어나지 않는 한, 그 사랑이 지속될 수 없는 침체기에 이르렀음을 알게 되었다. 그때 낯선 사람이 나타났다. 그는 외국인이었고, 멋진 이국풍인데다가 아주 매력적인 남자였다. 나는 그 사람 주변에 머무는 흥분에 푹 빠져 즐기면서 이렇게 신나는 관계를 위해서 오랫 동안 지켜온 관계를 버려야 하는지 의문이 들기 시작하였다.

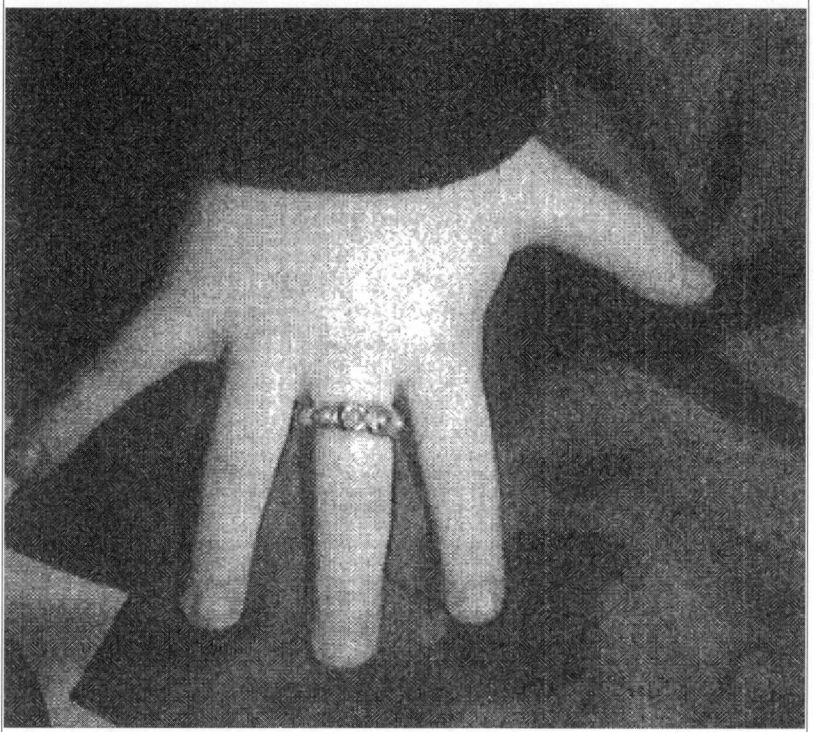

10. 딸에게 끼워준 진주 반지

 어느 날 오후 나는 그날 저녁을 생각하면서 새롭게 나타난 이 사람과 데이트를 생각하고 있었다. 나는 어떤 일이 일어날지 모르는 만일의 경우를 대비하여 그날 저녁 시간을 비워두었다. 나는 적극적으로 이 가능성을 즐기기 시작했다. 나는 차에서 내려 주차기에 돈을 넣으려고 돈 지갑에 손을 넣었다. 그리고 그 순간 내가 어린 시절부터 간직하고 있던 바로 그 진주 반지를 꺼내 들었다. 그 순간까지 나는 어떻게 그 반지가 내 돈 지갑에 들어 있었는지 기억이 없었다. 내가 그 반지를 되찾았을 때, 바로 그 순간 내가 이 감각적인 사랑에 빠진다면 다시 한 번 나의 진주와 반짝거리는 모조

품을 교환하게 되는 일이 될 것이라는 분명한 깨달음이 왔다. 그러나 이번에 나의 관계는 상실하기에는 너무도 의미가 있었다. 나는 회오리바람처럼 잠깐 왔다가 사라지는 정열에 나의 의미 있는 관계를 주는 것보다 내면의 깊은 곳에서 의미 있는 관계를 지키는 데서 얻는 유익이 (비록 당시에는 나에게 완전히 드러난 것은 아니었지만) 궁극적으로는 더 의미가 있을 것이라는 것을 알았다.

그 반지가 어떻게 거기서 나오게 된 것일까? 정말 실마리를 찾을 수 없었다. 아마 이 일이 있기 전 어느 시점에 부모님이 사는 아파트에 갔었을 것이다. 그리고 내 과거의 기억이 담긴 몇몇 물품들을 가져왔을 것이다. 그렇다면 다시금 이 반지는 트롤로 거기에 있을 수 있었다.

삶에서 더 깊은 가치를 보게 했던 이 가르침은 내 삶의 지속적인 주제였다. 나에게는 섬광처럼 빛나고, 반짝거리는 외모의 허구를 알아차려야 하는 상황에 계속해서 던져졌다. 삶의 경험에서 더 깊은 의미를 분별해 내는 것은 어떤 내적 자기-성찰을 요청하는 것처럼 보인다. 삶의 여정에서 나는 종종 반짝거리는 붉은 풍선껌 반지들을 만나 이들에 대해 끔찍이 실망한 다음 더 깊은 의미들을 선택하는 것을 배우곤 하였다. 15년이 지나 진주반지를 꺼내든 경험 또한 내게 깊은 의미로 다가왔다. 나는 손에 반지를 잡았던 그 순간 인생의 전환점에 서 있으며, 어떤 선택을 함에 있어서 더 이상 어린아이 같은 선택을 할 수 없음을 깨닫게 되었다. 결국 나는 오랫 동안 사귀어 온 관계를 선택하였다.

한층 더 나간 동시성적 항목: 빅터 맨스필드는 폴 브런튼의 책 『영감과 참 자기』(Inspiration and the Overself)에 나오는 수천 개의 단락 가운데 어떤 '임의의' 단락을 선택하기 위해서 임의의 숫자 생성기를 사용하는 컴퓨터 프로그램을 만들었다. 내가 컴퓨터를 켤 때마다 '임의로' 선택된 단락이 컴퓨터 스크린 위에 뜨도록 프로그램이 설정되었다. 내가 나의 동시성 이야기 편집을 끝내기 위해 컴퓨터를 켰을 때, 다음과 같은 단락이 스크린 위에 올라왔다.

수피 무하마단 현자 시인 이븐 알-아라비(Ibn al-Arabi):

> 오 신성한 진주여!
> 어두운 죽음의 껍질 속에서 묻혀 사는 동안
> 슬프도다! 일반 보석을 칭송하며 비축하는 동안,
> 당신의 측량할 수 없는 가치가 여전히 무시되고 있다!

비록 그녀가 동시성의 "트롤 이론"을 유머 있게 이야기하고 있지만, 우리는 그 이론이 동시성적 경험들에 대한 해답을 찾으려는 우리의 절박함 가운데 전개된 전형적인 인과적 설명이라는 점에서 주목할 가치가 있다. 우리는 우리의 내적인 심리적 상태와 의미 있는 관계를 갖기 위해 반지와 같은 것들을 움직이는 요정을 상상한다. 여기서 트롤은 숨겨진 인과적 작인이다. 그러나 어떤 것이 물질이나 에너지의 역학을 통해서 다른 것에 직접 작용하는 이런 인과적 입장은 동시성의 비인과론과 양립할 수 없다. 수평적 인과론이란 존재하지 않으며, 외부의 사건들 스스로가 특정한 방식으로 배열하게 하는 내적인 상태들이나 그 반대되는 것도 존재하지 않는다. 무의식적으로 인과론에 얽매인 우리는 내적 사건들과 외적 사건들 사이에 비인과적 의미 관계로 연결되어 있다는 융의 주장에 반기를 든다. 내적 사건들과 외적 사건들 사이에 어떤 에너지나 물질의 관계가 존재하지 않기 때문에, 어떤 관계도 전혀 존재하지 않는 것처럼 보인다.

다른 한편, 융과 더불어 "우리가 하나의 동일한 (초월적) 의미 자체가 인간의 정신과 외부적이며 독립적인 사건의 배열 속에 동시적으로 드러날 수 있다는 가설을 받아들인다면, 그 즉시 우리는 전통 과학적인 인식론적 견해와 충돌하게 된다."[3] 우리는 이런 전통적인 견해들로 갈등을 해결함에도 불구하고, 쉽게 인과적 힘을 초월적 의미에 귀속시키려는 유혹과 수직적 인과론을 지지하려는 유혹에 굴복할 수 있다. 낡은 신념과 헌신은 쉽게 죽지 않는다.

이 동시성의 예에는 그 어떤 꿈도 포함되어 있지 않다는 사실을 인식해야 한다. 동시성에 대한 피상적인 연구는 학생들의 꿈과 사실이나 융의 내담자와 딱정벌레처럼 동시성이 언제나 꿈과 외부 사건 사이의 관계를 포함시킨다고 우리를 쉽게 믿도록 오도할 수 있다.

앞서 제시된 마지막 예는 내적인 심리적 상태와 외부적 사건 사이의 의미 있는 연결이 무의식, 즉 무의식적 보상으로부터 분명한 의도와 인식 가능한 충동을 표현하고 있음을 보여준다. 여기서 우리는 가치에 대한 깊은 교훈을 만난다. 교훈은 두 차원에서 동시성 경험 안에서 스스로를 표현하였다. 첫째는 연인 사이에 분명한 상호인격적인 차원의 교훈이다. 둘째는 우리 안에 존재하는 지고의 존재와의 관계를 제대로 평가한다는 교훈이다. 이 두 교훈은 모두 가치의 원형을 보여주고 있으며, 둘 다 진주의 상징을 사용한다. 최종 편집 과정에서 "무작위" 선정 과정을 통해 나온 이븐 알-아라비(Ibn Al-Arabi)의 시는 가치의 문제를 더 높은 옥타브로 올려놓았다. 그 시는 몸과 관계하고 있는 우리 안의 가장 높은 자기를 표현하기 위해 "신성한 진주"라는 상징을 사용하였다. 말하자면 "[신성한 진주는] 어두운 죽음의 껍데기에 묻혀 있다." 얼마나 자주 우리는 장신구들을 과대평가하는가! "오 신성한 진주여 … [그 사이] 당신의 측량할 수 없는 가치가 여전히 무시되고 있다!"

오래된 상처들을 치유하기

21년 전 나의 첫 아들이 태어나고 4주가 지났을 때 이 일이 일어났다. 그때 나는 스물아홉 살이었고 카유가 호숫가(Cayuga Lake)의 목가적인 오두막에서 살던 대학원생이었다. 아내와 나는 부모로서 풍요를 누리고 있었고, 건강한 아들은 탐욕스럽게 젖을 빨고 있었다. 그리고 다양한 색깔의 가을 낙엽들이 우리 주변을 휘감고 있었다.

  이틀 밤 연속해서 나는 아버지에 대해서 아주 비슷한 꿈을 꾸었다. 나는 그 때까지 알코올 중독자였던 아버지를 꿈에서 만나본 적이 없었다. 그리고 그 이후로도 마찬가지였다. 아버지는 내가 유아였을 때 나를 떠났고, 그 이후 나를 거의 만나지 않았다. 어머니는 애정을 가지고 혼자서 나를 키웠고, 내가 스물한 살이 되었을 때 재혼하였다. 때때로 내가 어떤 잘못된 행동을 해서 어머니의 화가 극에 달한 경우에 "네가 아빠를 꼭 닮았구나!"라고 말씀하곤 하셨다. 그것은 핵무기 같은 저주였다.

  연달아 꾼 두 꿈은 아버지를 매우 호의적인 모습으로 보여주고 있었다. 꿈에서 아버지는 자기가 완고하고 공격적인 네 엄마와 사는 것이 불가능함을 발견했던 감각적이며, 시적인 인물이었다고 나에게 말해주었다. 그는 자기가 떠난 것이 실제로 자기 잘못이 아니라고 주장했다. 두 개의 연속적인 꿈들은 서로 닮아 있어서 내게 아주 특이하게 보였다. 나는 이 꿈들이 내가 아버지가 되는 것과 연관되는 것인가 생각해보기도 했지만, 아직도 이 꿈들은 신비한 채로 남아 있다.

  두 번째 꿈을 꾸고 난 다음날, 나의 큰 아버지가 나에게 전화하였다. 나에게는 전화 자체가 진짜 충격이었다. 왜냐하면 나는 나의 아버지 쪽의 가족들과 아무 연락을 하지 않고 있었고, 지난 15년 동안이나 접촉이 없었기 때문이다. 그는 아버지가 미국의 수도 워싱턴 시에 있는 재향군인병원에서 죽어가고 있으니 내가 가서 아버지를 만나야 한다고 말하였다. 나는 화를 내며 말했다. "내가 죽어가고 있다면 아버지가 나를 보러 올까요?" 나는 큰 아버지에게 이렇게 오랜 시간이 지나 그를 보는 것에 더 이상 관심이 없다고 말했다.

  전화를 끊자 격노, 비탄, 자기 연민이 살아 있는 증기처럼 나를 감쌌다. 내가 아버지를 필요로 할 때 그는 어디에 있었지? 내가 고등학교에 다닐 때 미식축구반이 초청한 아버지-아들 만찬에 왜 아버지는 오지 않고 외삼촌이 왔지? 어째서 아버지에 대한 나의 처음 경험들이 아버지가 어머니의 아파트에 뛰어들었던 것과 목욕탕 벽 전체에 토사물을 쏟아내었던 것으로 채워져 있는가? 아버지와 어머니 사이의 격렬한 싸움들, 서로 얼굴에 상처를 낸 일, 그리고 거기서 나는 무력한 두려움에 싸여 어머니에게 다음과 같이 말했었다. "엄마, 아빠를 내려치도록 내가 망치를 가져다줄게 …" 이 모든 일들이 내게 엄습하였다. 저 썩을 놈! 안 돼. 저놈이 나를 개자식으로 만들었어! 나의 정상적인 아동기를 망쳐 버린 거야. 저 자는 이혼 법정에서 아이 양육비로 일주일에 5달러를 지불하라는 것조차 안 주는 작자야. 어쩌면 저놈이 나의 어머니하고 결혼하는 동안, 내가 만난 적 없는 이복형제가 상속을 받았으니 병원에 있는 저놈을 방문하겠지. 나의 어머니와 내가 도움을 받을 수 있는지 알아보기 위해서 사회복지사들이 조사하는 것이 얼마나 역겨운 일인가! 아버지는 2차 세계 대전에서 이미 죽었다고 사람들에게 수년간 말했었는데 저 멍청한 아버지란 놈이 내가 다니는 고등학교에 편지를 보내 내가 어떻게 군복무를 이행하고 있는지 물어 보았었지. 내게는 크리스마스 카드 한 장 보낸 적이 없는 작자야! 왜 아버지가 되어가지고 나를 이렇게 망쳐놓은 거야! 그 개자식은 혼자 죽게 내버려 둬. 그게 그가 받아야 할 몫이야.

그렇게 아름답던 가을날 나는 얼굴을 타고 내려오는 뜨거운 눈물을 흘리며, 비탄과 슬픔의 감정이 교차되는 것을 느끼면서 여기저기를 정처 없이 걸었다. 점차 나는 결국 내가 아버지를 만나야 하나 만나지 말아야 하나 어느 한 곳에 마음을 정할 수 없었다. 나는 그가 할아버지가 되었다고 어떻게 그에게 말해야할지 생각하기 시작했다. 나는 어떻게 해야 할지 몰랐다. 마음에서 격한 전쟁이 계속되고 있었다. 이전에 나는 융을 읽었었고, 『주

11. "췌(Gathering, 萃)" 괘

역』을 가지고 시험을 하였었다. 나는 필사적으로 주역을 탐구하였다. "췌(Gathering, 萃)"괘가 올라왔다. 주해 부분을 보니 다음과 같이 적혀 있었

다. "가족은 가족의 어른이신 아버지 주위로 모인다." 나는 어안이 벙벙하였다. 이 괘와 반복된 꿈들은 나를 위한 것이었다. 나는 이들 사건들 속에서 기막히게 확실할 정도로 나의 격노와 자기-연민보다 더 큰 어떤 것이 작용하고 있음을 깨달았다. 우리 모두는 나의 작은 차에 몸을 실었고, 슬퍼하며 워싱턴으로 차를 몰았다.

중환자실에 근무하는 간호사가 이 사람이 나의 아버지인지 내게 물었다. 나는 당황하여 이렇게 말했다. "모르겠는데요." 사실 머리에 튜브를 꽂고 있는 저 잿빛의 남자는 나의 아버지였다. 나는 아버지에게 내가 누구인지, 그리고 아버지께서 할아버지가 되었노라고 말해주었다. 그가 말했다. "내가 병이 낫게 되면 네게 보상을 해 줄게." 그는 항상 끝까지 지킬 수 없는 알코올 중독성 약속을 하고 있었다. 나는 아버지와 어머니, 그리고 한 번도 존재하지 않았던 나의 가족을 위해서 울었다. 나는 그의 입에서 흘러나오는 피를 닦았다. 나는 아버지가 느끼는 고통을 느꼈고, 내가 느끼는 비탄과 자기 연민이 우리 모두를 위한 슬픔 속에 녹아내리고 있는 것을 지켜보았다. 마침내 나는 아버지와 눈물의 작별인사를 하였다. 며칠이 지나서 아버지는 돌아가셨고, 그 후 그를 다시 볼 수 없었다. 그때 이후, 나는 아버지를 향한 비탄과 분노를 다시 느끼지 않았다. 그러나 그 오래된 상처들은 아직도 조금씩 피를 흘리고 있다.

병원을 방문한 다음 날 밤 나는 나를 외할아버지 집 뒤에 있는 개울가로 태우고 가는 1930년대에 출시된 아름답고 낡은 검정색 차에 대한 꿈을 꾸었다. 나는 유아기 때 그 집에서 살았던 것으로 기억한다. 이 짧은 꿈을 이해할 수는 없었지만, 나는 그 꿈에서 큰 위로를 받고 있다는 것을 느꼈다. 나는 언제나 그 위로의 느낌을 기억하였고, 그것이 무엇을 의미하는지 궁금해 했다. 20년이 지난 다음 나의 아버지가 들어가 있는 여섯 장의 사진 중에서 나는 그 아름다운 검정색 차를 보았다. 아동기 시절 나는 그 사진을 몇 차례 본 적이 있다(뒷 페이지 사진을 참조할 것).

아버지는 왼쪽 다리를 발판에 올려놓고 나를 그의 팔에 안은 채 검정색 차 앞에 서 계셨다. 그렇게 잘생긴 젊은 신사는 나에 대한 자부심과 애정으

12. 아버지와 아들

로 빛나는 것처럼 보였다. 어쩐지 그에게 다가오는 책임에 대해 무엇인가 불안한 기색을 보여주는 것 같기도 하였다. 이 사진은 나와 아버지가 함께 나온 유일한 사진이다.

이 모든 것은 무엇을 의미하는 것일까? 분명 아버지에 대한 나의 비탄은 나와 내 가족을 위해서 극복되어야 할 필요가 있었다. 지금까지 잘 살아왔지만, 단단한 격노, 증오, 수치의 고리가 나에게 독을 품어내고 있었다. 그 고리가 벌써 풀렸어야 했다.

여기에는 또 다른 차원이 있다. 진정한 자립(self-reliance)의 필요란 이름으로 그리고 아픔과 상처에 대응한 방어로서 나는 어느 정도 두꺼운 갑옷을 만들어 입었다. 시간이 지나면서 아동기에 받은 상처들은 대체로 치료되었다. 하지만 그 대가로 단단한 흉터 조직을 많이 쌓아 올려야 하는, 말하자면 일종의 안장 껍데기를 갖게 되었다. 나의 상실과 아버지의 고통을 직접 경험하는 일은 갑옷을 부수고 상처를 다시 여는 것이었다. 꿈이 준비해 주고, 주역이 가르쳐 준 덕분에 나는 흉터가 덜 한 상태에서 상처들을 보다 철저하게 치유할 수 있었다. 흥미로운 것은 갑옷은 외부세계가 사람들을 해치지 않도록 한다는 점이다. 그러나 갑옷은 당신으로 하여금 많은 부드러움을 표현하지 못하게 하거나 당신 안에 세상이 들어오는 것을 막는다. 대체로 갑옷은 입고 다니기에 무거운 짐이다.

물론 이 경험은 세상과 나의 관계에 대해 물음을 던졌다. 내 안에 무엇이 "나의 아버지가 죽어가고 있다"는 것을 알았을까? 무엇이 아버지에 대한 특별한 꿈들을 통해서 나의 숨겨진 비탄이 부드러워질 필요가 있음을 알았을까? 어떻게 임의로 던져진 동전이 당시 나의 심리적 상태에 그렇게 의미 있게 연결될 수 있었을까? 나는 이 물음들에 대해 부분적인 대답만을 가지고 있었다. 그러나 이 물음들은 나를 떠나지 않고 계속 따라다니고 있었다.

그 다음에 나는 나의 선생님이었던 앤서니에게 그 경험을 말해주었다. 그러자 앤서니는 이렇게 말하였다. "우리가 다른 사람들을 용서하기를 배울 수 없다면, 우리는 결코 우리 스스로를 용서하지 못할 것이다." 그것은 내가 간직할 수 있는 가장 좋은 교훈이었다.

의미, 시공 초월, 비인과론, 그리고 내면과 외면의 연합

　위에 소개된 사례 자료들과 그 다음에 소개할 자료들은 동시성 경험들이 의미, 시공 초월, 비인과론, 정신과 물질의 일치 문제들을 중심으로 돌아가고 있음을 보여준다. 동시성 경험들은 항상 그 순간 그 사람의 개성화와 밀접하게 연관된 어떤 결정적인 의미를 중심으로 돌아간다. 종종 강렬한 감정적 시기가 동시성 경험들 앞에 나타나는 것이다. "가치와 진주"와 "오래된 상처 치유하기"는 개성화 과정을 위한 명확한 이정표이자 초점이다. 이 경험들과 뒤에 소개되는 경험들을 영혼 만들기의 세세한 부분들과 연결하지 않는다면, 사건들은 그저 변칙적인 경험, 즉 자연의 얼룩이 될 것이다. 반면에 동시성 경험들은 내면세계와 외부세계 모두에서 자기의 계시이며, 개인을 변환시키려고 하는 의미의 계시이다.
　우리는 때때로 시공을 초월했거나 "절대지(絶對知)", 즉 정상적인 감각이나 추리를 통해서는 결코 얻을 수 없는 지식의 분명한 표현을 만난다. 예를 들면, "오래된 상처 치유하기"에 소개된 반복된 꿈들은 꿈꾼 이로 하여금 아버지의 치명적인 병에 관해서 무엇인가 알기 전부터 치유를 준비하였다. 이 책 뒷부분에 나오는 예들은 우리의 절대적인 시공 개념들을 뛰어넘는 시공 초월적 지식에 대한 보다 극적인 예들을 보여준다.
　"오래된 상처 치유하기"에서조차 경험적 성격인 자아는 때때로 어떤 초월적이거나 융이 말한 바대로 "절대지"에 접근한다는 것을 선견지명으로 암시한다. 나는 이것을 절대지라고 말하기보다 자아가 정상적인 감각 통로들과 추리의 양태들을 뛰어넘는 지식에 간헐적으로 접근하는 것이라고 제안한다. 융은 다음과 같이 말한다.

　동시성적 현상들의 특징인 "절대지"는 감각 기관에 의해 매개되지 않는 지식으로서 자존적인 의미의 가설을 지지하거나 심지어 그 존재를 표현

한다. 이런 존재의 형태는 초월적일 수밖에 없다. 왜냐하면 미래나 공간적으로 거리가 있는 사건들에 대한 지식으로서 절대지의 형태는 정신적으로 시간과 공간 안, 말하자면 현저한 시공간 연속체 안에 포함되어 있기 때문이다.[4]

이 동시성 경험들은 정신과 자연 및 마음과 물질이 분리된 것이 아니며 다른 영역들이 아니라는 증거를 제공한다. 이들 사이의 어떤 심오한 관계나 상호 연관은 영혼으로 하여금 두 영역에서 동일한 의미를 확인하도록 예시하는 것처럼 보인다. 앞선 장들에서 강조하였듯이, 동시성은 비인과적이기 때문에 우리는 자기(Self)나 영혼이 우리의 내적 상태에 상응하도록 의미 있게 물질을 조작한다고 생각해서는 안 된다. 그것보다는 의미가 일차적이고 의미를 구현하는 외적이며 내적인 사건들은 이차적이고, 우발적이며, 우연적이라고 하는 것이 옳다. 그럼에도 불구하고, 두 영역에서 이런 비인과적 의미의 전개는 동시적으로 정신과 물질의 연합을 함축하면서 개인에게 필요한 변화를 가져온다.

동시성에서 의미의 지각과 함께 강력한 영향들 둘 다 집단적 무의식의 근간이 되는 원형들을 가리킨다. 원형들은 우리의 행동과 감정을 구조화할 뿐만 아니라 심리적 삶을 위한 근본적인 의미의 단위를 제공한다. 이 동시성 경험들이 정신과 물질의 연합을 제시하기 때문에 융은 연관된 원형들을 자연 안에 있는 물질과 정신 둘 다를 구조화하지만 이 둘 다를 초월하는 "정신양"(psychoïd)이라고 생각했다. 원형들을 통해서 융은 경험의 순전히 주관적이고 심리적인 연구를 벗어나 우리의 심리적 제약을 초월할 수 있는 가능성을 열어놓는다.

달리 말하면, 이런 의미 있는 마음과 물질의 연결을 반복적으로 경험했던 융은 어쩔 수 없이 순수 심리학적 입장에서 철학적이며 형이상학적인 입장으로 나아가게 되었다. 이로써 융은 하나인 세계

(*Unus Mundus*), 즉 기초를 이루는 통일된 실재를 상정하였다. 예를 들면, 그는 "따라서 심리학은 모든 형이상학적 주장과 언명을 정신적 현상들로 다루며, 궁극적으로 어떤 무의식적 기질들로부터 나온 마음과 그 마음의 구조에 대한 선언으로 간주한다"[5]고 말한다. 다시 말해서, "우리의 형이상학적 개념들이란 초월적 사실들을 전혀 가설적인 방식으로 표현하거나 아니면 온전히 가설적으로만 표현하는 소박한 의인화된 이미지들이며 의견들이다."[6] 나는 이 다음의 장에서 하나인 세계에 대한 개념을 확장할 때 융을 따르지만 형이상학적 진술을 피하라는 그의 충고는 어길 것이다.

동시성을 이해하는데 따르는 지성적 장애

외적인 세계를 정신과 관계 시킬 때 우리는 주로 인과적인 관계를 생각한다. 말하자면, 외적인 사건들은 인과적으로 나의 정신과 연결되는 것이다. 외적인 사건들은 직접 내 안에 어떤 반응을 유도하기 때문이다. 이 단순한 예는 내가 외부세계로부터 감각을 받아 이어서 내 정신 안에 지각된 상들로 바꾼다는 일반적인 시각이다. 그러나 세계와 나의 정신 사이의 의미에 대한 불인과적(noncausal)이거나 비인과적(acausal) 관계, 즉 외적 사건은 심리적 상태의 원인이 되지 않거나 심리적 상태가 외적 사건의 원인이 아닌 관계는 이해하기 어렵거나 실재적이거나 본래적이라고 생각하기 어렵다. 우리가 그 인과적 뿌리를 찾지 못한다면 어떤 존재의 실재가 위태롭게 될 뿐만 아니라 "설명"이라는 개념 자체가 보통 인과적 기반에 기초하게 된다. 그러므로 동시성과 양자역학은 둘 다, 인과론의 우위라는 우리의 깊은 신념에 도전하는 그들의 인상적인 실증적 증거에도 불구하고 우리의 정상적인 세계관을 이해하고 통합하는 것을 어렵게 한다.

16세기 케플러와 갈릴레오와 함께 시작한 현대의 과학적 견해는 비인격적인 기계론의 변경할 수 없는 전개로서 인과론의 개념을 발전시켰다. 이 견해는 놀랍게도 행성들의 움직임에서부터 산업혁명에 동력을 가져다 준 기계의 작동에 이르기까지 광범위한 현상을 기술할 수 있게 하였다. 이런 인과론의 이해가 좀 더 자리를 잡게 되면서, 많은 사람들은 스스로 의미 없는 기계론적 우주에 갇히게 되었다. 우리는 인과론의 개념을 발전시켰고, 이어서 그 개념의 굴레에 빠졌다. 우리는 우리만의 연기적 고리를 만들었다. 이 고리가 아무리 개념적이라고 할지라도, 우리는 점차 이 고리를 통해야 의미 있는 설명이 될 수 있다고 정의하게 되었다. 알베르트 아인슈타인 자신이 깊이 인과론에 경도되어 있었음에도 불구하고, "사물들에게 쉽게 질서를 부여할 때 유용하다고 입증된 개념들이 우리를 지배하는 권위를 갖게 된 결과 우리 인간은 그 개념들의 인간적인 기원을 망각하게 되었고, 개념들을 불변하는 것으로 받아들이게 되었음을 깨닫게 되었다"[7]고 하였다.

자신의 선구적인 내용을 담은 글에서 융이 가진 중요한 목표 중 하나는 동시성을 일상의 인과적 설명과 경쟁되는 것이 아니라 보충하는 설명원리로 삼은 것이었다. 그는 개념을 확장하여 사건에 대해 만족스런 설명을 구성하기를 원했다. 융은 물리학자 볼프강 파울리(Wolfgang Pauli)를 통해서 어떻게 파동과 입자가 기본 양자 실체 현상들의 상호 보완적인 측면들인지 이해하였다. 파동이든 입자든 어느 하나만 가지고는 모든 현상들을 설명할 수 없으며, 어느 하나가 다른 것에 환원될 수도 없고, 파동과 입자가 동시에 동일한 체계 안에 드러날 수도 없다. 그러나 이 둘의 상호 보완적 견해들은 양자 현상들을 완전히 이해하는데 본질적이다. 마찬가지로 융은 인과론을 보완할 수 있고, 또 인과론과 짝하여 보다 포괄적으로 경험을 설명할 수 있는, 즉 상관관계인 내적 사건들과 외적 사건들의 현실적 의미를 예측하는 동시성과 같은 원리를 추구하였다. 그러나 세계에 대한 우리의 가장 깊은 몇몇 선입견들이 이런 진전을 막는다.

가장 주된 방해 중 하나는 인과론에 대한 우리의 지나친 집착 외에도 내적인 정신세계와 물질적 사실들의 외부세계가 질적인 면에서 근본적인 차이가 있다는, 곧 마음과 물질의 분열이라는 깊은 신념이다. 17세기 르네 데카르트(René Descartes)는 처음으로 마음을 역학적인 물질 세계와 완전히 다른 자족적이고, 자율적인 원리로 충분하게 설명하였다. 그는 합리적 회의론으로 근대를 시작하게 하였고, 고전 과학의 발달을 불러온 철학적 기반을 설계하였다. 마음을 외부의 물질 영역과 다른 독립된 합리적 중심으로의 고양은 오랫동안 큰 영향을 미쳤다. 그러나 이런 배타적인 마음 중심의 사유는 거대한 물질의 세계로부터 주체를 소외시키고, 고립시키는 씨앗을 그 안에 내포하고 있었다. 이로써 오늘날 인류는 자연과의 소외를 아프게 경험하고 있다. 더 나아가서 이런 견해는 마음과 물질 세계 사이의 비인과적 의미의 연결을 이해할 수 없게 하거나 동시성이 어떻게 정신과 물질의 연합을 함축하는지 이해할 수 없게 한다. 우리가 그것을 인정하든지 아니면 그것을 인정하지 않든지 데카르트의 세계관은 우리의 대부분을 조건 지었다. 우리는 데카르트의 마음과 물질의 철저한 분리를 받아들이고 있다. 비록 데카르트의 이원론이 현대의 많은 비평의 목표물이 되기는 하지만, 이 이원론이 매혹적인 손아귀에 우리를 붙잡고 있는 한 우리로 하여금 동시성의 이해에 이르지 못하게 한다.

이와 관련하여 동시성을 이해하는데 또 다른 어려움은 대상들이 세상에 존재하는 방식에 대한 우리의 신념이다. 예를 들어서 설명해보겠다. 예컨대 물에 대해 알아보기 위해서 철학적 물고기에게 질문을 한다고 상상해보자. 그는 질문에 답하는 것을 아주 어려워할 것이다. 그 이유는 언어가 부족하거나 지성이 모자라서가 아니라 그의 삶의 모든 순간을 물속에서 살기 때문이다. 그는 물과 너무 친숙하여 물을 주목하지 못한다. 마찬가지로 우리는 독립적으로 존재하는 대상들과 사람들이 우리를 완전히 둘러싸고 있다는 믿음에

주의를 기울이지 않는다. 우리는 이 실체들이 그것들 사이에 존재하든지, 아니면 우리와 더불어 존재하든지 이것들이 환경과 관계들로부터 완전히 분리되어 있으며, 이것들에 대한 사유와 완전히 독립하여 존재할 수 있다는 것을 당연시한다. 우리는 독립적으로 존재하는 대상들을 보통 "실제적인" 대상으로 여기는 것이다.

예를 들면, 대부분의 사람들은 이 책의 내용을 써서 저장하는 컴퓨터가 독립적으로 존재하는 하나의 대상이라고 동의할 것이다. 우리는 우연히 컴퓨터를 갖게 되어 사무실에 앉아서 어떤 프로그램을 넣고 지문을 넣을 수 있다. 다른 누군가가 그 컴퓨터를 소유하게 되어 다른 사무실로 옮겨 놓고 다른 프로그램과 지문을 넣는다고 하더라도 그 본체는 변하지 않은 채 남는다.

우리가 철학적 물고기 친구에게 물었던 것을 생각해본다면, 대부분의 사람들은 대상들이 분명히 어떤 관계들을 가지고 있다는데 동의할 것이다. 그러나 이 관계들은 원초적인 것이 아니며, 그 대상의 자유로운 존재, 즉 그 독립된 존재만큼 본질적인 것이 아니라고 하는데 동의할 것이다. 달리 말하면, 우리는 무비판적으로 어떤 사물의 근본적인 본성인 본질은 관계와 무관하거나 적어도 그 관계들은 그 분리된 존재보다 훨씬 덜 실제적이라고 생각하는 것이다. 그러나 우리가 사물들을 분리된 독립적 존재라고 믿을 때, 정신과 세계 사이의 깊은 관계성과 함축된 기본적 연합을 지닌 동시성은 우리에게 "물을 떠난 물고기"처럼 느껴지게 될 것이다.

내가 앞으로 보여주겠지만, 양자역학에서 분리 불가능성에 대한 분석은 종종 관계, 상호 연관, 의존이 분리된 독립적 존재보다 근본적이며 실제적이라는 점을 드러낸다. 이것은 분리의 이념을 신봉해 온 우리의 일반적인 신념과 완전히 상반된다. 분리의 이념에 대한 이런 무의식적 신봉은 우리를 인과론의 노예가 되게 하고 양자역학과 동시성 둘 다를 이해하는 것을 극히 어렵게 한다.

동시성이라는 용어의 뿌리와 몇몇 융의 주장은 동시 발생(simultaneity)이 동시성에 중요함을 보여준다. 그러나 융이 분명히 하듯이 또 앞으로 사용되는 예증이 보여주듯이 동시 발생은 이차적이다. 그 대신 동시성 경험들은 종종 우리의 정상적인 시간이나 순서(결과에 앞서 원인이 있어야 하는)를 어기거나 적어도 동시성 경험들의 "절대지"가 드러날 때 동시성 경험들은 시간과 공간에 엄청난 탄력성을 시사한다. 그러나 우리의 대부분은 시간과 공간에 대해서 "뉴턴의 절대 개념"들을 가지고 있다. 무의식적으로 우리는 정확한 디지털시계가 지시하는 엄격하게 고정된 시간을 사실로 받아들인다. 마찬가지로 파리에 소재한 표준 사무국에서 진공상태에서 백금 지팡이로 정확히 1m 길이라고 측정한 융통성 없는 공간을 사실로 받아들인다.

13. 철학적 물고기

다음 장들에서 나는 이것들이 지닌 지성의 난맥상들을 제시할 것이며, 풍요로운 동시성의 융단(tapestry)은 의미, 시공 초월, 비인과론, 정신과 물질의 연합의 실들로 엮어져 있음을 보여줄 것이다. 나는 심리학, 물리학, 철학의 분석의 여러 실들을 함께 묶어 굵은 철제 밧줄로 만들 것이다.

이 책을 여러 조각으로 만드는 위험에도 불구하고, 나는 앞으로 전개될 이론을 설명하는 장들 사이에 동시성적 사례 자료를 추가하여 이 책을 엮어갈 것이다. 이 자료들은 새로운 변환을 느끼게 할 것이고 지속적으로 연구의 경험적 근거들과 우리가 이해하려고 하는 것이 무엇인지를 상기시켜줄 것이다. 여러 실들을 함께 묶는 일이 진정한 조화를 이루기 위해서 소프라노는 계속해서 바리톤과 베이스 사이에서 그녀만의 영감을 뿜으며 엮어가야 한다.

이 책에서 서술한 동시성적 경험들의 세계는 일반 상식적인 사건들에 속하지 않는다. 여기 보고된 그런 경험을 한 사람들이 흔치 않으며 설사 그런 경험을 한 사람들조차 아주 드물게 경험한 것이거나 특별하게 한 경험들이다. 많은 사람들은 규칙적으로 더 적게 그리고 종종 아주 매력적인 심리적 경험들을 한다. 그러나 이것들은 우리가 이 책에서 만나게 될 그런 경험들의 크기나 중요성을 표현하지 않는다. 그러면 어째서 어떤 사람들은 개성화가 지닌 이처럼 좀 더 극적인 동시성적 표현들을 하는 반면 어떤 사람들은 그 표현을 하지 않는지 모르겠다. 표현을 한다는 것이 심리적이거나 영적인 발달 정도의 기준은 아니다. 동시성적 경험에 대한 표현이 적다고 해서 이것이 거기에서부터 결론을 끌어내는 일이 적절하지 않다는 말인가? 그렇지 않다. 심리학과 영성은 정신병적 사건이나 신비한 경험이거나 간에 이것들의 드물고 비상한 현상들을 연구함으로써 일반적인 삶을 이해하려고 했던 긴 역사를 가지고 있다.

물리학에 이르는 다리

당신 자신의 동시성 경험들을 회상하든, 이 책에 보고된 14개의 아주 다른 이야기들을 읽든, 동시성적 경험들은 분명히 언제나 매력적인 사건들이다. 스카라브 딱정벌레가 방에 뛰어들든, 어린 시절의 반지가 묘한 순간에 나타나든, 우리는 무엇인가 이상하고 중요한 일이 일어나고 있으며, 거기에 어떤 높은 의미가 뚫고 들어왔음을 안다. 그러나 동시성적 경험들은 무의식적 보상의 직접적이고 신비로운 경험뿐만 아니라, 세계의 작동 방식에 대한 우리의 시각에 직접적으로 도전한다. 우리는 세계와 (때때로 과학적 사실로 보고 있는) 우리와 세계의 관계에 대한 우리의 무의식적 전제들에 의문을 제기하도록 강요받는다.

동시성은 의미, 인과론, 시간과 공간, 그리고 대상들이 세계 안에 독립적으로 존재하는지에 대한 우리의 견해들, 예컨대 과학적 신념과 약속들에 의해 크게 조건화된 견해들에 도전한다. 우리 대부분은 무의식적으로 고전적이거나 뉴턴의 물리학의 눈을 가지고 세상을 해석한다. 말하자면 우리는 객관성, 엄격한 인과론, 절대나 고정된 시간과 공간의 보편적인 적용 가능성을 믿으며, 독립적으로 존재하는 대상들을 믿는다. 그러나 현대 물리학은 이 모든 면에서 우리의 견해를 극적으로 수정하도록 강요한다. 이런 수정을 이해하게 되면 동시성과 동시성이 제기하는 도전을 더욱더 잘 이해할 수 있게 된다. 그런 이유에서 나는 현대 물리학의 발견과 동시성 경험들에서 드러난 개성화되는 영혼의 열정 사이에 가교를 놓으려고 한다. 물론 이 일은 어려운 과제이다. 그럼에도 불구하고 나는 물리학 실험실에서 일어나는 것과 내 존재의 심층에서 일어나는 것 사이에 이론 물리학의 엄숙한 아름다움과 발달하는 개인의 어두운 탐색 사이에 가교를 놓으려고 한다.

14. 물리학에 이르는 다리

대부분의 사람들은 다리를 좋아하지만 우리 가운데 어떤 사람들은 현기증을 느낀다. 또 어떤 사람들은 종종 다리 밑에서 사는 괴물들을 두려워한다. 여기서 괴물은 추상, 이질성, 고등수학의 이름으로 통한다. 물리학을 경시하지 않은 채, 나는 물리학을 전공하지 않은 독자들이 물리학에 대해 현기증을 느끼지 않도록, 즉 일상적 경험을 하면서 견고한 땅에서 사는 이들이 너무 높이 있다고 느끼지 않도록 물리학을 소개하고자 노력하였다. 비록 현대 물리학을 논할 때 성가신 괴물에서 온전히 벗어날 수는 없을지라도, 당신은 추상과 이질성이라는 괴물들을 통제할 수 있을 것이다.

심층심리학에서 물리학에 이르는 다리를 보다 쉽게 건너기 위해서 나는 간략하게 다음 다섯 장들이 다루는 접근방식과 내용을 기술하겠다. 나는 이런 지적 영토에 대한 간략한 기술이 우리의 여정을 좀 더 즐길만하고 정보가 가득한 것이 되게 할 뿐 아니라 더 나아가서는 괴물의 위협을 최소화할 수 있는 소박한 지도로 사용되기를 바란다. 나는 개요를 제시하기 전에 반복의 지루함을 무릅쓰고 다음을 강조하고자 한다. 그것은 이것이 과학적 견해 중 그 어떤 것도 동시성의 실재나 적합성을 위한 어떤 설명이나 증거를 제시하지 않는다는 점이다. 우리의 과학적 세계관을 개정한다는 것은 우리로 하여금 자연을 향해서 우리 대부분이 던졌던 가장 바꾸기 어려운 투사들 중 일부를 포기하는 것이고, 또한 내가 세우려고 하는 동시성에 더 정확하면서도 적합한 통합된 세계관을 향해 나아가는 것이다. 이제 앞으로 이어지는 다섯 장들에 대해 아주 간략한 개요를 소개해보겠다.

5장 "중세에서 근대의 세계관에 이르기까지"에서 나는 기독교 교회의 중세 세계로부터 산업혁명의 과학적 세계로 우리를 내던진 과학적 혁명을 논함으로써 서구의 사상사를 살펴보겠다. 문학적 수단으로서 나는 이 시대의 두 유명한 대표적 인물인 단테와 갈릴레오에게 경외를 표하기 위해서 이탈리아 플로렌스로 짧은 순례를 떠나고자 한다. 이 순례는 단테의 지구 중심적, 신이 내린 우주의 세계관, 즉 동시성에 맞는 세계관에서부터 과학혁명에서 갈릴레오와 다른 과학자들이 주도한 태양 중심의 세속적 세계관으로의 변화를 논할 기회를 가질 것이다. 5장은 과학에서 객관성에 대한 논의로 시작하며 의미를 구성하는 것으로의 전체적인 접근이 얼마나 강력하게 객관성을 전제로 하는지 보여준다. 나는 우리 문화가 성찰 없이 과학적 객관성을 따르기 때문에 우리가 대상으로 바꿀 수 있는 것, 즉 과학적 정밀조사를 정량적으로 할 수 있는 것만을 실재적이라 생각한다고 본다. 그러면 그것이 원형적 의미들이 되었건 대상화할 수 없는 마음의 본질이 되었건 주관적 원리들은 주목할 가치가 없는 비실제적인 환상들로 여겨진다. 적어도 이런 관념들은 엄밀히 정의하면 "과학적" 세계관들이 아니다. 객관성에 대한 이런 엄격한 개념은 동시성과 동시성 안에 표현된 의미에게 분명 우호적일 수 없다.

6장 "자연 안에 있는 인과론과 비인과론"에서 나는 뉴턴 물리학에서의 인과론 관념을 살펴볼 것이다. 나는 엄격한 인과론의 관념과 뉴턴 물리학 내에서 독립적으로 존재하는 대상들에 대한 관념들이 어떻게 하나의 비인격적이며 기계 같은 세계로 발달해 갔는지 보여줄 것이다. 여기서 우리는 현대 사회가 경험하는 자연으로부터의 소외의 뿌리를 만난다. 이어서 나는 양자역학이 어떻게 극적으로 비인격적이고, 기계론적 세계관을 원리상 개체 사건들의 원인들을 배제하고 그 안에서 대상들이 상호 작용을 통해 현실성이 되는 세계관으로 수정하였는지 기술할 것이다. 아울러 어떻게 비인과론이 양자 이론과 동시성에서 동일하게 탁월한 역할을 하는지 논의할 것이다. 양자역학에서 비인과론의 교훈은 분명히 동시성을 이해하는데 도움이 된다.

7장 "시간과 공간의 탄성"에서 우리는 라스베이거스(Las Vegas)로 흥겨운 여행을 떠날 것이다. 스페이스타임 샘과의 형편없는 내기를 통해서 우리는 시간과 공간에 대한 현대의 신비에 대해 배운다. 우리는 시간과 공간에 대한 엄격한 개념들이 아인슈타인이 20세기에 가져온 혁명과 부분적으로는 융의 동시성 관념에 영감을 준 혁명을 이해하는데 전혀 적합하지 않음을 보게 될 것이다. 시간과 공간의 상대성을 정확히 이해하는 것은 여러 동시성 경험들 속에서 시공의 놀라운 탄성을 이해하는데 도움이 된다.

8장 "참여 양자 우주"에서 나는 양자 체계의 상호 보완적 성격을 보여주는 유명한 실험실을 살펴볼 것이다. 우리는 입자-파동 상호 보완성의 문제를 고심함으로써 양자 신비의 중심에 이른다. 우리는 독립적으로 존재하며 소외된 실체들이 있는 세계에 살기보다는 시공 안에서 존재를 이루어 가는 세계에 참여하고 있음을 볼 것이다. 인간이 자연과 상호 작용하는 것에 의존되어 있음을 강조하는 이 참여적 우주는 6장의 뉴턴 물리학에서 발견된 독립적으로 존재하는 실체들 사이의 인과적 상호 작용으로부터 먼 길을 떠나왔다.

9장 "자연 안에 있는 탈지역성"은 과학을 다룬 장들 가운데 가장 범위가 넓은 내용을 다루고 있고, 괴물(troll)의 공격에 가장 쉽게 노출되어 있다. 따라서 나는 가장 전문적인 자료는 책 마지막에 있는 부록으로 빼버렸다. 이때에도 나는 수학에서 단순히 계산하는 정도의 차원에서 벨의 부등식(Bell's Inequality)의 특정 판을 사용한다. 많은 사람들은 벨의 부등식을 물리학의 기초를 이해하는데 인류가 오랜 노력에서 발견한 가장 심오한 것이라고 생각한다. 우리 모두는 무의식적으로 대상들이 어떤 잘 구체화된 시간과 공간의 경계 안에 자리할 수 있으며, 이 대상들은 유한한 영역에 한정될 수 있다고 생각한다. 그러나 이 장에서 나는 이것이 항상 그런 것일 수 없음을 증명하는 물리학 실험을 소개할 것이다. 우리는 **현재의 양자역학 공식과는 별도로 자연이 탈지역적이라는 것**을 볼 것이다. 상호 연결과 상호 의존은 아주 즉각적이고 완전하기 때문에 대상들 사이의 관계가 대상들 각각의 독립된 정체성보다 중요하다. 탈지역성(nonlocality)의 시험적 결과는 우리가 고전 물리학의 관념들을 가지고서는 이해할 수 없는 상호 의존과 상호 연관의 전혀 새로운 차원을 소개해줄 것이다. 어디에나 존재하는 탈지역성에 대한 분명한 증거는 우리가 대상과 객관성에 대한 우리의 오래된 개념들을 철저하게 수정해야 함을 제안한다.

제5장
중세에서 근대의 세계관에 이르기까지

모든 만물은 그것들 사이에 어떤 질서를 소유한다. 그리고 이 질서는 우주를 신처럼 만드는 형식이다.

- 단테[1]

철학이 이 거대한 책, 우주 안에 쓰여진다. 우주는 우리의 시선에 계속 걸려 있다. 그러나 우리가 먼저 언어를 이해하는 것을 배우지 않고, 언어를 이루는 알파벳을 읽는 것을 배우지 않는다면 책을 이해할 수 없다. 이 책은 수학의 언어로 쓰여지고, 여기에 등장하는 것은 삼각형, 원형, 그리고 다른 기하학적 모양들이다. 이런 것들이 없다면 사람들은 수학의 한 글자도 이해할 수 없다. 이런 것들이 없다면 우리는 어두운 미로에서 방황할 것이다.

- 갈릴레오[2]

플로렌스 순례: 단테(1265-1321)

이 장을 열면서 사용한 단테와 갈릴레오의 인용문이 얼마나 엄청난 세계관의 변화를 표현하고 있는지 이해하기 위해서 우리는 잠시 플로렌스에 있는 산타 크로체 성당으로 순례를 떠나야 한다. 거기에서 이탈리아의 찬란한 태양빛으로부터 고딕풍의 우울한 실내장식으로의 전환을 만난다. 이 전환에서 우리는 순간적으로 넋을 잃는다. 잠시 동안 우리는 마키아벨리에서부터 미켈란젤로에 이르기까지 높은 창들로부터 여러 무덤들을 비추는 빛의 축을 알아차린다. 종교 예술을 찬탄하는 순례자들의 작은 속삭임들이 높이 솟은 천장에 메아리친다. 우리는 단테가 라베나에 묻혀 있음에도 불구하고, 그의 무덤을 플로렌스에서 찾는다. 다음 쪽에 나와 있는 단테 무덤의 사진은 단테 앞에 있는 우울한 아니마 인물과 더불어 슬프고 아련한 단테의 모습을 보여준다. 아마도 단테는 권력투쟁의 패배자의 자리에 있었기 때문에 사랑했던 플로렌스에서 추방되어 20년을 유배지에서 지내야 했기 때문에 풀이 죽어 있었을 것이다. 단테는 『신곡』의 "천국편" 17장 55-60에 그의 유배를 언급하고 있다.

> 가장 소중하게 사랑하는 것을 모두 버리십시오.
> 이것이 유배지의 활이 처음 쏜 화살이지요.
> 다른 이의 빵이 가진 쓴 맛을 알아야 합니다.
> 그 맛이 얼마나 쓰던가요.
> 또 다른 사람의 계단을 오르락내리락 하는 사람에게
> 그 길이 얼마나 힘든 것인지 알아야 하지요.

단테의 유배는 우울함의 이유가 될 수 있다. 그러나 나는 몇 쪽에 걸쳐서 좀 더 깊은 이유들이 있었음을 제시할 것이다. 먼저 단테의 가장 위대한 문학 작품을 간략하게 논의해보자.

단테의 장엄한 서사시 『신곡』은 고대 그리스 사상, 아리스토텔레스의 프톨레마이오스 천문학, 그리고 기독교 신학의 종합에서 예술적 장엄함의 전례 없는 높이에까지 치솟았다. 지성과 상상력 모두에서 우주와 인간을 신과 통합한 것은 중세 세계관의 결정적인 표현이었다. 이 성취를 이루기 위해서 단테는 그리스 이성과 기독교 신앙의 유산을 조화시킨 토마스 아퀴나스의 사상에 기초하였다. 그러나 단테는 이 이성-계시 종합과 당시 아리스토텔레스의 프톨레마이오스 천문학을 시적으로 용접함으로써 너무 멀리 나아갔다. 우주에 대한 이런 지구 중심적 모델은 고정된 지구를 중심으로 회전하는 천상계라는 우리의 일상적인 지각을 과학적으로 설명하도록 강요하였다. 세밀한 천문학적 관측에 맞는 모델을 위해서 요구되는 주전원(epicles), 동시심(equants), 그리고 편심성(eccentrics)의 어울리지 않는 조합에도 불구하고, 그것은 일관성과 만족스러운 예측력을 가지고 있었다.

15. 단테의 무덤

단테의 환상에서 전통적인 원소, 행성, 별의 수정같이 맑은 세계에는 현대 세계와 고대 세계 모두로부터 온 천상의 인물들과 영적인 장면이 적합하게 자리한다(16번 그림에 나오는 단테의 세계관을 참조할 것).[3] 이 천상도에는 나오지 않은 지옥편과 연옥편 모두의 9단계들에는 적절하지만 끔찍한 형벌과 정화 과정을 겪는 특별한 유형의 죄인들이 가득 차 있다. 그 이전에나 이후에도 결코 우주에 대한 천문학적 모델이 서구의 종교적 세계관과 그렇게 밀접하게 연관되어 만들어진 적은 없다. 시, 신학, 윤리학, 아리스토텔레스 과학, 지동설적 천문학은 심리학적 통찰이 꿈과 힘의 고양된 환상 속으로 스며드는 것과 섞여 있다.

단테에게 모든 피조물과 인간을 포함한 전체 우주는 신성의 표현이다. 이 장의 처음 인용문에서 단테가 말했듯이, "모든 만물은 그것들 사이에 어떤 질서를 소유한다. 그리고 이 질서는 우주를 신처럼 만드는 형식이다." 천상의 수정같이 맑은 아늑한 하늘의 세계들과 연옥편의 9단계와 지옥편의 9단계는 각각 지상에서의 행동에 따라서 그들에게 맞는 독특한 경험을 하게 하는데, 이것들은 모두 신적 질서의 표현이다. 지동설이 선포하는 것처럼, 이 모든 세세한 구조와 질서는 인간의 교화와 영적 교육을 위해 여기 지상에 초점을 맞추고 있다.

시의 마지막 줄들은 신의 본질이 어떻게 인간의 모양을 하고 있는지, 인간은 어떻게 신의 형상으로 지음을 받았는지에 대한 단테의 거대한 상상을 기술한다. 우리가 아무리 천하다고 할지라도, 우주 안에 있는 모든 구조와 운동이 신성의 표현인 것처럼 우리의 본질도 여전히 신성의 표현이다. "천국편" 첫 단락은 이렇게 선언하며 시작한다. "만물을 움직이는 이의 영광이 우주에 가득하다. 하지만 한쪽은 빛이 빛나고 다른 한쪽은 빛이 덜 빛난다." 우리의 가장 깊은 내면의 본질에서부터 가장 먼 끝의 하늘에 이르기까지, 모든 만물은 구현된 신성이다. "천국편" 24, 130-47은 다음과 같이 노래한다.

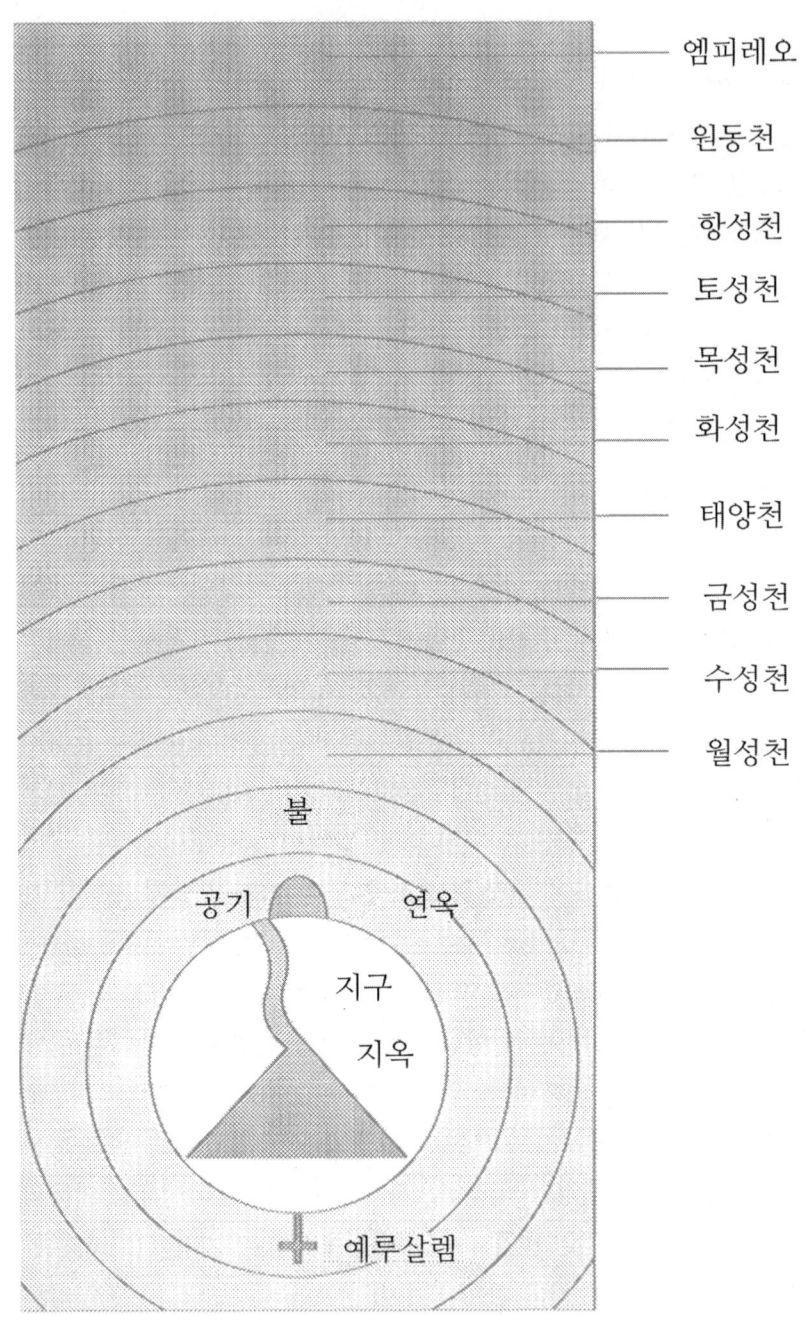

16. 단테의 세계관

나는 유일하며 영원하신 한 분 신을 믿습니다.
그분은 움직이지 않으시면서
사랑과 욕망을 가지고 모든 천상계를 움직이십니다.
…………
시원이 있었고, 불빛이 일어났습니다.
그러자 생생하게 타오르는 불길로 뻗어나갔습니다.
그 불빛이 하늘의 별과 같이 내 안에서 빛을 발하고 있습니다.

이런 방식으로 신의 사랑스런 자궁이 우리를 감싼다. 우리가 지혜롭지 못하여 다 이해할 수는 없지만, 모든 자연은 의미를 가지며, 모든 운동은 목적을 갖는다. 『신곡』은 일반 사람들이 접근 가능한 언어로 우리 앞에 전개되는 우주의 작품을 그려낸다. 단테는 당시의 다른 학자들과 달리 라틴어가 아닌 자국어를 사용하여 일반 사람들이 읽을 수 있도록 하였다. 단테는 우리에게 천상계의 지혜를 입증하는 플로렌스의 훌륭한 점성가가 아닐 수 있다. 또 베아트리체와 같이 우리에게 신비한 진리를 드러내는 여성적 영적 안내자가 아닐 수도 있다. 하지만 단테의 빛을 발하는 시들이 우리에게 영감을 줄 수 있다면, 그것들은 신의 지혜와 사랑이 전개되고 펼쳐지는 신이 주신 질서의 우주를 들여다 보도록 단테를 따라가게 한다.

중세 교회는 점성술의 효능을 인정하였다.[4] 따라서 당시 사상가들은 행성들의 움직임과 내적인 상태 사이에서 연속되는 유의미한 같은 종류의 표현들을 받아들였다. 만일 행성들이 내적 상태들의 인과적 작인으로 받아들여진다면, 이것은 엄격한 비인과적 질서 지움의 의미로 이해되는 동시성은 아니다. 그러나 이것들이 내적인 세계와 외적인 세계 안에 드러나는 우주적이거나 원형적 의미들을 선포하는 것으로 행성의 배열을 상징적으로 해석했다면, 단테의 우주는 하나의 연속되는 동시성의 표현이었다. 개인이 드러나는 의미들을 인식하지 못할 때, 점성술은 일반적인 의미에서의 비인과적 질서의 표상이다. 의미들이 의식화 될 때, 그 객관적 사건들(행성의 배열) 및 그 개인과 연관된 내적인 심리적 상태들은 점성술과 함께 동시성이 나타내는 표현으로 된다.

그러나 단테와 그의 동시대인들이 점성술을 해석하였지만, 신의 지성이 스며든 우주에서 비인과적 질서성은 규칙이었고, 다른 예외는 있을 수 없었다. "동시성 관념의 선구자들"이라는 융의 동시성에 대한 글 3항에서 융은 지속적으로 여기에 소개된 세계관에 호소한다. 여기 소개된 세계관은 분명히 융의 마음을 끌었고, 융은 종종 이 세계관에서 영감을 얻곤 하였다.

플로렌스 순례: 갈릴레오(1564-1642)

우리는 아래 사진에(17. 갈릴레오의 무덤) 나오는 것처럼 단테의 무덤 가까이에서 갈릴레오의 무덤을 발견한다. 우리는 우울한 표정을 한 아니마 상과 함께 있는 단테의 음울한 형상보다는 책과 현미경을 배경으로 승리에 찬 모습의 프로메테우스 같은 갈릴레오를 본다. 단테와 마찬가지로 갈릴레오도 당시의 지배 권력으로부터 고통을 당했다. 당시 로마 교황청의 종교 재판소는 코페르니쿠스의 태양 중심의 견해를 지지했다는 이유로 갈릴레오에게 이단의 혐의를 씌워 생애 마지막 10년을 가택 연금 상태로 살도록 명령하였다. 그가 사랑했던 성당의 이런 혹독한 처벌에도 불구하고, 무덤에 서 있는 갈릴레오의 입상은 단테의 음울한 표상과 대조적으로 승리에 찬 갈릴레오를 보여준다. 나는 이 대조적인 분위기를 해석하는 한 가지 방식을 제안할 것이다. 그러나 그에 앞서서 갈릴레오의 중요한 공헌들 가운데 몇 가지를 논의해보려고 한다. 먼저 갈릴레오의 과학적 이력 가운데서 유명한 한 사건을 거론하면서 시작해보겠다.

어느 날 갈릴레오는 흔들리는 샹들리에를 바라보면서 성당에 앉아 있었다. 아마 이 성당은 산타 크로체 성당이었던 듯하다. 그리고 예배는 특별히 지루한 예배였던 것 같다. 어쨌든 갈릴레오는 그의 맥박을 이용하여 샹들리에가 흔들리는 시간을 재고 있었다. 갈릴레오는 당시 모든 운동은 궁극적으로 제9천에 해당하는 원동자(Prime Mover)에게 귀속된다고 가르쳤던 아리스토텔레스의 교리적인 사색을 넘는 모험을 감행하였다. 갈릴레오는 과학에서는 형이상학적 목적인들에게 기대기보다 직접 자연에 대한 면밀한 관찰과 수학적 분석에 기초한 것이 더 생산적이라고 생각하였다. 예를 들면, 그가 샹들리에의 다섯 번의 완전한 진동이 있는 동안 맥박이 얼마나 뛰는지 그 전체 수를 세었다고 상상해보자(하나의 완전한 진동이란 이쪽 끝에서 저쪽 끝에 이르는 운동으로, 원래의 지점으로 돌아오는 운동이다). 전체 맥박 수를 다섯으로 나누게 되면 한 번의 완전 진동(진동 기간)에 몇 번의 맥박이 뛰는지 예상할 수 있을 것이다. 몇 차례의 시간을 잰 다음, 그는 진동 시간은 진동의 진폭에 따라서 변화가 없다는 것을 발견하였다. 달리 말하면, 샹들리에의 흔들림이 별로 없어도 평형으로부터 중요한 움직임을 하고 있을 때처럼 진동 시간이 같았던 것이다. 성당을 떠난 다음, 그는 그가 최초로 발견한 것을 확인하기 위해서 보다 정확한 시험을 시작하였다. 이번에는 맥박을 사용하지 않고, 물의 흐름에 기초한 기발한 시계를 고안하였다. 그리고 그는 운동의 역학에 대한 기본적인 관념들을 발전시키기 위해 이 진자(振子)의 결과를 기반으로 하였다.

이 진자 시험에서 우리는 갈릴레오의 중요한 성격을 만난다. 첫째, 단테와 단호하게 대비되는 부분으로, 갈릴레오는 아리스토텔레스와 같은 모든 권위를 배제시키기로 하였고, 과학을 신학과 철학 모두로부터 완전하게 분리하기를 원했다. 사실 갈릴레이 학문의 대가인 스틸만 드레이크는[5] 갈릴레오가 종교재판소와 어려움을 겪은 것은 그의 지동설에 대한 지나치게 열성적인 옹호 때문이 아니라 과학을 철학과 신학 모두의 권위로부터 완전히 독립시키려는 욕망 때문이었다고 설득력 있게 주장한다. 드레이크에 따르면, 갈릴레오는 신학과 과학을 분리하지 않음으로써 파생되는 모든 어려움들로부터 교회를 보호하려는 의도를 가지고 있었다. 이것이 사실이건 아니건, 분명한 것은 그의 과학 이력에서 갈릴레오는 이 분리를 원했고, 그것을 이루려고 한 것이다. 그러나 그가 언제나 성공한 것은 아니었다. 예를 들면, 1588년 그는 과학자로서 초기 시절 단테의 지옥편에 나오는 지옥의 자리, 크기, 배열에 대해서 두 차례의 강연을 하였다.[6]

둘째로, 갈릴레오는 비상할 정도로 세밀하고 천재적인 실험가였다. 아리스토텔레스 계열의 자연철학자들이 사용했던 사색적이며 연역적인 방법과는 대조적으로, 갈릴레오는 철저한 측정에 직접 의지하였다. 1605년 그는 "철학이 측정과 무슨 관계가 있단 말인가?"[7]라며 신랄하게 주장을 펼쳤다.

셋째로, 그 측정이 얼마나 탁월한가와는 상관없이 갈릴레오는 언제나 자신의 관찰을 정량화하고 운동의 기본적인 법칙들을 밝혀내기 위해 수학을 차용하였다. 왜냐하면 그가 이 장의 맨 처음 인용 글에서 말했듯이, 수학이 없다면 "우리는 어두운 미로에서 방황하게 되기" 때문이다. 그는 자연에 대한 법칙들을 나타내기 위해서 수학을 정량적으로 사용하였고, 신성에 대한 원형적 진리를 파악하기 위하여 수학을 사용했던 플라톤 학파들의 보다 신비적이고 상징적인 접근을 피하였다. 이 세 원리들인 권위로부터의 자유, 면밀하고 반복 가능한 측정, 결과의 수학적 정량화는 갈릴레오가 지대한 영향을 미친 과학적 방법의 초석(礎石)이다.

오늘날의 기준에서 보면, 갈릴레오가 발견한 진자 시간 진폭의 독립성은 극히 미미한 지식이다. 그럼에도 불구하고 이 예에서 보여준 갈릴레오의 천재성은 오늘날 과학자들에게 깊은 인상을 주고 있다. 그 이유는 특별히 그가 사색과 교리의 굴레를 깨고 자연 현상의 연구를 위해서 치밀한 정량적 측정으로 향한 첫 번째 인물이었기 때문이다. 관찰과 수학적 방법의 차용을 통해서, 그는 자연에 대한

17. 갈릴레오의 무덤

객관적인 진리를 드러내 보였다. 여기서 내가 객관적 진리라고 한 것은 편견에서 독립되었거나 갈릴레오나 다른 누구에게 있는 것으로부터 자유로운 진리를 말한다. 더 나아가서, 진자가 이탈리아 플로렌스의 성당에 있는 것이거나 뉴욕 해밀턴의 대학교 실험실에 있는 것이거나 문제가 아니다. 진자가 바람이나 베어링 마찰과 같이 방해되는 요소들로부터 벗어나 있다면, 그것이 측정이 되든 관찰이 되든 그 행위는 환경과 독립된 것이다.

성당 안에서 오래 기독교 신을 예배하는 동안 갈릴레오는 수학적 정량화에 의해 보충된 철저한 관찰과 더불어 숭배되는 현대 과학의 새로운 신을 위한 기초를 놓고 있었다. 그는 과학의 시대로 들어서는 혁명에 불을 붙이고 있었던 것이다. 이 혁명에서 결정적인 것은 발견된 것들의 객관성이었다. 우리는 갈릴레오처럼 신앙이나 신앙과 비슷한 종교적이고, 철학적인 신념 체계들이 아니라 분석을 되풀이하고 동일한 객관적 사실들을 배우기 위해서 적절한 훈련을 필요로 한다(요하네스 케플러는 행성의 운행에 대해서 비슷한 접근을 발전시키고 있었다). 우리는 세계와 객관적 자연에 대해서 과학적 지식을 배우기 위해 세밀한 관찰과 수학에 몰입할 때 신앙, 성서, 교리, 사색, 주관성을 내려놓아야 한다.

갈릴레오의 연구, 특히 태양의 흑점들과 금성이 주기적으로 변하는 모습, 달의 분화구들을 망원경으로 관찰한 것에서 제기된 또 다른 중요한 원리는 천체의 문제가 불규칙성, 불완전성, 변화를 초래한다는 점에서 지구의 문제와 동일하다는 것이었다. 이와 달리 단테와 단테 시대의 학자들은 혹성의 면이 여기 "달 아래 영역"에서 발견된 불완전한 물질과 근본적으로 다르게 완전하며, 변하지 않는 물질이라고 생각하였다. 갈릴레오가 천체의 물질과 지구에 있는 물질 사이의 차이를 거부함으로써 아이작 뉴턴은 지구의 물질에 적용했던 역학의 법칙을 천체 물질의 움직임들과 혹성에 적용하는 길을 열 수 있었다.

이처럼 간략한 갈릴레오에 대한 존경에서 나는 하나의 궁극적인 공헌을 논하고자 한다. 현상적인 감각 내용들과 과학에서 연구된 대상들의 진정한 속성들 사이를 구분한 것 말이다. 갈릴레오는 이렇게 말한다. "나는 맛, 냄새, 색깔 등은 우리가 대상들에 관심을 가지는 한, 그것은 그 대상들에 붙여진 이름들일 뿐이며, 이것들은 단지 의식 안에 거한다고 생각한다. 만일 살아있는 창조물들이 제거된다면, 이 모든 특성들은 지워지고 무효화될 것이다."[8] 갈릴레오는 나중에 존 로크가 이름 붙인 1차 속성과 2차 속성 사이를 분명하

18. 행성 간 탐사 갈릴레오에서 바라본 지구

게 구분하였다. 갈릴레오에게 대상의 참된 1차적인 속성은, 맛, 색깔 등과 같이 우리의 2차적인 주관적인 감각들이라기보다는 크기, 형태, 숫자, 위치, 속도 등 우리가 측정할 수 있고, 정량화할 수 있는 속성들이다. 갈릴레오 이후 자연의 "깊은 실재들"은 더 이상 우리의 감각 지각들이 아니라 수학적 물리학의 대상들, 곧 언제나 감각에 지각될 수 있는 물질적 구조들이 아니라 물리학의 방정식에 의해서 결정적으로 지배되는 물질적 구조들이다. 이런 구분을 통해서 갈릴레오가 과학과 인간을 나누었다고 말하는 것은 공정하지 않다. 오히려 갈릴레오가 그 분화의 과정을 도왔다고 말하는 것이 공정하다. 갈릴레오의 구분은 주관적인 감각 자료들에 대한 객관적 요인과 정량화할 수 있는 속성들, 예컨대 수학적 물리학의 물질적 대상들이 우위를 차지하게 하였다.

인류는 갈릴레오의 위대한 공헌들, 특별히 그가 초기에 목성의 위성들을 관찰한 것을 인정하여, 행성에 간 우주탐사선에 "갈릴레오"라는 이름을 붙여주었다. 목성과 그 위성들을 관측하러 가는 중에, 여기 보이는 것처럼 1992년 12월 우주탐사선 갈릴레오가 지구의 사진을 찍었다. 우주 탐사가 목성을 향해 지구의 중력장으로부터 치솟아 올랐을 때, 단테가 생각했던 대로 지구를 둘러싸고 있던 수정같이 맑은 별들로부터 산산조각 나는 소리가 들리지 않았던 것에 대해서 아무도 놀라지 않았다.

나는 진정 단테를 존경한다. 하지만 그는 자신의 세계관을 전개할 때 여러 면에서 크게 실수하였다. 특히 신학과 철학과 과학을 용접시킨 방식에서 크게 잘못하였다. 우리는 적어도 그의 실수에서 두 가지 중요한 교훈을 배워야 한다. 첫째, 우리는 그것이 종교적인 것이든 철학적인 것이든 과학과 어떤 특정한 세계관 사이의 연결이나 다리를 놓으려고 시도할 때 지극히 조심해야 한다. 과학은 언제나 항구적인 변환 가운데 있는 움직이는 목표물이다. 그러므로 언제나 그 다음의 과학적 혁명을 예상해야 하기 때문에 우리는 특정한 과학의 세세한 것들과 밀접하게 연결된 어떤 그 세계관도 폐기될 것이라고 확신한다. 둘째, 우리는 심리적인 것과 물리적인 것을 혼동하지 않고, 상징적인 것과 문자적인 것을 뒤섞지 않도록 조심해야 한다. 그렇다. 우리는 우리 경험의 중심이며, 융과 다른 이들이 가르쳐준 것처럼, 모든 삶의 모험은 궁극적으로 우리의 인격적 발달에 초점을 맞춘다. 그럼에도 불구하고 우리는 이런 심리적이며 도덕적인 사실들을 물리적인 우주론, 곧 지구 중심적 관점으로 투사해서는 안 된다. 나는 심리학적 소프라노, 과학적 바리톤, 철학적 베이스에 조화를 이루려고 노력하면서 이 두 가지 교훈을 마음에 새길 것이다.

문화적 영웅들에 대한 순례를 마치면서 나는 단테와 갈릴레오의 매우 다른 무덤에 대해서 이야기하려고 한다. 나의 환상에서 단테는 그의 세계관이 과학적 혁명 이후에 산산이 부서진 것을 알았다.

이런 이유 때문에 그의 무덤 앞에서 그는 우울한 모습으로 묘사되었다. 이와는 대조적으로 승리에 찬 갈릴레오는 이제 사실로 성취된 과학적 혁명의 중심적인 건축가였다. 그의 연구는 설득력이 있었고, 포괄적으로 물질적이며, 기계론적인 우주론을 발전시켰던 르네 데카르트와 아이작 뉴턴을 위해서 기초를 놓았다. 이들의 전개와 더불어서 우주는 여러 세기 동안 수학적 법칙에 의해서 지배된 거대한 시계가 되었다. 이들은 시계공(時計工)인 신을 만물이 움직이기 시작한 순간, 만물의 뒤로 물러난 존재로 보았다. 서구 사상의 점증하는 세속화와 함께 시계공에 대한 관심은 적어도 과학적 세계 안에서는 시들해졌다. 어쩌면 단테가 자신의 우울 속에서 신의 이런 종말을 예고했던 것인지도 모른다.

우리의 현재 우주론은 좀 더 큰 우주의 중심으로부터 우리를 쫓아낼 뿐만 아니라 다윈의 발달론 때문에 보다 큰 생물학적 발달 중에 작은 일부로 우리를 그려내고 있다. 1장에서 나는 로버트 프로스트를 인용하여 인간을 "지구상에서 가장 작은 잔/ 멋진 술잔에 기어가는/ 전염병처럼 작은 미생물"로 생각해보았다. 비인격적이며, 기계론적인 법칙들이 지배하는 수학적 추상들로 채워진 물질적 우주가 단테의 신격화되고, 유기체적인 우주를 대신하였다. 우리는 인간이 이 우주의 중심에서 밀려났을 뿐 아니라, 우리의 정상적인 지각에 대한 감각적 양태들은 2차적이며 자연의 더 깊은 수학적 실재들, 즉 과학의 객관적 사실들을 파악하기에 적합하지 않다는 사실을 깨닫고 있다. 마음과 물질 사이를 철저히 분리하고 고전적 과학을 위한 철학적 기초를 놓았던 데카르트의 영향력 있는 분석 이후, 우리는 오히려 우리를 둘러싼 객관적인 물질적 우주로부터 잘려져 나갔다. 그래서 단테가 그렇게 우울한 것이다.

현대 철학에서 사람들은 사유하며 인식하는 주체와 우리 자신의 몸을 포함한 기계론적이고 물질적인 우주 사이를 철저하게 나누었던 데카르트를 유행처럼 비판한다. 데카르트의 영향력 있는 분석이 여러 지울 수 없는 철학적 문제들을 만들어낸 것은 사실이지만, 그럼에도 불구하고 데카르트는 고전 과학의 발달을 주도했던 철학적 관점에 그 기초를 놓은 사람이다. 동시에 그의 접근은 현대 철학이 비평적이고 분석적이 되도록 주도하였다. 분명 우리가 데카르트에게 진 빚이 크다. 아직도 마음이나 사유하는 주체를 자연이나 우리의 몸과 우리를 둘러싼 세계로부터 철저하게 분리한 것은 매우 문제가 있는 유산이다. 우리는 의식적으로나 무의식적으로 고전 과학의 유산인 이 데카르트적 이원론에 경도된 나머지 동시성을 이해하는 것이 거의 불가능하게 되었다. 다음 장들에서 마음과 물질의 좀 더 통합된 관점을 전개할 것이지만, 지금으로서는 데카르트의 분리가 과학 발전에 얼마나 영향을 주었는지, 그리고 그 영향이 아직도 어떻게 우리를 지배하고 있는지를 회상하는 것으로 충분하다고 본다.

20세기 과학은 그렇게 깊이 데카르트에게 빚을 지고 있는 고전 물리학적 세계관을 의미 있게 수정하고 있다. 현대 과학의 수정에도 불구하고, 우리는 여전히 단테의 통합되고 유기체적인 우주와는 멀리 떨어져 있다. 그러나 우리는 동시성에 적합한 중세의 세계관이 아니라 좀 더 복합적이고 문제가 있는 현대의 세계관 안에서 의미를 통한 비인과적 연결들을 이해하려고 해야 한다.

과학의 지적인 패권은 종교에 대한 과학과 기술공학의 지배만큼이나 거의 완벽하다. 예를 들면, 갈릴레오에 의해서 시작되어 칭송되고 있는 분석의 객관적 양상이 현대 사유를 지배하여 무엇인가 객관화되어 과학적 대상의 영역에 들어올 수 없다면, 즉 정량화될 수 없다면, 그것은 완전히 가치가 없는 것이 되든지 아니면 부정된다. 달리 말하면 마음을 물질로부터 분리하는 일은 모든 주관적인 원리의 실재를 완전히 부정하는 쪽으로 발전해 갔다. 이것이 과학주의, 곧 우리가 물리적 과학의 원리와 방법을 지식의 모든 영역에 적용해야 한다는 신념이 가져온 자연스러운 결과이다. 특별히 과학주의의 치명적인 결과는 "객관화될 수 없는 것은 존재하지 않는다"라는 슬로건에서 구현되었다. 이런 편견은 마음의 본성과 동시성 안에 드러나는 원형적 의미 같은 미묘한 주제들과는 분명히 상반된다. 융도 심층심리학이 완전히 객관화될 수 없는 원리들로 가득 차 있다는 것을 잘 알고 있었다. 이런 이유 때문에 융은 상징적 방법을 발전시켰다. 상징을 가지고 우리는 스스로 정신에 초월적이면서 본래적으로 객관화될 수 없는 원형 같은 원리들에 대한 지식을 얻을 수 있다. 나는 "객관화될 수 없는 것은 존재하지 않는다"라는 슬로건에 맞게 실제 삶을 살고 있는 사람을 보지 못했다. 그럼에도 불구하고, 다음 항에서 나는 객관성의 신에게 과도한 충성을 보이는 이런 정서를 구현한 몇몇 일반적인 것들을 보여주고자 한다.

과학적 객관성의 과잉들

갈릴레오와 다른 학자들이 초석을 놓은 과학적 접근의 성공은 정말 극적이고, 선망의 대상이 되었다. 그 결과 물리학을 넘어선 여러 다른 학문 분야도 기본적인 가설과 방법론을 모방하기 시작했다. 이 모방은 오늘날에도 계속되고 있고, 풍성한 열매를 맺었다. 그러나 우리가 객관성의 제단에서만 배타적으로 예배함으로써 의미 있는 진리를 상실한 것은 아니더라도 이를 간과하였다. 이 의미 있는 진리를 간과함으로써 동시성을 이해할 수 있는 능력이 줄어든 것이다. 심리학적이든 철학적이든 일방성은 언제나 특정한 진리에 대해 눈멀게 한다. 그리고 이런 맹목성에 뒤따라오는 문제들은 결국 불균형으로 우리를 몰아간다. 두 개의 구분되지만 관련 있는 장들로부터 과학적 객관성의 과잉을 보여주는 두 가지 예를 생각해보라. 첫째는 현대 마음의 철학(과학적이며, 생물학적인 것에서 비롯된 마음 연구를 강조하는 분파)이고, 둘째는 인공지능(인간의 지능을 전개하는 것처럼 보이는 복잡한 기계들을 구축하는 과학)이다.

현대 마음의 철학

나는 마음의 철학에 대한 엄청난 자료에 경도되어 있지도 않고, 그것들을 살펴볼 능력도 없다. 또한 고전 과학의 객관적인 가설에 그렇게 깊은 헌신을 하지 않았고, 그럴 힘도 없다. 현대 마음의 철학자들은 모두 제한 없는 객관주의에 동의하지 않는다. 그럼에도 다니엘 던넷(Daniel Dennett)이 쓴 『의식 설명하기』(*Consciousness Explained*)[9]라는 책에서 소개하는 현대 사유의 아주 영향력 있는 한 예는 살펴볼 가치가 있다. 던넷은 오직 뇌기능에 기초해서 의식과 같은, 예컨대 물질적인 마음의 설명인 마음과 마음의 고차원적 기능들에 대해서 많은 설명을 하려고 한다. 그는 독립된 정신적 원리는 없으며, 우리가 정신적 기능들이라고 생각하는 것은 모두 뇌 기능의 산물이라고 생각한다.

던넷의 설명에서 중요한 요인은 마음의 "타자현상학"(heterophenomenology)이다. 너무 길어 혀를 꼬이게 하는 이 용어는 우리나 다른 사람들이 마음속에서 일어나고 있다고 보고할 수 있는 어떤 것으로부터 정신현상을 탐구한다는 의미다. 우리는 보고자의 반응에 대해서 어떤 판단이나 반응도 하지 않는다. 주관적인 반응을 포함하여 이들이 말로 전한 보고의 내용은 우리가 실재에 대해서 어떤 이론적인 범주나 판단을 내리지 않은 원(原) 자료들이다. 그는 주체들로 하여금 제약을 두지 않고 자신들의 경험을 보고하게 하였다. 이 자료들에 의하여 우리는 추론하고 의식의 모델을 만든다. 던넷이 말한 대로, "당신은 저들의 머릿속에 무슨 생각을 하고 있는지 알아보기 위해 주체들의 해골을 열어볼 수 있다(수술을 통해서나 뇌를 촬영하는 기구들을 통해서). 그러나 그들의 마음에 어떤 일이 일어나고 있는지에 대해서 가정을 해서는 안 된다. 왜냐하면 마음은 주체 상호간의 입증 가능한 물리 과학의 방법들을 사용한다고 해도 이에 대한 자료를 얻을 수 없기 때문이다."[10]

얼핏 보기에 이것은 의식과 같은 고등의 정신적 기능들을 연구하는데 아주 자유로운 비-판단적 접근처럼 보일 수도 있다. 던넷은 우리에게 이론적 편견을 최소화하고, 주체들이 보고한 자료들과 가까이 하라고 강력히 요구한다. 누군가가 "이것이 사건에 대한 나의 주체적 반응이다"라고 보고할 때조차, 우리는 그것을 기록하고 어떤 판단도 내리지 않은 채 작업한다. 그러나 여기에 아주 중대한 문제가 숨겨져 있다. 왜냐하면 던넷은 객관성에 대한 중요한 이론적 전제를 타자현상학 안에서 찾기 때문이다. 마음의 가장 심오한 것 중의 얼마는 말로 분명하게 설명될 수 없다. 이것들은 그 안에 있는 깊은 주체적 성격 때문에 어떤 방식으로든 객관화될 수 없다. 그러나 던넷은 우리가 비인격적 3인칭 관점을 유지하고, "주체 상호간의 입증 가능한 물리 과학의 방법을 사용하기를 원하기 때문이다." 달리 말하면, 마음의 모든 면들은 객관화 될 수 있어야 하는 것이다.

나는 문제를 좀 더 분명히 하기 위해서 던넷의 접근법을 빌어 타자현상학 안에 완전히 담길 수 없는 마음의 세계를 간략하게 다뤄보고자 한다. 나는 이 마음의 관점을 마지막 장들에서 좀 더 세밀하게 발전시킬 것이다. 이제 여기에 주어진 개략적인 내용에 독자들이 주목해주기를 요청한다. 그렇지만 현재로서는 이런 마음의 관점에 대한 몇몇 단순한 개념들을 이해함으로써 순수 객관적 접근이 결코 마음의 관점을 적절히 이해할 수 없음을 보여주는 것을 목표로 하려고 한다.

마음의 관점이 객관적인 입장과 양립할 수 없음을 관찰하기 위해서 꿈을 생각해보자. 나는 여기서 무의식에 이르는 상징적 창으로서 꿈의 심리적인 차원 보다는 오히려 어떻게 꿈들이 우리를 인식과정으로 안내하는지에 관심을 가진다. 나는 우리가 인식하는 것을 어떻게 인식하는지에 대한 암시로서 꿈들을 인식론적으로 다루려고 하는 것이다.

당신이 로마 콜로세움에서 사자들에게 던져진 초기 기독교인이

된 꿈을 꾸었다고 상상해보라. 군중들은 야유를 보내고, 사자들은 우리 안에서 독이 가득하여 서서히 움직이고 있다. 그리고 당신은 도래하고 있는 순교의 순간을 관상하고 있다. 다시 말하지만, 나는 이 꿈의 심리적 의미에는 관심이 없다. 대신 꿈 안에 대상들의 현존이나 존재를 탐구해보고자 한다. 열광하는 군중으로부터 으르렁거리는 사자들에 이르기까지 꿈 속에 나오는 모든 것은 꿈꾼 이의 마음에 있는 이미지들의 복합체이거나 사유-구성물들이다. 물론 꿈이 펼쳐지는 동안 이것이 분명하지는 않다. 하지만 우리는 잠에서 깨는 순간 이 진리를 깨닫게 된다. 사자도 콜로세움도 없었다. 꿈에서 경험했던 그 생생함에도 불구하고 모든 것은 하나의 사유-구성물이고, 상상의 창조물이다. 더 나아가서 꿈꾼 이의 가장 내밀한 사유와 감정을 가진, 떨고 있는 기독교도와 같이 꿈 자아 역시 이미지이자 정신적인 구성물이다. 간단히 말해서, 꿈속에 나타나는 모든 주체적이고, 객체적인 현상들은 사유의 창조물인 마음에 있는 콤플렉스 이미지들이다.

꿈을 꾸는 동안 그 꿈의 세계는 하나의 완전하거나 자족적인 세계다. 소위 꿈꾼 이들이 적어도 스스로 꿈을 꾸는 것을 부분적으로 인식하고 있어서 꿈으로부터 스스로를 통제하거나 거리를 두는 자각몽(lucid dreams)을 개입시켜 문제를 복잡하게 하지 말자. 그 대신 정상적인 꿈에서 로마의 백부장이 잠시 후 순교자가 될 당신에게 당신이 콜로세움에서 경험하는 세상 말고 다른 세계나 의식의 상태가 있는지 물었다고 상상해보라. 당신은 그런 세계나 상태를 상상하려고 할 것이다. 하지만 그 세계에 대해서 생각하는 그 행위 자체가 그 생각을 계속되게 하는 꿈 안에 통합된다. 꿈이 진행되면서 완전히 포용적이 된다. 거기에는 외부라는 것이 없다. 순교를 눈앞에 둔 꿈꾼 이에게 외부의 것으로 생각되는 어떤 것은 분명 꿈의 일부이다.

이제 사자가 당신을 찢어발기기 바로 전에 꿈의 장면이 갑자기 당신이 마음 시험 철학의 일부라고 설명하고 있는 다니엘 던넷으로 바뀐다고 상상해보라. 그는 컴퓨터가 만들어낸 가상현실, 생생한 장면과 소리로 가득 차 있지만 완전히 컴퓨터로 조작되는 신호로 구성된 장면을 실제 당신이 경험하는 것이라고 말한다. 당신은 놀라고 안도감을 갖는다. 그때 던넷은 당신이 경험한 것, 사자를 비롯한 모든 것의 세세한 부분까지, 그리고 당신이 보인 주관적인 반응 모두를 보고해달라고 요청한다. 그는 완전히 타자현상학적 보고를 원한다(이 모든 것은 여전히 하나의 꿈의 부분이다).

나는 꿈의 주체인 당신이 던넷에게 꿈꾼 것을 어떻게 설명하든, 전체 꿈을 꿈의 내용인 사자와 임박한 순교를 거쳐서 던넷에 관한 꿈에 이르기까지 전체적인 꿈을 만든 원리인 꿈꾼 이의 마음은 타자현상학적 보고의 일부일 수 있음이 분명해졌기를 바란다. 그렇다. 모든 내용들과 대상들, 주체들이나 꿈 이야기에 등장하는 모든 관계들은 꿈꾼 이의 마음의 표현이다. 그러나 전체 꿈을 만들어서 그 모든 것을 시공의 존재에 투사한 의식인 꿈꾼 이의 마음 자체는 결코 객관적인 내용일 수 없고, 타자현상학에 있는 하나의 요소일 수도 없다. 간단히 말해서 우리는 결코 꿈으로 펼쳐지는 의식인 꿈꾼 이의 마음을 객관화할 수는 없는 것이다. 그러면 언제 모든 대상과 주체를 존재하게 하는 마음을 정말 이해할 수 있도록 순수하게 객관적으로 접근할 수 있을까?

서양과 동양의 많은 사유 학파와 함께 마음에 대한 이런 관념론적 관점이 깨어있는 의식을 주장할 가능성을 생각해보자. 다시 말해서, 주체적이거나 객관적인 경험들은 물론 깨어있거나 꿈을 꾸는 모든 경험들이 커다란 마음 안에 있는 일련의 이미지들이나 사유들의 콤플렉스라고 생각해 보자는 것이다. 나는 꿈에서 깨어나는 경험은 꿈이 아니라, **완전히 사유 안에 있는 하나의 경험이기 때문에 꿈과 비슷한 것**이라고 말하고 싶다. 그렇다. 대상들은 나의 몸 바깥에 존재한다. 그러나 대상과 상호 교류하는 나의 몸과 세계는 모두 나의 개인화된 성격보다 더 포괄적인 어떤 마음에 의해서 존재하는 것으로 생각된다. 심지어 나의 성격이나 개인적 정체성도 이렇게 보다 포괄적인 마음 안에 있는 복잡한 일련의 사유들이다. 그러므로 꿈의 예와 아주 비슷하게 더 큰 마음은 우리의 정신과 몸을 포함하는 우리의 경험을 존재로 생각한다. 따라서 이런 보다 큰 마음은 결코 대상화될 수 없다. 왜냐하면 대상화하려는 어떤 시도도 이 큰 마음 안에서 더 많은 사유를 만들어낼 것이기 때문이다. 이러한 마음의 관점이 당신에게 다가오든 그렇지 않든, 외적이거나 객관적인 표상들인 이런 마음의 표현들만이 타자현상학적 보고의 내용일 수 있음을 인정해야 한다. 이런 마음의 가능성을 정당화하기 위해서 더 많은 얘기가 필요하고, 이것을 소개함으로써 일어나는 여러 질문에 대답할 필요가 있다. 다음 장들에서 나는 이것을 시도해 볼 것이다. 지금으로서는 내적인 세계와 외적인 세계로 표상되는 이런 우주적 지성의 본질은 결코 객관화 될 수 없으며 어떤 객관적인 분석에 의해서 이해될 수도 없다는 것을 인식하는 것으로 충분하다. 이런 마음은 말로 표현될 수 있고, 설명될 수도 있지만 결코 모두 객관화될 수 없다. 그래서 던넷의 『의식 설명하기』에서 했던 것처럼 설명될 수 없다.

인공지능

나는 던넷에게 공정하지 않았고, 그의 진영으로부터 반박을 받아들이지도 않았다. 그럼에도 불구하고, 나는 고전 물리학의 객관적인 태도가 얼마나 강력하게 현대 사상을 왜곡했는지 다른 예를 간략하게 들어보고자 한다. 이 예는 인간의 지능을 닮은 복잡한 기계를 만들려고 하는 현대의 마음 철학과 관계되는 분야인 인공지능에서 온 것이다. 그런 노력이 궁극적으로 얼마나 성공적일 수 있는지에 대해서는 얼마간의 논란이 있다. 인공지능에 대해서 좀 더 낙관적으로 보는 사람들은 충분히 강력하고 복잡한 기계가 우리가 인간의 지능이라고 여길 수 있는 어떤 것을 흉내낼 수 있다고 생각한다. 이 생각은 유물론적인 환원주의의 냄새를 풍긴다. 간단히 말해서, 이것은 화학과 생물학이 단순히 물질의 복잡한 배열이기 때문에 그들이 생각하기에 본질적으로 두뇌 안에서 일어나는 전기화학적 과정인 심리학도 물질적 과정으로 생각될 수 있어야 한다는 의미다. 이들 물질적 두뇌 과정들은 근본적으로 계산이다. 그러므로 우리는 적어도 원리에 있어서는 인간처럼 지능이 있는 컴퓨터 기계를 만들 수 있다. 이런 관점에서 기능적으로 마음에 해당하는 두뇌는 그저 "고기로 만들어진 컴퓨터"[11]일 뿐이다.

인공지능은 유명한 튜링 테스트를 사용하여 인간의 지능을 정의한다. 알랜 튜링(Alan Turing)의 현대판 관념은 컴퓨터 화면, 화자, 마이크, 키보드 및 포인팅 장치를 가지고 인간의 주체를 상상하는 것이다. 이어서 우리는 주체로 하여금 자신이 원하는 방식으로 모든 장치를 사용하여 질문하고, 옆방의 보이지 않는 곳에서 이 장치와 연결된 기계와 상호교류를 한다. 옆방의 보이지 않는 곳에서 그것이 기계이든 인간이든 인간 주체가 자기 마음대로 미묘하고 복잡한 일련의 상호작용을 통해서 말할 수 있다면, 인공지능 연구가들은 기계가 인간의 지능을 충분히 흉내 낸 것이라고 주장한다. 그들이 결국 이 일을 해낼 수 있는 기계를 제작할 수 있다는 신념은 강력한 인공지능 가설로 언급되고 있다. 오늘날 기계들의 힘과 최근의 과학에서 이룩한 진보가 합쳐진다면, 강력한 인공지능 가설은 많은 연구가들에게 충분히 받아들일 수 있는 것으로 보인다.

타자현상학에서처럼 강력한 인공지능 가설은 가장 깊고 근본적인 의식적 주관성이나 지성의 차원을 연구하지 않은 채 객관성에 쏠려 있다. 우리가 기계에 가장 기발한 질문을 던진다 해도, 그리고 그 기계가 인간이 하는 것처럼 미묘한 부분까지 대답을 하도록 지능적으로 제작되었다고 하더라도, 우리는 지능과 인간의 의식의 뿌리에서 의식적인 내적인 삶, 곧 주관적 인식의 말로 표현할 수 없는 경험에 대해서 직접적인 증거를 가지고 있지 않다. 객관적 양식은 결코 이 중심적인 사실을 파악할 수 없는 것이다. 과학적 방법에 의해서 크게 악화된 자기 성찰이 더 깊은 주관성의 차원들을 직접 탐구할 수 있는 유일한 길이다. 그렇다. 책들과 심지어 인공지능 기계들도 우리의 탐색을 도울 수는 있지만, 의식적 마음인 주관적 인식의 핵에 대한 직접적이고 살아있는 경험은 즉각적인 자기 성찰을 통해서만 가능하다. 이런 자기 성찰은 객관화에 의해서가 아니라 가장 발전된 명상 기법들의 목적인 그것이 인식하는 것이 되기, 곧 연합하기에 의해서 인식된다. 대상화할 수 없는 핵을 간과하는 마음에 대한 설명이나 정의는 충분히 그것을 표현하는 의식이나 지능을 설명할 수 없는 것이다. 물론 다른 것들을 배제하고 하나의 생각에 힘을 모아 집중하는 기술을 훈련하지 못한 마음은 이런 자기 성찰적 공부를 적절히 수행할 수 없다. 그러나 아무리 잘 훈련된 마음일지라도 고전 물리학에서 성공적으로 사용된 객관적 방법만 사용된다면 자기 성찰을 할 수 없다. 결과적으로 나는 슈뢰딩거(Erwin Schrödinger)와 더불어 현대 과학의 객관적 방법은 결코 진정한 의식적 주체를 발견할 수 없을 것이라고 생각한다.[12] 설상가상으로, 객관적 방식에 맹목적으로 충성하는 것은 이런 주체의 존재를 감추고, 심지어 부정하기까지 한다.

대극으로 향하기

융은 우리가 한 쌍의 대극 가운데 어느 하나의 구성 요소와 너무 배타적으로 동일시할 때 우리는 어쩔 수 없이 다른 대극으로 향하게 된다는 것을 가르친다. 예를 들어서, 만일 우리가 남성-여성 양극 가운데 남성적 측면만 발전시킨다면, 여성적 측면은 어쩔 수 없이 집요하게 우리에게 요구를 한다는 것이다. 일반적으로 대극의 쌍에서 간과된 극은 우리가 거의 통제하지 못하는, 적응도 안 되고 분화도 안 된 정서로 뭉친 내용들을 폭력적이지는 않을지라도 원시적으로 분출된다. 대극의 쌍 가운데서 간과된 한 극을 동화하는 것이 개성화의 중심이다. 분화와 통합이라는 대극의 문제가 융 연구의 핵심이다.

이 장에서 내가 개략적으로 다루고자 했듯이 과학 혁명은 우리에게 객관적 지식의 가치를 새롭고, 심도 있게 이해할 수 있도록 하였다. 그러나 불행하게도 객관성과 주관성의 균형을 이루는데서 추가 너무 멀리 나갔다. 우리의 문화는 객관-주관이라는 대극의 추에서 객관적인 측면만 너무 강조하여 주관적 원리들을 열등하고, 좀 모자라는 실재로 좌천시킨 것이다. 만일 융이 옳다면, 양극 가운데 억제된 극은 스스로 드러나야 하고, 열등하면서, 고통스러운 방식으로라도 표출되어야 한다. 나는 이단 종교에 빠지는 열정과 시대에 뒤떨어진 "뉴 에이지" 사유를 정신의 주관적인 면이 원시적으로 분출된 것이라고 해석하는 것이 타당하다고 생각한다. 그러나 개인 심리학에서 그런 것처럼, 동화를 고집하기 위해 양극 중에 간과된 극이 분출될 때, 격변 뿐 아니라 지금까지 힘든 노력을 통해서 세운 것을 파괴하는 일이 일어날 수도 있다. 달리 말하면, 우리의 본성 중에 주관적인 면이 권리를 주장할 때, 객관성과 객관성에 관련된 모든 것들의 가치가 폄하되고, 파괴되는 고통을 겪을 수 있는 것이다.

과학만큼 중요한 어떤 일도 지속적이며, 사려 깊은 비평을 받아야 한다. 어떤 비평은 책임감을 가지고 끝까지 함께 한다. 다른 한편, 어떤 비평은 양극의 쌍 중에서 오랫동안 간과되어온 극의 동화를 기본적으로 요구하는 감정적 표현처럼 보인다. 이 경우는 주관성의 가치를 고맙게 생각해야 할 필요를 말한다. 이들 객관적 양식들의 다양한 비평들을 자세히 탐구하는 것은 내 원래의 의도와 너무 먼 것이기는 해도, 특별하게 교훈적인 하나의 예를 나누어 보려고 한다.

내가 만난 영웅들 중 한 사람은 바클라브 하벨(Vaclav Havel)이다. 그는 두려움을 모르는 반체제 인사이며, 달라이 라마의 초청자이고, 시인이며, 극작가이고, 최근에는 체코의 대통령을 지냈다. 그는 주관성을 찬양하고 특별히 과학에서 객관성을 숭배하는 것을 강력하게 비판한다. 1992년 3월 1일 뉴욕 타임즈 일요일 판에 하벨은 "현대 시대의 끝"(The End of the Modern Era)[13]이라는 글을 기고하였다. 이 글에서 하벨은 다음과 같이 기술하고 있다.

공산주의의 몰락은 세계가 객관적으로 인식될 수 있고, 그렇게 인식된 지식이 절대적으로 일반화될 수 있다는 전제를 바탕으로 세워진 현대 사유가 최종적 위기에 다다른 징표로 간주될 수 있다. 이 시대는 제1차 지구적 혹은 행성적 기술공학의 문화를 창출하였다. 그러나 이제 그 잠재력이 한계에 달하여, 더 이상 그 한계를 넘으면 심연이 시작되는 지점에 다다를 것이다. 공산주의의 종말은 모든 인류를 향한 진지한 경고다. 그것은 교만한 시대, 즉 절대주의적 이성이 끝에 이르렀고, 그 사실에서 결론을 끌어낼 때가 되었음을 알리는 신호이다. ...
전통 과학은 그 냉담함과 더불어 우리가 스스로를 파괴할 수 있는 다양한 방식들을 기술할 수 있어도, 어떻게 그 파괴를 피할 수 있을지에 대한 정말 효과적이고, 실천적인 교훈들을 제공할 수 없다.
... 우리는 기술적인 오류가 있을지라도 그 오류를 기술만이 수정할 수 있는 것처럼 기술의 치명적인 결과를 다룬다. 우리는 객관주의의 위기로부터 객관적인 방식을 추구하고 있는 것이다.

"객관주의의 위기"를 좀 더 나열한 다음 하벨은 정치가들이 해법을 향한 "길을 안내해야" 한다고 제안한다. 사실 정치가들이 정신적 변혁에 지도력을 발휘해야 한다는 하벨의 주장을 받아들이는 것은 상상하기 어렵다. 그럼에도 불구하고 그는 이렇게 주장을 이어간다.

영혼, 개인의 영성, 사물에 대한 직접적인 개인의 통찰, 자신이 될 수 있는 용기, 양심이 말하는 대로 나아갈 수 있는 용기, 존재의 신비한 질서에 맞서서 겸허하기, 존재의 자연스러운 방향을 확신하기, 그리고 무엇보다도 세계의 주관성과 주된 연결로서 자신의 주관성에 대한 신뢰. 이런 것들이 미래의 정치가들이 가꾸어야 할 성품들이다.

하벨의 제안이 지혜롭고, 정신을 고양시키는 것이기는 하지만, 그가 정치가로 하여금 "무엇보다도 자신의 주관성에 대한 신뢰"를 가져야 한다고 충고했을 때, 우리는 분명히 원초적이고 열등한 방식으로 그 권리를 요구하는 양극 중 억압된 극을 볼 수 있었다. 모든 사람들, 특히 엄청난 압력을 느끼는 정치가들에게 적절한 자기-인식과 자기-성찰 없이 자신의 주관성을 신뢰하라고 하는 것은 모든 종류의 과오, 악폐, 오류를 예상하게 한다. 나는 우리가 객관성을 지나치게 강조해왔다고 주장하는 하벨에 동감한다. 그러나 성찰이 없는 정치가들의 주관성에 호소하는 일은 균형을 바로 잡을 수 있는 방법일 수 없다.

과학에 대한 그의 비난과 신문에 제시한 개혁을 위한 처방이 미국에 있는 여러 과학자들의 손에 주어지자 난동이 일어나기 시작했다. 1993년 8월 미국 물리학회의 저널인 "오늘의 물리학"(*Physics Today*)에서 저명한 물리학자 대니얼 클래프너(Daniel Kleppner)가 쓴 회신의 중심 내용은 하벨의 발언에 대한 논평으로 채워져 있었다. 그는 다음과 같은 주장을 이어갔다. "공산주의의 몰락은 현대 과학('세계가 객관적으로 인식될 수 있다는 전제')이 우리를 최종적 위기로 이끌고 갈 징조라고 말하는 것은 황당한 주장이다. 오히려 공산주의의 몰락은 자유를 억압하는데 몰두하고, 자화자찬하는 독재 정권은 존립 가능한 경제와 품위 있는 사회를 유지할 수 없다는 징조다."[14] 나는 공산주의가 그 폭정과 경제적 모순 때문에 몰락했다고 한 클래프너에 동감한다. 그러나 하벨의 주장 역시 여전히 타당성을 가지고 있다. 결국 공산주의는 변증적 물질주의에 견고하게 서 있지 않은가? 이것은 객관적으로 현존하는 실재들에게 집착한 고전 물리학의 왜곡된 적용이라고 할 수 있다.

하벨의 관념들이 국회의원으로서 미 하원의 우주, 과학, 기술공학 위원회 의장이었던 조지 브라운에 의해 발췌되어 사용되자 클래프너는 깊이 당황하였다. 브라운은 "미국 물리학 저널"(The American Journal of Physics)의 1992년 9월호에서 하벨의 관념에 경의를 표하면서 하벨의 관념을 오늘날 사회에서 과학의 역할을 재고하도록 하는 발판으로 삼아야 한다고 하였다. 현대 과학에서 객관성의 수준과 범위에 대한 지성적인 논쟁에 불과했던 하벨의 관념이 이제는 미 정부의 최고위급 과학 분야의 정책 결정 자금 지원에서 중심적인 문제가 되었다. 반-객관성과 반-과학 정서는 이제 소소한 철학적 물리학자들도 관심을 가진 어떤 것, 즉 기금 정책으로 해석되고 있는 것이다.

나는 사회 안에서 일고 있는 과학에 대한 비판과 재평가를 확고하게 찬성한다. 그러나 나의 입장은 이 비판의 많은 부분이 특별히 그 정서와 주관성을 향한 무비판적인 요구가 정말 경험의 주관적 극을 재평가하고 재확립해야 한다는 필요성에서 나온 것인지 살펴 보아야 한다는 것이다. 우리의 집단적 영혼은 과학주의, 곧 삶의 모든 면에 객관적인 태도를 무비판적으로 적용한 것의 희생이 된 주관적인 것을 향해 좀 더 균형 있는 태도를 갖자고 부르짖고 있다. 우리가 취한 엄혹한 불균형 때문에 이 외침은 종종 괴로움이 되고, 원초적이 되며, 강압적이고 불합리한 것이 되었다. 이 외침이 어떻게 위의 균형이 무너진 의식적 태도를 타개하면서 완성될 수 있을까?

하나의 선택은 객관적인 것, 특히 그 일차적 예로서 현대 과학의 가치, 덕목, 성취를 약화시키지 않은 채 주관적인 것을 새롭게 인정할 필요를 세우는 것이다. 단순히 동시성을 공부하면 이것을 이룰 수 있다고 생각하는 것은 어리석은 일이다. 그럼에도 불구하고, 동시성은 객관적인 요소와 주관적인 요소 사이에 사실의 세계와 의미와 주관성의 세계 사이에 독특한 상호작용을 포함한다. 어떻게 객관적인 세계와 주관적인 세계가 비인과적 의미의 연결을 통해서 연합될 수 있는지 이해함으로써 우리는 원초적 주객 이원론을 향해서 보다 포괄적이고 전체적인 태도를 갖도록 나아갈 수 있다. 나는 이 책에서 이런 일차적 대극의 요구를 화해시키는 이 목표를 소중히 다룰 것이다. 이것을 마음에 두면서, 현대 과학적 세계관 안에서 이것을 이해하라는 엄청난 과제를 떠올려주는 몇몇 동시성 예들을 탐구해 보도록 하자.

동시성적 막간 1

인정과 자기

나는 40대 중반에 지역 전문기관을 떠나서 가족과 행복한 시간을 보내면서 내 일에도 만족을 누리고 있었다. 그렇지만 나는 내가 기대했던 전문가로서의 인정은 얻지 못했다고 생각하고 있었다. 어떤 성공도 거두지 못한 채 이 문제를 연구한 다음 나는 늘 그랬던 것처럼 자전거에 올라탔다. 그리고 길게 이어지는 언덕을 치고 올라가면 내 영혼이 맑아지리라고 바라면서 멀홀랜드 드라이브(Mulholland Drive)로 올라갔다. 몇 분이 지났을 즈음 나는 조금씩 기분이 좋아지기 시작했다. 바로 그때 나는 자신의 개와 산책을 하고 있는 내 오랜 고등학교 시절 친구를 보았다. 그는 내 분야에서 명성을 얻고 있었고, 고급스러운 삶을 살고 있었다. 나는 친구와 이야기를 하려고 멈췄다. 그는 자신의 만족스럽지 못한 결혼 생활과 부하 직원에 대해서, 그리고 제2사무실을 두고 있는 유럽에서 속임을 당한 일 등을 말하였다. 그가 말하는 동안 나는 여러 면에서 얼마나 다행스러운지, 반면 그 친구의 인간관계와 관심과 삶이 얼마나 가벼운지 깨닫게 되었다. 동시에 나는 그에게 연민을 느꼈고, 지금까지 내가 그를 만났던 사실에 대해서,

즉 힘든 성찰을 하면서 내가 거쳐 온 "뜻깊은 우연의 일치"에 대해 감사하게 되었다. 나는 그와 헤어져서 자전거를 계속 탔고, 그럴수록 점점 더 좋은 감정이 올라왔다. 그렇지만 전문 영역에서 인정받지 못하고 홀로 남겨진 사실은 여전히 아픔으로 자리하고 있었다.

19. 산길에서 만난 수사슴

　15분쯤 지났을 때 나는 커다란 버크 사슴을 만났다. 나는 종종 이 지역의 언덕에서 사슴을 본적이 있었다. 그렇지만 내가 이전에 보았던 사슴은 언덕을 거닐고 있는 사슴이었지 길에 서 있는 사슴이 아니었다. 이전에는 이렇게 뿔이 크고 위풍당당하게 생긴 버크를 한 번도 본 적이 없었다. 나는 다시 자전거에서 내려서 거기에 그냥 멈춰 서서 그 수사슴의 웅장함과 평온함에 깊이 감동되어 바라보고 있었다. 그의 존재감에 감동이 된 나는 가볍게 그에게 목례를 하자 — 맞아, 내가 목례를 한 거지? — 그 수사슴이 내게 목례를 되돌려주는 것 같았다. 나는 심지어 그의 머리에 왕관이 있는 것처럼 상상하였다. 몇 분 동안 그 수사슴은 서서히 걸어서 언덕으로 다시 들어갔고, 나도 다시금 정신을 차리고 온전한 기분이 되었다.
　위에서 소개한 만남이 나에게 준 의미는 나의 오랜 고등학교 친구와의 만남을 통해서 깨닫게 된 명성이 주는 가치를 상대화시킨 것만은 아니었다. 이것을 훨씬 뛰어넘는 의미는 버크를 만난 사건에서 얻은 것이었다. 그는 도시 한 가운데 홀로 모든 인간의 성취와 상관없이 살았다. 그런데 사슴은 혼자 삶을 살아가면서 위엄을 간직하고 있었고, 자연과 자연의 신과 더불어 조화로운 삶을 살아가고 있었다. 사슴과의 만남은 나에게 존엄과 만족의 의미를 새롭게 깨닫게 하였고, 심지어 나 자신의 길을 가는 것에서 갖게 되는 어떤 웅대함을 깨닫게 되었다. 친구와 함께 한 일과 사슴을 만난 일 둘 모두는 나에게 진정한 동시성으로 느껴졌다.

이 경험에서 나는 집단적인 인정보다 더 중요한 것들이 있다는 무의식적 보상을 경험하였다. 또한 개성화는 때로 공동체의 가치에서 떨어져 나와 혼자의 시간을 갖는 것이라는 깨달음도 있었다. 이 의미 있는 깨달음이 고대의 잘 알려진 자기의 상징인 거대한 수사슴에 의해서 전달되었다.

잠시 나는 수사슴 상징의 의미를 간략하게 확대 해석해 보겠다. 이야기의 주인공이 말한 것을 보자. "나는 심지어 그의 머리에 왕관이 있는 것처럼 상상하였다." 수사슴의 머리에 있는 왕관이나 왕관 뿔은 5년이 지나야 완전히 형성되고, 그때야 비로소 버크가 된다. 구약의 시편 42:1절에 보면 "사슴이 시냇물을 찾듯이, 오 하느님, 내 영혼은 애타게 당신을 찾습니다" 하였다. 여기서 사슴은 신성을 향한 우리의 갈증을 상징한다. 신성은 강력하게 자기의 생수의 중요성을 상기시켜 준다. 이것은 특별히 "나의 전문적 외로움과 인정받지 못함"과는 대조가 된다.

이 동시성 이야기가 아주 간단하기 때문에, 나는 동일 인물이 경험한 동시성 이야기 하나를 더 소개하고자 한다. 여기서 우리는 위에서 예를 든 것과 중첩되는 동일한 주제를 만나게 될 것이다.

동시성적 막간 2

공동체 음미하기

30번째 생일이 다가오면서 나는 여러 해 동안 꿈꿔왔던 융 재단에서의 연구를 시작하면서 취리히에 머물고 있었다. 나는 몇 주 동안 분석을 받았고 분석과정에 잘 진입하고 있었다. 그때 놀라운 개미 군락을 관찰하면서 개미들 세계의 구조와 헌신과 엄청난 노력에 깊은 인상을 받는 꿈을 꾸었다. 다음 날 분석가의 사무실에 도착하기 전, 나는 공원의 벤치에 앉아서 이 꿈을 가지고 좀 더 적극적 상상을 이어가기로 마음 먹었다. 내가 적극적 상상을 시작하자 개미 떼들이 줄을 지어 나의 꿈 노트를 가로질러 가기 시작했다. 물론 이 사건은 나에게 큰 충격이었다. 왜냐하면 그런 일이 일어난다는 것은 아주 예외적인 것이었기 때문이었다. 내가 분석가의 사무실로 걸어 올라갔을 때는 봄이었는데, 우리는 분석 작업을 위해 그의 현관으로 나갔다. 분석가의 사무실은 시내 한 가운데 아파트였는데 숲이 우거진 지역을 내려다 보는 곳에 있었다. 내가 꾼 꿈을 분석가에게 읽기 시작했을 때 그가 말했다. "여기 보세요!" 그때 여러 마리의 개미가 우리 사이에 있는 작은 테이블을 따라 기어가고 있었다. 나는 이전에 개미와 관련해 이런 경험을 해본 적이 없었다.

이 사건에 대한 나의 이해는 여기서 나를 위해 아주 멋진 곳에 내가 있다는 것이다. 나의 "공동체" 경험은 열 살에서 열여섯 살 동안에 여름마다 있었던 야영 경험이었다. 이제 나는 영적으로, 정서적으로, 신체적으로 이곳 유럽의 도시 취리히의 아름다움과 하나가 되었을 뿐 아니라 융 재단의 다양한 외국인 학생들과 또 교수단의 놀라울 정도의 깊이와 학문성에 하나가 되었다. 그것 외에도 나는 다시금 내가 군대에 있었던 과거 20년 동안 내가 관심두지 않았던 어떤 것, 곧 내 영혼을 깊이 탐색하는 일을 하고자 하였다. 따라서 취리히에 머문 몇 년간은 개미 군락처럼 내면적이며 외재적인 삶과 하나 되는 유일하면서도 이색적인 경험으로 나를 안내하였다. 이 기간의 삶은 또한 나로 하여금 열심히 일하게 하였고 내가 소중히 여겼던 "더 높은 대의"(the higher cause)에 헌신하게 하였다.

전문적으로 그리고 개인적으로 이 사람은 생애 전체를 통해 공동체로부터 환영을 받기도 하고 내쳐지기도 하는 기쁨과 슬픔으로 투쟁하고 있었다. 공동체와의 관계는 그의 많은 전문 출판물에서도 그 길을 찾는 주제다. (그의 전문가로서의 아동기인) 분석 훈련 초기에 이 기억에 남는 동시성적 경험은 전 생애를 구성하는 주제를 보여주는 강력한 아동기 꿈과 같았다. 동시성적 경험은 지구상에서 가장 고도로 조직화되고 부지런한 형태를 갖는 개미의 공동체를 통해 내면세계와 외부세계 모두에 있는 중심 주제를 상징화한다. 한 마리의 독립된 개미는 하나의 불가능성이다. 성숙에 이르자마자 완전히 독립하여 스스로 홀로 살 수 있는 사슴과 달리, 한 마리의 개미의 생존은 전적으로 공동체에 달려 있으며, 개미가 공동체 안에서 하는 역할에 달려있다.

제6장
자연 안에 있는 인과론과 비인과론

아인슈타인은 비웃듯이 지방정부가 주사위 놀이에 의지할 수 있다고 믿느냐고 우리에게 물었다. 나는 이미 고대 사상가들에 의해서 요구된 큰 주의를 지적하고, 일상 언어로 섭리에 대한 속성을 설명하는 것으로 대답하였다.

- 닐스 보어[1]

법, 우연, 운명

이 책의 특별한 관심 주제인 법, 우연, 운명은 많은 사람의 눈에는 세계에서 가장 길고, 위대한 인도의 서사시 『마하바라타』(Mahabharata)에 특별히 강한 표현으로 나타나 있다. 이 고대의 서사시는 『신곡』(Divine Comedy)이 서양 세계에 미친 영향보다 인도에 더 큰 영향을 미쳤다. 당신이 인도 사람들을 만나서 무작위로 어떤 사람을 지목하든 그는 "마하바라타"의 긴 시를 당신에게 줄줄 말해줄 수 있다. 여러 신들과 비범한 신화적 존재들 및 사랑, 전쟁, 지혜, 신비주의가 내용으로 들어 있는 이 인도의 고전은 인류의 시적인 역사를 그리고 있다. 이 시에서 판다바(Pandava) 형제들은 신들에게 홀려서 주사위 놀이로 자신들의 왕국 전체를 빼앗길 때까지 황금시대를 구가하면서 지구를 통치한다. 40년의 유배 생활이 끝난 다음 이들은 핏물이 양쪽 강을 물들인 전쟁에서 대승을 거두고 자신들의 왕국을 되찾는다. 이 거대한 전쟁은 인도 종교철학적 저술 중 가장 위대한 작품인 『바가바드기타』(Bhagavad Gita)에 불멸의 기록으로 남아 있다.

나는 『바가바드기타』를 포함하여 『마하바라타』(Mahabharata) 전체를 법, 우연, 운명의 거대한 삼두성(三頭性)의 충돌로 본다.

법(lawfulness)은 이 서사시 전체를 통해서 등장하는 주제다. 성경에서 "심은 대로 거두리라"는 말씀으로 표현된 내용이 인도의 개념으로는 업(karma)인데, 법이라는 주제가 업의 개념으로 성문화되어 이 서사시에 등장한다. 업은 고전 역학, 곧 갈릴레오와 뉴턴의 역학에서 발견되는 인과론이나 결정론에 해당하는 도덕적 인과론이나 결정론이다. 고전 역학에서는 불변하는 법이 모든 발달의 정확한 결과를 공포하면서 자연을 지배한다. 사실 많은 사람들에게 법의 개념은 엄격한 인과론이나 결정론을 상정한다. 『마하바라타』에서 업의 불굴의 원동력은 서사시 전체를 통해서 악한 사람들을 벌하고 성스러운 사람들을 살리면서 모든 인물들을 이끌어간다. 판다바 족의 수장인 만왕의 왕은 열렬한 법의 지지자이다.

왕이 법과 인과론을 사랑함에도 불구하고, 우연의 게임이라는 자신의 유일한 약점에 반복해서 빠진다. 우연의 게임에서는 양자역학에서의 실험처럼 어떤 결과가 임할지 결코 예측할 수 없고, 비인과적이다. 서양에서는 미국 원주민들을 빼고 우연의 게임이 포함되는 『마하바라타』에 비견되는 신화가 없다. 그 대신 서양의 젊은이들은 부모와 사회가 그들에게 부과한 법에서 벗어나려고 할 때 그들이 운전하는 자동차 백미러에 주사위를 매달아 놓음으로써 우연의 원리를 경외하고 있음을 보여준다. 따라서 동양과 서양 모두에서 우리는 법과 우연이 원초적 대극의 쌍을 이루고 있는 것을 보게 된다. 왕의 행위는 다시금 대극 가운데 어느 한쪽의 극과 과도하게 동일시하는 것은 언제나 반대의 극으로 옮겨가는 것을 상기시키는데, 여기서 왕의 우연에 대한 숭배가 게임에 무기력하게 중독된 것으로 나타난다.

대극의 상호 작용은 개성화, 전체가 되는 것 및 운명을 완성하는 것에 매우 중요하다. 삼두성의 세 번째 큰 원리인 운명은 왕으로 하여금 스스로 우연의 게임에 빠지게 하였다. 왕의 적들은 그가 가장 좋아하는 천국의 문인 주사위 게임을 준비한다. 주사위 게임을 통해서 속이는 적들의 꼬임에 넘어가서 왕은 자신의 왕국을 잃어버린다. 왕국을 잃으면서 그는 부와 자유와 심지어 다섯 형제들의 사랑하는 아내까지 모두 잃어버린다. 운명은 다섯 아들들과 그들이 사랑하는 아내의 귀환과 이들의 자유를 공포한다. 그러나 운명과 업은 왕으로 하여금 또 다른 우연의 게임에서 이 모든 것을 건 운명의 게임을 하도록 내몬다. 그는 속임수를 쓰는 적들(우연의 게임을 하는 동안 법을 어기는 사람들)에게 두 번째 기회를 주어야 한다고 생각했다. 그렇지 않으면 그의 적들은 냉혹한 업의 작용을 통해 그들을 기다리는 끔찍한 운명에서 스스로를 구원할 기회를 갖지 못하기 때문이다. 그는 두 번째 게임에도 패배해서 그의 형제들과 아내와 더불어 숲에서 여러 해 동안의 유배로 고생한다. 그 후 법, 우연, 운명이라는 세 가지 큰 원리가 피로 물든 전쟁을 이끌어간다.

  앞의 장들에서 나는 융의 개성화 개념을 통해서 운명의 원리를 논하였다. 그리고 이번 장에서 나는 고전 물리학에서 법 혹은 인과론의 큰 원리를 탐구한 후, 인과론에 우리의 지성이 종속될 경우 양자역학이나 동시성에 등장하는 또 다른 큰 원리인 비인과론을 인식할 수 없는지 논의할 것이다. 『마하바라타』가 인도 문화 전반에 스며들어있듯이, 고전 물리학의 관념들도 서양의 집단적 정신에 스며들어있다. 인도인들이 『마하바라타』를 탁월한 우연의 게임으로 경외하는 것을 통해서 그들이 얼마나 깊이 비인과론을 이해하고 있는지 분명하게 보여준다. 반면 우리는 결정론과 인과론에 대한 맹목적인 신봉을 대체로 의식하지 못하고 있다. 그러나 조금만 생각해도 우리는 로마법의 정치적 유산을 지닌 유대-기독교 유산이 어떻게 고전 물리학의 인과론에 강력하게 스며들어 있는지를 발견할 수 있다. 우리의 인과론 숭배는 너무 강력하고, 크게 의식할 수 없는 것이어서 우리 스스로 인과론을 벗어나 비인과론을 진지하게 고찰하는 것이 얼마나 어려운 지를 알게 된다. 그래서 모든 사건에는 잘 정의된 원인이나 일련의 원인들이 없을 수 있는 가능성을 받아들이기가 어렵다. 예컨대 "신이 주사위 놀이를 한다"거나 융이 주장했듯이 심리적 사건들이 비인과적 의미를 통해서 연결될 수 있다는 주장을 받아들일 수 없는 것이다.

인과론-비인과론이라는 대극의 쌍에서 인과론의 측면만 과도하

20. 마하바라타의 서기관, 가네쉬 신

게 동일시하는 서구적 동향은 양자역학과 동시성에 드러난 비인과론에 대해 엄청난 정서적 반응과 저항을 낳았다. 왕이 과도하게 법을 사랑하는 것이 게임 중독에 빠지게 했던 것처럼, 인과론을 탐닉한 서구는 우리로 하여금 양자역학과 동시성에 드러난 비인과론의 문제를 풀어보라고 요청한다. 융이 말한 것처럼, "칸트의 『순수이성비판』이 실패한 것이 현대 물리학에 의해서 실행되고 있다. 인과론의 축들이 근본에서 흔들리고 있는 것이다."[2]

단테의 우주론을 논하면서 강조했듯이, 동시성을 특정 과학과 밀접하게 연관시키는 일은 그 분석의 진부함을 나타낸다. 과학은 지속적으로 발달하고 있기 때문이다. 예를 들면, 융은 반복적으로 심층심리학과 양자역학 사이에 심오한 연결이 있다고 생각했다. 만일 세세한 분석을 통해서 그의 생각을 입증해야 한다면, 보다 포괄적인 이론이 어쩔 수 없이 양자역학을 대체하게 될 텐데, 그렇게 된다면 결국 그 결말은 어떻게 될까? 그렇게 되면 지구 중심으로 우주를 보았던 단테보다 더 잘한 것이 될까? 만일 우리가 분석이 진부하게 되는 것을 피해야 한다면, 새로운 과학적 발전의 밀물 속에 쓸려 들어가는 지성의 모래성을 세울 수 없다.

그러나 지난 10여년 동안 탁월한 물리학자이며, 철학자인 애브너 쉬모니[3]가 "실험적 형이상학"이라고 부른 것이 가능하게 되었는데, 그것은 그 어떤 양자역학의 공식과도 무관한 형이상학적 원리들에 대해서 실험하고, 그것들과 관계되는 이론들을 분석하게 된 것이다. 자연에 어떤 형이상학적 속성이 육화되어 있다면, 그것들은 현재나 미래에 경험적으로 있을 수 있는 그 어떤 자연의 이론 속에서 생길 수 있다고 말할 수 있게 된 것이다. 이렇게 예상하지 못했던 놀라운 돌파구가 생긴 것은 양자역학에 대해서 아인슈타인이 평생에 걸쳐서 비판한 결과를 연구한 벨의 부등식을 둘러싼 이론과 실험의 발달 때문이다. 이 장은 다음에 자세하게 전개될 벨의 부등식 분석의 역사적, 철학적 배경을 간략하게 제시하려고 한다.

고전 물리학에서의 인과론

물리학에는 거대한 두 개의 지성적 물줄기가 있다. 첫째 가장 오래된 물줄기는 고전 물리학이다. 갈릴레오-뉴턴의 역학은 주요 지류를 형성하는 열역학(thermodynamics)과 전기역학(electrodynamics)과 더불어 이 물줄기의 상류를 이룬다. 이 거대한 강은 산업혁명을 거쳐서 아인슈타인의 일반 상대성 이론에 이르러 절정을 이룬다.

뉴턴은 사과의 낙하, 지구를 도는 달의 궤도, 보이지 않는 행성들의 현존을 정량적으로 정밀하게 예측했던 자신의 역학 이론을 가지고 지성적 세계를 빛나게 하였다. 그의 이론은 전체 고전 물리학의 세계에 지성적인 지반을 제공하였고, 고전 물리학의 인과론, 좀 더 적절하게 표현하면 결정론은 우리의 집단적 정신세계에서 불꽃을 피웠다. 뉴턴의 역학에 의하면, 구별되고 독립된 현존하는 대상들은 충분히 예견 가능한 방식으로 서로에게 영향을 준다. 적절한 조건과 원인이 제공되면, 결과는 언제나 그것을 따르게 되어 있고, 원인이 없이는 결과가 생겨나지 않는다. 순수한 액체인 물을 섭씨 0도 이하인 곳으로 가져가면 언제나 얼게 되고, 온도가 0도 이하가 아니면 물은 얼지 않는다.

뉴턴의 역학에서 가장 기본적인 실체는 객관적으로 존재하는 나눌 수 없는 점, 곧 입자이다. 만일 우리가 시원적 조건인 어떤 시점에서 점 입자 군의 위치와 속도를 알면, 이론은 정확하게 그 체계의 미래 변화를 예측할 수 있다. 고전 물리학은 충분히 결정론을 구현한다. 말하자면 동일한 시원적 조건과 힘은 언제나 동일한 변화를 낳는 것이다. 오랫동안 고전 물리학에서 구현된 결정론은 과학의 모형이며, 모든 과학적 설명의 목표로 받아들여졌다. 사실 누군가에게는 결정론적 이론이 아직도 과학의 고유한 목표로 받아들여진다.

피에르 시몽 드 라플라스(Pierre Simon de Laplace)는 고전 물리학의 거장들 가운데서 뉴턴을 빼고는 가장 탁월한 이론물리학과 양자역학 분야의 거장이었다. 그는 역학에 대한 뉴턴의 연구를 깊게 하고 확장시켰다. 그리고 뉴턴의 이론 가운데서 잘 알려진 모호한 부분과 변칙 부분들을 크게 제거하여 뉴턴 이론의 건전성을 증진시켰다. 라플라스는 자신의 천체 역학에 대한 논문을 나폴레옹 보나파르트에게 헌정하였다. 스스로 탁월한 수학자였던 황제는 어째서 그 책에 신(神)에 대한 언급이 없는지 물었다. 라플라스가 나폴레옹에게 답했다. "폐하, 저에게는 그런 가설이 필요 없습니다." 앞장에서 언급하였듯이 라플라스 이전의 위대한 자연철학자들은 위대한 시계공인 신에 의해서 거대한 움직임이 이어지도록 만들고, 그 정해진 법에 따라서 움직여지는 거대한 시계처럼 이 세계를 이해하였다. 시계 은유는 당대를 규정하는 기술이었고, 인간은 언제나 지배적인 기술을 통해서 자연, 특별히 자연 자체를 상상하려고 하였다.[4]

오늘날 우리는 컴퓨터를 이용하여 두뇌와 인지모델을 만든다. 이 모델은 고전적인 의미에서 결정론적 입장을 취하는 바, 동일한 초기 입력 데이터와 알고리즘이 주어진다면 컴퓨터는 언제나 동일한 상태로 발달해 간다고 본다. 이런 무생물적이고, 결정론적인 두뇌 모델은 이것을 찬성하는 사람들에게는 마음과 동의어에 해당하는데, 분명히 뉴턴의 시계 모델에 대한 현대 세계에서 완전히 유행하는 대응 모델이다. 비록 뉴턴의 시계 장치 우주와 신성과 그것의 관계를 철학적이며, 신학적으로 받아들이는데 커다란 난제가 있음에도 불구하고, 여전히 뉴턴의 모델은 커다란 영향력을 미치고 있다. 라플라스는 중세 정신세계에 의미와 도움을 제공하였던 시계공인 신을 버리는 것은 이 모델에서 그저 작은 발걸음에 불과하다고 보았다.

라플라스는 기억에 남는 내용으로 뉴턴 역학 안에 있는 인과론에 대해서 자신의 이해를 다음과 같이 정리하였다.

그렇다면 우리는 현재 우주의 상태를 이전 상태의 결과로 여겨야 하며 뒤따르게 될 미래의 우주 상태의 원인으로 보아야 한다. 어떤 순간에 자연을 움직이는 모든 힘과 자연을 구성하는 존재들의 각각의 상황을 이해할 수 있는 지능이 주어진다면 – 이 지능은 이 자료들을 분석할 정도로 충분히 거대한 것이다 – 그것은 우주의 가장 위대한 물체들과 가장 가벼운 물체들의 움직임을 같은 공식으로 받아들일 것이다. 그것 때문에 아무것도 불확실하지 않을 것이고, 과거처럼 미래는 그것의 눈에 보일 것이다.[5]

라플라스는 "시계의 뒤에" 신과 같이 거대한 우주적 지능을 만들고 싶어하지 않았다. 그는 다만 원칙론을 주장할 작정이었다. 말하자면 그는 그 안에 모든 개인을 품는 전체 세계를 담은 엄격한 결정론적 시계의 모델을 주장하고자 했던 것이다. 이 상상속의 초 컴퓨터에게는 "아무것도 불확실하지 않을 것이고, 과거처럼 미래는 그것의 눈에 보일 것이다." 단번에 그는 자유의지를 무너뜨렸다. 심지어 자유의지의 부족에 대한 우리의 불편함도 이미 결정된 것이다. 우리는 순수한 선택이 존재한다는 환상만을 갖는다. 그렇지만 그것 역시 결정론적인 자연법의 복잡한 산물에 지나지 않는다. 고전 역학이 풀어놓은 결정론이라는 괴물이 이미 우주를 집어삼킨 것이다.

오늘날 우리 대부분은 인과론에 대해서 좀 더 미묘한 관점을 갖게 되었다. 그 이유는 부분적으로 괴물이 양자역학의 불확정성에 의해서 제거된 그의 송곳니들을 가지고 있기 때문이다. 고전 물리학 내에서조차 카오스에 대한 새로운 연구는 아주 단순한 역학 체계들이 실제에 있어서는 불확정적임을 보여준다.[6] 그러므로 라플라스의 연구가 끼친 엄청난 영향에도 불구하고 그는 깊은 실수를 한 것이다. 현대물리학자들이 비인과론에 저항한다는 견지에서 판단한다고 할지라도, 결정론은 분명히 놀랄 만큼 흔들리고 있다. 심리학적 관점에서 보면, 이것은 원형의 성질에서 비롯된 것이다. 마음은 하나의 결정론적인 세계를 전형적인 이성의 행위로 생각하는 경향이 있다. 뉴턴의 역학에 깊은 영향을 받은 칸트는 인과론은 모든 사고의 행위에 사용된 근본적인 사유의 범주라고 주장했다. 달리 말하면, 마음이 인식을 시간과 공간 안에서 해야 하는 것처럼, 마음은 인과론의 범주를 사용해야 한다. 이런 고전적 유산과 심리학적인 경향을 가지고 우리가 양자역학과 동시성과 같은 불인과적 이론들을 반박하는 것이 놀라운 일일까? 비인과론으로 인과론을 보완하려고 하는 융과 닐스 보어 같은 사상가들에 저항하는 것은 얼마나 놀랄만한 일인가?

양자물리학에서의 비인과론

물리학에서 또 다른 거대한 지성적 흐름은 1920년대 여러 연구가들이 발전시킨 비상대적인 입장의 원류를 지닌 양자역학이다. 이 흐름의 지류는 상대적 양자역학, 양자 통계학, 여러 정량화된 장(場) 이론 등등이다. 이 강(江)은 현대의 통신 혁명과 정보 혁명의 기술을 낳았다. 엄격히 말해서 내가 사용하는 강 은유는 여기서 조금 부서진다. 왜냐하면 양자역학은 고전 물리학에서 발전하였고, 고전 물리학을 확장시키기 때문이다. 그럼에도 불구하고, 양자역학적 세계관은 고전 물리학의 세계관과 너무 다르기 때문에 양자역학의 물줄기들이 고전 물리학의 물줄기와 별개의 물줄기라 생각하는 것은 여전히 그럴듯하고 그 나름대로 가치가 있다.

우리가 다음 장에서 살펴보겠지만, 융은 고전적 흐름의 일부인 상대성 이론이 동시성에 중요한 영감이 되었다고 주장하였다. 융의 동시성 공식에 더 중요한 것은 양자역학이 가지는 비인과적 특성을 그가 파악하고 있었다는 점이다. 이런 융의 이해는 양자역학을 처음 발전시킨 볼프강 파울리와의 오랜 친밀한 관계를 통해서 얻은 것이었다. 사실 독일어와 영어로 출판된 융의 동시성에 대한 첫 번째 출판은 『자연의 해석과 정신』(The Interpretation of Nature and the Psyche)[7]이라는 제목으로 그들의 공동 저서에 담긴 요하네스 케플러(Johnnes Kepler)의 원형적 사고에 대한 파울리의 글이 묶여 있었다. 자신의 동시성에 대한 글에서 융은 파울리와 함께 "원리의 질문들"[8]에 대해 중요한 논의를 했던 것을 은은한 마음으로 감사하고 있다.

융은 양자역학에서의 비인과론을 논의함으로써 자신의 동시성에 대한 글을 시작한다. 그리고 글 전체를 통해서 물리학과의 유사성으로 돌아간다. 그는 논의에서 그에게 미친 양자역학의 영향과 물리학 안에 있는 근본적인 문제들에 대해서 명쾌하게 알지 못하는 것을 토로한다. 여기서 나는 융이 특별히 오해하고 있는 것이 무엇인지를 꼭 집어 지적하기보다, 현대 물리학에서 나타나는 비인과론을 논하려고 한다.

21. 볼프강 파울리

1920년대 후반기에서부터 양자역학에서는 언제나 결정론을 부정하였다. 보통 원자 수준 이하인 양자의 수준에서 뉴턴, 라플라스, 칸트 등과 다른 많은 다른 사람들이 기대했던 인과론은 주장되지 않는다(이제 우리는 양자역학적 효과들이 심지어 미시적 우주 체계에서도 중요하게 되어 지금은 양자역학을 전체 우주의 구조와 발달에 대하여 연구하는 우주론에도 적용하고 있다). 예를 들면, 핵의 수준에서도 방사성 핵을 고려한다. 양자론에서는 언제 특정한 핵의 붕괴가 일어날 것인지 말할 수가 없다. 양자론은 원리상 언제 개체의 붕괴가 일어날 것인지 알 수 없다고 주장하는 것이다. 핵 붕괴의 비밀스러운 시간을 담은 더 깊은 차원은 있지도 않은 것이다. 반감기(半減期)를 볼 때 주어진 시간 동안 얼마나 많은 붕괴가 일어나는지에 대한 통계적 평균만이 우리가 알 수 있는 정보의 전부다.

이처럼 개별적 사건들에 대한 결정론의 강요된 포기는 특별히 고전 물리학의 빛에서 보면 혁명적인 관점이다. 합리성은 원리상 인과론적 설명은 불가능하다는 생각에 반대한다. 이런 생각은 철학의 영역과 문학비평의 영역과 일반적으로 과학과 분석적 사유의 기반인 합리주의에 경도되었던 서구의 정신에 위배된다. 그렇다면 왜 특정한 핵들이 붕괴됐는지에 대한 비밀을 간직한 보다 깊고 좀 더 포괄적인 차원에서의 어떤 역학적이거나 물리적인 과정은 존재할 수 없을까?

파울리와의 관계 때문에 융은 엄격한 인과론의 폐기가 관념의 역사에서 얼마나 획기적인 발전인지를 예리하게 인식할 수 있었다. 예를 들면, 전자기 방사선의 별개의 성질을 발견하여 양자 혁명을 시작한 물리학자 플랑크는 다음과 같이 말했다. "일단 우리가 인과론의 법칙이 인간의 사유 과정에서 필요한 요소가 아니라는 것을 결정하면, 우리는 실재 세계에서 그것의 타당성에 대한 문제에 대한 접근을 위해서 마음의 준비를 끝낸 것이다."[9] 융은 물리학이 인간 경험의 다른 영역에서 비인과적 과정을 생각할 수 있는 길을 열어놓았음을 깨닫게 되었다. 양자역학은 뉴턴의 인과론의 노예에서 우리를 해방시킨다. 이제 우리는 인과론을 자연의 어길 수 없는 신성한 법칙으로 이해하거나 세계에 대한 우리의 이해를 구조화하는 유일한 방식으로 보기 보다는 하나의 방식으로 볼 수 있게 된 것이다. 닐스 보어의 말을 빌려서 말한다면, "인과론은 우리의 감각 인상들을 질서에 환원시키는 인식의 한 방법으로 생각될 수 있다."[10]

물리학에 빛을 던지는 이런 주장들에도 불구하고, 많은 사람들은 세계의 본성에 대한 자신들의 깊은 신념에 비추어 비인과론을 혐오한다. 또한 몇몇 뛰어난 과학자들은 비인과론의 관념에 격렬하게 저항한다. 아인슈타인은 비인과론이 자연에 대한 근본적인 사실이 아니며 양자역학의 현대 공식에 세워진 어떤 한계이고, 불완전한 것이라는 신념을 가졌던 것으로 유명하다. 자주 인용되는 그의 유명한 "신은 주사위 놀이를 하지 않는다"라는 말은 아인슈타인이 합리성을 신뢰했다는 것과 양자역학의 현대적 공식을 반박하고 있다는 사실을 재차 확인해준다.

이처럼 강력하게 조합된 주장들은 실재의 깊은 층을 가정하는 소위 숨겨진 변수 이론이라고 불리는 표준 양자역학에 대안들을 제시하도록 자극하였다. 예를 들면, 자연은 더 깊은 차원에서 정확한 핵붕괴의 시간을 구체화할 수 있는 것이다. 시적으로 말해서 우리는 어떤 깊은 차원에서 정해진 핵이 정확히 언제 붕괴할 것인지 알려주는 작은 타이머가 설정되어 있다고 상상할 수 있다. 그렇지만 양자역학에 대한 현대적인 해석이 이 정도의 차원을 담아낼 수 없어서 작은 타이머 설정들의 평균치만 우리에게 제공할 수 있다고 추정하게 된다. 이 입장은 원리상 붕괴의 시간이 잘 정의되어 있고, 객관적으로 자연 안에 존재한다는 것을 담고 있다.

고전 열역학과 통계역학의 관계는 이 생각에 영감을 준다. 열역학은 그 자체가 가스의 압력, 온도, 에너지와 같은 거시적인 양에 관계되며 가능한 한 더 깊은 수준의 구조에 대한 세부 사항을 제공하지는 않는다. 이와 반대로 통계역학은 가스를 구성하는 입자들의 모임의 상세한 통계적 특성에 초점을 맞춘다. 예를 들면, 통계역학은 입자의 어떤 부분이 어떤 속도를 가지고 있는지에 관심을 가진 가스 속 입자의 속도 분포에 많은 주의를 기울인다. 이런 속도 분포에서 우리는 열역학에서 많은 입자의 잘 정의된 상태에 대한 평균으로부터 거시적 양을 도출한다. 나는 여기서 열역학은 집단행동을 중시하는 사회학적 접근과 같고, 통계역학은 개인의 특성에 초점을 맞추어 개인과 집단행동을 설명하는 심리학과 같다고 이야기함으로써 고전 물리학과 사회과학 모두를 풍자하고자 한다.

표준 양자역학에 대한 이런 대안에 대한 주장은 우리의 현재 이론들이 열역학처럼, 자연에서 정밀하고 객관적인 가치를 가진 더 기초적이고 "숨겨진" 변수들에 대한 평균이라는 것이다. 이런 숨겨진 변수 이론은 잘 정의된 속성을 측정과 완전히 독립적으로 존재하는 인과론(결정론)과 양자의 대상 모두를 복원하려고 시도한다.

22. 닐스 보어

그러나 최근의 연구 덕분에 우리는 아인슈타인과 다른 여러 사람들이 잘못이었다는 것을 알게 되었다. 결정론과 독립된 존재 모두를 가진 자연의 좀 더 깊은 층은 존재하지 않는다. 이것은 단지 우리의 양자론 공식에 대한 제한이 아니다. 이것은 지금이든 미래든 경험적으로 적절한 자연 이론에도 해당되어야 한다. 엄격한 이성의 신들은 이제 물러나고 있다. 역학 차원에서 보면 원자가 왜 한 순간에 붕괴하는지 그 원인을 정의하는 일은 존재하지 않는다. 그 원인은 결코 밝혀질 수 없다. 융이 말하곤 했듯이 거기에 관련된 법칙의 상대성이란 존재하지 않는다. 개체 사건들을 위한 법칙은 존재하지 않는다. 이 얼마나 유대-기독교의 이성 숭배에 대한 모독인가!

양자역학의 개념적 기초에 대한 아인슈타인의 비판은 1927년에 그가 행한 도발로 시작되었다.[11] 1935년 아인슈타인, 포돌스키, 로젠은 양자역학에 대해 강력한 비평을 담은 글을 썼다.[12] 양자역학의 해석에서 혼자 가장 영향력 있는 목소리를 내던 닐스 보어는 재빠르게 이들의 글을 반박하였고, 전체적으로 대부분의 물리학자들이 보어와[13] 목소리를 같이해 줌으로써 보어의 주장이 양자역학의 표준적인 해석이 되었다. 그러나 슈뢰딩거와 드 브로글리 같은 가장 중요한 과학의 창시자들 가운데 몇몇은 여전히 아인슈타인의 편에 있었다. 양자역학의 해석과 논쟁의 강도에 대한 논문들의 양으로 판단해 보건데, 중요한 문제들은 여전히 충분히 해결된 것이 아니었다.

우연과 비인과론을 구분하기

비록 우연과 비인과론이 종종 서로 교환하여 사용됨에도 불구하고, 이 둘은 아주 다른 관념과 실제를 가리킨다. 여기서 나는 물리학과 심리학 둘 다에서 우연과 비인과론 사이를 구분하고자 한다. 먼저 물리학을 살펴보자. 만약 우리가 동전을 10번 연속적으로 뒤집는다면 1024분의 1의 확률로 10번의 뒤집기 순서에서 10개의 "앞면"이 나올 수 있다(이것은 정확하게 10개의 앞면이 나올 확률은 1/2의 십 제곱이 1/1024라는 계산에서 온 것이다). 어떤 물리학자가 내 사무실에 들러서 동전을 연속적으로 열 번 뒤집었는데 그 열 번 모두 앞면이 나왔다고 하자. 그러면 그 물리학자는 이렇게 말한다. "정말 우연히 그렇게 나온 것입니다." 그가 의미하는 것은 동전이 뒤집힌 정확한 방식을 자세히 조사할 수 있다면 — 동전이 회전하는 방식, 실내 공기 흐름, 동전 구조의 결함 등 — 우리는 왜 10개의 앞면이 나왔는지 인과적으로 설명할 수 있다는 것이다. 이것은 예상치 않게 앞면이 나오도록 한 특별한 사건의 조합이었다. 그것은 정말 우연이었다. 그래서 우리는 우연이라는 단어를 보통 사용하는 것이 인과론과 깊이 관계된다는 것을 알게 된다.

비인과론의 지지자인 양자물리학자가 가이거 계측기를 가지고 내 사무실로 들어온다. 이 장치는 콘크리트 벽과 건물 밑에 있는 지하에서 자연적으로 발생하는 방사능을 감지하는 장치이다. 그는 아무리 많은 조사를 해도 원칙적으로든 실제적으로든 개별적인 붕괴의 정확한 시간은 밝혀낼 수 없다고 말한다. 개별적인 사건들의 특정한 원인들은 존재하지 않는다. 개별적인 사건들은 비인과적이다. 그의 견해는 인과론에 대한 암묵적이거나 명백한 헌신을 포함하지 않는다.

물리학에서 무엇인가가 우연히 발생했다고 말하는 것은 우리가 기본적인 인과적 역학에 무지하다는 의미다. 때때로 세부적인 것에 대한 우리의 무지는 동전 던지기 예와 같이 확률 문구로 표현된다. 하지만 우리가 양자 사건이 비인과적이라고 말할 때, 우리는 어떤 근본적인 인과적 구조도 개별적인 사건을 설명할 수 없다는 것을 의미한다. 확률 문구가 이런 맥락에서 사용된다는 것은 사실이다. 그러나 여기서의 확률은 동일한 측정치 수에서 기대되는 평균 결과만 제공한다. 예를 들어, 동일한 시스템을 동일한 방법으로 반복적으로 준비하고 측정한 경우 어떤 한도 내에서 매우 많은 수의 측정값이 확률 분포에 의해서 주어진다. 양자역학에서 확률은 단지 인과적 세부사항들에 대한 무지의 표현일 뿐만 아니라, 우리가 시스템에 대해서 말할 수 있는 최대치이다.

이제 이런 용어들이 심리학의 영역에서 어떻게 사용되는지 살펴보자. "어떤 여성이 융에게 자신의 꿈을 말하는 동안 딱정벌레가 창문을 두드린 것은 우연의 일치였다"는 말처럼 우연이라는 단어를 사용하는 것에는 인과론에 대한 암묵적이거나 숨겨진 약속이 있다. 그 암묵적인 믿음은 인과론이 기본적으로 딱정벌레와 그 여성 모두를 지배한다는 것이고, 그것은 융이 동시성의 패러다임적인 예라고 불렀던 것을 만든 그 독특한 순간에 독립적인 환경들을 결합한 흔치 않은 결과라는 것이다. 고전 물리학자라면 이런 해석에 만족할 것이다. 그는 이것이 단지 10개의 동전 던지기에서 10개의 앞면을 얻는 더 복잡한 예일 뿐이라고 말할 것이다. 예컨대 이것은 그저 단지 인과적 사건들의 특이한 조합일 뿐이라는 것이다.

그러나 융이 딱정벌레의 경험이 비인과적이라고 말한 것은 (수직적으로든 수평적으로든) 그 사건에 대한 인과적 설명이 불가능하다는 뜻이다. 이 점에서 그는 양자물리학자와 유사하다. 그러나 그가 동시성이 의미에 대한 비인과적 표현이라고 말할 때, 목적인(final cause)이나 목적론(teleology)을 암시하고 있다. 물론 갈릴레오 시대 이후로 우리는 과학에서 목적인을 포기해 왔기 때문에 여기에서 분명한 차이가 드러난다. 그러므로 융은 특히 엄격한 인과론으로부터 우리를 풀어주고, 우리를 결정론의 배타적인 노예 상태로부터 자유를 주는 지적 영감을 양자역학에서 얻을 수 있었다. 하지만 만약 그가 이것보다 더 멀리 간다면, 그는 직접 물리학에서 그의 동시성에 대한 이해로 안내하는 비인과론을 요구할 수 없다. 간단히 말해서, 고전 물리학이건 양자역학 물리학이건 어떤 물리학도 우리에게 동시성을 완전히 이해하게 할 수 없다. 그러나 상대성과 양자물리학 모두 시공간, 인과론, 자연에 대한 지나친 객관적 태도, 곧 고전 물리학의 모든 유산의 절대주의적 태도로부터 우리를 해방시킴으로써 신비를 이해할 수 있게 한다.

동시성의 원형과 평행한 양자

양자역학에서 우리가 체계에 대해서 가질 수 있는 최대의 정보를 제공하는 수학적 구조는 파동 함수(wave function)인 프사이(Psi, Ψ)다. 슈뢰딩거 등식과 같은 양자역학의 등식들은 어떻게 프사이가 시간과 더불어 주어진 체계 안에서 발달하는지를 보여준다. 프사이는 시간과 공간 안에 있는 사건들과 비인과적으로 관계한다. 프사이는 개인적 사건들이든 연속적 사건들이든 그 어떤 방식으로도 이들의 원인으로 작용하지 않는다. 그러나 프사이의 절대값 제곱은 가능한 모든 측정값에 대한 확률분포를 제공한다. 비록 프사이가 물의 파동과 같은 보통의 파동보다 훨씬 추상적이지만, 그것은 파동과 많은 수학적 유사점을 공유하기 때문에 우리는 종종 프사이를 파동 함수나 확률파라고 부른다. 이것은 객관적인 시공간 실체가 아니라 측정에서 객관적인 사건이 발생할 가능성이나 확률을 가리킨다. 개별적인 사건에 대한 원인이 없기 때문에 프사이가 사건을 일으키지는 않지만, 그럼에도 불구하고 프사이는 모든 사건에서 나타나는 기본 확률 구조나 질서이기 때문에 개별 사건과 비인과적으로 관계된다. 이론을 검증하는 것은 동일한 측정을 많이 하고 이런 결과를 프사이에서 파생된 확률 예측과 비교하는 것이다. 프사이는 시스템의 최대 사양을 나타내지만 직접 측정할 수는 없다. 요약하면, 우리는 양자 시스템의 최대 사양인 프사이를 직접 관찰하지 않는다. 그 대신 프사이는 측정 가능성을 나타내는 비인과적 확률 구조이다.

융의 심층심리학에서 원형들은 가장 근본적인 구조들이다. 이것들은 우리에게 본질적인 의미를 제공하고, 우리의 행위와 사유를 구조화한다. 원형들은 의미를 제공할 뿐만 아니라 동시성 경험들에서는 아닐지라도 어떤 심리적 현상에서 인과적으로 행동할 수 있다. 예를 들면, 우리는 "어머니 원형은 여성의 사유와 행동을 변환시켰다"고 말할 수 있다. 그러나 우리는 결코 원형 자체를 직접 경험하는 것은 아니다. 원형들은 보편적이고, 초월적 원리이며, 사람들을 통해서 구현되기 때문이다. 우리는 세계에 흩어져 있는 사람들의 무수한 꿈들뿐만 아니라 문화를 뛰어넘는 신화와 예식에 대한 연구를 통해서 원형의 존재를 만난다. 달리 말하면, 무수한 간접 경험에서 우리는 원형의 본성을 만난다. 우리가 원형 자체를 직접 경험할 수는 없다.

동시성에서 원형의 역할은 양자역학에서 파동 함수인 프사이의 역할과 유사하다. 융은 원형을 동시성의 인과적 작인으로 보고 싶은 유혹을 뿌리치라고 조언하면서 "원형은 **정신적 개연성**을 표상한다"[14]고 말한다(강조한 부분은 융의 표기이다). 여기서 융이 사용한 형용사는 초자연적 또는 ESP 현상과는 무관하다. 그는 단지 원형이 정신의 개연성 구조이며, 그것은 개연적으로 나타나지만 인과적으로 나타나지는 않는다고 말한다. 비록 원형이 동시성적 사건에 대한 기본적인 의미나 지적 구조를 제공하지만, 그것은 특정 사건의 원인이 아니다. 내가 강조했듯이, 다양한 경험들이 원형에 내재된 의미를 나타낼 수 있다. 그러나 그들은 원형에서 의미를 나타낼 수 있어야 하기 때문에 어떤 경험도 할 수 없을 것이다. 이런 의미에서 "원형은 정신적 개연성을 나타낸다." 프사이가 측정이 가능한 특정 범위에 대한 비인과적 수학 구조이듯이, 원형은 동시성 경험들이 가능한 특정 범위에 대한 의미를 비인과적으로 제공한다. 그러나 프사이나 원형은 직접 관찰될 수 없다.

또한 한편에서는 파동 함수와 비인과적 양자 사건들 사이에, 다른 한편에서는 원형과 동시성 경험들 사이에 결정적인 차이가 존재한다. 양자 현상들에서 우리는 일반적인 비인과적 질서에 대해서 말하고 있기 때문에 무의식적 보상에는 아무런 의미가 없다. 우리는 단지 자연의 비인격적인 법칙, 즉 그저-그러-함(just-so-ness)의 비인과적 예시를 생각하고 있을 뿐이다. 이와는 대조적으로, 동시성적 경험에서 원형이 나타날 때, 의미는 결정적으로 중요하다. 그 의미는 원형에 뿌리를 두고 있기 때문에 초개인적(집단적 transpersonal)이면서 개성화와 연결되어 있기 때문에 매우 개인적이다. 나는 융이 동시성에서 원형의 역할을 고려했을 때 파동함수를 염두에 둔 것이 아닌지 의심스럽다. 그럼에도 불구하고 두 가지 비인과적 구조들 사이의 평행은 여전히 존재한다.

다음에 이어지는 동시성적 이야기에서 우리는 심리적인 측면에서 물리적으로 필요한 무의식적 보상을 비인과적으로 나타내는 자기의 원형을 살펴볼 것이다. 원형은 인과적이지 않기 때문에 다양한 외적이나 내적 사건들이 무의식적 보상을 위한 계기를 제공할 수 있었다. 하지만 의미는 동일해야 한다. 마찬가지로 동일한 프사이를 가진 어떤 시스템은 거대한 실험적 결과를 가능하게 한다. 그러나 동일한 구조나 질서는 이들 모두에서 스스로를 표현하고 있다.

동시성적 막간 3
자기의 무소부재성

나는 순진한 고집 때문에 탐색을 포기하지 않았다. 단지 명상하고, 공부하고, 윤리적인 삶을 살려고 노력하는 그런 동작을 하고 있었다. 하지만 어떤 뚜렷한 과정도, 어떤 영감이나 의미 있는 변화 감각도 없었다. 침체와 혼란이 나의 충실한 동료였다. 나는 내면세계와 외부세계 양쪽 모두에서 막혀있었다. 그곳에서 내적 직관을 구현하려고 노력했지만 실패했었다. 나는 "영혼의 어두운 밤"이라고 주장함으로써 내 상태를 높이 평가하지는 않겠지만, 확실히 우울했다. 약하고 지친 동화 속의 늙은 왕 같았다. 그 무엇도 나를 격려하거나 치료할 수 없었다. 그것은 너무 오랫동안 계속되어서 나는 이것이 항상 그럴 것이라고 믿었다. 나는 사직했다. 그때 다음과 같은 꿈을 꾸었다.

돌아가신 나의 선생님 앤서니(Anthony)가 나를 방문했다. 나는 그를 만나서 매우 기뻤다. 우리는 철학적인 문제와 나의 개인적 발전에 대해 심도 있게 토론했다. 나는 그의 친절과 관심에 감사했다. 그는 사라졌고 내 아내가 나타났다. 나는 흥분해서 그녀에게 말했다. "앤서니가 여기 있어요! 이건 꿈이나 환영이 아니어요. 보세요, 당신은 그가 커피 잔에 구겨진 냅킨을 의자 오른쪽에 놓은 것으로 보아 그가 정말로 여기 있다는 것을 확신할 수 있어요."

나는 감사와 기쁨 그리고 앤서니의 현존을 강하게 느끼면서 잠에서 깨었다. 비록 내가 이전에도 앤서니가 나오는 꿈을 꾼 적이 있지만, "앤서니가 여기 있어요!"라는 생각은 특별히 나를 황홀케 했다. 그것이 무엇을 의미하는 것이었을까? 어째서 나는 그가 정말 여기 있다는 생각에 사로잡혀 있었을까? 그날 아침 일터로 가기 위해 오랫동안 운전하면서, 나는 앤서니가 강의했던 내용 중 하나를 들으려고 하였다. 나는 그저 그의 목소리를 듣고 싶었고, 내 꿈의 달콤한 분위기에 머물기를 원했다. 나는 오하이오 주 콜럼버스에서 그가 다른 집단에서 했던 생소한 90분짜리 강연 테이프 15개를 빌려 왔었다. 나는 어떤 종류의 전체적인 요

23. 앤서니 다미아니

약을 기대하면서 15개 테이프 중 마지막에 있는 테이프를 무작위로 골랐다. 그 테이프는 즉시 나를 쿤투 장포(Kun-tu bzang-po)에 관한 허버트 군터(Herbert Gunther)의 기사에 대한 앤서니의 논평에 푹 빠지게 하였다. 앤서니는 "나는 내가 너에게 전에 말했던 모든 것을 잊고, 지금 너에게 말하는 것에 귀 기울여주길 바란다. 이것은 정말 중요하다"라고 말함으로써 강연을 시작하였다. 그것은 확실히 나의 흥미를 자극했다. 그리고 나서 그는 티베트 불교의 위대한 구루인 쿤투 장포에 대한 번역의 일부를 읽었다.

앤서니는 우리의 더 높은 자기의 상징인 구루가 그의 시공간 형태에 한정되어 있다고 믿는 것이 어떻게 바로 우리가 태어나고, 고통 받고, 죽는 끝없는 순환인 윤회(samsara)를 해탈하는 것을 막는 생각인지를 설명했다. 나는 그 순간 내 꿈의 의미, 특히 "앤서니가 여기 있어요!" 라는 부분의 의미가 이해되면서, 깜짝 놀랐다. 이 20시간짜리 수업 중에서 임의로 뽑은

테이프의 마지막 10분 가량의 강의 내용이 어떻게 이 순간에 들려졌던 것일까?

출근이 다급하긴 했지만 평소처럼 시간이 늦었고, 할 일도 많았기 때문에 도로 소음에 방해받지 않은 채 테이프를 다시 듣고 싶었다. 그 테이프들은 들을 수는 있었지만, 음질이 좋은 상태는 아니었다. 나는 도넛 가게에 차를 대고 커피와 도넛을 샀다. 그리고 주차장에서 그 중요한 10분을 열심히 들었다. 내 꿈의 내용과 테이프에서 흘러나오는 내용은 일치하고 있었다. 더 높은 자기는 어디에나 존재한다. 자기의 구현은 구루의 시공간적 형태에 국한되지 않는다. 바로 그렇다고 믿는 것이 우리를 윤회에 묶어놓는다. 그리고 나서 나는 아래를 힐끗 보았고 그 순간 내 자리의 오른쪽에 있는 커피 잔에 구겨진 냅킨을 보았다. 비록 내가 직접 한 일이긴 하지만, 그것은 그 꿈의 내용을 상기시키는 또 다른 작은 기억처럼 보였다. 나는 감사와 경이로움에 빠졌다.

그 이후 나는 눈에 띄게 침울한 분위기에서 벗어나게 되었다. 물론 늘 그렇듯이 좌절과 실망은 여전히 나를 괴롭혔다. 하지만 이 경험은 계속되었고 나의 내부와 외적 삶 모두 앞을 향해 나아갔다. 이 여정은 쉽지 않았다. 그러나 나는 진정한 스승이 내부와 외부세계에 지속적으로 존재한다는 생각을 가지려고 노력하였다.

이 신비한 꿈과 22시간의 테이프 강연 중에 "우연히" 10분 동안 흘러나온 그 특별한 강연의 외적 사건 사이의 의미 있는 연결고리와 커피 잔의 냅킨이 순간적으로 눈에 들어온 사건은 동시성의 중심부에 있는 원형인 자기가 어디든 존재한다는 자기의 무소부재성을 강력하게 경험한 순간이었다. 원형들은 내적이고 외부세계에서 의미 있게 작동할 수 있다. 바로 이 능력 때문에 융은 원형들을 정신과 물질 둘 다를 구조화하는 정신양(psychoïd)으로 생각하였다.

앞 장에서 강조된 인과론의 한계와 맞서는 것 외에도, 이런 동시성적 경험에서 우리의 가장 큰 관심을 끄는 것은 동시성적 경험이 세계에 대한 우리의 가장 깊은 헌신과 세상과 우리의 관계에 도전한다는 것이다. 자기는 단지 간접적으로만 우리 내면의 깊은 곳에서 일하는 그림자의 실재가 아니라는 사실을 깨닫는 것은 쉬운 일이 아니다. 자기는 외부세계와 내면세계 모두를 아우르는 언제나 현존하는 실재이다. 이 사실을 생생하게 깨닫게 될 때 우리 자신과 세계가 분리되어 있다는 우리의 여러 순진한 신념들은 도전을 받게 된다. 앞서 제4장에서 질문했던 철학적 물고기와 같이, 우리는 무의식적으로 세계 내 객체와 주체의 분리 가능성과 독립성을 믿으며 살아간다. 나는 이 다음 철학적 논의에서 이 점을 다시 언급할 것이다.[15]

제7장
시간과 공간의 탄성

나는 여러 차례 아인슈타인 교수를 저녁 만찬에 초대했다. ... 그 당시 아인슈타인은 상대성에 대한 자신의 최초 이론을 발전시키고 있었다. 그리고 아인슈타인은 처음으로 나에게 시공의 상대성과 시공의 정신적 조건부 한계가 가능한지에 대해 생각하도록 하였다. 30년도 더 지난 다음에, 아인슈타인의 도전은 나로 하여금 물리학 교수인 볼프강 파울리와 관계하도록 이끌었고 정신적 동시성에 대한 논문을 작성하도록 안내하였다.

— C. G. 융[1]

우리가 원시인들 사이에서 볼 수 있듯이, 세계에 대한 인간의 본래적인 견해에서 시간과 공간은 아주 불안정한 자리를 점하고 있다. 시간과 공간은 주로 측정을 도입한 덕분에 인간의 정신적 발달의 과정에서만 "고정된" 개념이 되었다. 시간과 공간은 그 자체로는 아무것도 아니다. 이것들은 의식적인 마음의 구별하는 활동에서 나온 실체화된 개념들이다. 그리고 시간과 공간은 운동 가운데 있는 몸의 행위를 묘사하기 위해서 서로 뗄래야 뗄 수 없는 필연적인 기준 틀을 구성한다. 그러므로 시간과 공간은 본질적으로 기원에 있어서 정신적이다.

— C. G. 융[2]

동시성에 대한 태도는 대부분 과학과 기술에 의해 형태가 드러나는 시간과 공간에 대한 이해에 의해 깊이 조건화된다. 좋아하든 좋아하지 않든, 의식적이든 무의식적이든 우리는 뉴턴의 후예들이다. 우리는 시간과 공간이 절대적이라고 생각한다. 말하자면 시간과 공간은 고정되어 있고, 모든 장소와 시간에서 누구에게나 동일한 한 시간이고 동일한 디지털시계로 정확하게 시간을 읽을 수 있다고 생각한다. A라는 사건이 B사건 이전에 일어났다고 말한다면, 모든 관찰자에게 동일하게 그렇게 말할 수 있다. 그것이 내 자동차의 주행기록계이건 손목에 찬 디지털시계이건, 아니면 시간을 알리는 캠퍼스의 종탑이건 기술이 만들어낸 문명을 경험할수록 이런 생각은 더 강화된다.

이 장에서 나는 비공식적으로 아인슈타인에게서 비롯되었다고 믿는 잘 알려진 역설을 통해서 비전문적인 용어로 그의 특수 상대성 이론을 설명해보고자 한다. 아마도 아인슈타인은 저녁 만찬을 함께 했던 초기 융과 더불어 바로 이 역설을 논의했을 것이다. 이 작은 역설과 그 해법을 논의한 후에, 우리는 현대 물리학이 이 장을 시작하면서 인용한 시간과 공간에 대한 융의 급진적인 기술을 지지하는지 평가할 수 있다. 물리학은 "시간과 공간은 그 자체로는 아무것도 아니다. 이것들은 의식적인 정신의 구별하는 활동에서 나온 실체화된 개념들이다. 그리고 시간과 공간은 운동 가운데 있는 몸의 행위를 묘사하기 위해서 서로 뗄래야 뗄 수 없는 필연적인 기준의 틀을 구성한다. 그러므로 시간과 공간은 본질적으로 기원에 있어서 정신적이다"라는 융의 주장에 동의할까? 어쩌면 우리는 라스베이거스에서 이 질문에 대한 대답을 찾을 수 있는 것이다.

라스베이거스에서의 확실한 도박

인과론, 우연, 그리고 꿈은 심층심리학과 사막에 있는 도박의 왕국 - 라스베이거스의 카지노에 빠진 친구들 모두에게 관심의 대상이다(아마 『마하바라타』의 판다바 왕도 라스베이거스에서 우연에 목을 맨 행운의 게임을 즐길 것이다). 네온 불빛, 블랙잭, 충동, 고칠 수 없는 낙관주의, 로맨스의 이 도시는 도박과 시공간이 얽힌 거짓

이야기의 현장이다. 미켈란젤로의 다비드와 똑같은 크기의 복제품 아래서 빈둥거리는 우리는 가장 유명한 카지노 중 하나에서 스페이스타임 샘을 만난다. 몸에 꼭 맞는 폴리에스테르 정장을 입고, 강한 향수 냄새를 풍기며 빠르게 말을 쏟아내는 사람들을 결코 믿어서는 안 된다는 것을 알고 있으면서도, 우리는 그를 매력적인 부류로 여기면서 그와 잠시 잡담을 즐긴다고 해서 뭐가 그리 해가 될 수 있을까라고 생각한다.

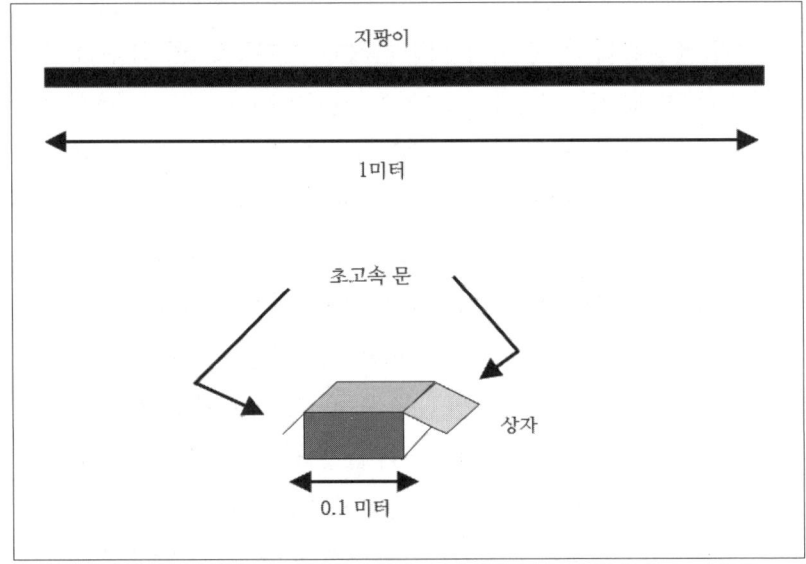

24. 스페이스타임 샘의 지팡이와 상자

샘은 지팡이와 놀이 카드 한 갑만한 크기의 작은 상자를 가지고 있다. 그 상자에는 양쪽 끝에 몇 개의 초고속 도어가 장착되어 있다. 지팡이의 길이는 1미터이고 상자의 길이는 0.1미터로 지팡이 길이의 10분의 1이다. 그림 24는 샘의 지팡이와 상자를 스케치한 것이다. 그는 우리에게 어떤 식으로든 상해를 입히거나, 절단하거나, 지팡이를 손상시키지 않고 작은 상자 안에 지팡이를 전부 넣을 수 있다고 장담하고 싶어한다. 샘은 지팡이를 문 사이에 끼우면 상자의 양쪽 문을 한꺼번에 닫을 수 있다고 주장한다. 룰렛 테이블에서 방금 큰 돈을 땄기 때문에 우리는 샘과 기꺼이 약간의 내기를 하려고 한다. 특히 샘이 우리의 특별한 고속 비디오 카메라로 이 시험을 촬영하도록 동의했기 때문에 이 내기는 정말 틀림없는 것처럼 보인다.

샘의 전략은 무엇인가? 확실히 재치있게 사는 사람은 지팡이나 상자를 해치지 않고 1미터짜리 지팡이를 0.1미터짜리 상자 안에 넣을 수 있는 방법을 가지고 있어야 한다. 그의 많은 업적들 가운데 샘은 융이 이 장의 처음에 인용한 것처럼, 아인슈타인의 "첫 번째 상대성 이론"인 특수 상대성 이론의 학생이라고 자부한다.

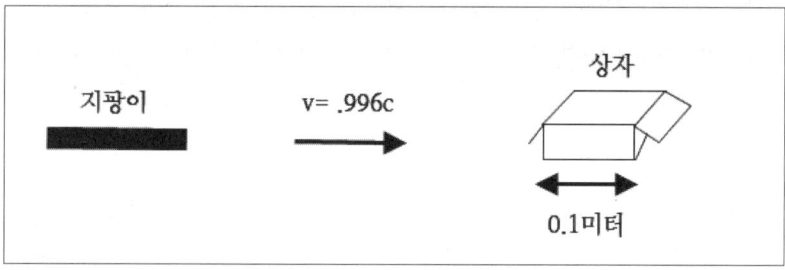

25. 상자에서 보았을 때

미켈란젤로의 다비드 상의 발 아래서 샘은 상자를 놓고, 상자의 긴 축이 지팡이와 평행하도록 한다. 그런 다음 그림 25와 같이 빛의 99.5% 또는 0.995c보다 큰 속도로 지팡이를 상자 쪽으로 이동시킨다. 여기서 c는 빛의 속도를 말한다(샘이 어떻게 지팡이를 이런 속도로 움직이는지에 대해서는 걱정하지 마라. 그는 물리학계에 연줄이 있어서 그들로부터 매일 그것보다 훨씬 더 빨리 움직이게 만드는 입자들을 손에 넣는다. 동봉된 사진을 참조하라). 이 속도에서 상자 관점에서 볼 수 있는 지팡이의 길이는 상자보다 작다. 따라서 샘은 그 지팡이를 한 순간에 상자 안에 완전히 집어넣는다. 이 모든 것은 지팡이나 상자를 망가트리지 않고 일어난다. 그런 다음 지팡이는 상자 밖으로 나가서 출입문 맞은편 문을 통과한다. 맞다. 지팡이는 아주 잠깐 동안만 완전히 상자 안에 있을 것이다. 하지만 우리가 빠르게 움직인다면 문을 닫고 지팡이가 완전히 안으로 들어가는 장면을 순간적으로 촬영할 수 있다.

우리는 고등 교육의 높은 비용을 생각하면서 샘에게 시무룩한 표정을 지으며 돈을 준다. 샘은 크게 만족스런 미소를 지으며 뉴턴과 그의 절대주의적 추종자들이 생각했던 것만큼 길이가 그렇게 간단하지 않다고 설명한다. 물체에 대해서 우리가 측정한 길이는 대상과 관찰자 사이의 상대 운동 상태에 따라서 크게 달라진다. 관찰자에게 상대적인 대상의 움직임이 없을 때, 우리는 보통 L로 표시된 대상의 나머지 길이를 측정한다. 그러나 만약 대상과 관찰자와 관련된 속도를 가지고 있다면, 관찰자는 단순히 상대적인 속도에 의존하는 인자에 의해서 대상이 작아진 것을 볼 수 있을 것이다. 예를 들어, 만약 샘의 1미터 지팡이가 0.7의 빛의 속도로 그를 지나쳐 간다면, 그는 지팡이를 0.5미터의 길이로 측정할 것이다.

26. 코넬 대학교 싱크로톤은 입자를 거의 c(빛의 속도)로 가속시킨다.

놀라운 점은 각 길이의 측정값이 동일하게 유효하다는 것이다. 즉 각각의 측정값은 "실제" 길이라는 동일한 주장을 가지고 있는 것이다. 관습과 편리함을 위해서만 우리는 대상의 여분의 길이를 선호한다. 여분의 길이는 정말 근본적인 것이 아니다. 상대성 이론에 따르면, 여분의 길이는 어느 정도 진짜이거나 근본적인 길이이고 다른 모든 측정치는 착시현상이나 자연의 손재주라고 생각하는 것은 잘못된 것이다. 대상의 길이는 대상과 관찰자 사이의 상대적인 움직임에 따라서 달라지는 진정한 관계 속성이다. **길이는 관찰자와 완전히 독립적이지도 않고, 본질적이지도 않다.**

샘은 우리가 다시는 그와 내기를 걸지 않을 것이라는 것을 알지만, 우리의 절대주의적 견해에는 더 심한 비난이 필요하다고 생각한다. 샘은 반복적으로 시험을 하고 지팡이가 상자 안에 잠깐 동안 완전히 들어간다는 것을 보여준다. 그의 자기 만족이 상처를 입는다.

샘이 말한다. "이제 모든 속도는 상대적이다. 그렇지 않은가? 내 말은 시속 60마일로 달리는 차를 생각해 보라는 것이다. 그러면 차 안에 있는 한 승객에게 길가의 전신주는 시속 60마일로 그에게 다가오게 될 것이다."

"물론 그렇지! 샘." 우리는 조심스럽게 대답한다. "하지만 진짜 움직이는 것은 정말 자동차야. 전봇대는 움직이는 것처럼 보일 뿐이지."

"아니야!" 샘이 외친다. "각 관점은 똑같이 유효하고, 똑같이 정확해. 그것이 상대성이론의 중심 내용이야. 승객에게는 정말로 전신주가 시속 60마일로 그를 향해 움직이고 있는 것이야."

이제 샘은 세차게 팔을 흔들고 있다. 우연을 숭배하는 도박꾼들조차 우리를 노려보기 시작하고 이에 우리는 당황하고 있다. 약간의 열띤 토론 후에, 마침내 우리는 여분의 절대적인 기준이 존재하지 않기 때문에 **모든 속도가 상대적**이라는 것에 동의한다.

"좋아요, 이것은 지팡이가 상자를 향해 움직일 때 지팡이에 고정된 비디오카메라가 상자를 향해 0.996c(빛의 속도)로 움직이는 것을 볼 수 있다는 것을 의미해요." 샘은 얼굴에 음흉한 미소를 지으며 말한다.

"맞아, 그런 것 같네." 우리는 내기를 걸지 않아서 참 다행이라고 말한다.

샘은 말을 계속 이어간다. "그러니까 카메라는 그 상자를 상자의 나머지 길이나 0.1미터의 10분의 1 크기로 보는 반면, 지팡이는 여전히 1미터인 것으로 본다. (그림 27을 참조할 것). 자, 여기 이상한 부분이 있지. 우리는 그 지팡이가 순식간에 상자 안에 완전히 들어가는 것을 보았어. 그렇지? 그게 실제로 일어나는 일이야. 당신이 비디오로 찍기까지 했잖아."

"그래, 샘. 그런데 요점이 뭐야?"

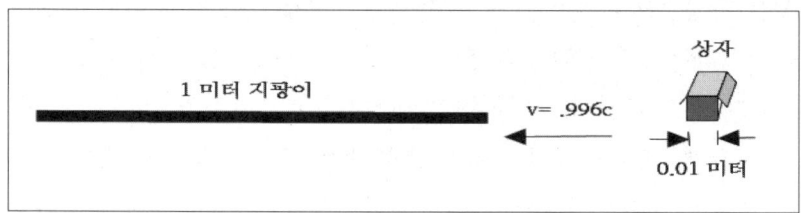

27. 지팡이에서 보았을 때

그리고는 샘은 "그런데 어떻게 1미터짜리 지팡이가 0.01미터짜리 상자 안에 완전히 들어갈 수 있을까?"라고 웃으면서 말하는 듯하였다. 각각의 관점은 똑같이 유효하고 미켈란젤로의 동상과 관련하여 고정된 자신의 자리에서 도박꾼들과 비디오카메라들이 그 지팡이가 완전히 상자 안에 들어가는 것을 본다면, 지팡이에 달린 카메라들도 그 일이 일어나는 것을 보지 말아야 할 이유가 있을까?

"지금 나는 정말 혼란스럽다. 카지노에 고정된 기준 틀에서 지팡이는 상자 안에 완전히 들어간다. 지팡이 위에 있는 카메라가 0.01미터 길이의 상자를 보고 있는 반면, 그 기준 틀에서 지팡이는 여전히 1미터라는 것 또한 사실이다. 그래서 그 지팡이가 그 기준 틀에 있는 상자 안으로 들어가는 것은 정말 불가능해 보이지만, 이 일은 실제로 일어난다."

만약 절대주의자들인 우리가 이것에 대해서 생각한다면, 이것은 어떻게 0.1미터 상자 안에 1미터짜리 지팡이를 넣을 수 있는가라는 원래의 문제보다 더 골치 아픈 일이다. 어떻게 하면 우리가 이 역설을 해결할 수 있을까?

동시 발생의 상대성

역설의 해결은 동시 발생이 상대적이라는 것을 깨닫는 것에서 온다. 상자가 정지해 있는 기준 틀(여기서는 이것을 카지노의 기준 틀이라고 하자)에는 상자의 고속 양쪽 문들이 모두 닫히고 지팡이를 에워싸는 한 순간이 있다. 각각의 문은 동일한 순간에(동시 발생적으로) 닫히고, 약간 늦은 시간에 빠르게 열린다. 말하자면 동시 발생적으로 다시 열린다.

카지노의 기준 틀에서 동시에 발생하는 사건들은 지팡이의 기준 틀에서는 동시에 발생하지 않는다. 동시 발생은 길이, 질량, 시간 간격 및 많은 다른 물리적 특성과 마찬가지로 상대적이다. 그러므로, 지팡이에 장착된 카메라는 한 번에 지팡이 전체가 상자 안에 들어가는 것을 보지 못한다. 이 기준 틀에서 지팡이는 1m이고 상자가 0.01m인 것이 다행이다(나는 "외관상 보이는 것"으로 말하지 않고 대신 "0.01m라고 말하고 있음을 주목하라. 상대성은 겉 모습에 관한 것이 아니라, 주어진 기준 틀에서의 지팡이의 실제 특성들이다).

또한 동시 발생의 상대성은 우리에게 시간과 공간이 얼마나 깊이 얽혀 있는지를 보여준다. 예를 들어, 카지노의 기준 틀에서 앞문과 뒷문이 열리는 사건들은 0.1m 차이와 0시간의 차이로 구분된다(앞문과 뒷문이 열리는 사건들은 시간적으로는 동시적이지만 공간적으로는 0.1m의 간격으로 분리되어 있다). 지팡이의 기준 틀에서 그 동일한 사건들은 0.01m라는 거리의 차이로 구분되며 한정된 시간의 차이를 갖는다(이 기준 틀에서는 사건들이 더 이상 동시 발생적이지 않다). 달리 말하면, 하나의 기준 틀에서 공간 분리만 있고, 시간 분리는 없는 한 쌍(동시성적 사건들은)의 다른 기준 틀에서는 공간적인 구분도 있고 시간적인 구분도 있다. 다른 기준 틀들로부터 사건들을 관찰할 때 동일한 사건들을 두고 시간과 공간이 함께 얽혀 있다. 사실, 상대성 이론은 시간과 공간이 너무 깊게 얽혀 있어서 물리학자들이 그것들을 시공간이라는 하나의 단어로 지정함으로써 그들의 연합을 강조한다는 것을 보여준다.

내가 다른 글에서 강조했듯이, 특수 상대성 이론에서 모든 것이 상대적인 것은 아니다. 그럼에도 불구하고 공간과 시간의 간격(무시간 간격 또는 동시 발생 포함)은 특정한 관찰자의 관점에서 특정한 기준의 틀에 상대적이다. 이 주장은 "그 자체로 시공간은 무(無)로 구성되어 있다는 융의 주장을 정당화하는 것인가? 물리학자의 관점에서 보면 이 주장은 너무 강하고 단정적으로 보인다. 그러나 이 짧은 비논리적인 이야기에서조차 생각도 하

28. 스페이스타임 샘의 항해 동반자

지 않은 채 시간과 공간을 절대적인 것이라고 믿어서는 안 되는 것을 분명히 하고 있다. 상대성 이론은 대상이 특정한 기준 틀에 얼마나 오래 있는지 정확하게 알려 준다. 그렇다고 어떤 하나의 기준 틀이 다른 기준 틀보다 더 유리한 것은 아니다. **본질적으로 특별히 선호하는 기준 틀은 없다. 또한 주어진 대상에 대해서 본질적으로 선호하는 길이나 시간 값도 없다.** 이것은 우리의 절대주의적 견해에 대한 쓰라린 약이다. 대상을 특성화하기 위해 여분의 기준 틀 값을 선택하는 것은 관례일 뿐이다. 왜냐하면 이것은 매우 습관적이기 때문에 우리는 이것들 역시 특정한 기준 틀에 고유한 관계 값이라는 것을 망각한다. 우리가 대상에 내재되어 있다고 생각하는 많은 속성은 그것이 관찰되는 기준 틀에 매겨지는 가치에 따라 달라지는

관계적 존재만을 갖는다.

  동시 발생의 상대성이 갖는 가장 흥미로운 함의 중 하나는 우리가 현재라고 부르는 것 또한 주어진 기준 틀에서 상대적이라는 것이다. 달리 말하면 "지금"이라고 부르는 것조차 기준 틀에 따라서 달라지는 것이다. "지금"을 현재 우주의 모든 곳에서 일어나는 모든 사건들로 정확하게 정의해보자. 이것은 현재의 순간이 무엇을 의미하는지에 대한 우리가 가진 통념의 논리적인 확장이다. 예를 들어, 이것은 "그녀가 지금 도쿄 공항에 도착한다"라고 우리가 말할 때 의미하는 것이다. 단순성을 위해서 매우 특별한 우주를 들어 설명해 보자. 이 우주는 은하계 전체에 분포된 10억 개의 동시적 시간들로 구성되어 있다. 그리고 어느 한 순간 하나의 기준 틀 안에서 그것들은 수십억 광년 떨어져 있어도 같은 시간을 말해준다(물론 멀리 떨어진 시계가 무엇을 읽는지 알려주는 신호는 여전히 빛의 속도로 움직인다). 이 단순한 우주에서, "지금"이란 우리가 현재라고 생각하는 어떤 순간이 단지 똑딱거리는 동일한 시계들의 집합임을 의미한다.

예를 들어, 모든 시계가 동시에 정확하게 정오를 알리는 순간을 생각해 보자. 해당 사건들을 모아보면 하나의 기준 틀에서만 사건들이 동시 발생적으로 된다. 이와는 달리, 빛의 속도로 우리의 첫 번째 관찰자 옆을 바로 지나가는 다른 관찰자를 생각해보자. 이 두 번째 관찰자에게는 동일한 시간을 가리키는 시계를 거의 만나지 못할 것이다. 어떤 시계는 정오 이전을 가리킬 것이고, 다른 시계는 정오 이후를 가리킬 것이다. 동시 발생은 상대적이기 때문에 두 번째 관찰자의 현재 순간인 지금은 두 관찰자가 비교했을 때 공간의 동일한 지점을 점유하고 있더라도 일련의 다른 동시 발생적 사건이 된다. 나는 이 책의 말미에 현재 순간에 대한 복잡한 상대성 이론을 다시 다룰 것이다. 지금은 다시 동시성의 주제로 돌아가 보자.

  시간과 공간에 대한 탄력적인 개념을 가진 특수 상대성 이론이 동시성을 지지하는가? 직접은 아니다. 그럼에도 불구하고, 상대성 이론에서 나타나는 시간과 공간의 개념은 확실히 더 탄력적이고, 관계적이며, 덜 고정되어 있고, 따라서 동시성에서 흔히 보이는 면들을 초월하는 시간과 공간에 더 적합하다.

이 점을 심리학적인 용어로 설명하기 위해서 우리는 실제로 존재하지도 않는 시간과 공간에 고정성과 절대성을 투사한다. 여기에 우리의 투사(projection)를 걸만한 "고리"는 존재하지 않는다. 사실 속도가 빛의 속도보다 훨씬 낮은 대부분의 비상대적 조건에서 이 실수는 문제가 되지 않지만, 원칙적으로 시간과 공간은 특정 관찰자에게 특정한 기준의 틀에 상대적이다. 그런 점에서 시간과 공간은 "본질적으로 정신적인" 것이다. 절대주의적 습관으로 인해서 우리는 동시성을 이해하는 데 내적 장벽을 세우고 스페이스타임 샘에게 돈을 잃는다.

상대성에 대한 이 토론에서 내가 강조하는 것은 시간과 공간의 기준 틀 의존성과 동시 발생과 같은 것들의 특별한 탄력성에 대한 것이었다. 그러나 상대성을 떠나기 전에, 갈릴레오 이래로 과학을 그렇게 강력하게 특징 지었던 객관적인 태도가 상대성 이론에 의해서 어떻게 거부되는지 주목하는 것이 중요하다. 갈릴레오와 그의 추종자들은 크기, 형태, 질량 등 너무 많은 것들을 일차적이라고 생각했다. 그러나 이제 우리는 그것들을 기준 틀에 의존하는 것으로, 더 이상 완전히 객관적이지 않은 관점에 가깝고, 깊이 연결되어 있는 것으로 이해하게 되었다. 다음 두 장에서 알 수 있듯이, 양자물리학은 고전 물리학의 객관적인 태도를 부정하는 방향으로 훨씬 더 나아갔다. 우리는 아직 이 위대한 진리를 집단정신에 동화시키지 못했다. 하지만 양자역학에 눈을 돌리기 전에, 강력한 동시성적 이야기를 들려주겠다. 이야기가 담고 있는 그 풍부함 가운데서도 이 이야기는 특별히 우리가 때때로 시간과 공간의 정상적인 방식을 어떻게 초월하는지를 두드러지게 보여줄 것이다. 여기서 우리는 융이 말한 시간과 공간의 상대성에 대한 살아있는 예를 만나게 될 것이다.

동시성적 막간 4

꿈의 결혼식

동시성에 대한 나의 예는 내 인생에서 중요한 일을 미리 예견했던 꿈의 형태를 취한다. 약 20년 전, 대학을 졸업하고 1년인가 2년이 지났을 무렵 나는 인도의 한 동료 학생과 사랑에 빠졌다. 인도의 문화는 나를 매료시켰다. 우리의 연애는 약 2년 동안 계속되었고 결혼을 고려하고 있었다. 그렇지만 우리는 나의 가족이 서로 다른 종교적, 문화적 전통을 고수하는 애인의 가족과 맞서게 할 준비가 되어 있지 않았다.

12월 중순에 내 친구는 6년 만에 처음으로 자기 가족을 다시 방문했고, 몇 주 후에 나를 만나겠다고 약속했었다. 1월은 천천히 지나가고 있었고, 그는 돌아오지 않았다. 그 사이 나는 그로부터 아무 소식도 듣지 못했다.

2월 2일 밤, 또는 3일 아침 일찍, 불안한 꿈이 나를 깨웠다. 이 꿈은 두 부분으로 이루어져 있었다.

처음에 나는 큰 연회장에서 축하를 위한 식탁을 차리려고 했다. 나의 결혼식이었던 것 같은데, 아무리 노력해도 컵이 자꾸 엎어졌고, 식기류도 내 노력이 헛수고가 되게 했다. 이런 좌절을 겪고 있을 때, 나의 철학 선생이신 앤서니가 어릿광대의 복장을 하고 들어와서 큰 글씨로 쓴 번호의 카드를 가지고 요술을 부리고 있었다. 그가 7이라는 숫자가 적힌 카드를 들고 말하였다. "다음 결혼식은 7일이 될 것이다."

장면이 바뀌면서 나는 나치 스타일의 사악한 의사들의 손에 잡혀 수술대에 누워있었다. 그들은 나에게 색색의 해부학 그림으로 된 큰 플립차트를 보여주었다. 그들이 시행할 수술을 설명하고 있었다. 나는 그들이 나의 내부 장기를 고통스럽고 치명적이며 괴상하게 보이는 방식으로 재구성할 것이라는 것을 깨달았다. 나는 어떻게 하든지 탈출을 도모하고 있었다.

아침에 나는 함께 밤을 보냈던 친한 친구 제인에게 그 꿈을 이야기했다. 하지만 우리 중 누구도 그것이 무엇을 의미하는지 전혀 알 수 없었다. 나는 7일의 결혼식이 내게 어떻게 적용될 수 있는지 상상할 수 없었다. 그래서 그 후 5일 동안 어둠 속에 머물러 있었다. 꿈의 후반부에 의해 야기된 불안한 공포감만 인지한 채 7일에 무슨 일이 일어날지 궁금해 하고 있었다.

그 다음 주 2월 7일, 인도로부터 오랫동안 기다려온 편지를 받았다. 눈에 익은 손 글씨로 주소를 쓰고 2월 3일 소인이 찍혀 있었다. 설명할 필요도 없이 그 봉투에는 바로 그날 인도에서 열리는 결혼식을 알리는 인쇄된 초대장이 들어 있었다. 나는 초청인들의 이름을 읽고 다시 읽었다. 어쩐지 내 친구의 이름이 초대장의 신랑으로 되어 있었다. 이거 실수 아니야? 나는 인쇄된 글자들을 반복해서 읽으면서 동시에 그 내용을 거부하며 진짜 의미가 무엇인지 알고자 노력했다. 내가 이름을 잘못 알고 있는 그의 동생이 갑자기 결혼을 결심한 것 아닐까?

나의 애인은 손으로 쓴 편지를 동봉했고, 그 편지 속에 그의 고향 여행이 어려웠다고 설명했다. 그의 가족은 그가 학업과 취업에서 성공했음에도 불구하고 그의 미국화된 삶의 방식에 만족하지 않았고, 그들은 그가 인도에 있는 집에 머물도록 많은 압력을 가했다. 그들은 여러 가지로 협박하며 부모 친구의 딸과 바로 중매결혼을 하도록 강요하였다. 이것은 그가 집으로 여행을 떠날 때는 결코 예상할 수도 없었던 것이었다. 물론 그는 항상 나를 기억하겠다고 약속하며 용서를 빌었고, 몇 주 후에 새 신부와 함께 미국으로 돌아와 나를 만나기를 고대한다고 하였다.

나는 이 소식에 감정적으로 충격을 받았고, 동시에 그 꿈의 예측 정확성에 놀랐다. 그 꿈은 편지를 부치던 바로 그 날 꾸었고, 꿈에서 말한 그 날이 바로 편지가 도착한 날이었으며, 운명적인 결혼식 날이었다. 따라서 나는 이 일이 갑자기 죽음의 타격처럼 느껴졌을 뿐만 아니라, 매일 매일 힘들고 육체적인 현실을 압도하는 정신세계의 강력하고, 귀중한 증거들과 동시에 마주하게 되었다. 이 시점까지, "외부적" 지식은 나에게 그저 단순한 이론이거나 환상이었다. 이제 나는 철학과 융의 심리학과 신비주의에서 창의적이고 투사적인 마음의 능력에 대해 이미 공부했던 것을 진지하게 받아들일 수밖에 없었다.

그 다음에 매우 합리적이고, 회의적이었던 내 친구 제인은 그 꿈의 예측력과 진실에 커다란 인상을 받았다고 말해주었다. 내 입장에서 보면, 그 친구가 증인이 아니었더라면, 그 당시 아무리 생생하게 보였더라도 내가 이 이야기를 조작한 것이 틀림없다고 스스로 확신했을지도 모른다는 생각이 들었다.

편지의 내용을 현실로 받아들이면서 나는 앞에 놓인 이 어려운 길을 압도적으로 인식하게 되었다. 나는 할 수 없이 나의 애인이 순간적으로 옛 애인으로 변해가는 역설적인 과정의 정점에 서서 비틀거렸다. 이것은 바로 에로스 영역 특유의 역설이었다. 나는 이 고통스러운 사건에 대해서 누구도 비난할 수 없었다. 나의 애인은 가족의 의무를 따랐을 뿐이고, 그의 가족은 그에게 최상을 원했을 뿐이다. 또한 그의 새 아내는 분명히 어떤 나쁜 의도가 아닌 마음의 결백이 있었다. 나는 그저 내면만 들여다 볼 수 있었고, 내 얼굴로 되돌아와서 던져지는 나의 투사의 거대함에 대해서 궁금할 뿐이었다. 나는 이제 불가능한 과제를 가지고 있었다. 나는 이전에 "저기 바깥에 있던 것으로" 경험했고, 타자 안에서 가치를 경험했던 그 모든 것을 다소 사랑을 가진 존재로 다시 경험해야 했다. 지적으로 나는 자신의 영혼의 가치를 그 어떤 말이나 사람보다 더 크게 깨달았을 때 엄청난 영적 유익이 생기는 것을 깨달았다. 하지만 이 거대한 내용을 다시 통합하는 것은 내 존재의 틀에 단단히 매인 실들을 풀어내어 다시 해부하는 것과 같았다.

그 후 몇 달 동안 이어진 정서적 혼란과 재구조화는 꿈의 두 번째 부분으로 상징되는 것 같았다. 나는 슬픔의 상태에 빠졌다. 그 속에서 세상은 가치없는 것이 되었고, 삶은 자동기계처럼 반복적으로 돌아갔다. 그리고 삶은 활력을 잃었고 오직 기본적인 본능만이 나를 지탱해주고 있었다. 친한 친구들의 지원에도 불구하고 나는 홀로 몸부림을 치고 있었다. 나는 묘하게 해체되는 느낌을 받았고, 부분적으로는 진부한 멜로드라마의 주인공과 동일시되었으며, 부분적으로는 이 광기 안에 어떤 의미가 있는지 알아보려고 고군분투했다. 또한 내가 내 자신의 로맨틱한 환상 때문에 어떤 의미에서는 책임져야 하는 상황에서 내 스스로가 희생자가 되는 것에 대해 당황스러워 하고 있었다. 돌이켜 보면, 깨어진 사랑이 나를 얼마나 절망에 빠뜨렸는지 인정하기 어려웠다. 나는 이 사랑이 결코 이루어질 수 없는 것이었고, 다른 미래를 선택했어야 했음을 미리 알았어야 했다. 하지만 그 기간 동안 내 삶의 다른 측면들은 나를 나약하게 만들었다. 나는 막 나의 아파트로 이사했고 새로운 상근직업을 시작했다. 하지만 내가 경험한 심층 세계에서는 그 이상의 무엇인가를 암시하고 있었다. 우리는 금으로의 궁극적인 변환에 이르기 훨씬 전에 정신을 실현하는 과정과 반대편에 있는 어두운 면, 곧 죽음과 부패를 수반하는 측면이나 정신의 구조 조정에 필요한 연금술의 니그레도(alchemical nigredo)를 만난다.

최근에 빅터 맨스필드(Victor Mansfield)는 왜 이 꿈과 이 사건들의 동시성이 일어났는지 나에게 자문해 보라고 도전하였다. 이상하게도, 우리의 대화는 친구의 결혼식에서 이루어졌는데, 그곳에서 우리는 긴 테이블에 앉았고, 내 꿈에서 나온 모습을 하고 있었다.

비록 준비하는 과정에서는 의식하지 못했지만, 그 꿈은 아마 경고이거나 앞으로 다가올 사건을 나로 하여금 준비하게 하는 방법이었을 것이다. 아니면 아마도 그것은 앞으로 있을 전체 경험을 강조하거나 강화시키는 것이었을 것이다. 이 꿈은 나의 심리적인/영적인 삶에 중요한 변화를 예고했고, 경우에 따라서는 내 사랑의 갑작스러운 결말로서는 그 변화를 유발하기에 충분하지 않음을 보여주고 있었다. 꿈은 바로 그 점을 강조하고 있었다. 하지만 그 꿈은 또한 나에게 더 높은 원칙이 나의 경험을 재조정해야 한다는 생생한 징표를 보여주고 있었다. 나는 혼란스러운 우주에서 일하는 단순한 우연의 희생자가 아니었다. 오히려 내 삶을 위해 의도된 다른 진로는 고통과 약속의 의미를 담고 있었다. 이 의미는 나에게 정서적 혼란

29. 결국 보다 깊이 볼 수 없도록 정신을 멀게하는 에로스

과 우울증을 극복하도록 도와주는 방향감각을 제공해 주었다.

마지막으로, 내용과 상관없이 동시성 자체의 극적인 경험은 정신, 영혼 또는 자기의 순수한 존재와 힘을 알리는 것처럼 보였다. 어쩐지 이런 종류의 경험은 수많은 종교적, 철학적, 심리학적 자료들과 초자연적 현상에 대한 글로 쓴 진술보다 영혼의 사실성 가운데 하나를 설득하는 데 훨씬 더 도움이 된다. 그러나 에로스와 관련하여, 그런 경험은 영혼의 발달 과정에서 촉매이면서 동시에, 이 모두에 도구적인 역할을 하는 것처럼 보인다. 융은 다음과 같이 말하면서 알베르투스 마그누스(Albertus Magnus)에 대해서 말하였다. "만일 그가 정도를 넘어서 지나치게 되면, 모든 사람은 마술

7. 시간과 공간의 탄성 · 171

적인 영향을 미칠 수 있을 것이다. …" 다시 말해서, 나의 과도한 사랑의 에피소드와 그것이 초래한 에너지의 소모와 배출은 부분적으로 나의 꿈의 놀라운 계시의 원인으로 작용하였고, 그것은 다시 나의 경험에 더 많은 것을 덧붙여 주었다. 꿈, 상실의 경험, 그리고 돌이켜 보면 심지어 이전의 사랑들이 모두 합쳐져서 - 인정을 필요로 하는 무의식적 요소에 기능적으로 개방하게 하는 혼란한 정서적 대극과 더불어 - 갑작스럽게 영혼의 존재와 창조적 힘이 활기차게 느껴질 수 있는 분명한 모습으로 빚어진 것 같다.

    이런 순간적 깨달음의 철학적이며 도덕적인 함의를 이해하고, 통합하여, 표현하는 것은 평생의 연구 과제일 수 있다. 그러므로 나는 결혼식을 알리는 나의 꿈은 2월 7일에 있었던 실제의 결혼식만을 의미하는 것이 아니라, 나에게 더 오래 지속되는 의미를 예언한 것이라고 생각한다. 아마 2월 7일의 결혼식은 가능한 더 높은 결합을 향한 나 자신의 첫 걸음을 암시했던 것 같으며, 그 다음 나의 여정은 정서적, 지적, 실제적인 삶에서 정교하게 조율된 표현을 계속 요구하고 있음을 암시하는 것일 것이다.[3]

제8장
참여 양자 우주

금세기의 역사가 쓰일 때, 정치적인 사건들은 인간의 생명과 재산에 그 토록 막대한 피해를 주었음에도 불구하고 결코 가장 중요한 사건들로 기록되지 않을 것이다. 오히려 인간이 처음으로 보이지 않는 양자와 접속했다는 것과 그 다음에 생물학적인 혁명과 컴퓨터의 혁명이 뒤따라온 것을 중심 사건으로 기록할 것이다.

— 하인즈 페이겔스[1]

세계는 우리와 무관하게 "저 밖에"(out there) 존재한다고 말하는 것이 일상적 상황에서 유용하다 하더라도, 그 견해는 더 이상 유지될 수 없다. 이 말 안에 "참여 우주"(participatory universe)라는 묘한 의미가 담겨 있다.

— 존 휠러[2]

실재의 척도로서의 독립적인 존재

몇 블록 사이를 두고 있는 두 개의 가로등만이 매우 어두운 거리를 밝힌다고 상상해보라. 어느 날 특별히 어두운 밤, 하나의 불빛 조명 아래 한 남자가 다른 불빛을 향해 걸어온다. 비록 그가 우리에게 보이지는 않지만, 그것과 상관없이, 어둠을 통과하고 있는 그의 정체와 길은 의심할 바 없이 분명하다. 그는 객관적이다. 그렇다. 어쩌면 우리는 그를 향해 온갖 종류의 심리적인 투사를 할 수도 있을 것이다. 이 불가사의한 남자는 어두운 거리에서 무엇을 하고 있을까?

그는 경찰일까? 노상강도일까? 아니면 그냥 퇴근하고 집으로 돌아가는 평범한 남자일까? 하지만, 그 사람에 대한 우리의 심리적인 반응이 어떻든 간에, 우리는 그가 빛의 웅덩이들 사이로 명확한 성질과 궤적을 가지고 있다고 생각한다. 말하자면 그는 객관적인 존재로 거기 있는 것이다. 우리는 그가 관찰을 통해서만 밝혀지기를 기다리는 선재하는 속성들을 가지고 있다고 생각한다. 그러므로 우리가 그것을 명확하게 설명하지 않는 것은 아주 자연스러운 일이다. 그러나 만약 우리가 전자나 양성자와 같은 기본적인 실체로 사람을 대체한다면, 우리는 물체가 관찰 사이의 명확한 성질과 궤적을 가지고 있다고 주장할 수 없다. 양자역학에서 관찰되지 않은 대상은 본질적으로 분명하지 않으며, 정상적인 의미에서 대상이라고 말하기도 어렵다. 대상은 측정 이전에 분명하게 선재하는 속성을 갖지 않는다. 앞장에서 보았듯이 물리학의 상대성은 우주 시간에 대한 절대주의적 견해에 도전하고 세계에 대한 순진한 실재관을 심각하게 훼손한다. 이 장에서 우리는 측정을 통하여 대상을 정의하는 일에 참여할 이유가 있음을 살펴볼 것이다. 우주에 대한 우리의 순진한 실재관이 보다 깊이 몰락하게 된 것을 살필 것이다.

> "객관적으로 존재하는 현상들에 대해 말할 수 있는 가능성에 대해 자연이 우리에게 부과한 한계는 양자역학의 공식에서 판단할 수 있을 때에만 겉으로 드러난다."
> – 닐스 보어 [86]

우리들 대부분에게 실재하는 것, 즉 대상은 그 독립성에 있다. 특별히 우리나 세계 안의 다른 대상과의 관계로부터 자유로운 독립성에 있는 것이다. 임박한 정신병의 공포든 나쁜 꿈이든 그것을 방어하고 막아내고자 할 때 우리는 안정과 독립성을 가진 실재의 기준을 찾는다. 이처럼 실재하는 대상들은 다른 조명 아래서나 다른 각도에서 또는 다른 정서에서 약간 다른 상황에서 그것들을 본다고 할지라도, 그들의 본성은 근본적으로 바뀌지 않는다. 그러나 가장 무서운 존재들은 약간 다른 관점에서 비쳐질 때 그들의 본성을 바꾼다. 예컨대 연인은 탐욕스러운 괴물로 변하고, 친구는 끔찍스러운 악마로 변한다. 그렇다. 우리는 관계를 통해서 서로를 정의하는데 참여한다는 것을 알고 있다. 하지만 우리 각자는 독립적이고 객관적인 실재의 핵을 가지고 있다고 굳게 믿는다. 카멜레온이나 천재로 불리는 것은 우리의 성스러운 독립적인 정체성, 즉 우리가 우리의 진짜 본성이라고 믿는 것에 의문을 품게 한다. 변화무쌍한 세계에서 우리는 우리로부터 독립된 것, 그 자체의 본성을 가진 것에 우리 자신을 묶는다. 이것이 우리가 일반적으로 객관적이라고 했을 때의 의미다. 이 장의 첫 부분에서 제시한 인용문에서 휠러가 말했듯이 "세계는 우리와는 무관하게 '저 밖에'(out there) 존재한다."

우리와 독립해서 존재하는 세계에 대한 생각은 동시성을 이해하려고 할 때 표면에 떠오르는 가장 큰 어려움 중 하나다. 만일 세계가 우리와 독립되어 있다면, 어떻게 세계가 우리의 내적인 심리적 상태와 의미 있게 관계할 수 있을까? 이 질문에 대답할 수 없기 때문에 우리는 동시성을 단순히 하나의 우연한 발생, 기적, 자연의 이상 현상이나 자기-망상의 형식으로 생각하기 쉽다. 이제 나는 존 휠러가 우리는 "참여 우주" 안에 있다고 말했을 때 의미했던 바가 무슨 뜻인지 정확하게 보여주는 단순한 사유실험을 논해보려고 한다. 우리의 우주에 대해서 "참여적"인 것을 음미한다고 해서 동시성의 내적인 작업들이 설명되는 것은 아니며, 사랑하는 사람이 뱀파이어로 바뀌었다고 해서 우리를 공포스럽게 하지도 않는다. 그렇지만 참여적 우주를 말하는 일은 동시성의 이해에 접근해 가는데 의미 있는 더 좋은 구조를 제공해준다. 말하자면 우리가 자연에 부과한 객관성에 대한 어떤 거짓된 투사들을 제거하는데 더 좋은 구조를 제공해준다. 먼저 빛의 성질을 탐구하는 것으로부터 시작해보자. 이 일을 위해서 먼저 파동으로서의 빛을 탐구하고, 그 다음에 입자로서의 빛을 살펴 보겠다. 그 유명한 파동-입자의 이원성은 바로 신비로운 양자 세계 한 가운데로 우리를 던져 넣는다.

빛의 파동성

어느 대학의 물리 실험실의 표준 장비는 그림 30에 나타난 것과 같이 간섭관측기이다. 일반적으로 광원은 쉽게 초점을 맞출 수 있는 고도의 단색이거나 단일 색상의 빛을 방사하기 때문에 레이저이다. 여기에 두 가지 종류의 거울이 사용된다. 하나는 화장실에서 매일 아침 우리가 보는 거울처럼 모든 빛을 반사하는 전체에 수은을 바른 거울이고, 다른 하나는 반사하는 선글라스처럼 입사광의 다른 반만 반사하도록 하는 반쪽만 수은을 바른 거울이다.

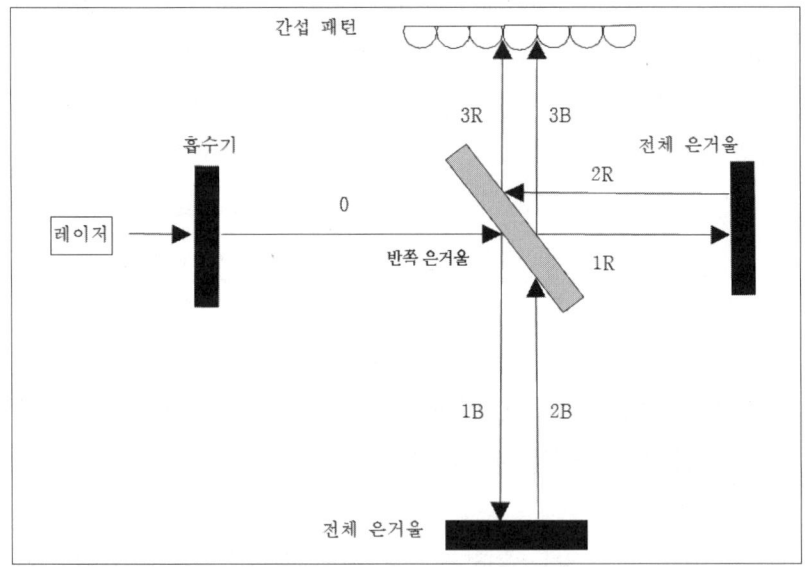

30. 간섭관측기

간섭관측기를 이해하기 위해서 그림 30의 왼쪽에 있는 레이저를 가지고 시작해보자. 처음 이 조명은 먼저 흡수기를 통과하여 0으로 표시된 빛줄기에서 빛이 비치는 강도를 낮춘다. 그런 다음 이 조명은 입사광선에 대해 45도 각도로 배치된 반쪽 은거울에 부딪힌다. 빛줄기 0의 입사광의 절반은 빛줄기 1B에서 그림 하단의 전체 은거울로 반사된다(1B의 "B"는 하단 전체 은거울에서 반사되는 빛줄기를 나타낸다). 전체 은거울에서 다시 빛줄기 2B로 반사되며, 이 빛줄기는 시각적 선명성을 위해 그림에서 오른쪽으로 이동되었다. 빛줄기 2B는 반쪽 은거울에서 갈라지며, 반은 빛줄기 3B를 통과하고 나머지 반은 레이저를 향해서 반사된다. 우리는 레이저에 신경 쓸 필요가 없기 때문에 그림은 레이저를 향해 반사되는 빛줄기를 보여주지 않는다. 3B는 반쪽 거울에 두 번 전이된 결과 발생했고, 한 번 통과할 때마다 강도가 절반으로 줄었기 때문에 원래 빛줄기 0의 4분의 1에 불과하다. 다시금 빛줄기 0으로 시작하여 이번에는 반쪽 은거울을 통과하여 1R 빛줄기가 되는 빛줄기의 절반을 따라간다(R은 우측 전체 은거울에서 반사된다). 오른쪽 전체 은거울에 반사된 후 빛줄기 2R이 되며, 그림에서 시각적 선명도를 위해 위쪽으로 이동된다. 빛줄기 2R은 반쪽 은거울에서 갈라지며, 절반은 빛줄기 3R에 반사되고 나머지 절반은 레이저를 향해 돌아간다. 이 빛줄기는 우리가 관심을 기울이지 않기 때문에 표시되지 않는다. 또한 빛줄기 3R은 반쪽 은거울과의 두 번의 상호작용의 산물이기 때문에 원래 빛줄기 0에 1/4의 강도에 불과하다. 이제 우리가 탐구하게 되는 빛줄기 3B와 3R은 그림 상단에 표시된 간섭 패턴을 형성한다.

물결, 음파, 광파 등 파동의 특징은 위상 관계에 따라 추가되는 간섭 능력이다. 파동의 위상 차이가 0인 경우를 가정해 보자. 그런 다음 두 개의 파동 정점(최대 진폭)은 동시에 동일한 지점에 도달하고 진폭이 추가된다. 그러면 총진폭은 단순히 개별 진폭의 합이다. 이것이 건설적인 간섭이다. 이와 달리 파동들이 위상에서 180도 벗어나면 하나의 파동으로부터 파동 정점과 다른 파동으로부터 파동 바닥(최소 진폭)이 동시에 동일한 지점에 도달한다. 그리고 나서 그들의 진폭은 감소되거나 취소된다. 즉 총진폭은 개별 진폭의 차이이다. 이것이 파괴적인 간섭이다. 만약 원래의 파동들의 진폭이 같다면, 그들의 차이는 0이 되어 완전히 취소될 것이다. 콘서트 홀의 디자이너들은 음악이 벽과 천장에서 튀어나와 청중의 좌석에 180도 어긋나게 도착하는 것을 피해야 한다. 그런 파괴적인 간섭이 일어나는 좌석들은 음악을 듣기보다 잠을 자게 하는 자리가 될 것이다.

물론 위상 차이가 0도와 180도 사이인 중간 사례들이 많다. 그러면 부분적인 추가나 취소만 존재한다. 그림 31은 그런 사례 가운데 하나를 보여준다. 세 개의 파동이 그림에 표시되어 있다. A와 B는 진폭이 동일하지만, B는 A와 관련하여 위상 이탈이 90도이다. 파동 A와 B를 더하면 C가 된다.

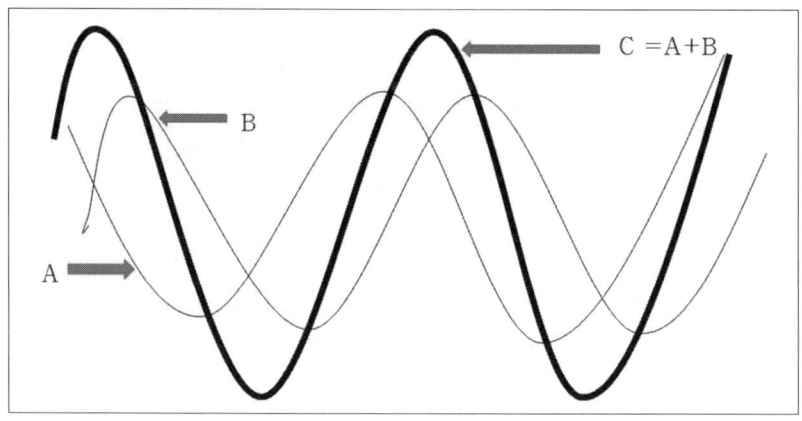

31. 부분적으로 위상을 벗어난 파동들

이제 간섭관측기로 돌아가서 기기 상단의 간섭 패턴에서 나오는 3B와 3R 빛줄기를 조사해보겠다. 전체 은거울들의 위치가 두 빛줄기가 간섭 패턴의 한 지점에 도달하는 데 동일한 총 거리를 이동할 수 있는 경우, 빛의 파동은 해당 지점에서 정확한 위상이 되고 빛줄기들은 그곳에서 건설적으로 간섭한다. 달리 말하면, 건설적 간섭은 1B, 2B, 3B가 이동한 거리가 1R, 2R, 3R이 이동한 거리와 같을 때 발생하는 것이다. 이것이 발생하는 경우, 간섭 패턴의 언덕에 의해 도표에 표현된 높은 강도의 빛의 띠가 나타난다. 두 빛줄기가 이

동한 차이가 파동의 정수일 때도 건설적 간섭이 발생한다. 빛줄기들의 경로 길이가 반 파동 차이가 나면 180도 위상 이탈의 간섭 패턴에 도달하여 파괴적으로 간섭한다. 이것이 간섭 패턴의 계곡으로 표시되는 어두운 점을 제공한다. 전체 은거울 가운데 하나나 둘 다 움직이게 되면 위의 그림에서 간섭 패턴은 왼쪽으로나 오른쪽으로 바뀐다. 그러나 그 기본적인 형태는 바뀌지 않는다. 거울들을 움직이면 빛줄기의 경로 길이가 변경되기 때문에 교체가 일어난다. 실제로 우리는 종종 그림 30의 상단에 사진판을 놓음으로써 정확한 간섭 패턴을 기록한다. 이 사진판은 위치와 함께 광도 변화를 충실히 기록할 것이다.

간섭 패턴과 전체 은거울의 배치에 대한 간섭 패턴의 민감성은 빛의 파동적 특성을 계열적으로 표현한다. 이 단순한 장치의 간섭 패턴은 육안으로 볼 수 있는 광선의 파동이 육안으로 보이는 크기에 비해 작은 0.005cm에 가깝기 때문에 거울의 배치에 매우 민감하다.

빛의 입자성

이상적인 파동은 범위가 무한하며 어떤 크기의 진폭을 가질 수 있는 반면 이상적인 입자는 위치가 있지만 범위는 없으며, 고정된 질량을 가지고 있다. 본성상 (지킬 박사와 하이드 씨를 포함하는) 반대되는 실체들은 더 이상 존재하지 않는다. 그러나 어떻게든 우리는 빛을 입자의 본성과 파동의 본성 둘 다 가지고 있는 것으로 인식해야 한다. 우리가 어떤 인식에 도달하게 된 것은 우리의 선택에 의해서다. 우리는 우주를 정의하는데 "참여"해야 한다. 간섭관측기를 관측함으로써, 우리는 이것이 어떻게 작동하는지 정확히 알 수 있다.

레이저 앞에 강력한 흡수기를 사용하면 광선이 충분히 약해져서 입자성이 분명하게 나타난다. 우리는 광전자를 세는 전자 장비인 광-검출기나 빛 에너지의 양자들을 빛줄기 안에 위치시킬 수 있고, 스테레오 증폭기를 통해서 스피커로 신호를 보낼 수도 있다. 이어서 우리는 광자가 감지될 때마다 날카로운 딸깍 소리를 듣는다. 이 딸깍 소리는 임의로 들린다. 딸깍 소리 사이의 평균 시간보다 훨씬 큰 간격을 두고 우리는 잘 정의된 평균을 찾지만 어떤 딸깍 소리가 들리는지는 완전히 예측할 수 없다. 때때로 딸깍 소리 사이에 긴 일시 중지가 있을 수 있다. 그런 다음 딸깍 소리들이 누적되어 있다가 빠르게 소리를 내는 바람에 우리는 딸깍 소리들을 세는 데 어려움을 겪는다. 이것은 팝콘이 터지는 것과 많이 비슷하다. 하지만 딸깍 소리와 팝콘 터지는 소리 사이에는 한 가지 큰 차이가 있다. 대부분의 사람들은 우리가 각각의 팝콘 알맹이를 충분히 자세히 조사할 수 있다면 언제 터질지 알 수 있다고 생각한다. 아마도 그것이 터질 정확한 시간은 그것의 두께, 수분 함유량, 온도에 달려 있을 것이다. 그렇다면 딸깍 소리를 통계적으로 예측하지 못하는 것은 자연의 가변성과 세부사항에 대한 우리의 무지를 드러낸 것이다. 다시 말해서, 우리는 충분히 깊은 수준에서 그것이 터지는 시간이 예측 가능하고, 결정적이라고 생각하는 것이다. 그러나 원칙적으로 광자에 대한 그런 분석은 가능하지 않다. 비록 잘 정의된 평균이 있지만, 광자의 개별적인 도착 시간을 정확히 예측할 수 없다. 개별적인 광자의 도착 시간은 이전 장에서 논의된 방사성 핵의 붕괴와 마찬가지로 진실로 비인과적이다.

도표 하단에 있는 전체 은거울에서 튕겨 나오는 광자를 잡을 수 있도록 광-검출기를 배치하라. 즉 광-검출기가 빛을 2B 빛줄기로 잡도록 한다. 그런 다음 충분히 오랜 시간에 걸쳐 평균 광자 수는 빛줄기 0에서 발견된 값의 정확히 절반이라는 것을 발견한다. 우측의 빛줄기 2R의 전체 은거울에서 반사되는 광자를 포착하도록 광-검출기를 배치하면, 그 광-검출기가 동일한 평균 수치를 보여주고 있음을 발견할 수 있다. 여기에서 반쪽짜리 딸깍 소리는 들리지 않는다. 모든 딸깍 소리의 강도는 동일하다. 이 모든 것은 빛(동일 에너지의 나눌 수 없는 덩어리인)이 광자로 구성되어 있다는 것과 우리가 광자의 반을 반사하고 나머지 반을 다음에 전달하는 좋은 반쪽 은거울을 가지고 있다는 것을 확인시켜 준다. 주어진 광자의 경우, 우리는 그것이 반사될 것인지 전송될 것인지 알 수 없다. 하지만 오랜 시간 평균에 걸쳐서 우리는 각 방향으로 반이 간다는 것을 알게 된다.

한 번에 하나의 광자만이 간섭관측기를 통해서 움직인다는 것을 확신할 수 있도록 흡수기를 충분히 강력하게 만들 때 진짜 신비가 드러난다. 예를 들어, 흡수기를 통과한 직후 빛줄기 0의 광자 도착 시간들 사이의 평균 시간이 0.1초라고 가정해보자. 다시 말해서, 평균 두 번째 10개의 광자가 반쪽 은거울의 0번 빛줄기에서 반사된다. 예상대로 평균적으로 초당 5개의 광자는 각각의 팔을 따라 간다. 반쪽은 빛줄기 1B에서 아래쪽으로, 반쪽은 빛줄기 1R에서 오른쪽으로 간다. 실험실 크기의 간섭 관측기의 경우 시스템을 통과하는 광자의 이동 시간이 약 10의 마이너스 10승이기 때문에, 우리는 한 번에 하나의 광자가 그것을 통해 이동하고 있다는 것을 확신할 수 있다. 이상한 점은 다음과 같다. 이런 시스템을 1분 정도 작동시켜도 여전히 명확한 간섭 패턴을 볼 수 있다. 이 간섭 패턴은 전체 은거울 중 하나를 어떻게 이동하느냐에 따라서 왼쪽이나 오른쪽으로 이동한다. 반쪽 은거울들의 움직임에 따른 간섭 패턴의 변화는 빛의 파동 특성을 연구할 때 이해할 수 있었고, 빛의 파동이 간섭관측기의 양팔을 따라 이동하고 있다고 확신했다. **하지만 간섭관측기를 따라 이동하는 분화 불가능한 단일 광자가 서로 다른 팔을 따라 이동하는 빛줄기들 사이의 위상 관계에 의존하는 간섭 패턴을 어떻게 만들 수 있을까?** 다른 말로 하면, 광자가 한 경로나 다른 경로를 따라가기만 할 때 어떻게 스스로 간섭할 수 있는가?

우리는 영리할 수 있고 광자가 어느 팔을 따라 이동하는지 탐지할 수 있다. 예를 들어, 우리는 사진판을 간섭 패턴의 자리에 개별 광자의 도착을 기록하는 사진 검출기 뱅크(Bank of Photodetector)로 대체할 수 있다. 그런 다음 우리는 전체 은거울들을 매우 섬세하게 탑재할 수 있어서 그것들은 광자가 반사될 때마다 흔들리거나 진동하였다. 이렇게 해서 우리는 각각의 광자가 어떤 팔을 움직였는지 알 수 있었다. 즉 장치를 통해서 빛의 이동에 대한 경로 정보를 얻을 수 있었다. 그러나 이런 조건에서는 간섭 패턴이 사라진다. 그 빛 패턴은 그저 특징 없는 얼룩일 뿐이다.

어쩌면 두 개의 정교하게 균형 잡힌 전체 은거울이 있는 것이 문제일 수 있다. 우리는 광자가 한 방향으로나 다른 방향으로 가야 하기 때문에 광자 통로에 민감한 거울 둘 다를 필요로 하지 않는다. 자, 거울 하나를 조여보자(말하자면 오른쪽에 있는 거울을 조여보자). 그런 다음 우리가 간섭 패턴 자리에서 광자를 감지하고 (하단에 있는) 섬세하게 균형 잡힌 거울이 움직이지 않는다면, 우리는 광자가 다른 팔(오른팔)을 따라 갔다는 것을 안다. 이런 수정을 거친 다음에도 우리는 여전히 (간섭 패턴이 없는) 특징 없는 얼룩을 만난다. 만약 전체 은거울의 마루가 다시 조여져 광자가 어느 팔을 따라 이동하는지 알 수 없다면, 그것은 어떻게든 양팔을 따라서 움직이며, 이전의 영광 가운데 간섭 패턴을 만들어내는 것처럼 보인다. 요컨대, 어떤 팔을 따라서 광자가 이동하는지 아는 것은 간섭 패턴을 파괴하고, 어떤 팔을 따라서 이동하는지 모르는 것은 그것이 두 경로를 모두 취하고 간섭 패턴을 생성하도록 허용하는 것처럼 보이기 때문이다. 그러나 우리는 광자를 나눌 수 없다는 것을 안다. 우리는 분수 광자를 전혀 감지하지 못하기 때문에 광자들은 갈라지지 않고 양쪽 경로 모두를 거치게 되는 것이다.

무슨 일이 벌어지고 있는 것일까? 이것은 여기서 빛의 파동-입자의 특성을 통해서 나타나는 닐스 보어(Niels Bohr)의 유명한 상호 보완성 원리의 전형적인 예다. 보어는 물리학의 안과 밖에서 양극을 다루는 방법으로서 상호 보완성 원리를 받아들였다. 그는 동양의 원초적 이원론인 음양 상징을 (아래의 사진에 나타난 것처럼) 그의 문장(紋章)에 새겨 넣었다. 음양 기호 위에는 다음과 같이 쓰여 있다. "대극은 상호 보완적이다." 간섭 패턴은 파동 특성의 본질적인 표현인 반면, 광자와 같은 입자의 궤적을 아는 것은 본질적으로 입자의 속성이다.

빛은 파동과 입자 행동 모두를 나타낸다. 두 속성은 모두 빛을 이해하는 데 본질적이다. 한 속성이 다른 속성보다 더 근본적인 것은 아니다. 빛의 파동 동작을 입자 속성으로 환원시킬 수 없고, 빛의 입자 동작을 파동 속성으로 환원시킬 수도 없다. 그럼에도 불구하고, 우리는 빛의 파동성과 입자성을 동시에 알 수 없다. 우리는 빛의 파동성(그 간섭 패턴)을 측정하고, 빛이 어느 팔을 따라 이동했는지 아는 것을 멈추거나 또는 광자가 어느 팔을 따라 이동했는지(입자 행동) 알고 파동성에 대해서는 아는 것을 멈추도록 해야 한다. 우리가 빛의 파동성을 연구할 때, 그것은 각 팔을 따라 전파되는 것처럼 보인다. 그런 다음 간섭 패턴은 두 거울의 위치에 대한 정교한 민감성을 나타내며 특정한 팔을 따라가는 입자 궤도에 대한 어떠한 지식도 버려야 한다. 대조적으로, 입자 궤적을 발견하는 것에서 우리는 항상 간섭 패턴과 전체 은거울의 위치에 대한 민감성을 파괴한다. 이 견해는 두 개의 가로등 사이를 걸으면서 그 남자가 분명하게 그 길을 갔다고 생각했던 우리의 가정과 근본적으로 다르다.

32. 닐스 보어의 문장

아래 그림 33에 표시된 입방체는 시각적 은유일 뿐이지만 상호 보완성에 대한 보다 직접적인 느낌을 줄 수 있다. 만약 당신이 이런 입방체를 가지고 놀아본 적이 없다면, 그림 33에 1분가량 집중해 보라. 잠시 응시하다 보면 한쪽 면이 앞으로 튀어나오고 다른 한쪽 면이 뒷면을 이루고 있는 것을 알 수 있다. 조금만 더 바라보라. 그러면 각각의 면들이 역할을 바꾸는 것을 보게 될 것이다. 우리는 입방체의 한 면이 다른 한 면이 앞으로 나오는 것을 보게 된다. 우리는 동시에 한 면과 다른 한 면을 앞으로 나오게 할 수는 없다. 입방체에 대한 두 해석은 상호 보완적이다. 하나는 다른 하나 보다 더 근본적인 것이 아니다. 우리는 하나를 다른 하나로 환원할 수 없다. 어떤 면이 앞으로 나오느냐는 보는 사람에게 달려있다. 아래 그림은 우리의 지각적 개입 없이 명료하게 드러나지 않는다.

어떤 현상을 측정하느냐는 우리가 무엇을 측정하느냐에 따라서 크게 달라진다. 닐스 보어는 이 점을 반복적으로 언급한다. "나는 전체 시험 배열을 포함하여 특정 상황에서 얻은 관찰을 언급하기 위해서 오직 현상이라는 단어의 적용을 지지한다."[4] 측정의 환경을 명

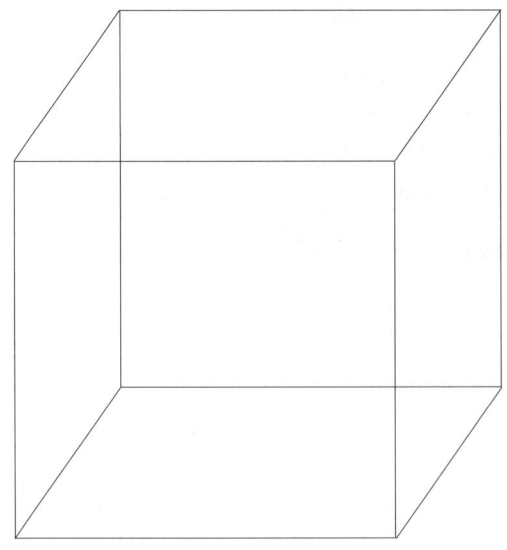

33. 상호보완성을 위한 시각적 은유로서의 입방체

시하지 않고서는 빛이 파동인지 입자인지 말할 수 없는 것이다. 빛은 상황적인 특성만 가지고 있을 뿐 독립적으로 존재하는 특성을 가지지 않는다.

많은 사람들은 상호 보완성이 갈릴레오와 뉴턴이 기초를 놓은 근대 과학의 기본적 정신에 대한 부정임을 발견한다. 그들은 우리가 항상 인식 과정이나 측정 과정의 세부 사항과는 무관하게 자연을 인식하기 위해 노력해왔다고 말한다. 모든 과학적 인식은 대상화의 한 형식이다. 즉 대상을 인식하는 행위와 별도로 존재하는 것으로 인식하는 형식인 것이다. 우리는 빛이 파동인지 입자인지 알아야 하며 이것은 "전체 시험 배열의 설명"과는 독립적이어야 한다. 근대 과학을 비난하는 사람들은 우리가 할 수 없는 것은 양자 이론의 결핍이지 자연에 대한 진실이 아니라고 말한다. 근대 물리학에서 가장 존경받는 목소리를 존중하면서, 간섭관측기를 다시 한 번 살펴보자.

시험의 지연된 선택 판

존 휠러(John Wheeler)는 간섭관측기 시험의 지연된 선택 해석을 발전시켰다.[5] 여기서 나는 이 시험에 대한 나의 해석을 발표해보겠다. 우리는 빛이 간섭관측기를 통해 얼마나 빨리 이동하는지, 따라서 시스템을 통과하는 데 얼마나 걸리는지 알고 있다. 우리는 빠른 전자제품을 사용하거나 (실제로 행해지는 방식) 매우 긴 간섭관측기 팔을 만들 수 있다. 그러면 빛이 반쪽 은거울과 상호 작용한 다음 전체 은거울의 마루를 조이거나 느슨하게 할 시간이 충분할 것이다. 즉 광자가 반쪽 은거울과 상호작용한 다음에 우리는 그 파동성을 내 보낼 것인지 아니면 입자성을 내보낼 것인지 결정할 수 있다. 우리는 항상 마지막 순간까지 빛의 파동성을 탐구할 것인지 아니면 입자성을 탐구할 것인지 그 여부를 선택하는 것을 지연시킨다. 예를 들어, 우리는 가능한 가장 늦은 순간에 파동성을 표시하고 (전체 은거울을 모두 단단히 고정한 채) 모든 간섭 자리에서 탐지한 것들을 기록할 수 있다. 반면에, 우리는 (마지막 순간에) 광자가 어떤 팔을 따라 이동했는지 알고자 할 때 간섭 자리의 두 번째 탐지 통계를 기록할 수도 있다.

여기 진짜 개념으로 묶인 고리가 있다. 마지막 가능한 순간에 우리의 선택이 과거에 빛이 무엇을 했는지를 결정하는 것 같다. 나는 이것을 좀 더 극적으로 만들어, 휠러가 하는 것처럼, 천문학적 차원을 가진 시스템을 생각해보겠다. 팔의 길이가 수십억 광년이라고 하자. 그러면 우리는 반쪽 은거울과 전체 은거울과의 상호 작용 사이에 10억년 정도의 시간을 가지게 된다. 이 말은 오늘날 나의 결정이 빛이 10억 년 전에 했던 것에 영향을 미친다는 것을 의미한다. 장난기 가득한 상상력으로 유명한 물리학자들조차 이렇게 생각하는 것을 너무 이상하게 여긴다. 오늘 나의 결정이 어떻게 수십 억 년 전의 우주에 영향을 미칠 수 있었을까? 양자역학과 존 휠러 둘 다에 문제가 있는 것이 확실하다.

신중한 측정을 통해 이 시험의 지연된 선택 해석들은 양자역학의 예측에 완전히 동의하는 것으로 나타났으며, 물리학계는 전체적으로 휠러에게 많은 경의를 표하고 있다. 양자역학도 휠러도 문제가 되지 않는다. 그 대신 자연에 대한 우리의 인식이 잘못되어 있다. 나는 이 실험에 대한 설명을 기술함으로써 그 잘못된 인식이 드러나도록 의도적으로 기여했음을 인정한다. 나의 설명은 광자가 궤적을 알든 모르든 간섭관측기를 통해서 작동하기 때문에 분명한 궤적을 가지고 있다는 자연스럽지만 부정확한 가정을 부추겼다. 다시 말해서, 우리는 빛의 객관성을 가정했다. 마치 우리가 두 가로등 사이를 걷는 신비한 남자에게 그랬던 것처럼 말이다. 사실, 빛은 파동성이나 입자성을 띠지 않는다. 우리가 무엇을 측정할지 결정하기 전에 그것이 입자라고 가정하는 것은 잘못이다. 우리가 선택하기 전에 그것은 분명하지 않다. **과거가 현재에 이미 충분히 상세하게 존재한다고 상상하는 것은 그야말로 잘못된 것이다.** 우주의 역사는 완전히 상세하게 기록되어 있지 않다. 그렇게 완전히 정의되고 명료화한 과거는 상상적 구성, 이론, 정신적 귀속, 거대한 편견이다. 우리는 보통 일상생활에서 아주 상세하게 존재하는 객관적인 과거를 믿는 것으로부터 피해갈 수 있다. 하지만 더 깊은 양자역학적인 의미에서, 우리는 우주를 정의하는데 적극적으로 참여해야 한다. 그것은 우리가 그것의 선재적이고 잘 정의된 본질적인 특성을 드러내는 것을 기다리면서 완전히 객관적으로 "저기 밖에" 앉아 있는 것을 뜻하지 않는다.

갈릴레오와 고전 물리학은 우리가 자연을 자극하여 우리의 질문에 답하도록 한다고 생각했다. 이제 우리는 우리가 묻는 질문이 부분적으로 우리가 얻는 답을 결정한다는 것을 안다. 우리는 자연을 자극해서 독백하게 할 수 없다. 대신 **우리는 자연과의 대화에 참여해야 한다.** 존 휠러는 다음과 같이 주장한다.

양자 이전의 분사(prequantum dispensation)에서 시공간은 훌륭한 기록 문서였다. 이 시트, 이 연속체, 과거와 현재와 미래, 이 모든 것의 운반체는 곡선, 파동, 물결을 가진 명확한 구조를 가지고 있었다. 그리고 이 훌륭한 쪽에는 풀로 붙여진 모래알처럼 모든 사건들이 정해진 위치가 있었다. 이 얼어붙은 그림에서 양자는 광범위한 수정을 요청하고 있다. 우리가 말할 수 있는 과거의 우주 시간과 과거의 사건들은 가까운 과거와 현재에 어떻게 측정될 것인지 선택했던 것에 의해서 결정된다. 이 결정들로 인하여 발생하게 되는 현상들은 그 결과에서 과거로 거슬러 올라간다. ... 심지어 우주의 초창기까지 거슬러 올라간다. 지금 여기에서 작동하는 장비를 등록하는 것은 그런 일이 일어났던 것으로 보이는 것을 가져오는 데 부인할 수 없는 부분이다. 세계는 우리와 무관하게 "저 밖에"(out there) 존재한다고 말하는 것이 일상적 상황에서 유용하다 하더라도, 그 견해는 더 이상 유지될 수 없다. 이 말 안에 "참여 우주"(participatory universe)[6]라는 묘한 의미가 담겨 있다.

양자역학은 우리가 세상에 대해서 가장 소중하게 여기는 믿음들 가운데 일부를 버리라고 한다. 양자 이전의 비전은 아주 복잡한 춤을 추고 있는 독립적인 대상들로 우주를 채우고 있지만, 그 음악은 항상 결정론적이었다. 인과론이 그 교향곡의 최고 지휘자였다. 양자 비전은 독립적으로 존재하는 무용수들을 제거하고 특정한 춤을 위한 가능성, 경향, 성향을 가진 세계를 채운다. 여기서 음율(파동)과 무용수(입자)는 우리가 그들 중 하나를 불러내거나 우리의 측정에 따라서 그들 중 하나를 살려낼 때까지 완전히 연합되어 있다. 어떤 음표가 이어질지는 원칙적으로 예측할 수 없다. 교향곡의 많은 세부사항들은 우리가 특별한 방법으로 듣기 전까지 쓰여지지 않는다. 한 소절에 고개를 갸우뚱하면서 우리는 하나의 후렴을 듣고, 다른 소절에 고개를 갸우뚱하면서, 완전히 다르고 심지어 모순되기까지 한 후렴을 듣는다. 우리가 듣기 전에 중심 주제는 주제가 객관적인 성격일 것이라는 우리의 신념에도 불구하고 아직 분명하지 않다.

다시 말해서, 입자와 파동은 우리가 이런 성질들 가운데 하나를 앞으로 부르기만 기다리는 어떤 확실한 방법으로 동시에 존재하지 않는 것이다. 측정 전에 시스템은 독립적 존재가 부족하고, 분명히 규정되어 있지 않다. 인과론은 에너지를 교환하거나 서로 힘을 가하는 확실한 대상을 필요로 하기 때문에 양자역학에서 독립적인 존재와 인과론이 함께 실패로 끝난다는 것은 놀라운 일이 아닐 수 없다.

갈릴레오가 흔들리는 샹들리에를 관찰한 이후 물리학에 일어난 이 모든 변화에도 불구하고, 여러 유명한 과학자들과 달리, 나는 대부분의 물리학자들이 가능성이나 성향을 실체나 시공간 사건으로 바꾸는 역할을 인간의 의식이 감당한다고 생각하지 않는다고 생각한다. 이런 전환은 컴퓨터와 "되돌릴 수 없는 측정"을 통해서 이루어질 수 있다. 이 측정들은 스스로를 뒤집을 가능성이 전혀 없다. 예를 들어, 광자는 감광성 취화은(臭化銀) 알갱이를 어둡게 한다. 알갱이가 광자를 다시 방출하고 노출되지 않은 상태로 되돌아갈 가능성은 극히 적다. 그러나 이 문제는 열역학적인 논쟁보다 더 복잡하다. 슈뢰딩거의 말처럼, "관찰자는 결코 완전히 도구로 대체되지 않는다. 왜냐하면 만약 그렇게 된다면, 그는 분명히 어떤 지식도 얻을 수 없을 것이기 때문이다. ... 살피지 않는다면, 가장 치밀하게 된 기록이라고 할지라도 아무 것도 말해주지 않는다."[7]

나는 다음 장과 책의 마지막 즈음에 등장하는 철학의 장에서 이런 인식론적 문제들로 돌아갈 것이다. 그러나 먼저 우리는 또 다른 동시성적 경험을 조사해야 하고 그런 다음 많은 사람들이 물리학의 가장 심오하고 원대한 발견, 즉 현대 실험에 의해서 드러난 탈지역성 또는 비분리성이라고 생각하는 것을 논의해야 한다. 양자 우주의 참여적 특성과 탈지역성 모두는 세계가 독립적이거나 개별적으로 존재하는 실체에 의해 채워져 있다고 맹목적으로 믿는 그 중심을 공격하기 때문에, 결정적으로 중요하다. 그런 세계에서 동시성을 인식하는 것은 거의 불가능하다.

동시성적 막간 5

내면의 소리 신뢰하기를 배우기

주말은 천진난만하게 시작되었다. 알(Al)과 로즈(Rose), 그들의 두 살배기 아들, 내 절친한 친구 캐서린, 그리고 나는 알의 단발 비행기를 타고 추수감사절에 메사추세츠에 있는 친구들을 방문하러 가고 있었다.

우리가 떠나려고 한 그날 아침, 나는 내 별자리의 움직임을 보고 싶은 충동을 느꼈다. 지난 8년 동안 점성술을 공부하면서, 나는 이 고대 기법을 오용하지 않고 언제 사용해야 하는지에 대한 좋은 감각을 키웠다고 생각했다. 점성술을 공부하는 데 있어서 나의 주된 동기는 항상 그것을 나에 대한 이해의 도구로 사용하는 것이었지만, 나는 그것이 언제 행동하고 또 언제 행동하지 말것인지를 결정하는 경우에 유용하다는 것도 알고 있었다.

별의 움직임(내가 태어났을 때 행성의 위치를 기준으로 한 행성의 일일 움직임)을 확인하기 위해 천문력(天文曆)을 열었을 때, 나는 천왕성을 통과하여 나의 태생적 화성과 접속하는, 즉 전통적으로 예상치 못한 사건, 사고 등으로 알려진, 특히 어려운 상황 가운데 나 자신이 있다는 것을 발견하고는 화가 났다. 나는 재빨리 캐서린에게 말했다. 그녀는 즉시 내게 이렇게 답해주었다. "나는 그래서 너와 함께 비행기를 타지 않을 거야! 그것은 너무 위험해. 내가 운전은 하겠지만 비행은 하지 않을 거야." 직감적으로 그녀가 옳았다는 것을 알고, 알과 로즈에게 전화를 걸어 우리의 생각과 결정에 대해서 말해 주었다. 나는 오랫동안 함께 점성술을 공부했던 로즈에게 말했다. 그러자 그녀는 말했다, "당신은 점성술이 당신의 삶을 지배하게 할 건가요? 별의 움직임이 어려운 시점을 지난다고 해서 반드시 부정적인 일이 일어날 것을 의미하지는 않지요. 궁극적으로 자신의 주변 환경을 창조하는 것은 당신 자신이죠."

당연히 로즈는 나를 화나게 하는 법을 알고 있었다. 나는 항상 자유의지와 결정론의 문제들과 씨름했고, 그럴 때마다 점성술이 나에게 밝은 삶이 전개되도록 해 주지만 그렇다고 그것이 내 삶을 지배하지는 못하게 하는 나만의 사용법에 자부심을 느끼고 있었기 때문이다.

한편으로 패턴과 사건이 우리의 과거 행동에 의해서 어느 정도 결정되고, 우리의 자아와 자아가 거하는 세계 모두를 포함하는 지성에 의해서 인도되는 질서있는 우주가 있다는 직관적인 지식과 느낌이 있다. 다른 한편으로 나는 자유로운 개인으로서 나만의 인생 경험을 창조하고, 선택할 수 있는 힘을 가진 나 자신을 경험한다. 이 두 입장이 어떻게 하나로 화해될 수 있을까? 점성술을 비판하는 대부분의 비평가들은 사람들이 그들의 행동에 대한 책임을 지지 않기 위해 점성술을 그들의 목발로 삼는다고 주장한다. 하지만 누군가 저들의 경험을 정직하고 공개적인 입장에서 살펴본다면, 저들은 우리가 생각하는 것보다 더 질서 있고 확신에 차 있다고 나는 감히 말할 수 있다.

　나는 로즈에게 그것에 대해서 생각해보고 다시 전화하겠다고 말했다. 로즈의 논리는 캐서린에게 깊은 인상을 주지 못했지만 캐서린은 누가 움직이고 있는지 그 표를 좀 보자는 좋은 제안을 내 놓았다. 만약 다른 모든 사람들이 문제에서 벗어난 것처럼 보인다면, 나의 관점에서 볼 때, 내적 측면이나 심리적 차원에서 어떤 것이든 일어날 수 있지만 외부 사건에서는 드러나지 않을 수도 있다.

　나는 알과 로즈의 두 살배기 아들을 포함한 모든 사람들의 별점을 충실히 바라보았다. 놀랍게도, 모든 사람들은 천왕성, 화성 또는 금성과 관련하여 스퀘어 패를 가지고 있든지 아니면 그 반대 패를 가지고 있었다. 때때로 그것은 화성을 통과하거나 천왕성을 통과하는 것이었지만, 각각의 경우, 나를 포함하여 천왕성이나 화성과 관련되어 있었다. 그것은 우연이 아니었다. 비행은 문제가 되지 않았다. 천왕성에 문제를 보여주는 4개의 표는 무시하기엔 너무 문제가 많았다. 이것이 자유의지냐 결정론이냐의 문제라면, 여기서 나는 결정론의 편을 들었을 것이다. 사실, 캐서린도 점성술을 보고는, 운전하겠다는 생각을 접었다.

　나의 발견에 자신을 얻은 나는 재빨리 로즈에게 전화를 걸어 그녀에게 말했다. 그녀는 우리 모두가 이런 문제들로 골치아파 한다는 것에 동의하였다. 그렇지만 그녀는 어떤 외부로부터 오는 작용이 자신의 생을 좌지우지 하도록 허락하려 하지 않았다. 나는 그때 무슨 일이 있었는지 아직도 정확히 모른다. 이유야 어떠하든, 나는 나의 모든 지식과 직관을 내려놓고 비행기를 타기로 동의했다.

　나는 캐서린과 작별하고 매사추세츠 행 단발 비행기를 타고 떠났다. 비행기가 하늘로 오르자, 나의 염려가 올라왔다. 그렇지만 나는 이미 결정했고, 그 염려를 안고 가능한 한 최고의 비행을 할 것이라고 마음 먹었다.

　비행의 첫 부분은 괜찮았다. 하지만 매사추세츠 해안에 가까워질수록 난기류가 점점 더 심해졌다. 조종사인 알은 염려하는 것 같지 않았다. 하지만 비행기가 저기압 지역에 들어서자 급강하를 하면서 우리 모두는 천장에 머리가 부딪혔다. 그때 나는 알이 약간 어리둥절해 하는 것을 볼 수 있었다. 사실 착륙한 다음 알은 이번 비행이 그의 생애에서 가장 힘든 비행이었다고 인정했다. 비행기가 이륙한 다음 나는 신들이 우리에게 교훈을 주었다고 생각했다. 신들은 그들의 뜻을 어겼다고 우리를 위협했지만, 나쁜 비행을 경험하게 하고 우리를 구한 것이었다.

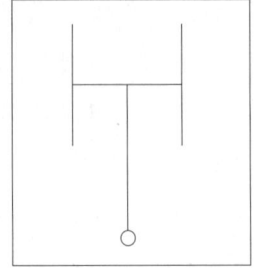

우리 모두는 소중한 친구들을 만나 즐거운 시간을 보내면서 주말을 아주 순조롭게 잘 보냈다. 일요일 아침이 되어서 우리는 그곳 공동체를 이끌고 있던 성녀 가야트리 데비(Gayatri Devi)를 보기 위해서 인근 베단타 센터를 방문했다.

이상하게도, 그녀의 모든 이야기는 자연 재해에 대처하는 법을 배우는 것에 관한 것이었다. 캘리포니아에 있는 그녀의 다른 센터는 방금 화재로 인한 재앙을 경험했다. 그녀가 말하는 중에, 나는 마치 그녀가 그들에게 중요한 것을 전달하려고 하는 것처럼 나를 응시하는 것을 느꼈다. 나는 나중에 알에게 그도 역시 그녀가 나를 똑바로 쳐다보는 것을 느꼈는지 물었다. 그는 내 기분을 확증해 주었다. 나중에야 비로소 이 경험의 모든 영향이 나에게 돌아올 것임을 알게 되었다.

우리는 친구들과 작별한 다음 작은 비행기에 올랐고 이륙했다. 약 사천 피트까지 올라갔을 때, 이 질문이 갑자기 내 입에서 튀어나왔다. "알, 만약 우리가 비상사태가 발생해서 비행기를 착륙시켜야 한다면, 어디에 착륙할 건가요?" 알은 주위를 둘러보며 말했다. "아마 저기 호수에요." 착륙할 수 있을 만큼 긴 땅은 주위에 없었다. 20분 동안 내 입에서 다음과 같은 말이 튀어나올 때까지 더 이상 아무 말이 없었다. "알, 엔진이 꺼질 때 무슨 소리가 나는 것 같지 않나요?"

그가 대답하기 전에, 나는 곧 알았다. 질문을 한 지 20초도 안 되어 엔진이 터질 듯이 돌기 시작했고, 결국 엔진이 꺼져 버렸다. 침묵. 5천 피트, 완전히 구름에 싸인 상태. 버크셔 산맥의 모든 방향에서. … 침묵. 우리는 어떤 공항과도 무선 연락을 할 수 없었다.

　우리가 구름을 뚫고 나갔을 때, 땅에 닿기 전까지 60초 정도 남아 있었다. 20분 전의 섬광처럼 우리 앞에 호수가 기적처럼 나타났다. 알은 우리에게 유일한 기회는 호수에 착륙하는 것이라고 말했다.

　내 운명을 관상할 수 있는 60초가 남아 있었다. 내가 왜 그런 짓을 했지? 나는 분명히 가지 않을 것이라는 것을 알았다. 이 모든 지나가는 생각들은 내가 죽을 준비를 하면서 무의미해졌고, 내 마음속에는 그럴 만도 했다. 나는 가능한 한 조용해졌고, 명상을 하는 중에 알지 못하는 것에 마음을 준비하기 시작했다.

　우리가 호수를 향해 활주할 때, 알의 첫 번째 시도는 어쩐지 정확하지 않았다. 이어서 그는 마지막 시도를 위해 비행기를 급선회했다. 이번에는 해안선 바로 위로 활주하여 육지에서 30피트 떨어진 곳에 비행기를 착륙시켰다. 알은 내 인생에서 가장 부드러운 착륙을 선물해주었다.

　알이 비행기 날개 위로 오른 후 물에 뛰어들어 해안으로 헤엄쳐 가라고 했다. 수영이 매우 서투른 나는 차가운 호수에 뛰어든다는 생각은 애초에 엔진이 멈추었던 것보다 더 무서웠다. 내가 무슨 선택을 했지? 결국 나는 물로 뛰어들어 수영을 시작했다. 나는 양가죽 코트를 입고 있었는데 그것을 벗는 것조차 잊어버렸다. 도중에 하마터면 익사할 뻔했다. 그런데 나중에 알고 보니 일어섰더라면 걸어갈 수 있는 깊이였다. 우리는 겨우 4피트의 물속에 있었다. 그뿐만 아니라 우리는 비행기 날개와 함께 엔진이 덜컹거리는 소리를 듣고 달려온 보트에 의해서 구조될 수 있었다.

　호숫가의 오두막에서 몸을 녹이는 동안, 특별한 도움을 준 사람에게서 마른 옷을 받은 나는 이제까지 경험한 것들의 의미를 찾아보려고 노력하였다. 14년이 지난 지금도 나는 그 경험을 곰곰이 생각해보고 그 차가운 호수에서의 사건이 나에게 얼마나 큰 의미가 있었는지 궁금해 하고 있다.

　나에게 이 경험은 4가지 동시성적 사건들을 담고 있었다.

　1. 가야트리 데비가 자연 재해에 대해 말하고 그녀의 시선으로 나를 꿰

뚫어 보았던 베단타 센터에서의 경험.
2. 충돌 20분 전, 비상시에 우리가 어디에 착륙할 것인지 물었던 것.
3. 엔진이 멈추기 20초 전, 엔진이 꺼졌을 때 어땠는지 물었던 것.
4. 단연코 가장 지속적인 영향을 준 점성술의 시나리오 전체, 나의 부정, 그리고 전개 되는 사건들.

충돌 전후 처음 세 번과 비슷한 경험을 한 적은 있지만, 고의로 나의 지식과 느낌, 직관을 무시하는 즉각적인 결과를 경험해 본 적이 없었다. 특히 점성학적 경고가 주어질 때, 그 사건들의 즉각성과 힘은 그 이후 나의 의지를 사용하는 것에 깊은 영향을 미쳤다. 내 안의 목소리가 기다리라고 하거나 말거나 하면, 나는 뒤로 물러서서 그 목소리가 무엇을 말하려고 하는지 느끼고 이해하려고 노력했다. 나는 종종 나의 느낌과 직관을 확인하기 위해 점성학적 지표를 참조하였다. 나는 항상 "내가 들어야 할 객관적인 어떤 것이 있는가?"라는 질문을 던졌다. 점성술은 종종 답을 찾아가는데 도움을 주었다.

나는 여전히 우리가 삶에서 기본적인 실존적 자유

34. 가야트리 데비

를 행사해야 한다고 믿는다. 하지만 나는 우리가 우주와 매우 밀접하게 연관되어 있다는 것을 똑같이 알고 있다. 그래서 우리는 우주 속에 내재된 상징, 즉 점성술의 만다라와 다른 사람들이 우리에게 말할 때 주의를 기울여야 한다. 이 말은 하나의 선물이다. 이것은 우리의 내적 삶과 외적 삶 모두를 이끄는 지성이 우리를 도우려고 노력하는 방식이다. 당신이 원한다면, 은혜라고 말해도 된다. 나는 그 은혜로부터 등을 돌리는 것은 삶 자체에서 돌아서는 것이라는 것을 배웠다.

제9장
자연 안에 있는 탈지역성

하지만 내가 생각하기에, 우리가 반드시 지켜야 할 한 가지 가설은 시스템 S2의 실제적인 상황은 시스템 S1과 무관하며 공간적으로 별개라는 것이다.

- 알베르트 아인슈타인[1]

교훈적인 이야기

1967년 뉴욕 이타카에 있는 내 사무실 동료인 데이비드 홀렌바흐(David Hollenbach)와 나는 천체물리학 대학원 과정을 열심히 공부하고 있었다. 수업, 문제 집합, 연구 프로젝트가 끝없이 이어지고 있었고, 길고 추운 회색의 봄이 우리의 정신에 큰 피해를 주고 있었다. 사기를 끌어올리기 위해서 우리는 봄방학을 맞아 멕시코로 여행을 떠났다. 그 위대한 여행의 기념비적인 경험 중 하나는 멕시코에서 가장 성스러운 장소인 과달루페의 사원에 간 일이었다. 그 날은 성모 마리아가 그곳을 방문한 것을 기념하는 특별한 휴일이었다. 대체로 가난한 멕시코 인디언들인 신실한 순례자들이 마을 전체로 몰려들었다. 가장 독실한 순례자들은 성모 마리아에게 열심히 기도하면서 여행의 마지막 몇 마일을 무릎으로만 걸으면서 순례했다.

수만 명의 순례자들 가운데서 우리들만 그링고(gringo, 라틴 아메리카 국가에서 미국인을 지칭할 때 쓰는 말)였다. 데이비드는 키가 6피트 6인치이기 때문에 멕시코인들 사이에서 삼나무처럼 눈에 띄었다. 그는 사람들 속에서 쉽게 눈에 띄었던 것이다. 성당에 있는 동안 우리는 바깥을 배회하며 그 날을 위해 마련된 박람회장으로 갔다. 우리에게 의상을 제공한 사진작가가 사진을 찍어 주었다.

박람회에서 우리는 돈을 지불하고 작은 텐트 안으로 들어가서 텐트 중앙에 있는 탁자 위 가장자리에 1피트 가량의 유리면들로 되어 있는 상자를 살펴보았다. 형상이 또렷하고 분명히 살아있는 여자의 머리가 상자 안에 있었다! 그 여인이 우리에게 말하고 있었다! 그녀는 유리 뒤에 있어서 그녀의 머리를 만질 수 없었다. 그녀가 인도 사투리를 쓰고 있었기 때문에 우리가 학교 때 배웠던 스페인어 지식은 쓸모가 없었다. 우리는 탁자 주변과 밑을 살펴보았다. 우리는 소리나 이미지를 투영할 수 있는 전선, 연결부 또는 그 무엇도 찾을 수 없었다. 전시장을 관리하는 남자가 근처에서 눈을 부릅뜨고 있었기 때문에 상자를 집어 드는 것은 문제를 만들 소지가 있어보였다. 데이비드와 나는 말을 잃고 어안이 벙벙해졌다. 우리는 뛰어난 물리학자라고 자부했다. 이 사람들은 우리에게 어느 것도 강요하려고 하지 않았다. 그들은 가난한 순례자들을 속일 수 있지만, 우리는 속일 수는 없다(우리의 사진을 한 번 훑어보면 그들이 쉽게 속일 수 없는 매우 영리한 관찰자였음을 알 수 있을 것이다). 우리는 우리가 본 것으로 해답을 찾을 수 없었다. 우리는 화가 나서 머리를 흔들며 텐트를 떠났다. 그들이 살아 있는 여자의 머리를 작은 유리 상자에 넣을 수 있다는 것을 믿을 수 없었다(이 구절을 읽고 내 설명에 동의한 후, 데이비드는 이제서야 몇 가지 가능한 설명을 할 수 있다고 생각한다).

그것이 그렇게 보였나? 작은 유리 상자 안에 있는 것이 진짜 살아 있는 사람의 머리였을까? 아니면 아주 영리한 속임수였을까? 비록 속임수라고 할지라도, 그것은 그 자체로 매우 흥미 있는 일이었다. 그것이 속임수치고는 완벽했기 때문이었다. 반면에, 만약 그것이 작은 유리 상자 안에 있는 진짜 살아있는 여성의 머리였다면, 여기에는 정말 세심한 과학적 연구를 할 가치가 있는 일급비밀이 있을 것이다. 이 비밀은 생물학과 의학 모두에 혁명을 일으킬 수 있는 내용이다. 우리는 상자 안에 있는 여인의 머리가 세상에 대한 새로운 지식의 계시인지 아니면 완전히 이해된 원칙에 근거한 속임수인지를 알고 싶었다. 멕시코 박람회의 속임수인지 아니면 양자물리학의 탈지역성인지 이례적인 형상에 대해 연구하면서, 우리는 새로운 원칙이 드러나고 있는 것인지 아니면 단지 잘 알려진 원칙들의 예상치 못한 조합이 드러나는 것인지를 분명하게 밝혀야 했다.

35. 과달루페에서의 미국인들

이 장에서 나는 양자물리학의 개념적 기초를 이해하려는 우리의 시도에서 지난 몇 십 년 동안 물리학에서 주의깊게 연구해 온 정말 새로운 원리를 살펴보고자 한다. 비록 상자 안에 살아있는 머리의 실체에 대한 나의 증거는 부족하지만, 물리학에서의 이 새로운 원리는 확고히 확립되어 있다. 존경받는 몇몇 물리학자들의 마음속에서 이 새로운 원리는 상자 속에 있는 살아있는 머리보다 더 이상하게 받아들여진다. 게다가 우리는 이것이 이전에 이해한 원리들의 놀라운 결합이 아니라 새로운 원칙이라고 확신한다. 이것을 설득력 있게 보여주기 위해서 우리는 우리의 분석에 특히 주의할 필요가 있을 것이다.

탈지역성은 무엇이고 우리는 그것을 어떻게 알까?

탈지역성이란 시간과 공간의 주어진 영역 안에 시스템을 배치시킬 수 없는 것을 말한다. 긍정적으로 말해서, 잘 연구된 물리적 시스템들은 부품들 사이의 즉각적인 상호 연결이나 상관관계를 보여주는 것이다. 그 사이에 거리가 있지만, 진정한 순간 동작을 보여주는 것이다. 예를 들어, 그림 36에 표시된 대로 넓게 분리된 두 개의 영역 A와 B가 있다. 탈지역적 현상에서는 영역 A에서 일어나는 일은 영역 B에서의 발생에 즉각적으로 영향을 미치며, 그 반대도 마찬가지이다. 놀랍게도, 이런 즉각적인 상호 작용이나 의존성은 영역 A와 B 사이의 어떤 정보나 에너지 교환도 없이 발생한다. 그러나 효과는 강하며 A와 B 사이의 거리가 멀어진다고 해서 약해지지 않는다. 여기에 이상한 속성이 존재한다. 하지만 이 속성은 멕시코 박람회에서의 속임수보다 훨씬 더 신중하게 연구해 볼 수 있는 속성이다.

양자역학의 철학적 기초를 연구하는 대부분의 사람들은 탈지역성이 우리가 앞 장에서 논의한 상호 보완성보다 더 신비하다는 것에 동의한다. 그들은 어떤 측정에서든 측정된 시스템과 어떤 상호 작용이 있어야만 한다고 추론한다. 고전 물리학에서는 시스템이 거시적이기 때문에 우리는 이 상호 작용을 무시할 수 있다. 예를 들어, 레이다의 신호가 지표면에서 반사되는 시간을 측정해서 달과의 거리를 측정할 때, 반사된 신호는 달의 궤도를 변화시키지는 않는다. 대조적으로, 양자역학적 측정은 종종 측정된 대상의 에너지에 필적하는 에너지의 교환을 불러온다. 즉 광자가 어떤 간섭관측기의 팔을 따라서 이동했는지를 결정하려면 광자의 에너지에 필적하는 에너지의 상호 작용이 필요하다. 이런 중요한 에너지 교환 때문에 측정은 양자역학에서 훨씬 더 중심적인 역할을 한다. 이것은 측정 전이나 측정과 무관한 대상의 특성에 대한 어려운 질문을 야기한다.

심리학도 비슷한 "측정" 문제에 직면해 있다. 무의식적인 내용을 조사하면서 우리는 어쩔 수 없이 그 과정에서 무의식적 내용들을 변환시킨다. 예를 들어, 이전에 무의식적이었던 투사를 드러내는 것은 알려진 것을 근본적으로 변환시키는 것이다. 이것이 바로 개성화에 이르는 중심 과정이다. 예를 들어, 우리는 규정하기 힘들지만 강력한 아니마를 인식하고자 한다. 그리고 바로 그 객관화의 행동이 아니마를 일련의 미분화된 분위기에서 영감의 근원으로 변환시킨다.

측정에서 상호 작용의 필요성 때문에 아인슈타인은 대상의 속성과 정확한 실험 상황 사이의 관계가 탈지역성만큼 심오하지 않고, 이해하는데 어렵지도 않다고 생각했다. 지난 십여 년 넘게 우리는 유명한 벨 부등식 실험을 통해서 탈지역성에 대해서 직접적으로 알게 되었는데, 이것은 양자역학의 개념적 기초에 대한 아인슈타인의 비판에서 직접 나온 것이다. 이 장에서 논의된 이런 실험은 고전적인 발상으로 설명할 수 있는 어떤 것을 뛰어넘는 탈지역성인, 에너지 교환이 없는 상호 연결을 보여준다.

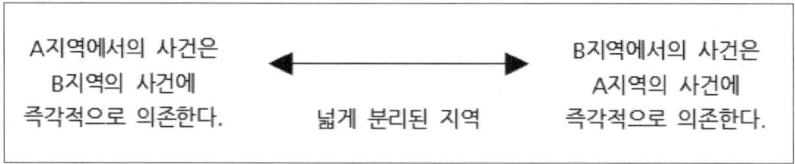

36. 탈지역성

따라서 이런 비인과적 물리적 연결은 동시성적 경험과 유사하며, 이것은 에너지의 교환이나 인과론은 없지만 깊은 상호 연결성을 내포하고 있다. 물리학에서 부분들 사이의 연결성, 비분리성, 탈지역성 또는 얽힘(모두가 비슷한 동의어들임)은 매우 완전하여, 분리 가능한 부분들의 관점이 시스템의 나누어질 수 없는 특성보다 종종 덜 근본적이고 덜 중요하다. 이것들은 물리학과 철학에 있어서 진정한 혁명적 사상이다. 동시성 또한 우리로 하여금 내부 및 외부 경험에서 자신을 드러내는 의미가 우리의 주관적 상태나 객관적 사건들보다 더 의미 있고, 더 현실적임을 인식하도록 요청하고 있다. 이처럼 기억할 만한 경험들은 우리에게 물리학에서 영역 A와 B 사이의 분리 불가능성, 즉 우리의 마음과 자연 사이의 분리 불가능성, 다른 차원의 어떤 것, 이 책의 마지막 부분에서 더 자세하게 논의될 그 어떤 것과는 종류가 다른 분리 불가능성을 인식하게 한다. 융이 잘 알고 있듯이, 분리 불가능한 방식으로 스스로를 드러내는 원형적 의미는 그 의미의 경험에 뒤따라오는 형식보다 더 중요하다.

동시성에서 우리는 우리의 내적인 삶과 객관적인 세계의 상호 관련성에 대한 직접적인 개인적 경험을 가진다. 우리가 생각 없이 세계에 대해서 갖는 편견과는 반대로, 이런 상호 관련성은 왜 경험이 적고 경험에 무심한지 한 가지 분명한 이유가 될 수 있다. 아직도 동시성에서 상호 관련성에 대한 이런 개인적인 경험은 물리학에서의 탈지역성과는 분명히 다르다. 동시성은 심리적인 경험이고, 탈지역성은 실험실에서 발견된 광자와 입자의 속성이다. 그럼에도 불구하고, 우리가 두 개의 다른 분야 안에서 동일한 원칙을 검토하고 있다고 말하는 것은 맞다. 심층심리학과 물리학 모두 자연에 대한 우리의 가장 지속적이고 강력하게 신뢰를 보낸 투사들 가운데 하나, 곧 근본적인 분리성이나 독립적 존재에 대한 투사를 철회하도록 요구하고 있다. 심층심리학은 우리 자신과 세계 사이의 비분리성을 말하는 반면, 물리학은 물질의 광범위한 분리 요소들 사이의 비분리성을 말한다. 그럼에도 불구하고, 분리되고 독립적으로 존재하는 실체에 대한 근본적인 신뢰는 다른 방법이기는 하지만 두 영역 모두에서 거부되고 있다.

물리학의 예시로 돌아가 탈지역성을 엄격하게 확립하기 위해서는 영역 A와 B가 어떤 인과적 상호작용으로부터 가능한 정보나 힘의 교환으로부터 정말 분리되어야 한다. 구체적으로 말해서, 한 실험대상자가 영역 A에서 카드를 돌리고, 다른 실험대상자가 영역 B에서 순서를 맞추는 라인(Rhine)의 ESP(초감각 지각) 실험하는 것을 생각해보자. 회의적인 물리학자라 하더라도 ESP 실험대상자들이 완전히 분리되었다고 믿을 수 있도록 이들 ESP 실험대상자들을 서로 떨어뜨리기 위해서 물리적인 상호작용의 유한 속도를 사용한다. 우리는 어떤 물리적 상호작용이나 정보도 빛의 속도보다 빠르게 이동할 수 없다는 것을 안다. 그러므로 화성의 위치가 지구에서 20분이나 그 이상의 광속의 거리에 있을 때 ESP 첫 번째 실험 대상자를 화성에 위치시켜보자. 이것은 빛이 화성에서 지구로 가는 데 20분이 걸리거나 그 반대라는 것을 의미한다. 그러면 화성에서 우리의 첫 번째 실험 대상자가 1분 안에 카드를 돌리게 하고, 그 1분 후 바로 지구상에서 우리의 두 번째 실험 대상자가 다음 1분 안에 순서를 맞추도록 했다고 하자. 그러면 카드 순서에 대한 모든 정보가 지구로 전파되는 데 최소 20분이 걸리기 때문에, 우리의 두 번째 실험 대상자는 그가 카드 순서를 예상하는 데 도움을 줄 수 있는 정보를 제때 받을 수 있는 방법이 없다. 이런 방식으로 실험 대상자들은 빛의 속도보다 작거나 같은 속도로 발생하는 상호 작용이나 지역적인 상호 작용으로부터 정말 격리된다.

빠른 전자장치로 물리학자들은 중요한 벨의 부등식 실험에서 양자 시스템의 부분들을 분리하기 위해서 동일한 원리를 사용한다. 하지만 실험실에 대해 이야기하기보다는, 실험을 티베트 수도원에 이식해 보겠다. 그 거시적인 영역에서 우리는 사물들을 이해하기 쉽게 만들고, 우리가 소중하게 여기는 철학적 전제들을 정면 충돌시키고, 티베트 불교에서 탈지역성과 공(空) 사이의 후속 비교를 위한 방법을 준비하는 세 가지 이점을 얻는다.

총가파의 벨 실험

양자역학은 물리학에서 가장 포괄적이고 잘 검증된 이론이자 동시에 가장 덜 이해되는 철학적 기초를 갖는다는 점에서 독특하다. 벨의 부등식과 그것의 실험적 도발은 60여 년 전에 시작된 이래 양자역학의 철학적 기초에 대한 우리의 가장 중요한 이해를 심화시킨다. 벨의 부등식에 대한 나의 발표는 부분적으로 데이비드 머민(David Mermin)의 논문들에서[2] 영감을 받았고 또 부분적으로 내가 이전에 썼던 몇몇 글들을[3] 확장한 것이다.

총가파(Tsongkhapa)는 14세기 중도불교의 저명한 해석가이자 티베트 불교의 겔룩바 계통(Gelukba order)의 창시자이다. 티베트 불교의 히말라야 라마승 중에서 그는 확실히 초몰룽마(Chomolungma, 에베레스트 산)이다. 우리의 이야기에서, 어느 날 떠돌이 종 판매원이 그 절에 와서 그가 소유한 모든 절들을 장식하기에 충분한 어떤 예전용 종들을 싸게 해 주겠다고 했다. 하지만 그는 할인 혜택을 받기 위해 그 많은 종들을 한 점포에서만 구입해야 했다.[4] 그림 37은 종의 모양을 보여주는데, 각각의 종들은 연결 코드에 매달린 공명기로 구성되어 있다. 공명기들을 함께 치면 그 소리는 정교하고, 오래 지속되는 울림이 있어서 명상과 기도로 깊이 들어갈 수 있게 해주었다.

그 종들의 소리가 매혹적이었지만 값이 너무 싸서 총가파는 의심이 들었다. 많은

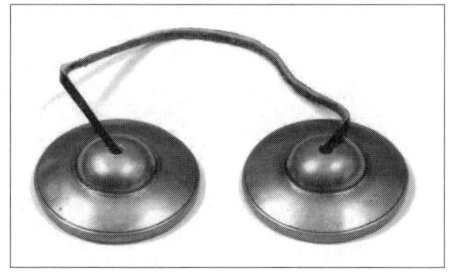

37. 티베트 종

종들이 정통적인 이콘(icon) 문양을 담아서 티베트 불교의 예술적 전통을 담고 있었지만, 그 가운데서 상당한 부분은 좀 더 원시적인 본(Bön) 종에 속한 것이었다. 총가파는 몇몇 종들은 청동보다 싼 합

금으로 만들어졌다는 것을 알았다. 결국 어떤 종들은 너무 형편없이 만들어져 있어서 몇 번 힘 있게 소리를 낸 다음에 금이 갔다. 총가파는 품질 관리가 이렇게 허술한 것을 보고, 겔룩파 절들에 종을 보내기 전에 종들의 예술적 장점과 청동 함유량, 제조 강도에 대해서 알려고 하였다. 그래서 총가파는 예술적 장점을 알아보기 위해 종들을 육안으로 검사하거나, 녹여서 청동 성분을 분석하거나, 종들의 전체적인 변환에 필요한 힘을 찾아 냄으로써 종들의 구조물 강도를 확인할 수 있었다. 그러나 이 시험은 주어진 공명기에 대해서 둘 중 하나만 시행할 수 있다는 점에서 상호 배타적일 수밖에 없었다. 따라서 재료를 녹이는 시험은 총 변환을 측정하는 제조 강도 시험을 앞지르고, 녹이는 일과 변환 모두 예술적 평가를 배제하고 있었다.

38. 총가파

나는 예술적 장점을 먼저 확인하고 나서 녹거나 변환하는 등의 가능성을 의도적으로 배제한다. 이런 결정적인 한계를 설정함으로써, 여러 가지 시험들은 양자역학적 의미에서 상호 보완적이 된다. 우리는 이 시험들이 상호 배타적인 시험 배열을 요구하고 있기 때문에 동일한 공명기에서 동시적으로 시험할 수 없는 것이다. 예술적 장점을 확인하고 녹이고 변환하는 일들은 앞 장에서 논의한 대로 빛의 파동성과 입자성처럼 상호 보완적이다. 이것은 거시적 세계의 정상적인 경험에서 상당히 벗어난다. 따라서 나의 거시적 예가 작동될 수 있을까라는 물음은 중요한 가설이 된다. 이런 상호 보완성은 양자역학에 만연되어 있지만, 우리는 그것을 정상적인 경험에서는 거의 마주치지 않는다. 그럼에도 불구하고 여기에서 우리는 심리적인 유사점을 볼 수 있다. 정신은 무의식과 의식의 연합이지만, 이런 연합의 한 면을 경험하는 것은 다른 한 면의 동시적인 경험을 배제하게 한다. 무의식적으로 되는 것은 의식적인 기능을 배제하고, 그 반대의 경우도 마찬가지다. 그러나 정신의 한 면은 결코 정신의 다른 한 면을 포함할 수 없다. 또한 정신의 한 면을 소홀히 한 채 정신의 전체 모습을 파악할 수도 없다. 이런 의미에서 무의식은 의식과 상호 보완적이다. 이런 이분법과 연합을 향한 동시적인 충동 때문에 융은 두 영역을 연결하는 상징을 가장 우선적인 관심이 되게 하였다. 나는 최근에 다른 곳에서 심리적 영역의 상호 보완성에 대한 분석을 자세히 전개하였다.[5]

상호 보완성을 인식하는 또 다른 방법은 무의식의 요소들이 의식적으로 될 때 우리가 항상 무의식을 변환시킨다는 것을 기억하는 것이다. 물론 이것은 치료 과정의 핵심이다. 심리학에서의 유혹은 "정상적인 의식적 지식의 의미에서 우리가 아는 것과 무관한 무의식은 어떤 것인가?"라고 물어보는 것이다. 마찬가지로, 우리는 "청동의 함량을 알면서 공명기의 강도는 무엇인가?"라고 물을 수 있다. 실험실의 실험과 양자 이론이 여기에 수렴돼서 강도는 청동 함유량을 아는 것에 집중되어 있는 동안은 잘 정의되지 않는다는 것을 말해준다. 단순히 강도(총 변환) 대 청동 함유량(용해)을 결정하기 위해서 상호 배타적인 시험 절차가 필요한 것은 아니다. 그것은 단지 인식론적 한계일 뿐이다. 하지만 이 문제는 인식론적인 것이 아니고 존재론적인 것이다. 말하자면, 측정되거나 측정되지 않은 시스템은 동시에 잘 정의된 보완적 속성을 가지고 있지 않다. 청동 함유량을 측정하는 경우와 같이 잘 지정된 측정 상황에서는 보완적 특성(청동 함유량) 중 하나만 잘 정의된 가치를 갖는 것으로 간주할 수 있다. 다른 특성들(예술과 힘 모두)은 명시되지 않고, 지정할 수 없다. 다시 정리하면, 나는 앞 장의 파동-입자 이원성 논의에서 이 상호 보완성의 원칙을 설명했다.

심리학적인 측면에서, 이것은 무의식적인 내용을 다른 의식의 대상처럼 존재하는 것, 즉 무의식적이면서도 동시에 다른 대상들처럼 객관적으로 알 수 있다고 여기는 것이 잘못되었다고 깨닫는 것과 비슷하다. 양자 대상들처럼 무의식적 내용들은 오히려 행동과 의미에 대한 경향이나 개연성처럼 존재한다. 융은 동시성에 관한 글에서 다음과 같이 말한다. "원형은 평범한 본능적 사건을 유형별로 묘사하고 있는 **정신적 개연성**을 나타낸다. 원형은 전체적인 개연성의 구체적인 정신적 사례이다. ..."[6] (강조는 융이 한 것이다).

그러니 예술적 양식, 청동 함유량, 제조의 강인함의 상호 보완성을 염두에 둔 채 '총가파의 종'으로 돌아가 보자. 예비 시험 결과 공명기들이 항상 짝을 이룬 것처럼 보였지만(한 쌍을 이룬 공명기들이 항상 동일한 시험을 통과하기도 하고 통과하지 못하기도 했지만), 시험들이 지닌 상호 배타적인 특성은 종을 좀 더 자세히 분석하려는 총가파의 욕망을 좌절시켰다. 예를 들어, 상호 보완성은 그가 주어진 공명기의 청동 함유량과 강도를 동시에 아는데 방해가 되었던 것이다. 사실, 위에서 강조했듯이, 하나를 알면 다른 하나의 잘 정의된 가치를 갖지 못하게 한다. 그럼에도 불구하고, 상호 배타적인 시험 조건들이 이런 속성을 동시에 아는 것을 금지하더라도 속성이 동시에 잘 정의된다는 자연스럽지만 부정확한 가정을 가지고 계속 나아가 보자. 이 가정은 우리가 세계에서 시행하는 무의식적인 투사다. 우리가 그렇게 하는 것이 분명하다면, 그것을 드러내놓고 가지고 갈 가치가 있다. 표준 양자역학에 대한 일부 경쟁 이론들도 이런 가정을 만들지만, 여기서 논한 것처럼 최근의 시험들은 저들의 이론들이 유지될 수 없다는 것을 입증했다.

그 종 판매원은 상호 보완성을 해결하거나 피해가기 위해서 다음과 같은 우아한 시험을 제안했다. 절 중앙에 있는 접견실에서 공명기들의 쌍을 이룬 시험 대상자 중 한 사람을 절 맨 오른쪽에 있는 실험실로 보냈다(그림 39 참조). 왼쪽 방에는 종 공명기 한 개가 시험 A(예술적 스타일), B(청동 함유량), C(구조물 강도) 중 하나를 위해서 설치되었다. 어떤 시험을 할 것인지는 무작위로 결정되었고, 시험들은 모두 통과하거나 실패하거나 하였다. 예술 시험에 합격한다는 것은 공명기의 스타일이 티베트 불교 스타일이라는 뜻이고, 청동 시험에 합격한다는 것은 공명기가 모두 청동으로 되어 있다는 뜻이며, 구조물 강도 시험에 합격한다는 것은 공명기가 강하다는 뜻이다. 독립적이고 무작위로 오른쪽 방에서 세 가지 상호 배타적인 통과-실패 시험(A, B 또는 C) 중 하나를 다른 짝을 이룬 종 공명기에 시도하였다.

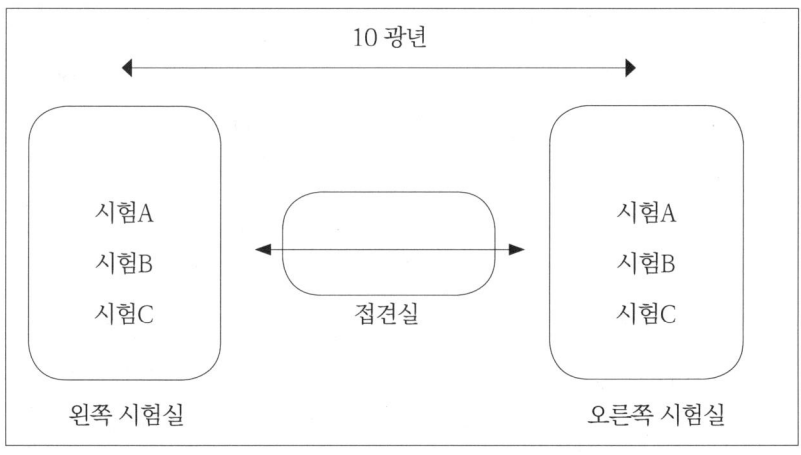

39. 총카파 종 시험

절의 많은 사람들(종 판매원을 포함한)은 주술적인 힘(*siddhi*)을 가지고 있었기 때문에 시험 절차에서 극도의 주의를 기울여야 했다. 부정행위나 결탁을 방지하기 위해, 넓게 분리된 방에서 시험 A,

B 또는 C를 완전히 무작위적이고, 독립적으로 선택하여 시험 선택이나 결과에 대한 정보가 부정행위 계획에 사용되지 못하도록 실험실 사이에 전파되지 않도록 하였다. 물리학자들은 모든 설득력을 동원하여 양측의 상호 작용이 완전히 자유롭다는 것을 보장하기 위해서(어떤 에너지나 정보도 빛의 속도보다 더 빠르게 이동할 수 없다는) 신성시 되어온 지역성 원리를 이용한다. 앞서 초감각적 지각(ESP) 시험대상자들을 격리할 때와 마찬가지로, 우리는 지역성을 사용하여 왼쪽과 오른쪽 실험실을 완전히 격리한다. 예를 들어, 방들 사이가 10광년 떨어져 있고, 시험을 수행하는 데 1초만 허락하며, 시험이 주어지기 불과 1초 전에 독립적이고, 무작위적인 시험 선택이 각 방에서 동시에 일어난다고 상상해 보자. 따라서 왼쪽에 있는 판매원의 조수가 자기편에서 이루어진 시험 선택을 오른쪽에 있는 누군가에게 신호를 보낸다고 해도, 이 정보는 10광년 동안의 여행이 너무 오래 걸려서 부정행위를 준비하는데 사용할 수 없게 될 것이다. 따라서 지역성 원리는 양측 간의 정보 교환이나 영향을 배제한다. 그렇게 두 시험장은 완전히 격리되어 있다. 여기서 나는 지역성이 신비한 힘을 가진다고 가정한다. 어쩌면 아무런 힘도 가지지 않을 수도 있다.

시험들의 상호 보완적 특성 때문에 주어진 공명기들의 쌍은 두 가지 다른 시험만 수행할 수 있다. 예를 들어, 왼쪽의 시험 A와 오른쪽의 시험 B나 왼쪽의 시험 C와 오른쪽의 시험 B와 같은 두 가지 시험만 수행할 수 있는 것이다. 이제 제안된 시험을 위한 종들을 무제한 공급함으로써, 그것들은 이런 상호 배타적인 통과-시험에서 실패를 여러 번 겪고 자료들을 수집한다. 나는 다음과 같은 편리한 표기법을 사용 한다: A-B는 왼쪽에 시험 A(예술적 스타일), B는 오른쪽에 시험 B(청동 함유량), C-B는 왼쪽에 시험 C(구조물 강도), 오른쪽에 시험 B를 두는 것을 나타낸다. 수집된 데이터는 자연스럽게 두 가지 경우로 나뉜다. 사례1 무작위 시험 선택을 통해 왼쪽과 오른쪽의 시험이 동일한 경우(A-A, B-B 또는 C-C)거나 사례2 시험이 다른 경우(A-B, A-C, B-A, C-B)이다. 먼저 사례1의 자료들을 검토하고 다음을 위해서 사례2의 자료를 보관한다.

사례1 자료들: 시험들이 동일한 경우 공명기는 언제나 동일한 예술적 스타일, 청동 함유량, 구조물 강도를 가지고, 이것들은 주어진 모든 시험에서 둘 다 통과하거나 둘 다 실패한다. 예를 들면, 우리는 하나가 청동인데 다른 것은 합금인 경우나 하나는 구조물이 강한데 다른 것은 구조물이 약한 경우를 만나지는 않는다.

공명기가 정말 일치하는 쌍일 경우 사례1 자료들(시험들이 양쪽에서 동일하게 이루어졌을 때)에서 드러난 양쪽 시험 결과의 완벽한 상관관계가 충분히 예상된다. 그러나 어떤 이론적 가정이 없다면 사례1 자료들은 시험이 양쪽에서 다르게 시행되었을 때 우리가 사례2에서 기대할 수 있는 것에 대해서는 어떤 정보도 주지 않는다.

시험에 대한 아인슈타인의 해석

이 단락에서 나는 부록에서 자세히 다룬 것들을 가지고 아인슈타인이 매우 웅변적으로 옹호했던 가정에 기초하여 자료 해석을 전개해보겠다. 물론 아인슈타인이 실제로 이런 해석을 한 적은 없다. 왜냐하면 여기서 기술한 연구는 그가 죽은 지 여러 해가 지난 후에 이루어졌기 때문이다. 그럼에도 불구하고 아인슈타인이 평생 양자역학의 기초에 대해 비판한 것이 벨 부등식 분석에 큰 동기가 되었다고 보는 것은 정확할 것이다. 사실 실험을 위해서 상관된 시스템을 분리하겠다는 생각은 양자역학에 대해서 아인슈타인이 가장 초기에 했던 가장 영향력 있는 비판들 중 하나에서 나왔다.[7] 아주 실제적인 의미에서 아인슈타인의 존재는 양자역학의 기초에 대한 이 모든 논의를 지배하고 있다.

아인슈타인의 양자역학에 대한 초기 비평은 그의 철학적인 문제들에 대한 가장 명확한 공식은 포함하지 않는다. 그의 철학적인 입장에 대한 가장 좋은 진술은 1948년 다이아렉티카(*Dialectica*) 지(誌)에 실린 한 논문에서 따온 것이다. 다음 인용문은 그 문제의 핵심을 훌륭히 말해 준다. 그것은 도널드 하워드(Donald Howard)의 번역과 논평에서 나온 것이다.[8] 아인슈타인은 이 장의 첫 번째 인용문에서 논의된 분리 가능성 주제에 대한 생각을 확장하고 있다.

양자 이론과 무관하게 물리적인 관념의 영역의 특성이 무엇이냐고 묻는다면, 다음 모든 것들 중에서 우리의 주목을 끄는 것은 물리학의 개념들이 실제 외부세계를 가리킨다는 점이다. 즉 물리적인 관념(신체, 장 등)은 인식하는 주체와 무관하게 "실제로 존재" 하는 것들로 되어 있다. 실제로 존재하는 것들은 시공간 연속체로 배열되어 있다고 생각되는 것이 물리학 개념의 특징이다. 더 나아가서, 어떤 특정한 시간에 "공간의 다른 영역"에 있는 각각의 사물들은 서로 독립적으로 자신의 존재를 갖는다고 하는 것이 물리학에 소개된 사물의 배열에 본질적인 것처럼 보인다. 공간적으로 거리가 있는 사물들의 상호 독립적인 존재("그렇게 존재함")에 대한 가정이 없다면, 즉 일상의 사유에 기초한 가정이 없다면, 우리에게 친숙한 의미에서의 물리적 사고는 불가능할 것이다. 이처럼 명료한 분리가 없었다면, 우리는 물리적 법칙들이 어떻게 공식화되고 실험될 수 있었는지 알 수 없었을 것이다. 장이론은 이 원리를 끝까지 몰고 갔다. 그래서 장이론은 기초 법칙과 기본적인 것으로 여기는 서로 독립하여 존재하는 기초적인 사물들을 무한히 작은(4차원) 공간 요소들 안에 위치시킨다.

이 관념은 공간적으로 거리가 있는 사물 A와 B의 상대적 독립성을 견지한다는 특성을 갖는다. 말하자면 A에 대한 외부 영향은 B에 직접적인 영향을 미치지 않는 것이다. 이것은 장이론(field theory)에서만 일관되게 적용되는 "지역적 행동의 원리"라고 알려져 있다.

지역적 행동의 원리는 빛의 속도가 정보나 물리적 효과를 위한 최대 전송 속도라는 생각을 구체화한다. 광속은 유한하기 때문에 "즉각적인 효과"(immediate effect)는 있을 수 없다. 벨 실험(총가파와 존 벨의 실험 모두)은 지역성 원리를 이용하여 양쪽을 격리하고 좌우의 실험 선택이나 결과 사이에 유착이나 부정행위를 방지한다.

이 논의에서 지역성보다 더 중요한 것은 "공간적으로 먼 사물의 상호 독립적인 존재 '그렇게 존재함', 즉 일상의 사유에서 비롯되는 가정"이다. 오늘날 우리는 이것을 아인슈타인 분리가능성(Eeinstein separability)이라고 부른다. 공간 내에서 분리되어 상호 작용이 없는 대상은 고유한 잘 정의된 속성을 지니기 위해서 독립적으로 존재하는 것으로 간주된다. 관계가 성립되는 것은 근본적으로 독립적인 이 존재에 달려 있지만, 관계는 관계자의 "상호 독립적 존재"보다 덜 실재적이고 덜 근본적인 것으로 여겨진다. 아인슈타인은 일상생활에서 이런 가정 없이는 물리학을 할 수 없다고 단호하게 생각한다. 이 장의 첫 번째 인용문은 이 점을 암시한다.

나는 잠깐 확실히 하고 가고 싶다. 아인슈타인은 "일상적인 생각에서 비롯된" 원칙을 공식화하고 있다. 우리는 보통 대상들이 상호 작용하지 않는다면, 그들은 상호 독립적인 존재를 가지고 있다고 생각한다. 이것은 아인슈타인(그리고 우리들 대부분)에게는 너무 명백한 사실이기 때문에 만약 "그렇게 존재함"(being-thus)이 없다면 "우리에게 친숙한 의미에서 물리적 사유는 가능하지 않을 것이다."

이 책의 부록에서, 나는 아인슈타인이 지역성과 독립적 존재로 기술하는 합리적인 가정을 사용하여 각 측면에서 시험의 결과들이 다를 때 공명기 쌍들에 예상되는 상관관계에 대한 일부 한계를 도출한다(사례2). 비록 논쟁은 단순한 계산만으로 이루어질 수 있지만, 그것은 약간의 면밀한 추론을 필요로 한다. 나는 그런 분석을 좋아하는 독자들은 부록을 읽도록 초대한다. 여기서 나는 그 결과들만 인용하겠다. **지역성, 상호 독립적 존재 및 사례1 자료들만을 가정하면, 가능한 모든 종들의 모집단은, 각 면에 주어진 시험들이 다른 경우보다, 적어도 시간이 3분의 1 이상 단축된 동일한 시험 결과를 산출해야 한다(사례2).** 이것이 벨의 부등식이 주는 특별한 해석이다.

40. 알베르트 아인슈타인

이 이론적인 분석을 손에 들고, 절로 돌아가 보자. 거기서 얻어진 사례2 자료들에 따르면, 시험 공명기들은 시험 조합이 다른 경우 정확히 4분의 1의 동일한 결과를 보여준다. 총가파와 그의 보조원들은 많은 공명기들을 면밀히 시험하였기 때문에 그들은 훌륭한 통계를 갖게 되었다. 각 면에 대한 시험들에서 조합이 다른 경우 정확히 시간의 4분의 1이라는 결과를 보여주었다. 이 말은 벨의 부등식이 최소 상관관계가 3분의 1이라는 것을 보여주는 것은 불가능하다는 의미다. 이처럼 벨의 부등식의 실험적 도발은 지역성과 상호 독립적인 존재에 대한 중요한 가정 중 하나나 둘 다 잘못되어야 한다는 것을 뜻한다. 또한 이 계획으로 두 가지 속성을 동시에 신뢰성 있게 측정할 수 없었기 때문에 종 판매원이 결국 상호 보완성을 이길 수 없었다는 것을 보여준다.

공명기 쌍을 상관된 광자의 쌍으로 대체하고 통과-불합격 시험들을 광자의 비행선에 수직으로 무작위로 선택된 편광 측정으로 대체하면, 벨의 부등식을 위반하고 표준 양자역학의 예측을 확인하는 실제 시험이 된다.[9] 상관관계는 거리와 상관이 없다. 왼쪽과 오른쪽의 측정값이 분리되면 더 강해지지도 약해지지도 않는다.

물리학자들은 이 분석이 몇 가지 이유로 설득력이 있다고 생각한다. 첫째, 지역성과 독립적 존재나 아인슈타인 분리가능성의 가정들은 매우 합리적인 가정들이다. 아인슈타인은 "공간적으로 먼 사물의 상호 독립적인 존재('그렇게 존재함')에 대한 이 가정, 즉 일상의 사유에 기초한 가정이 없다면, 우리에게 친숙한 의미에서 물리적 사고는 가능하지 않을 것"이라고까지 말한다. 둘째, 분석의 논리와 수학은 이제 잘 이해되고 나무랄 데가 없다. 셋째, 물리학자들은 다양한 형태로 원래의 우아하고 어려운 시험을 반복하여 동일한 결과를 얻었다. 요컨대, 벨의 부등식을 최소한으로 추론하는 매우 근본적인 원칙으로부터 조심스럽게 도출된 다음 매우 설득력 있는 시험에 의해서 위반되는 것을 반복적으로 보여 왔다.

무엇이 잘못되었는가?

실험 규정과 이론적 분석이 모두 건전하다고 가정할 때, 어떤 가정이 잘못된 것일까? 지역성이 모든 물리학에 만연되어 있어서 지배적인 견해는 지역성을 가정한다. 그러나 특히 양자역학이 이런 가정을 피하고 적절한 상관관계를 정확하게 예측하기 때문에, 분리가능성이나 "상호 독립적 존재"에 대한 요구가 약화되고 있다. 그러므로 나의 우상인 아인슈타인이 이 장을 여는 인용문에서 "하지만 내 생각에, 우리가 반드시 지켜야 할 한 가지 가설은, 시스템 S2의 실제적인 상황은 시스템 S1과 무관하며, 공간적으로 별개라는 것이다"라고 말한 것은 명백히 잘못된 것이다. 우리는 상관관계의 광자들(또는 공명기들)과 같은 대상들이 멀리 떨어져서(심지어 몇 광년!) 수행된 실험들과 무관하게 잘 정의된 성질을 가지고 있다고 가정할 수 없다. 지역성이 유지되기 때문에 좌우 양측 사이의 소통이 빛의 소통보다 빠르다고 생각하는 것도 잘못이다.

반면에, 만약 우리가 지역성에 대한 가정을 완화하고 거리를 둔 상황에서 즉각적인 행동을 허용한다고 해도, 우리는 여전히 "시스템 S2의 실제 상황은 시스템 S1로 수행되는 것과 독립적으로 이루어지며, S1의 상황은 S2의 상황으로부터 공간적으로 분리되어 있다"고 말할 수 없다. 멀리 떨어져 있는 상황에서 즉각적인 행동과 함께 "실제적 상황"이 무의미하지만은 않을지라도, 무한히 먼 무엇인가, 즉 소위 독립적인 존재의 영향을 받기 때문에 매우 모호해진다. 표준 양자역학에서는 빛의 속도보다 더 빠른 초-광속으로 소통하는 독립적으로 존재하는 대상들이 없기 때문에 거리를 두고 이루어지는 즉각적인 행동은 없다. 그럼에도 불구하고 임의로 분리되어 있지만 서로 연관된 광자들의 시스템은 어떤 고전적 시스템의 경우보다 하나의 시스템에 가깝게 작용한다. 고전적인 시스템에서 한쪽 끝에서 다른 쪽 끝으로의 소통은 빛의 속도나 그 이하의 속도에서만 일어날 수 있다. 여기서의 실험은 이런 유형의 소통은 측정된 상관관계를 제공할 수 없음을 보여준다. 우리는 여기서 상상할 수 있는 것보다 더 상호 의존적이고, 더 깊은 관련이 있는 신비한 수준의 상호 연결을 보고 있다.

요약하자면, 탈지역성이나 분리 불가능성은 우리가 자연에게 던지는 침투적 투사를 없애도록 대상들에 대한 우리의 관념을 완전히 개정할 것을 요청하고 있다. 우리는 더 이상 대상을 시공간에서 잘 정의된 영역에 자리를 잡을 수 있도록 독립적으로 존재하는 실체들로 생각할 수 없다. 대상들은 정상적인 거시적 감각 기능에서 주로 정제되고, 추론된 고전 물리학의 관념을 가지고서는 상상도 할 수 없는 방식으로 상호 연결되어 있다. 여기서 말하는 상호 연결은 빛의 속도에 의해 제한되는 고전 물리학의 상호 연결과 다르다는 것을 반복해서 말할 가치가 있다. 이것들은 순간적인 상호 연결들이다. 이런 양자적 상관관계들은 자연이 우리가 희미하게만 이해하는 방식으로 불인과적으로 통일된다는 것을 보여준다. 우리는 고립되고, 독립적으로 존재하는 대상들의 세계를 상상하는 것에 너무 익숙해서 자연에 대한 실험이 우리에게 무엇을 말해주는지 이해하는 것은 매우 어렵다. 그것들은 과학과 철학의 경계를 훨씬 뛰어넘는 분야에 거대한 영향을 미치는, 즉 과학과 철학의 기반에서 패러다임의 변화를 요구하면서 우리에게 진정으로 맞서고 있다. 자연에 대한 이런 관점을 충분히 이해하고 집단적 정신에 침투하기까지는 시간이 걸릴 것이다. 그럼에도 불구하고, 그것은 절대적인 시간과 공간 내에서 서로 인과적으로 작용하는 독립적이고 개별적으로 존재하는 실체들을 견지하는 뉴턴의 세계보다 동시성을 이해하는데 훨씬 더 적합한 세계를 확실히 제공한다.

41. 존 벨

벨(Bell)의 이 분석은 대상 속성에 대한 명확한 값이 아니라 확률만을 가정하는 이론의 복잡성을 다루기 위해 일반화되었다. 나는 그것을 다른 곳에서 다루었다.[10] 현재의 목적을 위해서는 본질적으로 복잡한 것들은 포함시키지 않았다.

이 분석은 정상적인 의미에서 대체 모델을 만들지 않는 순수 부정이기 때문에 일반적이지 않다는 점을 지적하려고 한다. 우리는 명시적으로 대상들의 상호 독립적인 존재인 지역성을 가정하고, 상관관계를 위한 기대를 추론한 다음, 실험적으로 이것들이 틀렸다는 것을 찾아냈다. 이 발견은 우리의 원래 가정을 부정하지만, 그 자리에 있는 어떤 구체적인 것을 대체하지는 않는다. 사실 독립적 존재를 부정하는 것은 독립적으로 존재하는 속성을 포함하여 광범위하게 가능한 모든 설명을 배제한다. 우리는 상관관계를 지닌 대상들이 지역적인 상호 작용을 가지고서는 설명할 수 없는 서로 깊이 의존되어 있고, 상호 연결되어 있으며, 얽혀 있다고 말할 수 있다. 이런 상호 의존성은 그것들의 상대적 독립성보다 그것들의 본질에 대한 더 심오한 진실을 드러낸다. 내가 다음 장에서 보여주겠지만, 중도불교도 부정되는 것의 자리에 새로운 실재로 대체하지 않는 거대한 부정과 관련되어 있다. 만약 이것이 사실이라면, 중도불교는 어떤 대체가 일어나야 한다는 것과 이 부정이 모든 객관적이고 주관적인 실체들에 대한 지고의 진실이라는 것을 명시적으로 부정하고 있는 것이다.

마음과 물질에 대한 우리의 이해를 수정하기

이 책에서 나는 양자역학의 코펜하겐 표준 해석에 대해서 논의해 왔다. 이 표준적 해석은 보어(코펜하겐에 있는 그의 연구소에서 연구를 이끈 사람), 하이젠베르크, 본, 파울리와 그 밖의 다른 사람들이 발전시켰다. 이 표준 해석 내에서도 마음과 양자역학의 관계에 대한 견해는 다양하다. 가장 보수적이고 정통적인 해석은 양자역학의 세세한 부분까지 이해하기 위해서 스스로를 마음의 자극으로부터 세밀하게 거리를 두었던 보어의 해석이다. 그러나 코펜하겐 해석을 공식화 하는 일에 적극적으로 참여했음에도 불구하고 하이젠베르그와 파울리는 물리학에서 마음의 역할을 분명히 언급하고 있다. 양자역학의 철학적 기반을 주제로 한 학회에서 다루었던 문헌과 토론으로 미루어 볼 때, 정통적 해석이 물리학계에서 장악력을 상실하고 있는 것도 분명하다.[11] 이제는 경직되게 정통적 해석을 따르기보다 거기에 경의를 표하고 나서 떠나는 것이 기본적인 자세로 되었다.

양자역학의 발전 초기부터 양자역학의 기초에 어떤 형태의 마음이나 의식을 포함시키려고 시도한 물리학자들이 있었다. 그들은 양자 이론이 마음의 기능에 명시적으로 의지함으로써만 이해될 수 있다고 생각하였다. 그들은 대개 철저하게 변방에 속한 집단으로 여겨졌고, 그 당시 유행하던 유물론적이고 실증적인 사조와는 긍정적인 흐름을 같이하지 않았다. 오늘날에도 여전히 양자역학의 기초에서 그들의 연구에 마음을 통합함으로써 마음-물질의 수수께끼를 풀려고 노력하는 현대 사상가들이 있다.[12] 그들은 일반적으로 양자 이론 안에서 마음을 이해하기 위해 양자역학적인 의식 이론을 세우려고 노력한다.

비록 나는 이런 접근법들에 박수를 보내지만, 나의 접근 방식은 이들의 접근방식과 다르다. 먼저, 나는 현대 물리학이 제공하는 물리적 우주에 대한 현대적 시각에서 영감을 얻고자 한다. 나는 앞선 몇 장에서 논의한 관념들과 같이 거의 보편적으로 합의된 물리학 내에서의 사실들을 사용하고자 한다. 나의 목적을 위해서 양자역학의 일부 해석에서 논란이 많고 아직 충분히 정리되지 않은 마음에 대한 견해들을 따르지 않는 것이 최선이라고 생각한다. 둘째, 나는 심층심리학과 고대 해방 철학에 대한 현대적 이해에서 오는 특별한 마음의 관점을 채택하고 싶다. 이 두 가지 입력으로부터 나는 현대 물리학에서 얻은 관념들과 심층심리학과 동양 철학에서 얻은 관념들을 종합하는 통일된 철학적 관점을 구축할 것이다. 다시 말해서, 나는 양자역학 안에서 마음을 이해하기보다는 통일된 철학적 관점 안에서 마음과 물질 모두에 대한 수정된 관념을 이해하고자 한다.

우리가 어떤 접근법을 취하든, 고대와 현대 모두 사상가들에 의해 제기되고, 동시성 현상에 의해 특별히 날카로운 경험적 형태로 제기된 마음-물질 문제를 해결해야 한다면, 우리는 마음과 물질 둘 다에 대한 우리의 인식에 근본적인 변화가 필요하다. 어떤 결혼에서와 마찬가지로, 두 파트너가 더 큰 연합을 이루기 위해서는 변화가 필요하며, 스스로를 상대방의 현실에 맞게 적응해야 한다. 그래야 그들의 분리된 개체성보다 더 큰 무엇인가가 나타날 수 있다. 앞의 몇 장에서 나는 물질에 대한 우리의 개념의 변화에 초점을 맞췄다. 나는 이런 변화를 은유적으로 말해서 신부라고 간주하였다. 그리고 다음 장들에서는 마음에 대한 우리의 이해가 어떻게 수정되어야 할 것인지 논의할 텐데, 나는 이 수정을 은유적으로 말해 신랑으로 간주하였다.

동시성적 막간 6
현자의 돌

기억할 수 있는 어떤 한 질문이 내 마음속에 계속 반복되어 올라왔다. 나는 누구이며, 무엇인가? 나는 몇 년 동안 심리학과 철학에 관한 연구를 통해서 이 질문을 계속하였고, 이것은 많은 시간 동안 명상의 기반이 되었다.

이 탐구에 사용할 새로운 도구를 찾을 때마다 수수께끼에 대한 다른 시선이 올라온다. 내가 찾은 어떤 대답은 질문자 모두에게 해당되었지만, 어떤 대답은 나의 개인적인 기질에 속하는 것으로 나에게만 해당되었다.

다음 이야기는 나에게만 해당되는 이야기다. 당신은 누군가 나에게 읽으라고 한 책이 누구나 읽을 수 있다는 것을 볼 수 있을 것이다. 그러나 이전에 내가 물었던 물음이 주어졌을 때 나는 구체적으로 책을 골랐고, 당시 나의 필요에 맞는 방식으로, 또 내가 동화할 수 있는 방식으로 내가 던진 질문에 답하고자 하였다.

이번에 소개할 이야기는 내 친구가 하브덴스바니(Havdensvanee), 혹은 이로쿼이(Iroquois)에 있는 세네카 호수의 이름, 곧 가나다세게 리 카르네오 데이(Ganadaseqe li Karneo dei)를 나에게 말해주면서 시작되었다. 그는 나에게 호수의 영혼들이 옛 이름 듣기를 사랑한다고 말했다. 그 이유는 호수의 영혼들이 아무도 옛 이름을 더 이상 말하지 않기 때문이었다. "그 영혼들이 반응하죠"라고 내 친구는 말해주었다.

나는 우리 주변의 살아있는 이름을 믿는 사람이기 때문에 크게 주저하지 않고 호수에 가서 호수의 이름을 부르는 것이 친근한 몸짓이라고 판단했다. 나는 정해진 해수욕장에 자주 드나들었기 때문에 외투와 모자를 쓰고, 나를 찾아온 어머니를 모시고 찬바람이 부는 10월 어느 날 아침 해변으로 향했다.

딸의 괴짜 같은 변덕을 받아들인 어머니는 우리가 해안선을 걸을 때도 한동안 호수의 옛 이름을 외쳤다. 어느 순간 나는 온기가 솟구치는 것을 느꼈다. 나는 잠시 멈추었다가 걷기를 계속했다. 또 다시 멈추었더니 따뜻함이 느껴졌다. 그것은 마치 4~5피트 반경에 있는 것처럼 느껴졌다. 나는 무엇인가를 듣거나 볼 필요가 있다고 느끼면서, 멈추었다. 땅을 내려다보았으며, 발 아래 작은 바위들을 훑어보았을 때, 나를 올려다보고 있는 얼굴을 보았다.

42. 해변의 돌

그것은 눈의 구멍 두개와 작은 콧구멍 두 개가 있고, 입에는 커다란 구멍이 마치 노래를 부르듯 열려 있는 돌이었다. 순간 깊은 만남의 느낌 같은 섬광이 올라왔다.

나는 노래 부르기를 멈추고 매끄러운 돌을 들어 올렸다. 그것은 자두만

한 크기였다. 얼굴에만 구멍이 있는 것이 아니라 머리 위부터 밑바닥까지 등줄기를 타고 내려오며 구멍이 있었다. 따뜻했다.

엄마는 그냥 지켜보고 있었다. 나는 엄마의 마음속 깊은 곳에서 흐르던 트와일라잇 존(Twilight Zone) 테마 음악의 선율을 들을 수 있었다.

내 생각에 영혼들이 반응한 것 같았다. 나는 그 돌을 집으로 가져왔고, 몇 주 동안 그것을 침대 옆에 두었다. 밤에 잠자기 전 나

43. 노래하는 돌

는 "무슨 노래를 들을까?"라고 묻곤 했다. 귀를 기울였지만 대답이 없었다.

형부가 어느 날 밤에 와서 그 돌을 보고는 들어 올렸다. "재미있군" 하며 그가 말했다. 그는 그것을 입술에 대고 구멍들 중 하나에 숨을 불어 넣었다. 공기 소리가 들렸다. 갑자기 큰 휘파람 소리가 났다. 오카리나처럼, 우리는 그 돌을 연주하여 8가지의 다른 맑은 음색을 만들어 냈다. 우리는 그것을 "노래하는 돌"이라고 이름 지었다. 무엇을 배워야 하는지, 어떤 노래를 들어야 하는지 나는 돌에게 계속 물었다.

어느 날 밤 늦게 나는 그 대답을 알게 되었다. 그날 밤 나는 철학 수업을 듣고 밤 11시 30분쯤 집에 도착했다. 공기는 맑고, 날씨는 추운 아름다운 별이 빛나는 밤이었다. 나는 밖에서 밤하늘을 바라보며 시간을 보내고 있었는데, 그 순간 방에 들어가서 책을 보아야겠다고 생각했다. 책장에서 두 권의 책에 마음이 끌렸다. 하나는 아메리카 원주민의 이야기 책이고 다른 하나는 힌두교의 현자인 라마나 마하르시(Romana Maharshi)가 쓴 이야기 책이었다.

나는 첫 번째 책을 펼쳤는데, 내 눈에 "노래하는 돌의 이야기"라고 쓰여

있는 글씨가 들어왔다. 오한이 내 몸을 엄습했다. 나는 앉아서 책을 읽었다. 그것은 '노래하는 돌'을 찾는 젊은 여성의 이야기였는데, 그 돌을 발견한 사람에게는 그 돌이 마법으로 여겨졌었다. 그 이야기는 그것을 찾는 네 가지 방향으로 향했던 그녀의 모험을 묘사하고 있었다. 결과는 이랬다. 그녀는 결국 아래에 있는 가족과 함께 허세를 부린다. 그들이 위를 올려다보았다. 그 순간 그녀는 가족들이 팔을 내 밀며 "노래하는 돌의 집에 오신 것을 환영합니다"라고 말하는 것을 보았다.

그녀가 노래하는 돌이었다. 노래하는 돌은 그녀 자신이었다.

이 책은 이 이야기를 계속해서 "나는 누구인가?"라는 질문을 다루는 것으로 해석했다.

그때 나는 어쩔 수 없이 가서 두 번째 책을 집어야 한다고 느꼈다. 나는 책을 집어 열었다. 책의 장 제목에는 "내가 누구지?"라고 쓰여 있었다. 또 다른 오한이 내 몸에 엄습하였다. 하지만 이번에는 어떤 경건함을 동반하고 있었다.

돌이 나에게 대답해 주었고, 이것이 바로 그 노래였다.

기쁨이 마음속에 차올랐다. 나는 그 장의 모든 단어 하나하나를 아주 흥미롭게 읽었다.

본문에서 라마나 마하리시는 우리의 참된 본성인 순수한 자기나 침묵과 접촉할 수 있는 방법들을 제시했다. 그는 "나"와 인식 이 두 대상 모두의 기저를 이루는 우리의 사유들 사이의 구분에 대해서 자세하게 설명하였다. 나는 순수 자기나 침묵에 어떻게 다가갈 것인가에 대한 제안들을 내 연구의 다음 단계로 삼았다.

이런 예는 아주 특별한 것으로 여성이 강렬하게 '내가 누구냐'는 질문에 관심하고, 호수를 향해서 노래하며, 노래하는 돌에게 애원하는 것 같았다. 하지만 사실 모든 중요한 동시성적 경험들은 강렬한 감정의 바다로부터 원형적 강박과 환상으로부터 일어난다. 이런 맥락에서 융은 동시성적 경험들을 원형과 연관시켰다. 융은 다음과 같이 말한다.

원형들은 무의식적 정신 과정의 조직화를 이루는 형식적 요소들이다. 말하자면 원형들은 "행동의 유형들"이다. 동시에 원형들은 "특별한 힘"을 가지고 있어서 스스로를 정서라고 표현하는 신비로운 결과를 만들어낸다. 왜냐하면 비록 그 정서가 특정 내용을 인지로 헤아릴 수 없는 광도로 상승시키는데, 그것은 어둡게 되어 결국은 무의식이 된 의식의 다른 내용들로부터 많은 에너지를 철수함으로써 그렇게 하기 때문이다. 정서가 지속되는 한 발생하는 의식의 제한 때문에 그에 상응하는 방향의 저하는 무의식이 공허한 공간으로 미끄러질 수 있는 좋은 기회를 제공한다. 따라서 우리는 예상치 못하거나 다른 방법으로 억제된 무의식적인 내용물이 돌파구를 얻어 그 정서에서 표현을 찾는 것을 정기적으로 발견한다. 이 내용들은 종종 열등하거나 원시적인 성질의 것이어서 그들의 원형적 기원을 배반한다. 내가 더 자세히 보여주겠지만, 동시 발생이나 동시성의 어떤 현상들은 원형과 결부되어 있는 것처럼 보인다.[11]

세계 내에서 가장 흔하고 어디서나 볼 수 있는 돌들로부터 우리는 지구에 드러난 신성이나 물질 안에 있는 영(靈)인 자기의 전통적인 상징을 발견한다. 이 상징은 주인의 숨소리, 즉 영감을 가할 때 노래할 수 있는 사람의 얼굴이 담겨 있기 때문에 더욱 설득력이 있다. "노래하는 돌"의 사진을 곁들여 보면 그것이 얼마나 표현력이 강한 얼굴로 보이는지 알 수 있다. 그 돌이 발견된 해변을 살펴본 결과, 호수 해안가에 있는 수많은 돌들 중에서 그 작은 돌을 골라내는 것이 얼마나 어려운지 알 수 있었다. 돌이 담고 있는 인간의 모습과 발견을 둘러싼 사건들은 이 돌이 어떻게 자기의 원형을 보여주는 매력적인 운반체인지 쉽게 이해할 수 있게 한다. 여기서 우리는 내적 영역과 외적 영역 모두에서 드러나는 비인과적 의미의 예를 만난다. 예컨대 비인과적 의미를 깨달은 사람은 개성화를 향한 길로 옮겨가게 된다. 이 더 큰 의미를 만나는 것은 언제나 신비한 깨달음의 경험이다. 폰 프란츠의 말처럼, "동시성적 사건은 '우주적' 또는 '더 큰' 의미가 개인에게 점차 의식되는 순간을 구성한다. 일반적으로 이 순간은 기반이 흔들리는 경험이다."¹² 그렇지 않으면 기반이 "흔들릴 때", 그 흔들림을 경험하는 사람은 종교적인 몰입으로 안내된다. 위의 여자의 말처럼 "나는 선물을 받았다." 또는 진 시노다 볼렌(Jean Shinoda Bolen)의 말처럼, "동시성적 경험을 할 때마다 나는 그것과 더불어 어떤 은총이 동반되는 느낌을 받는다."¹³

철학에 이르는 다리

   동시성에 대한 정의를 명확히 하고, 그 주요 의미와 과학적 과제에 대해 논의했으므로 이제 동시성에 대한 철학적 모델을 구축할 시점이 되었다. 동시성이 자연스럽게 받아들여지고, 이해될 수 있는 합리적인 세계관이 있는가? 그런 세계관에서는 정신의 역할이 무엇이며, 그것이 외부세계, 곧 물질과 어떤 관계에 있는가? 동시성에서 핵심적인 의미의 측면은 이 두 가지 원칙들과 어떻게 관계되어 있는가? 나는 의미, 비인과론, 시공, 그리고 마음과 물질의 연합이라는 친숙한 네 가지 주제로 돌아가서 이 질문들에 대해서 답하려고 한다. 이어지는 마지막 여섯 장에서 나는 한 쪽에 심층심리학과 현대 물리학, 다른 쪽에는 합리적으로 동시성을 수용하는 철학적 관점을 놓고 이 둘 사이의 교량을 세워보려고 한다.

   철학에 이르는 다리를 건널 때, 우리는 두 가지 주요 관념을 만나게 된다. 하나는 엄청난 부인(denial)이나 부정(negation)이고, 다른 하나는 엄청난 긍정(affirmation)이다. 공(空, emptiness)의 원리인 북방 불교의 철학적 중심은 주관적이든 객관적이든 모든 것이 독립적으로 분리되어, 본래적으로 존재한다는 것을 부인한다. 사물은 관습적으로 존재하고, 우리에게 도움과 해를 가져다주기 위해 기능하지 않는다는 것이다. 오히려 사물은 우리가 잘못 생각하듯이 독립적으로나 본질적으로 존재하지 않는다. 이 공의 원리는 내가 어느 정도 상세히 검토한 바에 따르면 우리가 간접적으로 물리적 세계로부터 우리를 지켜주고 동시성을 인식하기 어렵게 한다고 생각하는 분리의 장벽을 파괴하려고 시도한다.

나는 이 책에서 철학적 내용을 다룬 10장의 "중도불교의 구조"에서 공을 논하였다. 이런 공의 급진적인 원리는 방금 논한 물리학과 매우 밀접한 관계를 가지고 있다. 우리가 살펴 보겠지만, 공은 벨의 부등식 분석에서 만나게 된 상호 독립적 존재에 대한 부인을 일반화한 것이다. 서구인들의 귀에 양식화되고, 어리둥절하게 들리는 주장에 크게 의존하는 기존의 공에 대한 표현과 달리, 나는 전통적인 변증법적 주장을 강조하지 않고 공의 철학적, 심리학적, 윤리적 요구를 제시할 것이다.

44. 철학에 이르는 다리

11장 "중도 공(空)의 적용들"에서 나는 공을 심리학과 물리학 모두에 적용한다. 나는 공이 우리가 개성화의 여정에서 만나는 어떤 함정들을 피하도록 도울 수 있다는 것을 보여준다. 또한 이 견해는 현대 물리학에서 많은 관념들을 이해할 수 있는 광범위한, 근본적으로 데카르트의 이원론과는 다른 철학적 틀을 제공한다. 그러나 독립적이거나 분리된 존재에 대한 현대 철학의 부인은 이전의 물리적 분석과 마찬가지로 동시성에 대한 긍정적인 설명보다는 분리적이거나 내재적인 존재에 대한 우리의 잘못된 신념에 대한 해독제가 된다.

이 거대한 부인(否認)과 공(空)을 논한 다음, 나는 계속해서 똑같이 거대한 긍정, 즉 우리가 경험하는 모든 것은 우리 개개인의 마음속에 있는 생각들이라고 주장하는 특정한 관념론의 형태인 유심론(mentalism)에 대해서 말하려고 한다. 아주 간략하게 말해서 유심론은 산이든 미생물이든 대부분의 경험조차 그 안에 있는 사고 복합체로서의 경험 자아를 동시에 펼쳐 놓는 더 큰 마음속의 사유들이라고 선언한다. 유심론을 이해하려면 우리의 정신관이 크게 확장되어야 한다. 이런 확장된 마음의 비전만이 앞에서 논의한 물질에 대한 양자적 관점과 통합할 수 있는 가능성을 허용한다. 우리가 보게 될 것처럼, 공과 유심론 사이에는 밀접한 관계가 존재한다. 그러나 유심론의 통일된 세계관은 동시성을 이해할 수 있는 훨씬 풍부한 기회를 포함하고 있다.

동시성을 이해하는 철학 모델은 "심리학적 입장: 덕과 악"이란 제목의 12장에서 시작된다. 여기서 나는 융이 '심리학적 관점'이라고 했던 내용을 살펴본다. 이것을 이해하면 그의 입장을 심리학적으로 비판할 수 있지만, 그보다 더 중요한 것은 유심론에 좋은 출발점을 얻게 된다는 점이다. 여러 수수께끼들이 유심론에 의해서 해결되고 심화된다. 이 중 일부는 13장 "동시성을 위한 철학적 모델"에서 답하고 있는데, 이 모델은 이 책에 소개된 동시성의 예들에서 볼 수 있는 의미, 비인과론, 시공 초월, 연합을 설명하는 모델을 제시한다.

14장 "조화를 이루고 불화를 드러내기"에서 나는 융이 아프리카에서 겪은 유명한 경험을 책에 담긴 많은 관념들을 통합하는 도구로 해석한다. 융 심리학의 이론과 실천과 여기에 제시된 해방 철학 사이에는 어느 정도의 긴장과 불화가 존재한다. 나는 이 불화를 탐색하고 비록 관점들 사이에 약간의 긴장감이 남아있지만 조화를 이룰 수 있는 몇 가지 방법을 제안한다.

이 책은 15장 "동시성과 개성화"로 마무리되는데, 여기서 나는 동시성과 개성화의 관계를 이해하는 데 주요 주제를 적용하였다. 또한 동시성 경험 해석의 어려움에 대한 주의 사항도 포함시켰다.

제10장
중도불교의 구조

> 불교 사상에 대한 과학계의 관심이 높아지고 있다. 나는 앞으로 수십 년 동안 물질적 측면과 정신적 관점 모두에서 우리의 세계관에 큰 변화가 있을 것이라고 낙관한다.
>
> — 14대 달라이 라마[1]

왕자의 위기

불교의 기원에 대해서 전해진 이야기에 따르면, 한때 헌신적인 아내를 둔 왕자가 있었다고 한다. 그러나 그에 대한 그녀의 불안감은 몇 주 동안 계속 커져만 갔다. 외견상 그는 변함없이 사랑스러웠다. 그는 정말로 그들의 새 아들을 기뻐했다. 그럼에도 불구하고, 그는 궁중생활의 사치, 그의 시간을 항상 그렇게 많이 차지했던 세련된 즐거움에는 전혀 즐거움을 느끼지 않았다. 왕국을 통치하려는 그의 관심은 사라졌다. 그의 아름다운 아내는 그가 인근 마을을 방문하고 돌아온 다음, 산만한 모습, 어두운 그림자가 점점 더 빈번하게 그를 괴롭히는 것을 처음 알아차렸다. 왕은 그가 그곳에 가는 것을 단념시키려 했고, 그에게 질박한 촌마을은 별 관심이 생기지 않을 것이라고 말했다. 궁중의 소문을 통해, 그녀는 왕자가 마을을 방문할 때마다 왕이 신하들에게 먼저 모든 거지, 병든 사람, 노인들을 쫓아내게 했다는 것을 알게 되었다.

수년 전 왕자가 어른이 되어 놀라운 재능을 발휘했을 때, 왕은 아들이 태어났을 때 내린 예언들을 확신하게 되었다. 예언에 의하면 그는 위대한 종교 지도자나 세계의 정복자가 될 것이라고 하였다. 왕은 민감한 왕자를 잔인한 삶의 현실로부터 보호하기 위해 노력을 아끼지 않았다. 이유는 그가 삶의 현실을 경험하게 된다면 그것이 그를 종교로 몰아넣을 것이라고 생각했기 때문이었다. 왕은 그의 아들이 위대한 통치자가 되도록 단장하고, 그의 총명함을 그들의 왕국을 건설하는 데 사용하도록 하게 하였다.

하지만, 마을을 방문한 이후, 왕자는 점점 더 삶의 현실로부터 물러났다. 그는 여느 때처럼 온순했지만, 그의 아내는 그의 무거운 마음을 알아채지 않을 수 없었다. 그녀는 그를 미소 짓게 하는 것이 거의 불가능하다는 것을 알았다. 그의 전염성 있는 웃음소리는 종종 궁전의 홀에 울려 퍼졌던 아주 오래전 기억일 뿐이었다. 어느 늦은 밤, 그녀는 눈물을 글썽이며 그에게 무엇이 그를 괴롭히는지 말해 달라고 간청했다. 그는 마을을 탐험하면서 왕의 노력에도 불구하고 정말로 한심하고, 늙고, 병들어 죽어가는 사람들을 보았다고 고백했다. 물론 그는 어렸을 때 사람이 지구에 머무는 것이 유한하다는 것을 이해했지만, 죽어가는 사람의 눈을 바라보며 우리 모두가 얼마나 우리 자신의 죽음의 확실성, 늙고 약해지고 고통에 시달릴지, 우리가 사랑하는 모든 것, 우리가 쌓아온 모든 것들로부터 멀어질지를 깨달았다. 가족에게 사랑받고, 왕국의 존경을 받는, 특권을 선물로 받은 왕의 아들인 그도 언젠가는 그가 태어난 날보다 더 무력하게 이 모든 것을 남겨두고 떠날 수밖에 없을 것이다. 이 깨달음은 그를 의심과 절망의 나락으로 몰아넣었다.

이 잔인한 현실의 의미는 무엇일까? 그는 이해해야 했다. 나중에 같은 마을을 다시 방문했을 때, 오늘날 우리가 말하는 지혜와 평온한 분위기를 가진 떠돌이 성자 사두(shadu)를 만났다. 사두는 모든 것을 포기하고 숲 속에서 명상과 무집착의 금욕적인 삶을 살아야 답을 찾을 수 있다고 말하였다. 아내와 가족, 그리고 궁중생활의 즐거움에 대한 큰 사랑에도 불구하고, 그는 우리에게 부과된 이 무자비한 속임수의 의미를 발견하기 위해 떠나야 했다. 그는 가족의 고통을 초래하는 것을 싫어했지만, 이해하고 싶은 욕구가 밀폐된 궁중 낙원으로부터 그를 몰아냈다.

그는 숲에서 요가, 명상, 금욕적 삶에 몰두하였다. 그는 뛰어난 훈련생으로서 곧 처음 만났던 선생을 능가하여 다른 선생들로 옮겨갔다. 여러 해가 지났는데도 그는 여전히 그의 질문에 완전한 답을 찾지 못했다. 그는 단식과 명상에 대한 노력을 두 배로 늘려서 거의 죽을 지경에 이르렀다. 그러다가 그는 무리한 금욕이 해답이 아니라는 것을 깨닫고, 힘을 되찾기 위해 약간의 식량을 챙겼다. 그러자 그가 끌어들인 몇 안 되는 제자들은 그가 정신이 해이해졌다고 생각하고 그를 배척했다. 그는 그들을 개의치 않고 마음속으로 깊이 빠져들어 갔다. 그는 천한 본성(욕망)과의 거대한 투쟁 후에, 무지와 고통의 속박에서 해방된, 모든 대극들의 완전한 초월인 무아적 존재 상태에 이르렀다. 싯다르타 고타마 왕자는 인도의 긴 영적 거인들 가운데 거인인 완전한 깨달음에 이른 부처로 변모했다. 종교계는 2500년 전 그의 깨달음에서 아직도 지진을 느끼고 있다.

그의 경험과 40년 동안의 가르침을 통해서, 그를 헌신적으로 따르는 집단이 형성되었다. 4세기 동안의 구전 전통 후에 그들은 그의 메시지를 팔리 경전으로 옮겨 썼고, 이것은 다양한 글들로 더욱 발전하였다. 불교는 아시아 전역으로 발달, 분열, 이주하여 이식된 것들이 각각 새로운 색채를 띠며, 새로운 것들을 강조하였지만, 여전히 원래의 정신적 충동을 유지하고 있다. 북인도에서 티벳, 중국, 일본, 버마, 태국, 그리고 남부의 다른 지역으로 이주했다. 20세기 들어서는 심지어 서부로 옮겨가기도 했다. 불교의 발달과 변혁은 학파, 종파, 전통의 호화로운 행렬로 이어졌다. 각각은 왕자의 독창적인 영적 돌파구의 창조적 발전, 활성화, 그리고 풍요를 제공했다.

고타마 왕자의 삶은 신화 속에 싸여 있다. 그가 전한 모든 교훈들은 남아 있지만 역사적으로 확실한 것은 거의 없다. 그의 여정을 기술한 나의 상상력으로 가득 찬 묘사를 문자 그대로 받아들여서는 안 된다. 정말 중요한 것은 불교의 이론과 실천이다. 이제 방향을 바꾸어 거기로 향해보자.

사성제와 덧없음

부처의 깨달음 체험과 40년 동안의 가르침은 매우 다양한 주석과 해석을 낳았다. 원래의 정신적 충동에서 발전한 각 학파는 그 나름대로의 관점을 가지고 있다. 모든 불교 종파에서 널리 합의된 교리적인 요소만을 다루는 토론은 피상적일 수 있다. 그래서 나는 북방학파, 특히 중도와 유심 불교에 대해 토론할 것이다. 이 장에서는 중도에 속하는 불교로 제한하겠다(실제로는 중도불교 내에 있는 귀결학파[Consequence School]로 제한한다). 오늘날 중도불교는 양자물리학과 동시성 둘 다와 연결된다. 나는 앞으로 2장에 걸쳐서 중도학파에서 발전한 유심학파에 대해서 몇 가지 언급을 할 것이다. 어떤 의미에서, 나의 전개는 이 두 학파의 역사적 발전을 반영한 것이다.

결국 불교 안에 개별 학파들이 자기들의 이름을 가지게 되었음에도 불구하고, 모든 지류는 2,500년 전 왕자의 우주적 비전에서 생긴 두 가지 핵심 교리인 사성제(the Four Noble Truths)와 덧없음의 원리(the principle of impermanence)를 숭상한다고 보는 것이 맞다. 요약하면 사성제는 다음과 같다.

1. 고통은 모든 경험을 특징 짓거나 질식시킨다(苦諦).
2. 욕망이나 갈애가 고통을 유발한다(集諦).
3. 모든 고통으로부터 영원한 자유가 가능하다(滅諦).
4. 부처가 가르친 지적 이해와 명상의 길은 우리를 고통으로부터 영원히 해방시킬 수 있다(道諦).

사성제는 두 가지 원인과 결과로 이루어져 있다. 첫째, 욕망은 고통을 유발한다. 둘째, 부처의 지혜와 방법론은 고통의 영구적인 소멸을 가져온다.

사성제를 개별적으로 논하기 전에 불교는 분명히 교조적이지 않다는 점에 주목할 필요가 있다. 부처와 현재의 달라이 라마 같은 현대 스승들은 우리가 불교의 어떤 측면도 단지 어떤 권위가 그것을 옹호했다고

45. 17세기 중국 붓다

해서 믿는 것이 아니라, 그것이 우리의 이해와 경험과 일치할 때만 믿는다고 강조한다. 달라이 라마는 더 나아가 과학적 분석이 불교의 핵심 입장을 설득력 있게 반박한다면 불교는 자신의 견해를 포기해야 한다고 말한다. 예를 들어, "불교도들은 윤회를 믿는다. 그러나 과학이 다양한 조사 수단을 통해 언젠가 윤회가 없다는 명확한 결론을 내린다고 가정해보자. 만약 이것이 확실히 증명된다면, 우리는 그것을 받아들여야 하고, 그것을 받아들일 것이다. 이것이 불교의 일반적인 생각이다."[2] 그런 태도는 현대 서양인들에게 분명히 매력적이다. 그럼에도 불구하고 달라이 라마는 과학의 한계, 특히 도덕적, 정신적 문제를 다룰 때 과학이 가지는 한계를 인식하고 있다. 불교의 독단적이지 않는 정신을 가지고 사성제를 살펴보자.

내가 처음 불교를 공부했을 때, 그것은 고통에 중점을 둔 우울한 신조처럼 보였다. 우리가 젊고, 건강하고, 약속으로 가득하고, 사랑에 빠졌을 때, 고통은 모든 경험을 특징 짓는다고 상상하기 어렵다.

소박하고 복잡한 여러 가지 즐거움에는 너무 많은 기쁨이 있는 것 같다. 그럼에도 불구하고, 작은 성찰은 가장 기쁜 경험조차 일시적인 것이고, 어떤 형태의 실망과 성취를 요구하는 새로운 욕망이 뒤따른다는 것을 보여준다. 그렇다. 불교도들은 세계의 매력과 즐거움이 명백하다는 것에 동의한다. 그러나 그들은 이런 쾌락들이 단지 흘러가는 만족만 줄 뿐이라고 주장하는데, 그것은 필연적으로 빠르게 이어지는 불만족과 욕망으로 인해서 우리로 하여금 지속적인 행복을 향한 무의미한 탐색으로 나아가게 한다고 주장한다. 그들은 가장 큰 기쁨조차 고통의 씨앗을 담고 있다고 강조한다. 깊이 성찰하는 많은 사람들은 이것을 깨달았다. 예를 들어, 주세페 베르디의 영광스러운 오페라 "라 트라비아타"(La Traviata)에서 황홀경에 빠진 연인들은 사랑 속에는 십자가를 지는 것 같은 고통과 행복을 가져다주는 즐거움 모두가 들어있다고 반복적으로 "크로체 에 델리치아"(Croce e delizia)를 노래한다. 그 안에 아무런 어려움이 없는 것 같은 사랑하는 관계에서도 우리가 필사적으로 숨기려는 현실, 즉 모든 것이 끝날 수밖에 없다는 현실이 다가오는 것을 직시해야 한다. 그런 달콤한 욕망에서 시작된 따뜻한 부드러움, 애정, 자애는 차가운 죽음에 의해서 우리 곁에서 모두 멀어지게 될 것이다.

 이것은 침울하고, 병적이며, 우울하지 않은가? 그러나 놀라운 것은 높은 티베트 라마에서부터 햇병아리 같은 중국 여승에 이르기까지 내가 알고 공부한 불교 신자들은 상상할 수 있는 한 가장 명랑하고 긍정적인 집단이라는 점이다. 아마도 고통과 덧없음의 진리를 이해한 것이 그들로 하여금 진정으로 긍정적인 태도로 삶을 직면할 수 있게 했을 것이다.

 물론 심리학적인 관점에서 볼 때 사성제의 둘째인 집체에서 우리의 욕망은 고통을 일으킬 뿐만 아니라 우리를 삶 속으로 끌어들인다. 욕망은 우리가 우리 자신을 정의하고, 우리의 독특한 재능을 발전시키고, 창조적인 개인이 되도록 도와준다. 그러나 부처는 개성화의 과정에는 관심이 없다. 그의 통찰력은 모든 심리학적인 발전은 끝이 없고, 궁극적으로 만족스럽지 못하다는 것이다. 융 자신은 종종 무의식의 내용은 고갈될 수 없이 무궁무진하다고 생각하였다. 우리가 하나의 투사나 콤플렉스를 통과하면 그것으로 끝나지 않고 즉시 다른 것과 직면한다는 것이다. 심리적 발전 자체로는 결코 우리의 욕망과 욕망으로부터의 고통을 없앨 수 없다. 부처는 모든 고통의 완전하고 영구적인 초월을 추구한다. 살아 있는 동안 모든 대극의 놀이로부터 자유한 것이다. 사성제의 셋째인 멸체는 이처럼 영구적인 초인적인 상태가 가능하다고 주장한다.

사성제에서 선포된 이 영원한 자유와는 대조적으로 불교는 우리 자신을 포함한 세상의 모든 것의 덧없음을 강조한다. 깨달음(enlightenment, 覺)을 제외한 덧없음(impermanence)이나 순간성(mo-mentariness), 모든 사물의 지속적인 변화와 모든 사물에 있어서 고정되거나 안정된 본성의 결여가 불교 교리의 중심이다. 우리가 보게 되겠지만, 이 중심 교리는 공(空)의 원리로부터 흘러나온다. 지금으로서는 이 보편적인 덧없음이나 순간성이 선한 불교도들의 마음속에 계속 간직되어 있다는 것을 충분히 알 수 있다. 그들은 직접 덧없음을 마주하면서 그들의 깨달음을 통해서 외면적인 것을 돌파하여 불교의 길을 실천하는 곳으로 나아간다. 예를 들어, 중도불교의 지칠 줄 모르는 대변인인 달라이 라마는 다음과 같이 말한다.

우리가 죽으면, 우리 몸은 모든 힘을 잃게 된다. 소유물, 권력, 명성, 그리고 친구들은 모두 우리와 동행할 수 없다. 나를 예로 들어보자. 많은 티베트인들은 나에게 큰 믿음을 주고 내가 요구하는 것은 무엇이든 할 것이다. 그러나 내가 죽으면 나는 혼자 죽어야 한다. 그들 가운데 한 사람도 나와 동행할 수 없을 것이다. 한 사람이 가지고 가는 것은 영적인 방법에 대한 지식과 한 사람의 인생 행위의 업(業, karma)의 각인뿐이다. 평생 정신적인 방법을 실천하고, 죽음에 대한 마음의 준비를 하는 명상적인 기술을 배웠다면, 그 사람은 확신을 유지한 채, 죽음에서 일어나는 경험들을 효과적이고 두려움 없이 다룰 수 있을 것이다.³

불교의 큰 나무의 가지마다 부처의 지적인 이해와 명상, 그의 지혜와 방법이 우리를 모든 고통에서 해방시킬 수 있음을 알리는 사성제에 대한 해석을 조금씩 다르게 한다. 달리 말하면, 달라이 라마가 언급한 '영적 방법'과 '명상 기법'이 학파마다 다르다는 얘기다. 나는 중도학파의 견해에 초점을 맞출 것이다. 그들은 위대한 치료자이며, 깨달음을 얻은 부처가 공이라고 알려진 약으로 우리 병을 치료할 수 있으며, 이것은 철학적 이해와 명상과 중생에 대한 자비의 보편적인 연민의 실천을 요구한다고 주장한다.

46. 달라이 라마

실체와 중도 공의 화살

숲이 우거진 외딴 지역을 지나던 한 남자가 화살을 맞는다. 그는 땅바닥에 쓰러지고 심하게 고통과 공포에 질려서 곧 죽을 것을 예감한다. 자비하신 보살(Bodhisattiva)께서 그에게 다가가 즉시 도움을 준다. 보살은 희생자가 살아남으려면 즉시 화살을 제거해야 한다는 것을 안다. 화살을 제거하는 과정은 화살이 그 남자의 가슴에 깊이 박혀있어서 고통스러운 과정으로부터 시작된다. 보살이 화살을 뽑기 시작하자 화살을 맞은 이가 그에게 묻는다. "친구여, 누가

10. 중도불교의 구조 · 233

화살을 쏘았는가? 왜 쏘았는가? 그것은 어떤 종류의 화살인가? 화살이 어떻게 장식이 되었는가? 화살이 어떤 방향에서 왔는가?" 화살을 맞은 이는 치명적인 화살을 제거해서 그의 생명을 건지려고 하기보다 화살과 화살이 날아온 것에 관심을 가진 것처럼 보였다. 그의 계속된 질문 때문에 그는 고통스럽게 죽을 수밖에 없었다.

팔리 정경의 전통적인 불교 이야기를 내가 윤색해서 이야기 한 것은 인간의 곤경과 철학적인 토론에 대한 그들의 태도를 불교의 시각으로 보여주기 위한 것이었다. 그들은 치명적인 화살이 우리 각자에게 명중했고, 우리는 계속해서 고통스럽게 죽어가고 있다고 주장한다. 첫 번째 과제는 화살을 제거하는 것이지, 치명적이고 정신적인 여담이나 자기 과시 속으로 들어가 돌리는 것이 아니다. 철학적 분석은 우리를 고통에서 해방시켜 주는 한 불교도들에게 진정한 가치가 될 수 있다. 이 정신으로 화살을 간략하게 묘사한 뒤(이 화살을 제거하기 위해서는 먼저 화살을 식별해야 한다) 중도불교에서 가르치는 화살 제거 기법에 대해 논하겠다.

중도불교에서 공(emptiness)은 결코 존재할 수 없는 특정한 존재인 실체에 대한 부인이다. 그런데 실체에 대한 우리의 잘못된 이 믿음이 우리 모두에게 박혀서 우리를 죽이는 살육의 화살이다. 그래서 중도 분석은 먼저 실체라는 이 화살을 신중하게 식별해야 한다. 만약 우리가 너무 광범위하게 실체를 정의한다면, 허무주의가 따라오게 되고, 다음에는 무(無)가 존재하게 된다. 반면에, 우리가 그것을 너무 좁게 정의하면, 엘리트주의가 따라오게 되고, 그러면 불교의 덧없음의 교리가 강하게 부정하는 어떤 것 곧 사람과 대상이 영원한 본성을 지니게 된다. 그러므로 우리는 "중도"가 극악무도한 철학적 범죄로 간주하는 이 두 극단을 조심스럽게 피해야 한다. 중도는 양 극단의 혼합이 아니라 두 극단의 철저한 반박이다.

중도불교도들은 공의 교리에 완전히 동화되는 것이 윤회의 고통, 즉 시작도 없고 피할 수도 없는 출생, 노화, 고통, 죽음의 순환으로부터 우리를 해방시킨다고 주장한다. 완전한 깨달음을 얻은 부처의 고양된 조건은 우리가 모든 대극의 쌍들을 초월한다는 것을 의미한다. 윤회와 해탈은 다르지 않다. 공에 완전히 동화되는 것은 무지에 싸인 자기중심적인 개인에서 완전한 깨우침을 얻은 부처, 곧 지혜와 자비의 구현으로 우리를 변화시킨다. 드디어 철학적 만병통치약에 이르렀다! 더구나 이 장이 보여주기를 바라는 것처럼 공에 대한 기본적인 논의는 이해하기 어렵지 않다. 그러면 당신은 "어찌하여 이 세상에 깨달은 부처가 그렇게 많지 않은가?" 하고 물어 볼 수 있다. 문제는 "완전히 동화됨"이 무엇을 의미하는지 이해하는 데 있다. 비록 약간의 노력으로 지적으로 공을 이해하는 것은 가능하지만, 그렇다고 해서 화살을 제거하고 불성에 이른 것은 아니다. 공을 깊이 이해하거나 공에 완전히 동화되는 것은 우리 존재의 모든 수준에서 거대한 변화를 요청한다. 끈질긴 철학적 추론은 똑같이 엄격한 명상으로 보완되어야 하며 보편적인 자비를 실천하는 데 필요한 거대한 윤리적 변화, 즉 모든 지각 있는 존재의 해방을 위한 열망과 결합되어야 한다. 이상적인 것은 주로 타인의 고통을 없애기 위해 해방을 추구하는 자비의 존재인 보살이다. 보살은 자기-만족에 앞서 이타적인 섬김을 추구한다. 공은 소원을 성취하는 보석들 가운데서 가장 소중한 것이다. 그러나 우리가 예상할 수 있듯이, 지불해야 할 대가가 매우 높다. 첫째, 그들은 많은 시간을 헌신해야 한다고 말한다.

   사성제를 실현하려면 불교의 진리에 대한 우리의 개인적 이해와 명상적 경험, 그리고 우리의 이해와 내면의 경험에서 우러나오는 윤리적 행동이 필요하다. 믿음과 헌신은 비록 도움이 되기는 하지만, 개인적인 성취를 대신하거나 세상과 우리 자신의 존재의 진실에 직접 침투하는 것이 아니다. 우리는 최고의 창조자가 우리를 구원해 주기를 기대할 수 없다. 하나의 생에서 다음 생으로 이어지던 과거의 행동의 결과나 결실인 우리의 업보가 우리를 여기까지 데려

왔고, 오직 우리의 자기 노력만이 우리를 자유롭게 할 것이다. 불교에도 숭배할 수 있는 신들이 있는 것은 사실이지만, 그것들조차 업, 덧없음, 그리고 사성제의 지배를 받는다. 그것들조차 사성제에 언급된 영원한 성취를 얻기 위해 인간 형태로 화신해야 한다. 그들 역시 공을 완전히 이해해야 한다. 이제 우리가 그것에 대해 좀 더 깊이 이해할 수 있는지 살펴보도록 하자.

이 글을 쓰면서, 나는 사무실 창 밖으로 오래된 사과나무를 보고 있다. 사과나무에 대한 나의 기억은 확실히 봄의 향기로운 꽃, 가을의 즙이 많은 과일, 겨울 눈 속에 매달려 있는 먹이 주위로 떼지어 다니는 새들 등이 사과나무에 대한 나의 관점을 조건 짓는다. 내 감각의 한계 또한 분명히 그것에 대한 나의 경험을 조건 짓는다. 나의 개는 그 나무와 관계되는 냄새의 기억을 많이 가지고 있다. 그는 단지 봄에 그 나무의 꽃향기를 맡거나 가을에 땅에 떨어진 사과 썩는 냄새를 맡지 않는다. 그의 경험은 사과나무 향기의 훨씬 풍부한 수확으로 이루어져 있다. "흠 ... 분명 몇 시간 전에 냄새를 맡았던 저 길 아래 쪽에 사는 젊은 수컷 개였을 거예요." 나뭇잎과 나뭇가지 사이로 바람이 불면 그는 또한 내가 들을 수 있는 것보다 더 높은 주파수의 소리를 듣는다. 봄꽃놀이를 하는 벌들도 내 눈이 받아들이지 못하는 자외선을 본다. 나뭇가지에서 먹이를 놓고 경쟁하는 큰 어치와 홍관조 새들도 마찬가지로 나무와 다른 관계를 맺고 있다. 그럼에도 불구하고, 심지어 나의 심리적 연상, 나무에 대한 나의 개인적인 관심, 그리고 감각의 한계를 설명할 때조차, 나는 나무가 나로부터 독립적으로 존재하며, 나무가 나의 기억, 관심, 그리고 그것의 감각 경험 너머나 그 아래 존재한다는 것을 의심하지 않는다.

그렇다. 상대성은 나무에 대한 우리의 관점이 우리의 기준 틀에 깊이 의존한다고 가르친다. 그래서 우리가 독립적으로 존재한다고 믿는 많은 속성들은 틀에 의존적이다. 양자역학은 우주가 탈지역적으로 연결되어 있어서 우리가 그것의 정의에 참여한다고 가르친다.

그럼에도 불구하고, 우리 모두는 본능적으로 나무가 이런 모든 관계와 한계를 어떻게든 초월하는 독립적이거나 내재적인 존재를 가져야 한다고 믿는다. 그렇지 않았다면, 내 아이들은 어떻게 그 나무에 오를 수 있었을까? 혹은 내 아내가 근처의 화단에 너무 많은 그늘이 드리우는 것을 어떻게 걱정할 수 있었을까?

좀 더 철학적으로 표현하면, 우리 모두는 성찰하지 않은 채, 그 나무가 우리의 심리적 연관성, 감각의 한계, 그리고 현대 물리학의 발견에도 불구하고 중도의 불교도들이 말하는 "자신의 쪽에서" 존재한다는 어떤 본래적이고, 독립적인 존재를 갖는다고 믿는다. 내가 성찰하지 않은 채라고 한 것은 행동의 세계에서 볼 때 실용적으로라는 의미로 사용했다. 나무의 몸통이 썩어가고 있다면 그 나무가 내 집으로 넘어지기 전에 내년에 그것을 자를 수밖에 없을지에 대해서 나는 실용적인 걱정을 한다. 그렇다. 우리는 나무의 궁극적인 본질에 대해서 다양한 철학적 입장을 가질 수 있다. 하지만 여기서 고려해야 할 것은 성찰하지 않는 일상적이며 교양 없는 관점이다. 그런 관점에서 우리 모두는 나무를 둘러싼 연관성, 감각적 인상, 언어적 관습의 아래나 뒤에 본래적으로나 독립적으로 존재하는 나무가 있다고 생각한다. 우리 모두는 이 본래적 존재가 나무에 대한 우리의 모든 다양한 경험을 결합시키고 그것의 공유된 객관성을 설명한다고 생각한다. 말하자면 우리 모두가 동의 할 수 있는 바, 이 실체는 어떤 환상이 아니라 열매를 맺는 진짜 나무, 곧 문제의 특정한 나무라고 생각한다.

알겠죠? 음, 그대로 존재하는 나무는 불교도들이 절대 존재하지 않으며 결코 존재할 수 없다고 주장하는 나무일뿐이다! 본래적으로 존재하는 나무를 부인하는 것은 정확히 공의 교리이다. 즉 모든 대상은 본래적이거나 독립적인 존재가 절대적으로 부족하다. 이것은 나무가 존재하지 않는다는 것을 의미하는 것이 아니라(허무주의의 극), 독립적이거나 본래적인 존재가 부족하다는 것을 의미한다. 만약 이것이 충격적이거나 터무니없는 것처럼 보인다면, 당신은 공에 대한 맛을 정말로 느끼는 것이다. 이것이 충격으로 다가오는 것은 부분적으로 공이라는 엄청난 부정보다는 부분적으로 "최고의 지성은 곧 신이다"와 같은 서구적 긍정에 편향되어 있기 때문이다. 그러나 공에 대해서 할 말이 더 많다.

일화를 통해서 공의 주관적인 면을 생각해 보자. 몇 년 전, 나는 가까운 호수에 카누를 타러 가고 싶은 강한 충동을 느꼈다. 나는 어릴 적부터 카누를 즐겨 탔다. 아름다운 늦은 봄 어느 날 나는 카누를 타고 싶다고 외치고 있었던 것 같다. 친구가 카누를 빌려줬고 아내와 나는 곧 자연의 아름다움과 평화를 즐기며 해안선을 따라 노를 저어 가고 있었다. 우리는 세네카 호수의 아름다움을 찬양하며 카누가 자연에 대해 편안하고 미적 감상에 얼마나 도움이 되는지 말하고 있었다. 그때 갑자기 수상 스키를 탄 사람이 최고 속도로 우리를 향해 직진하고 있었다. 그는 가능한 마지막 순간에 옆으로 몸을 돌려서 나와 내 아내를 찬물로 흠뻑 적셨다. 불신의 소리, 충격, 분노, 격노 이 모든 것이 내 안에서 폭발했다. "저 망할 놈!" 만약 그가 다시 시도한다면, 나는 카누에 서서 노로 그를 때릴 거야! 어떻게 나한테 그럴 수가 있지? 몇 분간 심한 분노 끝에 나는 내 감정이 자연의 신비주의에서 훈족의 아틸라로, 보살 지망생에서 피에 굶주린 괴물로 얼마나 빨리 바뀌었는지 경탄하며 진심으로 웃기 시작했다. 불교도들이 분노 조절을 얼마나 자주 강조하는지 죄책감을 가지고 회상하기도 했다. 예를 들어, 그들은 이렇게 말한다. "분노나 증오로 인해 우리가 어떻게 피해를 입는가? 부처는 증오가 우리의 모든 미덕을 감소시키거나 파괴하여 우리를 지옥의 최하층 지역으로 이끌 수 있다"[4]고 말했다.

그러나 여기서 중요한 점은 도덕적인 것이라기보다는 철학적인 것이다. 물론 불교에서는 이 둘이 항상 긴밀하게 연결되어 있다고 가르친다. 철학적인 관점에서, 중도불교는 나의 분개가 일어난 바로 그 순간 우리 모두가 본래적으로나 독립적으로 존재한다고 굳게 믿는 나(I)에 대한 명확한 경험이 있었다고 지적한다. 확실히 나는 "다른 뺨을 돌려대거나" 보편적인 자비의 교리나 어떤 경건한 원리들에는 전혀 관심이 없었다. 하지만 중요한 것은 독립적으로 존재한다고 믿어지는 나, 그 '나'가 분개하는 가운데 대담한 안도의 자세로 서 있다는 점이다.

나의 이야기는 분노에 이끌리기 쉽다는 것을 말하고 있지만, 요점은 그것이 아니다. 중요한 것은 이때 우리는 나(I or me)에 대한 강력한 감각을 가장 쉽게 볼 수 있다는 것이다. 아마도 또 다른 간단한 예시가 이점을 분명히 해 줄 것이다. 표절의 어떤 징그러운 형태로 잘못 기소된 학자를 상상해 보라. 그의 충격과 불신은 금방 분노로 변할 것이다. "나는 절대 그런 짓 안 해! 나는 그런 일에 대해 결백해!" 그는 그렇게 외칠지도 모른다. 그의 분노가 극에 달했을 때, 부당하게 기소되었고, 정직하며, 그가 어떻게 그의 명예를 밝힐 수 있을지 미친 듯이 생각하는 매우 강한 나(I) 의식이 존재한다.

우리가 본래적으로나 독립적으로 존재한다고 본능적으로 믿는 이 나(I or me)는 공의 원리에서 철저히 부인된다. 중도불교도들은 또한 이 거칠거나 낮은 차원의 자아를 부인하는 것을 훨씬 넘어선다. 이것은 그들의 무아(no-self) 교리의 시작에 불과하다. 그들은 어떤 식별 가능한 수준의 주관성에도 독립적인 존재는 없다고 주장한다. 독립적으로 존재하는 주체나 자기에 대한 그릇된 믿음에 끈질기게 집착하는 것이 우리의 고통의 주 원인이며, 출생, 노화, 질병, 죽음, 그리고 재탄생의 시작도 없는 순환인 윤회에 속박되게 하는 주 원인이다.

중도불교도들에게 있어서 대상과 주체가 본래적으로 존재한다고 믿는 것이 사성제에 언급된 만연된 고통의 근원이다. 대상이나 주체가 본질적으로 존재한다고 잘못 믿으면서, 우리는 더 많은 매력이나 매력 없음, 더 많은 갈애나 혐오를 그들이 마땅히 받아야 할 것보다 더 많이 유발한다고 생각한다. 이 실체에 대한 거짓된 믿음의 기초 위에서 우리는 모든 감정적 애착을 형성하고, 윤회의 사슬을 형성한다. 이런 애착은 우리를 끊임없이 대상과 사람을 향하게 하거나 멀어지게 한다. 우리는 우리가 본래적으로 존재한다고 거짓으로 믿는 대상을 강박적으로 쫓거나 그들로부터 도망친다.

거짓된 창조물을 믿는 것의 위험성에 대한 단순한 심리적인 예로서, 우리의 그림자, 곧 우리 성격의 어두운 측면을 다른 사람에게 투사하는 것을 생각해보라. 그런 투사된 내용들이 다른 사람들 안에 독립적으로 존재한다고 굳게 믿고, 우리는 그들을 강하게 증오하게 된다. 우리는 우리가 실제로 가지고 있는 투사된 내용 때문에 그 사람을 비난하고 우리 앞에 있는 실재를 보지 못한다. 우리의 투사로 인해서 우리는 상대방의 진실과 분리되었고, 그들과의 깊은 상호의존성을 깨닫지 못한다. 그렇다면 우리는 어떻게 보편적인 자비를 실천할 수 있을까?

우리는 실체가 우리에게 가장 근본적인 실재를 제공하지만, 본래적으로 존재하는 주체나 이런 "자기-붙잡기"(Self-grasping)에 대한 믿음은 우리를 윤회의 바다 밑바닥으로 끌고 가는 맷돌이라고 생각할 수 있다. 이런 자기-붙잡기는 우리 자신의 염려와 욕망을 무엇보다도 우선시하는 자기 중심주의, 자기애, 또는 '자기-소중히 하기'로 직결된다. 불교도들에게 철학적 견해는 의식적이든 아니든 항상 강력한 결과를 낳는다. 예컨대 잘못된 견해는 고통을 초래하고, 올바른 견해는 해방이나 깨달음으로 이어진다고 생각하게 한다. 이런 실체가 존재한다는 그릇된 인식이 고통의 근원이기 때문에 이 인식은 깊이 묻힌 화살처럼 고통스럽게 뽑혀야 한다.

물론, 모든 대상과 모든 수준의 주관성에 내재된 실체를 부정하는 것은 쉬운 일이 아니다. 우리는 우리의 성취를 공으로 인식하기보다는 오로지 자아를 살찌우는 상상적 관점의 큰 위험을 안고 있다. 그러므로 공을 이루고자 할 때 능력을 갖춘 스승이나 영적 지도자가 필요하다.

홉킨스(Hopkins)[5], 투만(Thuman),[6] 티베트의 학승인 텐진 갸초(Tenzin Gyatso), 14대 달라이 라마,[7] 서양에서 널리 가르치는 게셰 켈상 갸초(Geshe Kelsang Gyatso)[8] 등 주요 해석가와 주석가들은 공의 교리나 부정의 교리(negate)에서 부인하는 것을 그들이 부르는 방식으로 표현하기 위해서 다양한 단어를 사용한다. 그들은 우리의 타고난 실체를 두 부분으로 나누기 위하여 독립적 존재, 고유한 존재, 실체적 존재, 고유한 본질 또는 고유한 자기 본성과 같은 용어와 상호 교환적으로 실체(svabhavasiddhi)라는 용어를 사용한다. 첫째, 현상은 마음이나 인식과 무관하게 존재한다. 그리고 심리적인 연상, 이름, 언어적 관습 "아래"나 "배후에" 우리는 종이나 나무와 같은 대상에 그것들이 보기에는 독립적이고, 객관적이며, 실체적인 어떤 것을 가져다 붙인다. 그때 그 대상들은 우리가 공유하는 세계에 대해서 객관적인 기초를 제공하는 것처럼 보인다. 둘째, 이 대상들은 자족적이며, 서로 독립적인 것으로 여겨진다. 각 대상은 근본적으로 비관계적이며, 다른 대상이나 현상들에게 본질적인 의존 없이 그 자체로 존재하는 것이다. 이런 대상들의 본질적 특성은 그 자체로 비관계적 연합과 완전성인 것이다.

위에서 강조하였듯이, 실체에 대한 부인은 대상이 존재하지 않는다는 것을 의미하지 않는다(그렇게 하면 허무주의의 극단으로 된다). 그것들은 확실히 관습적이거나 명목적인 존재를 가지고 있으며, 도움과 해를 제공하지만, 완전히 독립적이거나 본래성은 없는 것이다. 그것들은 이런 생각을 두 가지 진리의 교리 안에서 공식화된다. 궁극적인 관점에서 볼 때, 모든 주관적이고 객관적인 현상들은 독립적으로 존재하지 않고, 그들 자신의 본성도 완전히 결여되어 있다. 이것이 궁극적인 진리이다. 예컨대 현상의 공이나 자기가 없음은 현상의 최고 자질이며, 가장 심오한 본성이다. 그러나 행동, 상업, 그리고 영적 수행의 일상적인 영역에서 대상은 전통적인 성격을 가지고 있다. 즉 대상은 작용하며 효율적이다. 따라서 대상은 이 차원에서 다루어져야 한다. 예를 들면, 궁극적으로 말해서 티베트는 완전히 실체 없이 존재한다. 그럼에도 불구하고, 티베트의 정치적 미래와 시민들이 심하게 고통받아온 것에 대해 토론할 때, 우리는 이 토론을 사람들이 전통적으로 세상의 것들을 대하는 것처럼 취급해야 한다. 궁극적으로 말해서, 모든 현상의 실체는 비어있는 것이다. 그러나 우리는 실제적으로나 전통적인 삶에서 이 모든 현상들을 여태까지 해왔던 방식대로 대해야 한다. 그러나 우리 마음에서 그것들이 실제로 공(空)이라는 사실을 잊지 않는다면, 우리는 집착의 노예가 되지 않을 것이다. 그것은 한 개인이나 국가나 우리 삶에서 모두 마찬가지이다.

우리 자신의 자아든 물질적 소유든 독립적인 현상에 대한 믿음이 우리의 사랑과 혐오의 기초다. 결국 이 사랑과 혐오는 공의 교리를 깊이 이해함으로써 극복될 수 있다. 이런 개인의 변환은 광범위하고도 철저한 인식의 재교육, 즉 인격의 모든 차원에서 갱신을 필요로 한다. 화살의 제거는 결코 쉬운 일이 아니다.

중도불교의 공이나 실체의 부재가 총체적 감각에서부터 가장 추상적인 정신 영역까지 모든 수준에서 객관적이고 주관적인 현상들 모두에게 적용됨에도 불구하고, 여기서 나는 물리학과 심리학에서 연구된 현상과 더 쉽게 비교할 수 있는 대상을 감지하기 위해서 그것의 적용을 강조한다. 그렇지만 동일한 유형의 분석이 모든 대상과 주체에 적용된다

실체의 결핍을 확립하기

몇 년 전, 나는 학점을 준 학기말 보고서를 돌려주다가 (학기말 보고서는 최종 점수에 1/3이 반영된다). 한 학생이 그의 보고서를 받지 못했다는 것을 알았다. "제이, 네 보고서가 없네? 보고서 제출했

니?" 그는 "아, 네. 다른 모든 학생과 함께 제출했어요"라고 말했다. 나는 충분히 사과를 했고, 그렇다면 그 보고서가 내 서재에 있을 것이라고 말했다. 나는 그것을 찾아서 읽은 후, 다음 수업 때까지 그에게 점수를 줄 참이었다(그 후 내가 학과장을 맡게 되어 학과장 사무실과 내 서재 둘을 가지게 되면서 자료가 나눠지는 바람에 대혼란이 일어나게 되었다).

학교에 있는 사무실과 집에 있는 내 서재를 모두 뒤져봤지만 그 학생의 논문은 어디에서도 찾을 수 없었다. 제이의 기말 논문을 본 기억이 어렴풋이 떠오르기도 했지만, 아무리 꼼꼼히 찾아봐도 나타나지 않았다. 죄책감이 나를 괴롭히기 시작했다. 그 정도 크기의 학기말 논문을 쓰는 것은 특히 제이처럼 신중한 사람에게는 아주 큰 일이다. 그리고 나 카오스 씨는 그의 논문을 찾을 수 없었다. "여기 어딘가에 있을 거야!" 나는 나의 엉성한 관행을 고쳐야겠다고 맹세했다. 한편 나는 죄책감에 이끌린 기회를 이용해 학생의 논문을 찾기 위한 필사적인 시도로 3개의 사무실을 모두 청소하였다. 내가 수색하는 동안 나는 그것이 바로 다음 더미에서 나타날 것이라는 분명한 느낌을 받았다. 제목이 있는 표지 같았다. 그런데 그것은 ... 아무것도. ... 논문이 아니었다. 내가 논문을 가지고 있다는 아무런 증거가 없었다. ... 논문도 ... 그리고 내가 그것을 가지고 있었다는 증거도 없었다. "어떻게 내가 그 논문을 잃어버릴 수 있지?"

절망감으로 나는 학생에게 돌아가 학생의 논문을 찾을 수 없다고 고백했다. 나는 그에게 다른 논문 사본이 있는지 아니면 미리 써놓은 초안 논문이 있는지 물었다. 그는 그가 내게 제출한 논문이 유일한 사본이라고 말했다. 나는 다시 사과하고 그의 연구 노트를 다른 내용의 논문으로 바꾸기 위해 2주 시간을 더 주겠다고 그에게 제안했다. 한편, 나는 논문을 찾을 수 있는 희망을 잃었음에도 불구하고 논문을 찾고자 계속해서 눈을 떼지 않고 있었다.

어느 날 아침 일찍 내가 수업을 준비하고 있을 때, 제이가 내 사무실로 들어왔다. 그는 지난 이틀 동안 잠을 못 잔 것처럼 보였다. 내가 그에게 인사를 하기도 전에 그는 불쑥 이렇게 말했다. "제가 거짓말했어요. 나는 논문을 제출하지 않았어요"라며 미안하다고 말했다. 그 다음에 우리가 나눈 긴 대화와 그 결과는 어떠했는지에 대해서는 여기에 옮기지 않겠다. 그것이 중요한 게 아니니까.

요점은 내가 정신없고 보람이 없는 논문을 찾는 과정에서 어딘가에 그 논문이 있을 것이라고 확신했고, 그것이 나타나면 안도와 만족감이 뒤섞인 마음으로 따뜻하게 포용할 것이라는 점이다. 논문을 찾게 되면 그 논문에 대한 나의 막연한 이미지가 명확해지고 객관화될 것이다. 논문이 발견되면, 그 학기말 논문은 거기 앉아서 내 어리석음을 고발할 것이다. 사실 나의 기대는 그 논문이 존재한 적도 없었고, 그래서 찾을 수도 없었다는 부정적인 깨달음과 함께 즉시 사라졌다. 그것은 기대와 환상을 가지고 있었지만, 그것들을 뒷받침할 만한 것은 아무것도 없었다.

완전히 유비적인 방법으로 우리는 본래적으로 존재하는 대상이 나무든 참 주체이든 간에 발견될 수 있다고 확신한다. 우리는 부지런한 탐색을 통해서 그것을 찾을 수 있도록 우리 앞에 뚜렷이 나타날 것이라고 믿는다. 그것의 본질, 그것의 자립적인 본성은 빛을 발할 것이기 때문이다. 그러나 사실 이런 자립적인 본성은 그 학기말 논문이 존재하지 않았던 것보다도 더 존재하지 않는다. 본래적으로 존재하는 무엇인가가 과거에 발견된 적이 없었고, 미래에도 발견되지 않을 것이지만, 그 논문은 결국 비록 내가 처음에 찾고 있던 논문은 아니더라도 대체된 논문으로 제출되었다(그런데 우리는 결코 존재하지도 않았던 것을 진정으로 대체할 수 있을까?).

실체를 부인하는 논쟁은 광범위하고 공에 대한 중도불교의 문헌이 많이 있다. 이 논쟁들을 자세히 검토하기보다 나는 이 골치 아픈 문제들을 집약하여 그 본질을 다뤄보겠다. 이것들 모두는 실체가 "분석에 의해서 발견될 수 없다"는 사실을 보여준다. 본래적으로 존재한다고 믿어지는 대상이나 주체를 깊이 탐색하는 것은 학생의 논문을 찾고 있었던 나보다 더 나을 것이 없다는 뜻이다. 이런 탐색은 독립적으로 존재하는 현상을 찾기보다는 그 주변 환경과 분석을 수행하는 사람인 그것의 탐색자와 깊고 불가분의 관계에 있는 대상이나 주체를 드러낸다(일반적인 대상이나 주체는 우리가 알 수 있는 어떤 것, 즉 어떤 현상으로 간주될 수 있다).

탐색을 통해서 나는 결코 독립적으로 존재하는 대상이 아니라 세 가지 관계된 방식에 크게 의존하는 대상을 만났다. 첫째, 모든 현상은 "원인과 조건" 또는 어떤 것을 가능하게 한 광범위한 인과적 요인과 조건들의 관계망에 의존한다. 내 사과나무는 좋은 토양, 빛, 물, 질병의 관리에 깊이 의존한다. 이런 이유로 사과나무는 독립적인 존재성이 결핍되어 있다.

둘째, 모든 현상은 전체와 그 부분들에 의존되어 있고, 그것들의 관계성에도 의존되어 있다. 예를 들면, 나의 사과나무는 나뭇가지, 나무 몸통, 잎 등 우리가 나무라고 인식하는 잘 정의된 방식으로 배열되어 있는 것에 의존되어 있다. 본래적으로 존재하는 대상의 정의를 생각해 보자. 독립적 본질이나 자기-본성은 자기-만족적이고 분리 가능해야 하기 때문에 그 정의상, 본래적으로 존재하는 현상은 부분이 없는 본질이어야 한다. 따라서 실체는 부분으로 나누어지거나 전체와 부분 사이에 공유될 수 없다. 그러나 우리는 현상을 언제나 전체와 부분으로 분석할 수 있기 때문에 독립적 존재는 현상 안에 존재할 수 없다. 우리는 실체를 아무 생각도 없이 실제의 기준으로 여기지만, 거기에 내재된 깊은 논리적 모순은 실체를 비존재로 만들어버린다.

셋째, 가장 심오한 것은 모든 현상은 규정하거나 정신적으로 지정하는 것에 달려있다는 점이다. 우리는 우리가 조직하고, 증류하고, 다른 경험들과 조율하면서 엄청난 양의 정보를 지속적으로 받는다. 우리는 원활한 경험의 유입을 지능 단위(색상, 질감, 기억, 연상)

로 자른다. 그런 다음 우리는 이 항목들을 함께 모아서 그것을 나무라고 규정하거나 나무라고 부른다. 마음은 우리가 알 수 있는 유일한 세계, 곧 마음의 세계를 건설한다. 우리는 감각, 기억, 기대의 복합체를 나무라고 정신적으로 규정하거나, 침묵하거나, 이름을 붙인다. 이것은 마음의 정상적인 작업의 일부이다. 문제는 마음이 실체라는 존재하지 않는 속성을 지정된 대상에게 잘못 부여할 때 발생한다. 다시 말해서 우리는 실체라는 잘못된 개념을 현상에 불법적으로 투사한 다음 이 투사의 결과로 고통을 겪는 것이다.

우리가 대상의 핵심적인 실재라고 잘못 생각하는 실체(inherent existence)는 결코 존재하지 않으며, 더 나아가서 우리가 존재하지도 않는 것을 대상에 투사하는 것은 아주 이상한 생각이다. 우리는 그 잘못된 투사 위에 사랑과 혐오를 뒤섞어서 계속해서 윤회의 바퀴를 돌린다. 고통의 영역에서 영원히 벗어나려면 우리는 이 무지에서 깨어나야 한다.

사실, 모든 대상들은 오직 관계성과 의존의 집합으로 존재하고, 다양한 대상들 사이에, 대상과 대상을 정신적으로 지정하는 인식 주체 사이에 존재한다. 어떤 자기-본성이나 본래적인 본질의 핵도 우리의 이름, 언어적 관습, 그리고 투사를 지지하지 않는다. 어떤 것도 우리의 규정이나 정신적인 지칭 아래 존재하지 않는다. 대상은 단지 의존 관계이며, 그렇게 불려지는 이름일 뿐이다. 다시 말해서, 모든 현상은 원인과 조건, 전체와 부분, 그리고 정신적인 지칭에 따라 발생하는 의존적인 종으로 존재한다. 이런 견해는 데카르트의 이원론이 말하는 마음과 물질의 분열을 완전히 부정하고, 동시성에 내포된 마음과 물질 사이의 연합을 이해하지 못하게 하는, 많은 서구적 편견의 핵심도 철저히 부정한다.

사물들 속에 실체가 결여되어 있고, 비어있다면, 그것들이 어떻게 기능할 수 있겠느냐고 묻는 것은 당연하다. 어떻게 궁극적으로 빈 나무가 우리가 먹는 열매를 맺을 수 있을까? 중도불교에 따르면,

모든 현상에 독립적 존재가 비어있는 것 자체가 그것들의 관계성을 가능하게 하고, 도움과 해악의 원천으로 되게 한다. 만약 대상들이 본래적으로 존재한다면, 그것들은 필연적으로 변하지 않고, 무능력할 것이며, 우리에 대해서 아무것도 할 수 없거나, 우리가 그것들에 대해서도 어떤 것도 할 수 없을 것이다. 따라서 우리는 궁극적으로 공허하지만 관습적으로 존재하는 이 세계 안에서 우리의 불성을 찾아야 한다. 그래서 불교도들은 우리의 세계를 "부처의 자궁"이라고 부른다. 철학적으로 말해서, 우리는 현상의 궁극적인 진리와 종래의 진리 사이를 왔다 갔다 할 수 있어야 한다.

우리 눈에 보이는 모든 현상들은 단지 끊임없이 변화하는 관계성으로서 끊임없이 변화하거나 덧없는 것이다. 실체의 결핍은 모든 현상들이 덧없고 일시적인 관계의 연쇄라는 것을 보증한다. 만약 그 역이 사실이라면, 다시 말해서, 모든 대상이 본래적으로 존재한다면, 그것들은 무능력과 불변성 속으로 얼어붙게 될 것이다.

무능력에 대해서 말하기 위해 분노로 들끓고 있는 불쌍한 카누 타는 사람의 이야기로 돌아가 보자. 보살이나 자비의 존재가 가까이에서 맴돌고 있다고 상상해 보자. 보살은 지금 카누 타는 사람이 생각하는 본래적으로 존재하는, 그리고 수상 스키를 타는 사람에 의해서 몹시 불쾌함을 경험하고 있는 "나"를 찾을 때임을 깨닫는다. 카누를 타는 사람이 수상 스키를 타는 사람에게 주먹을 휘두르며 소리 소리를 지르자 보살은 "누가 화가 났느냐?"고 묻는다.

"누가 화가 났다고 생각하세요? 나, 내가 화났어!" 그는 코웃음을 친다.

"그런데 그게 누구죠? 당신의 내면으로 들어가서 기분이 언짢아진 그 사람을 찾을 수 있겠어요?"

불행하게도, 카누를 타는 사람은 나의 지식으로 볼 때, 협력적일 것 같지 않다. 종종 약이 가장 필요할 때 우리는 그것을 가장 먹으려 하지 않는다. 하지만 카누 타는 사람이 자신의 내면으로 들어가서 나를 찾을 수 있다면, 그는 몸에 익숙해 있음에도 불구하고, 몸이 내가 아니라는 것을 금방 깨닫게 될 것이다. 조금 더 깊이 밀고 들어가면, 계속해서 변화하는 감정이 내가 아니라는 것이 분명해질 것이다. 또한 끓어올라 머리를 괴롭혔던 어떤 생각들도 독립적으로 존재하는 내가 아니라는 것을 깨닫게 될 것이다. 그것은 단지 제2의 자아가 그렇게 눈에 띄게 드러나는 것처럼 보인 것이다. 간단히 말해서 너무나 분명하다고 느꼈고, 그렇게 분명해 보였던 자기에 대한 느낌은 그 학생의 논문보다 더 찾아질 수 없을 것이다. 그것 역시 결코 존재한 적이 없었다. 본래적으로 존재하는 자기에 대한 믿음은 마음이 스스로에게 부과하고 그것으로부터 고통을 받는 잘못된 구성이다. 불행하게도, 불교도들에 따르면, 이것을 깨닫기 위해서는 여러 번의 생애를 거쳐서 도달하게 되는 여러 힘든 경험이 필요하다.

공 안에서, 5장에서 처음 논의된 과학의 객관성 개념으로 간략히 돌아가겠다. 거기서 나는 객관적이고 주관적인 대극의 한 쌍 가운데 한 측면과 균형을 잃은 동일시하는 과학적 태도가 어떻게 주관적인 의미를 평가절하했는지에 대해서 논의할 것이다. 이런 불균형을 해소하기 위한 시도로, 미국 정부의 최고 수준에서 이루어지는 과학 정책 입안자들조차도 국가 재원을 어디에 어떻게 쓸 것인지 재평가하고 있다. 공이 전체로서의 세계이든 개체 대상으로서의 세계이든 모든 대상은 언제나 인식하는 주체에 상호 의존되어 있다는 것을 강조하기 때문에, 과학의 객관성 숭배는 중도불교 내에서 가능하지 않다. 공의 중심에 내장된 주체와 대상의 상호 의존성은 순수한 객관성이나 순수한 주관성이 불가능함을 내포하고 있다. 그것은 철학적 분석의 객관적인 방법과 궁극적인 진리나 궁극적인 의미로의 주관적인 명상 침투 모두를 통해서 공을 확립하는 중도불교의 "중도"와 완전히 대립될 것이다

변증법적 분석과 내적 경험의 결합에서 얻은 서구의 공식은 폴 브

런튼(Paul Brunton)의 독립적 존재에 대한 부정에서 비롯되엇다. 그는 먼저 불교도들처럼 마음이 지닌 종합적이고 건설적인 힘을 기술한다. 그리고는 우리가 어떻게 독립적이고 정신 외적인 본성의 가정을 불합리하게 대상에 추가하는지 주목한다.

우리는 외부적이고 물질적인 대상에 대해 직접적인 지식을 가질 수 없다. 우리는 자신의 인식에 대해서만 직접적인 지식을 가질 수 있고, 그 외 나머지는 추론에 있어서 무의식적인 과정이다. 우리는 그의 키, 형태, 색, 느낌과 같은 복합적인 감각을 경험하기 전까지는 그 남자 전체의 개념에 도달하지 않는다. 지각이란 지각된 사물의 정신 외적이고, 분리되었으며, 독립된 존재에 대한 가정을 추가하는 감각들의 차별과 조합이다. 객관성 영역에서 어떤 사람이 우리 몸에서 2피트 떨어진 곳에 서 있다는 것은 우리가 무의식적으로 그리는 추론이다. 왜냐하면 우리가 그 사람에 대해 가진 유일한 경험은 눈과 귀에서 일어나는 일들, 즉 궁극적으로 마음속에서 일어나는 일들이다. 이 모든 과정이 끝날 때 비로소 우리는 그 대상이 바깥 세상에 독립적으로 존재한다고 생각한다. 이런 인상으로부터 우리의 마음이 활동하게 되고 외부에 사람이 거기 있다고 추론한다. 우리가 실제로 보는 것은 정신적인 것이다. 물질적 인간의 존재는 정신적 경험의 존재로부터 추론된 것이다. 우리는 즉시 분리되고, 독립적이며, 외적이고, 물질적인 사람을 보지 않는다.[9]

중도불교를 추종하는 모든 사람들에게 공(空)은 현상에 있는 궁극적 진리이다. 그들은 실체에 대한 잘못된 믿음 대신 더 높거나 더 초월적인 원리를 공표하지 않는다. 공은 특별한 종류의 부정이다. 그것은 그것의 부정이 끝날 때 어떤 긍정적인 원리를 고양시키는 것이 아니다. 예를 들어, 학생이 남자라는 것을 부정하는 것은 학생이 여자라는 생각을 긍정적으로 암시한다. 이와 반대로 공은 긍정적이지 않은 부정이다. 달리 말하면 공이란 단지 현상에서 독립적으로 존재한다는 것에 대한 부정이다. 이것보다 더 고차원적인 긍정은 있을 수 없다. 공은 그 자체로 공허하다. 그럼에도 불구하고 공은 우리를 자기-중심적인 삶에서 해방시킨다. 독립적으로 존재하지 않는 내 자아는 본질적으로 이 세상 그 어떤 것보다도 더 실재적이지도 않고, 더 소중하지도 않다. 진정으로 해방을 가져오는 이 깨달음은 모든 지각 있는 존재를 위한 무한한 자비를 배양하는 토대이다.

모든 인간과 세계의 상호 의존성을 깊이 있게 이해하는 것은 필연적으로 자비를 낳는다. 로버트 투먼이 말했듯이, "면도날처럼 날카로운 비판적인 지혜의 칼은 자비의 개방된 역동적 흐름을 방해하는 핑계의 족쇄를 갈라서 길을 낸다." 만약 나와 내 이웃 모두가 독립적으로 존재하지 않고, 우리의 관계성이 우리의 고립되거나 독립된 존재보다 더 근본적이고, 더 실제적이라면, 나는 어떻게 그것을 희생시켜서 내가 바라는 이익을 얻을 수 있겠는가? 그가 고통을 당하고 있는데, 어떻게 나는 궁극적인 자유를 얻을 수 있을까? 그의 고통은 나의 고통이다. 또 반대로 자비는 공에 대한 이해를 강화시키고 심화시킨다. 이웃의 복지에 관심을 기울이고 내 자신으로부터 멀어질 때, 나는 바로 그 친구 자신의 비어있음, 즉 나의 자아, 나의 자기-소중히 여기기(Self-cherishing)를 인식할 수 있게 된다.

작은 예를 하나 들어보겠다. 몇 년 동안의 우여곡절을 거친 다음, 명상에 몰두하는 것은 너무 쉽게 우리들을 과도한 주관성으로 빠져들게 한다. 우리는 어떻게 하고 있는지, 그것이 쉬워 보이든 어려워 보이든, 그리고 진전을 이루고 있는지에 대해 집착하게 된다. 우리의 모든 우려는 자아를 중심으로 주관성의 거짓된 중앙을 중심으로 돌아간다. 자아의 공을 성찰하려는 최선의 노력에도 불구하고, 우리를 윤회로부터 해방시키기 위한 훈련으로 시작된 것이 또 다른 족쇄가 된다. 여기서 모든 지각 있는 존재들의 행복에 대한 진정한 관심인 중생에 대한 자비가 우리로 하여금 해방을 이루는 데 도움을 줄 수 있다. 중생에 대한 자비는 주로 다른 사람들을 위해서 추구하도록 장려되는 목표다. 진정으로 모든 지각 있는 존재를 구원하기 위해 명상의 모든 가능한 장점을 제공하는 자비를 수행할 때, 진정으로 우리의 자아에 주목하지 않을 때, 우리는 어깨에 지워진 엄청난 무게를 들어 올린 채, 자기-소중히 여기기의 단계에 들어선다. 그때 우리는 바가바드기타(Bhagavad Gita)가 말한 것처럼, 노력의 결실이 아니라 노력을 할 권리를 갖는다. 우리는 진정성 있는 노력을 하고 결과가 어떨 것인지에 대한 자아의 염려를 흘려 보낸다. 물론 이 모든 것은 실천하는 것보다 말하기가 더 쉽다. 그러나 비록 그 노력이 부분적으로만 성공한다 하더라도, 우리가 그저 잠시 동안만이라도 염려의 중심으로부터 나에 대한 거짓된 감각을 제거할 수 있다면, 진정한 자유의 바람, 개방되고 족쇄가 풀린 기쁨과 자비의 경험이 실제 일어날 수 있다. 자비를 실천하는 것은 실제로 공에 대한 이해를 깊게 할 수 있는 반면 공은 자비의 무한한 함양과 세상의 신성화를 위한 합리적인 지원을 제공한다. **실체에 대한 그릇된 믿음을 파괴하는 것이 세상을 성스러운 것으로 인식하는 전제 조건이다.**

동시성적 막간 7
영성적 삶에서 여성성을 음미하기

나는 「내셔널 지오그래픽」에서만 동양인을 만날 수 있는 중서부 작은 마을에서 앵글로 색슨계 백인 소녀로 자라면서도 내심으로는 언제나 중국인의 정서를 느끼며 살았다. 10대 때 나는 내면의 이 기운을 망각한 채 베트남 전쟁이 나의 관심을 끌기 전까지 외적인 삶을 추구하면서 살았다. 1960년대 중반, 나는 대학에서 중국 정부라는 과목을 수강했다. 이때 나는 갑자기 내 정신이 살아나고 깨어나는 것을 느꼈다. 평소에 받던 보통의 성적 대신, 나는 여러 사람이 수강한 규모가 큰 반에서 가장 높은 성적을 받았다. 이어서 나는 동남 아시아와 중국학을 계속 수강하였고, 중국 정치학을 전공하려고 대학원에 입학했다. 하지만 사랑이 이 모든 계획을 바꿔놓았다.

1970년대에 나는 폴 브런튼과 중국에 대한 나의 관심사에 대해 토론하고 있었는데, 그가 "당신은 과거에 중국인이었다고 생각하지 않나요?"라고 말했다. 나는 "저도 그렇다고 생각을 해봤지만, 이런 것들을 어떻게 검증해야 할지 모르겠어요. 나는 윤회에 대한 나의 의견을 별로 신뢰하지 않아요. 그러니 제가 정말 그것을 어떻게 알겠어요?" 그는 "전생에 거기에서 살았던 적이 있다면, 그 장소에 가면 알 수 있다"고 했다. 나는 근시안적으로 "글쎄, 나는 중국에 절대 가지 않을 거에요"라고 말했다.

1989년에 나는 하와이 호놀룰루를 방문하고 있었다. 나는 관광지를 피하고, 도시 안에 아시아 사람들로 붐비는 정원, 미술관, 해변, 레스토랑에서 시간을 보냈다. 황홀했다. 이렇게 많은 아시아 사람들과 함께 있을 수 있는 곳은 어디에도 가본 적이 없었다. 나는 그곳에서 느끼는 기운과 아름다움, 그리고 사람들의 외모에 관한 어떤 것이 나를 편안하고 평화롭게 해주고 있음을 경험하였다. 나는 음-양 상징에 대한 영감 넘치는 강의에 참석했고, 중국 철학을 공부하고 태극권(太極拳)이라 불리는 중국 무술을 배우겠다고 다짐했다. 호놀룰루 방문이 끝나갈 무렵 중국인 한 여승이 50여 명이 거하고 있는 대만의 한 절로 나를 초대하겠다고 하였다. 나는 그녀에게 감사하지만 절대 대만에는 가지 않을 것이라고 말했다.

여러 나라를 여행한 다음 몇 년이 지났을 때, 내가 집에 머물고 있던 어느 날, 남편은 나에게 세상에서 가장 가고 싶은 곳이 어디냐고 물었다. 나는 주저하지 않고 "대만"이라고 말했다. 며칠이 안 되어 그는 대만에 있는 불교 대학이자 절인 포광산(Buddha Light Mountain)에서 열리는 자신의 분야의 학회에 대한 공고를 읽고 있었다. 우리는 포광산에 가서 3주 정도 머물기로 계획했다.

나는 모아둔 중요한 서류 더미를 뒤적거리다가 마침내 호놀룰루에서 여승이 준 주소를 찾았다. 혹시라도 우리가 방문할 절이 아닐까 해서 편지를 보냈지만 답장은 받지 못했다.

우리가 떠나기 한 달 전쯤, 포광산의 주지가 우리 마을에 왔다. 내가 본 다른 종교 지도자들과는 달리, 그의 수행원들은 모두 여성이었다. 머리를 깎고 예복을 입은 여승들이었다. 이야기가 끝난 뒤 100여 명이 넘는 인파 속에서 한 여승이 찾아와 내 곁을 지켰다. 갑자기 나는 호놀룰루에 있었던 신비한 여승에게 내가 썼던 편지에 대해 그녀에게 말했다. 하와이에 있었던 여승이 우리가 대만에서 방문하게 될 절에 있는지 알고 싶었다. 이 여승은 "그건 바로 나에요. 나는 지난 여름에 호놀룰루에 있었고, 이번 가을에는 선생님과 함께 본토를 여행하고 있습니다. 나는 지금 예일대에 다니고 있는데, 당신의 편지를 받은 적이 없어요." 나는 깜짝 놀랐다. 그녀는 내가 어떻게 생겼는지 기억하지 못했고 나 또한 그녀를 알아보지 못했다(호놀룰루에서 만난 짧은 만남은 밤에 강당 밖에서 이루어진 것이었다). 그러나 거기 우리는 함께 서 있었고 그녀는 내 편지에 답장을 하고 있었다. 맞아요. 학회를 여는 절에 그녀가 속해 있었고, 그녀는 현재 학교를 휴학 중이어서 그 절에 머물 것이라고 말해주었다. 나는 무엇인가 안내받는 느낌이 들었다.

대만에서 나는 즉시 집에 온 것 같은 편안함을 느꼈다. 우리는 불교의 산상 수련회가 열리고 있던 사자머리 산(Lion's Head Mountain)에서 매혹적인 며칠을 보냈다. 아침 안개가 낀 산사들 사이를 거닐며 여승들이 준비한 간단한 중국식 채식을 먹으며 방문객들과 상주하는 여승들과 불교 사제들이 종교 의식을 치르는 모습을 지켜봤다. 기쁨과 평화가 가슴에 가득했다. 그곳에서는 아무와도 대화할 수 없었고, 관광객을 위한 중국어 책에서 한자를 베껴서 가장 간단한 의사소통을 하려고 애썼지만, 나는 그 모든 것에 대한 깊은 내면의 교감을 느꼈다.

여행 계획에 따라서 우리는 사자머리 산을 떠나 중국 전통 문화의 중심지인 타이난(Tainan) 시로 갔다. 우리는 영어를 말하는 것을 포함하여 우리를 편안하게 해주기 위해 모든 것을 해주는 다정한 도움이 되는 이들과 함께 아름다운 호텔에 투숙했다. 그럼에도 불구하고, 몇 시간 만에 끔찍한 짜증과 우울감이 나를 덮치기 시작했다. 완전히 불만족스러운 감정이었다. 가련한 남편은 내게 다가와 무슨 일이 일어나고 있는지 알아내려고 했지만, 나의 어두운 기분은 깨지지 않았다. 나는 평화와 기회의 상실을 느꼈다. 왜 우리는 사자머리 산을 떠났을까? 내가 거기에 있었어야 했는데.

우울한 기분에 완전히 마비된 나는 남편에게 기분 전환을 위해 밖으로 나가자고 했다. 나는 허탈한 상태로 열 걸음쯤 뒤쳐진 채, 발을 질질 끌며, 땅을 바라보고 걷고 있었다. 마침내 남편은 내게 돌아서서 숨기지 않고 화를 내며 물었다. "당신은 무엇을 원하는 거야?" 아무 생각 없이 필사적이고 애원하는 목소리로 "나는 만트라(mantra)를 원한다"라고 외쳤다. 정말 이상한 대답이었다!

즉시 남편은 우리 왼쪽 하얀 벽에 있는 불교의 卍자(swastika)를 가리켰다. 남편이 말해주지 않았더라면 나는 그것을 알아차리지 못했을 것이다. 내가 오래되고 예상치 못한 만트라를 요청하다니 나도 놀라웠다. 나는 묵묵히 보도를 걸으며 언짢은 얼굴을 하고 있었다. 문안에는 거대한 유리벽과 열린 문이 있는 현대식 건물이 있었다. 항상 탐험가이기를 자처했던 남편은 들어가고 싶어했다. 나는 당황스럽고, 혼란스럽고, 매우 우유부단한 기분이 들었다. 모험에 대한 평소의 저항을 견디기에는 너무 약해서, 나는 남편을 따라 들어갔다. 우리는 불교 사원을 찾기 위해 건물 안으로 걸어 들어갔고, 전 세계의 종교 유적지에서 했던 것처럼, 뒷자리에 앉아 분위기에 빠져들고 있었다. 거기에 앉으니 안심이 되었다. 몇 초 지나지 않아서, 검은 옷을 입은 한 여성이 와서 제단 위의 물건들을 옮기기 시작했고, 다른 의식 준비도 방 주변에서 하기 시작했다. 곧 검은 예복을 입은 더 많은 불교 여성들이 나타났고, 그 중에 얼마는 머리를 깎은 여승들도 있었다. 나중에 "절의 주지"라는 것을 알게 된 한 여승이 우리에게 여성들이 줄지어 모여있는 옆에 서 있으라고 말했다. 사자머리 산에서 했던 것처럼 뒤에 남고 싶었는데 이 여승이 허락하지 않았다. 그녀는 우리가 검은 옷을 입은 여자들과 함께 하기를 고집했다. 그녀는 우리에게 책을 주었지만, 우리는 중국어를 읽을 수 없다고 몸짓을 했다. 그녀는 우리가 앞에 있는 여자들을 따라가기만 하면 된다고 손놀림으로 말했다. 남편은 몇몇 여자들로부터 경멸의 시선을 받고 있었다. 그는 그곳에서 유일한 남자였고, 우리는 나중에 그곳이 여성들에게만 개방된 장소였을 것이라고 생각했다. 그럼에도 불구하고, 그들은 너무 친절해서 멍청한 외국인을 쫓아낼 수 없었다. 어쨌든 "여성"이 우리에게 무엇을 해야 하는지 분명하게 말하고 있었고 우리는 그것을 해야만 했다.

검은 옷을 입은 여인들이 기도를 합창하기 시작했고, 잠시 후 나는 한 가지 소리가 계속해서 반복되는 것을 들을 수 있었다. 예전에 사자머리 산에서 그 소리를 들은 적이 있었지만, 중국어는 서양인의 귀에 너무 어려워서 나는 그들이 말하는 것을 이해하려고 노력하거나 그 소리를 따라하려고 시도하지 않았다. 그럼에도 불구하고, 같은 소리의 기도가 반복해서 울려 퍼지고 있었고, 여승들은 절과 거대한 불상 주위를 천천히 걸으며 움직이고 있었다. 나는 그들과 함께 구호를 중얼거리기 시작했고, 소리를 따라하려고 했지만 정확한 발음은 따라할 수 없었다. 그 의식은 강력했고, 그 장면은 매우 우스꽝스러웠다. 50명의 검은 복장을 한 중국 여성, 검은 재킷을 입은 곱슬머리 금발의 여성, 그리고 격자무늬 단추가 달린 셔츠를 입은 미국 남자가 그들의 꼬리를 물고 따라가고 있었다.

30분 정도 독경과 기도가 이어진 후에 예불이 끝난 듯했다. 남편과 나는 조용히 앉아서 모두가 떠나기를 기다렸다. 대부분의 여성들이 떠났다. 그 후 "주지 여승"이 나무로 된 커다란 염주와 부처의 그림들을 들고 두 여승과 함께 우리에게 왔다. 그녀는 남편과 나에게 각각 염주 하나씩을 주었다. 나는 머리 위에 염주를 올려놓기 시작했지만, "주지 여승"은 강하게 반대했다. 그녀는 나에게 자기를 보면서 따라하라고 명했다. 그녀는 내가 알아채기 시작한 수수께끼 같은 말, "아미타불, 아미타불, 아미타불"로 기도하며 손가락으로 구슬을 하나씩 움직이기 시작했다. 멍청한 나였지만 마침내 아미타불을 외울 수 있었다. 나는 만트라(mantra)를 익히고 있었다. 여승은 강압적으로 계속해서 내 발음을 교정하면서 정확한 발음으로 아미타불을 외치도록 요구하였다.

그리고 나서 "주지 여승"은 절 뒤에 있는 다른 건물로 가자고 우리에게 손짓을 했다. 우리는 네 명의 여승들과 함께 앉아서 그들의 소박한 음식을 나누었다. 분명히 우리는 말을 할 수 없었다. 내가 중국어로 고맙다고 말하려고 하자, 그들은 내가 감사라는 말 대신에 "나무아미타불"을 말하도록 정정해주었다. 그들은 서로에게 부탁드립니다, 고맙습니다, 안녕하세요, 잘 가세요 같은 말 대신에 '아미타불'이라고 계속 말했다. 나는 사자머리산의 여승들도 같은 방식으로 아미타불을 계속 말했었다는 것을 알게 되었다. 우리는 더 많은 음식과 또 다른 예불(이번에 남녀가 함께 있는)에 참여하느라 힘을 다 쏟은 후 떠났다. 나는 믿을 수 없을 만큼 기뻤다. 이 여승은 나에게 이미 내 만트라를 주었던 것이다.

며칠이 지나 우리는 학회를 개최하고 있는 절이 있는 포광산에 도착했다. 도착하자마자 나는 (거기에 모인 수백 명의 모든 여승들이) 아미타불을 외치며 인사를 했고 후에는 찬불가로 노래하며 인사를 했다. 불교대학 출신인 여승들은 영어를 할 수 있어서 나와 함께 영어를 연습하는 대가로 내 발음을 교정하기 위해 수고하였다. 그들은 또한 영원한 빛과 생명의 부처인 아미타불의 이름을 반복해서 부르라고 내게 말해주었다. 다시 한 번, 나는 여승들과 함께 평화와 기쁨을 느꼈다. 호놀룰루에서 만난 여승이 만트라가 적힌 명패를 주었고(사진47), 젊은 여승들은 묵주 만트라 팔찌를 주었다. 주말이 되었을 때 나는 그 만트라를 내 마음과 가슴에 새겼다.

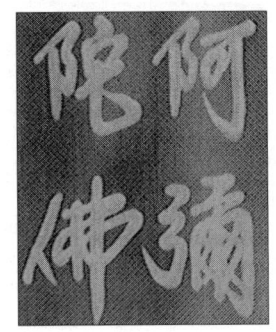
47. 아미타불

그렇다면 이 만트라를 요청하고 받는 동시성적 사건은 무엇을 의미하는 것일까? 나는 여러 해 동안 명상을 했고, 나무 구슬로 만든 만트라 팔찌를 착용했다. 그러나 나는 항상 만트라에서 만트라로 떠다녔고, 이런 수행이 나의 영적 갈증과 관련이 있다고는 결코 느끼지 않았다. 나의 스승들은 모두 남자였고, 나의 수행은 나의 남성적인 면, 즉 의도를 담아서 하는 명상기법과 공부를 강조했다. 나는 이 남성 스승들이 헌신의 중요성을 강조했을 때조차 높은 곳에 이르는 여성적 접근 방식을 간과하고 가치를 폄하하였다. 비록 나는 머리로는 만트라, 기도, 구송, 예불이 본질적이라는 것을 알고 있었지만, 그것들의 효능을 믿지 않았다. 나는 항상 나의 영적 발전의 무게를 내 의지로 떠맡아야 한다고 생각했었다.

대만의 불교 공동체는 나에게 신앙이 충만하고 삶의 기쁨을 경험한 수많은 경건한 여성들을 소개해 주었다. 이 여성들 중 한 사람이 나에게 만트라를 주었는데, 그 여승은 나의 영적 갈증이 무엇인지 알고 있었던 것 같다. 만트라를 받은 다음 날 나는 포광산(Fo Kuang Shan)에서 수백 명의 신심이 깊은 여성들에게 둘러싸여 있었다. 그들은 아미타불을 반복해서 외치고 있었고, 삶의 진심 어린 기쁨으로 그곳을 가득 채웠다. 그 기법이 얼마나 잘 표현되고 있었던지! 포광산의 여승들은 매우 헌신적일 뿐만 아니라, 공부하고, 명상하고, 다른 사람들을 위한 봉사에 그들의 삶을 드린다. 그들은 교육을 잘 받은 사람들로서 남성과 여성의 불교 공동체에서 수행과 행정의 중요한 위치를 차지하고 있다. 물론 우리 모두와 마찬가지로 그들에게도 내면적 투쟁이 있을 수 있지만, 그곳에는 특별하고 독특한 긍정적인 여성의 에너지가 넘쳐나고 있다.

나는 집에 돌아와서 반복해서 아미타불(일본에서는 염불 *Nembutzu*이라고 부름)을 외치며 수행하는 것에 대한 스즈키(D. T. Suzuki)의 글을 읽었다. 중국과 일본의 불교도들은 이 훈련을 화두(公案, koan)에 대체하는 기법으로 수행한다. 중국의 찬(chan)이나 일본의 젠(Zen) 화두 수행은 극도로 의지를 요하는 남성적인 수행이다. 반면, 아마타불 이름을 반복해서 부르는 정토불교의 수행은 믿음과 헌신을 강조하며, 화두와 여성적인 균형을 이루고 있다. 아미타불 이름을 반복하여 외치면서 수행자는 아미타불이 주재하는 정토나 서방 극락에 다시 태어나기 위해 아미타불의 자비에 스스로를 맡긴다. 이 두 가지 수행법은 중국 불교에서 발견되는 전통적인 중국 철학의 음(보편적 여성성)과 양(보편적 남성성)이다. 스즈키는 이에 대해 다음과 같이 설명한다.

당신이 부처를 어떻게 생각하든지, 격렬하거나 한가하게 생각하든지, 어떻게 그의 이름을 부르든지, 큰소리로 부르든지 부드러운 소리로 부르든지 상관없이, 어떤 규칙에도 구속받지 말고, 마음을 바르게 하고, 편안하게 하여 조용한 관상에 거하라. 그것이 환경에 의해 방해받지 않는 연합의 상태에 이르게 될 때, 언젠가는 어떤 사건이 예기치 않은 방식으로 당신에게 일종의 정신적인 혁명을 일으킬 것이고, 따라서 당신은 고요한 빛으로 가득한 정토가 이 지구 자체라는 것을 깨닫게 될 것이며, 아미타불이 당신 자신의 마음이라는 것을 깨닫게 될 것이다.[10]

지난 몇 년 동안 나는 영적인 수행으로 고군분투 하였다. 혼란스럽고 제멋대로인 내 마음을 잠재울 수 있는 능력에 대한 믿음이 부족하기 때문에 명상은 그것을 부채질할 희망조차 없을 만큼 보잘 것 없는 것이 되었다. 염불은 더 높은 무언가가 자아를 돌볼 것이라는 희망과 믿음을 통해서 마음을 고요하게 한다. 내가 이 모든 것을 혼자 할 필요는 없다. 나는 단지 노력하고, 마음을 진정시키는 만트라의 효력에 의지하면 된다. 이 수행은 폴 브런튼이 나에게 몇 년간 로렌스 형제의 "신의 현존의 수행"을 도왔던 일을 떠올린다. 그 회상이 항상 그곳에 있다면, 안달하는 마음은 한순간의 평화를 얻을 수 있을 것이다.

나는 수년 전에 폴 브런튼의 충고를 따랐고, 지금은 항상 염불 수행을 하고 있다고 말하고 싶다. 그러나 그것은 사실이 아니다. 나는 반항적이고, 고집불통이다. 나는 그 만트라를 얻은 강력한 방법과 그 수행의 효능에도 불구하고, 만트라를 까맣게 잊고 있다가 절망적인 시간에만 찾는다. 최근 나는 어려움에 처해 있고, 이 이야기를 쓰면서 스즈키의 글을 다시 읽고 있다. 스즈키는 나의 마음이 분산되고 흥분될 때, 내 의지를 넘는 도움이 필요하다고 말한다. 만약 내가 나의 여성 수호천사, 타이난의 여승, 그리고 그녀가 나에게 준 선물 등 나의 동시성적 경험에 대한 이미지를 마음에 새긴다면, 그 순간의 빛나는 힘을 기억하는데 도움이 될 것이다. 나는 혼자가 아니다. 나의 염주와 만트라로 돌아갈 때마다 도움이 찾아온다.

심리학적으로 볼 때 ... 염불의 목적은 우리의 경험적 의식의 조건인 근본적인 이

원론을 없애는 것이다. 이것을 성취함으로써 염불의 신봉자는 이전에 그를 괴롭혔던 이론적 어려움과 모순을 극복한다. 그는 온갖 생각과 의지로 자기 존재의 깊은 곳에 몸을 던진다. 그러나 그는 그의 이름을 가지고 있기 때문에, 그를 인도할 것이 없는 단순한 방랑자가 아니다. 그는 염불과 함께 혼자 걷고, 그것과 함께 나락으로 내려간다. 비록 그가 자주 그것을 떠나는 자신을 발견하지만, 그럼에도 그는 항상 그것을 기억하고 그 곁에 머물러 있다.[11]

아미타불!

48. 포광산의 여승들과 함께

제11장
중도 공(空)의 적용들

하지만 나는 이것이 바로 우리의 현재 사고방식이 수정되어야 할 지점이라고 생각한다. 그리고 그 수정은 아마 동양 사상으로부터 어느 정도의 혈액 투석으로 이루어질 것이다.

— 어윈 슈뢰딩거[1]

심리적이고 영적인 은유에서 본 단테에서 빅뱅까지

신앙인이 단테와 더불어 "천국편" XXIV, 130-47에 나오는 내용으로 고백하는 것은 얼마나 위안이 되는 일인가!

나는 – 홀로이시며 영원하신 – 한분 하느님을 믿는다.
그 분은 움직임이 없으면서
사랑과 욕망으로 모든 천상계를 움직이시는 분
....
이것이 기원이고 처음 반짝임이다.
그리고 생생한 불빛 속으로 확장해 간다.
하늘의 별과 같이 내 안에 빛이 발한다.

열 번째 천국에 거하는 하느님은 그의 사랑과 지혜를 질서정연한 행성들을 통해 발하며, 그것을 우리에게, 그리고 도덕적이고 영적인 발달에 집중시킨다. 그러나 단테와 그의 동시대 사람들은 과학적 우주론과 신학의 이 매력적인 엮음을 위해 많은 대가를 지불해야 했다. 코페르니쿠스가 갈릴레오, 케플러, 뉴턴의 도움으로 지구 중심적인 둥지로부터 우리를 쫓아냈을 때 서구 신학과 철학의 기초가 흔들렸다. 다윈은 갈릴레오가 망원경을 천상을 향해 돌려서 우리의 태양은 관찰된 수많은 별들 중 하나에 불과하다는 것을 가르쳤을 때 인간은 단지 수많은 생물학적 발달의 한 형태에 불과하다고 하면서 신학적 고통을 더했다. 고전 물리학의 발전은 정신과 물질 사이에 큰 틈을 만든 데카르트의 영향력 있는 철학 연구로 이어졌다. 이 책은 이 틈을 연결시키려 한다. 이 모든 것을 대상의 1차적 특성과 2차적 특성에 대한 갈릴레오의 개념과 결합해보라. 그러면 과학의 도움 없이는 무심코 우리를 둘러싸고 있는 물질세계의 실제적인 본성을 직접적으로 알 수 없다는 것이 명백해진다. 비록 20세기로 들어서면서 거대한 낙관론이 과학과 과학의 기술공학적 응용에 넘쳐나지만, 우리는 단테가 위로하며 던졌던 거룩한 환상과는 멀리 떨어진 곳에 있다. 그 대신 지배적인 과학적 견해는 우리를 목적도 없이 거대한 별들의 바다를 헤엄쳐 다니는 아주 작은 물질적 생명체로 묘사한다.

주요한 과학의 획기적 도약은 20세기 처음 10년 동안 나왔다. 7장에서 간략하게 검토한 아인슈타인의 특수 상대성 이론은 시공간과 고전 과학의 여러 중요한 특징을 지닌 기준 틀에 의존하고 있음을 보여주었다. 이전 논의에서 강조되지 않은 똑같이 중요한 상대성의 측면은 하나의 기준 틀에서 다른 기준 틀로 옮겨 간다 해도 변하지 않는 불변량이다. 일반적인 상대성 이론에서 길이, 질량, 시간 및 동시 발생과 같은 틀 의존적인 양은 우리를 현혹시키기 위해서 유지된다. 이론 물리학의 발달에 더 중요한 것은 불변량이다. 예를 들어, 빛의 속도는 스페이스타임 샘과 함께 카지노 바닥에 앉아있거나 빠르게 움직이는 지팡이를 타거나 모든 관찰자에게 동일하다.

불변의 가장 중요한 영역은 물리법칙 그 자체이다. 특수 상대성 이론에서 역학의 법칙은 모든 비-가속 틀에서 동일하다. 우리는 이에 대한 일상적인 경험을 가지고 있다. 비행기나 기차는 일정한 속도로 움직인다. 그래서 우리가 기차를 탔거나 비행기를 타고, 그 안에서 통로를 걸을 때나 기차의 통로를 걸 때, 걸음걸이의 속도를 조정할 필요가 없다. 역학 법칙의 틀이 불변하기 때문에 우리가 기차의 복도를 가로질러 걷든 초음속 제트기의 통로를 걷든 상관이 없다. 그것은 같은 느낌이다. 하지만 비행기가 이륙하거나, 착륙하거나 난기류 때문에 가속할 때, 우리의 보행은 휘청거리게 된다. 그렇지 않으면 모퉁이를 돌아갈 때나 가속되는 차에서 커피를 마셔보라. 아인슈타인은 다음 중요한 연구에서 이런 가속과 중력의 문제를 다루었다.

물리학에서 이룬 위대한 성취들 중 하나는 1916년 아인슈타인이 일반 상대성 이론을 발전시킨 것이다. 이것은 융이 1905년 특수 상대성 이론을 기술할 때처럼, 그의 "제1차 상대성 이론"이 아니었다. 일반 상대성 이론은 물리 법칙을 형성하여 틀의 운동 상태가 가속이든 아니든 간에 모든 기준 틀로부터 동일한 것을 취한다. 이것은 태양 중심이나 지구 중심적인 관점을 취하는 것이 동등하게 합법적이고, 똑같이 실재적이며, 심지어 모든 면에서 달 중심적인 관점에서도 동등하다는 것을 보여준다. 이제 우리는 물리학 법칙이 어떤 틀에서든 같은 것을 취할 수 있고, 이런 법칙의 물리적인 내용이 어떤 기준 틀에서도 동일한 물리 법칙을 공식화 할 수 있다. 여기서 우리는 물리적 속성과 법칙 사이의 중요한 구분에 대해 분명히 해야 한다. 그렇다. 갈릴레오가 말한 시공과 다른 원초적인 특성들은 여전히 틀 의존적이지만, 물리적인 현상을 지배하는 수학 법칙은 이제 그들의 불변성, 어떤 기준 틀에 대한 그들의 보편성을 보여주는 형식으로 존재한다. 간단한 예로 다른 틀에 있는 관측자는 동일한 시스템에 대해 서로 다른 값을 측정하지만, 질량 에너지의 보존이 모든 관측자를 위해 유지되기 때문에 에너지는 틀에 따라 달라진다. 일반 상대성은 우리가 원하는 기준 틀이나 관점을 취할 수 있게 해준다. 우리의 태양, 우리의 은하계, 또는 은하계의 초은하계는 결코 특권적인 기준 틀들이 아니다. 이런 모든 틀들은 분석을 하거나 물리학을 수행하는 데 똑같이 적합하다. 말하자면 우리가 선택하는 틀은 편의성이나 계산 효율성의 문제일 뿐이다.

아인슈타인의 일반 상대성 이론 직후, 천문학자들은 갈릴레오가 처음 본 별들이 우리 은하계에만 있다는 것을 발견했는데, 이 별들은 우주의 수십억 개 중 하나에 불과하다. 에드윈 허블(E. Hubble)은 그 후 멀리 있는 은하계들이 거리에 비례하는 속도로 우리로부터 멀어진다는 것을 발견했다(그림 49 참조). 그는 모든 방향에서 은하계가 멀리 떨어져 있을수록 우리로부터 더 빨리 날아간다는 것을 발견했다. 이것은 우리가 빅뱅 확장의 중심이라는 것을 의미하는가? 아니다. 거의 모든 입문 수준의 대학교 천문학 문헌은 모든 균일한 팽창(은하계 사이의 모든 거리가 단위 시간 당 동일한 비율로 증가한다)이 우주의 각 관측자들에게 빅뱅 팽창에 대한 동일한 시각을 제공한다는 것을 보여주는 간단한 내용을 담고 있다. 더 엄격하게 말한다면, 우리는 일반 상대성 이론과 광범위한 관찰의 조합을 통해 각 관찰자가 관측된 은하계의 거리에 따라 후퇴 속도(Recession Velocity)가 동일하게 증가한 것을 안다. 비록 우주가 팽창하는 중심점은 없지만, 우주의 어느 곳에서도 각각의 관찰자들은 자신을 우주 팽창의 중심으로 본다. 단테가 몹시 싫어하는 모든 특권과 독특함이 우주 안에 있는 우리의 자리에서 사라졌다.

모든 우주관찰자는 후퇴 속도와 똑같이 직선적으로 증가하는 것을 본다. 그러나 우주 팽창은 중심을 갖지 않는다.

49. 허블의 발견

이 간단한 검토와 함께, 이런 우주론적 발전을 이용하여 몇 가지 심리적이고 영적인 문제들을 밝혀보도록 하자. 현대 심리학적 관점에서 우리가 모든 생각, 감정, 그리고 외부와 내면의 모험을 우리의 자아나 성격과 연관 짓는 우리 자신의 경험의 중심이라는 인식은 지구 중심적 우주론에서 투사된 것이라는 사실을 안다. 우리는 우리의 개인적인 세계의 중심이 되는 우리의 심리적인 경험을 지구 중심적 천문학으로 바꾸었던 것이다. 이와 반대로 태양 중심적인 관점은 실제로 태양, 별, 하늘을 가로지르는 행성들의 움직임을 지각한 다음 태양을 중심으로 돌고, 선회하는 지구의 움직임을 그린 것에서 비롯되었다. 천체의 움직임보다 지구의 움직임이 해가 지거나 달이 떠오른다는 착각을 일으킨다. 이것은 겉으로 드러난 것을 그대로 믿을 수 없다는 과학의 첫 번째 폭로였다. 우리가 심리적으로 이 사실을 인식하고 우리 내면의 심리적 움직임이 어떻게 우리의 경험을 깊게 조건화하고 왜곡하는지, 우리의 투사가 어떻게 세계를 형성하는지 깨닫고 나면, 우리는 자아 중심적인 자리에서 벗어나기 시작한다. 그것은 우리가 무의식적으로 콤플렉스 내용을 투사하는 힘을 알게 될 때, 심리적 영역에서 코페르니쿠스적 혁명에 해당하는 첫 번째 잠정적인 발걸음을 내딛는 것과 같다. 우리가 마침내 자아가 정신생활의 진정한 중심이 아니라는 것을 깨달았을 때, 더 탁월한 지혜가 꿈과 환상의 내적인 삶에 관여하고, 개성화를 향한 무의식적 보상으로 안내한다는 것을 깨닫게 된다. 그때 지구 중심에서 태양 중심으로의 전환에 해당하는 심리적 전환이 자아-중심적인 태도에서 자기-중심적인 태도로 일어난다. 이것은 우리를 향한 하느님의 지혜와 사랑이 깃든 행성의 공들에 둘러싸여 있는 단테의 지구-중심적 둥지와 다르게 편치 않을 수도 있다. 하지만 융은 자신의 글을 통해서어머니 성당(가톨릭 교회) 같은 큰 기관보다 우리 개개인의 자원에 의존하는 이 고독한 여정을 옹호하고 있다.

모든 인간의 노력처럼 개성화 과정은 모든 종류의 곡해와 왜곡의 대상이 된다. 곡해된 것을 먼저 언급하고 이어서 이전의 과학적인 생각들과 중도불교의 공이 어떻게 그것을 바로잡는데 도움을 줄 수 있는지 안내하겠다. 나는 이것이 개성화의 곡해일 뿐 개성화의 이상적인 실현이 아니라는 점을 강조하고 싶다. 그럼에도 불구하고 그것은 놀라울 정도로 널리 퍼져 있어서 조금이라도 주의를 기울일 가치가 있다.

은혜처럼 보이는 것과 우리 자신의 노력을 합쳐서, 우리는 자아-중심적인 심리적 자리에서 자기-중심적인 자리로 발걸음을 내딛는다. 융에 따르면, 개성화가 완전히 성취될 수 있는 것이 아니라 무의식의 무한하게 깊숙한 곳으로부터 지속적으로 펼쳐지기 때문에 이런 변화는 결코 완성되지 않는다고 한다. 그 과정이 결코 완성되지 않기 때문에, 지구-중심적인 것이나 자아-중심적인 태도의 잔존물은 항상 자기에게 투사된다. 이 오염 잔존물과 함께 자기(또는 더 정확하게는 우리가 그것에 대한 우리의 해석)는 불교도들이 부르는 모든 허무, 자기-중심성, 또는 자기-소중히 여기기에 빠진 우리 자아의 더 큰 형태가 된다. 그렇게 되면 우리의 모든 관심은 우리의 개성화, 꿈, 감정, 심리적 염려, 주관성을 중심으로 병리적으로 돌아간다. 개성화 과정에서 진전을 이룰 때, 우리는 평범한 관습이나 관심을 넘어서 특별하게 신의 선택을 받았으며, 기름부음을 받았다고 확신하게 된다. 개성화는 좁게 성격화되고 삶의 다른 모든 측면을 집어삼키게 된다. 우리는 지구 중심주의를 쉽게 또는 우아하게 포기하지 않는다.

우리는 우리의 깨어있는 경험을 집단적 무의식이나 객관적인 정신의 풍부한 상징적 표현으로 해석함으로써, 의미가 도출될 수 있다는 것을 인식하여 세계를 상징적으로 이해함으로써, 큰 도약을 이루어 온 것인지도 모른다. 하지만, 상징적인 해석은 모든 사람과 사건을 나의 개성화, 즉 나의 심리극 안에 있는 소품으로 축소시킬 수 있다. 원형적 관계가 개인적인 관계를 대신하는 것이다. 다른 사람들은 단지 나의 투사의 담지자일 뿐 그들 자신의 실재가 될 수는 없다. 우리의 연인이나 배우자는 남녀가 반대의 성에 해당하는 아니무스나 아니마의 담지자가 되며, 우리 자신과 동등한 실재, 곧 동일한 관심과 필요와 독특성을 지닌 개인이 아니게 된다. 또한 우리의 원수도 우리와 같은 관점을 가진 실재의 인물이라기보다는 내면세계에서 다루어져야 할 그림자의 투사일 뿐이다. 길거리에서 구걸하는 노숙자 역시 품격 있는 삶을 누려야 하는 같은 권리를 가진 사람이기보다는 나의 노숙, 유기, 가난의 투사일 뿐이다. 나는 이 거지의 현실을 직시하기보다는, 그를 단지 나의 결핍된 노숙의 상징으로 본다. 나는 상징을 이용하여 그를 소독하고, 그의 현실과 거리를 두며, 그렇게 함으로써 나의 이웃과 환경에 대한 책임에서 벗어나게 된다. 세계를 상징적으로 인식하는 것은 자기애와 책임 회피로 변질되었다. 심리적으로 우리는 지구 표면을 떠났을지 모르지만, 확실히 대기권을 떠나지는 않았다.

아인슈타인이 물리학 법칙의 기준 틀 불변이나 틀 독립 공식(a frame-independent formulation)을 전개했을 때, 각각의 물리적 관점은 똑같이 적합한 것이 되었고, 똑같이 실제적이 되었다. 다른 어떤 것보다 하나의 기준 틀을 선택하는 데는 편의성 외에 다른 어떤 덕목이나 특권도 없다. 지구는 먼 은하단의 거대한 타원 은하계보다 더 이상 우주의 중심이나 선호되는 기준 틀도 아니다. 이런 움직임은 중도불교에서 모든 사람과 사물에 실체가 없고, 독립적으로 존재하지도 않는다고 하는 공 교리와 유사하다. 여기서 예외는 없다. 그 어느것도 관계와 우리의 생각에 근본적으로 의존된 것으로부터 벗어날 수 없다. 모든 사람과 대상은 동등하게 상호 의존적이고, 동일하게 비어있지만, 일반적으로 실재한다고 여겨진다. 양자 체계뿐만 아니라 부처, 심지어 공까지도 독립적으로 존재하는 것이 아니다.

심리적 측면에서 볼 때 공은 우리가 중요성을 상대적으로 인식했음을 암시하는 것 같다. 이제 사람과 사물에 대한 모든 관점은 동등한 타당성, 동등한 실재성을 갖는다. 하지만 이것은 잘못된 것이다. 우리가 물리학의 법칙이 보편적이라는 것을 알고 있듯이, 모든 관점, 모든 기준 틀도 동일하게 보편적이다. 따라서 불교도들은 사성제와 같은 어떤 원리들을 보편적인 것으로 이해한다. 그들은 직업, 부, 국가, 인종, 성별에 관계없이 신에서 유령에 이르기까지 모든 지각 있는 존재들이 순환적 존재의 고통을 받는다고 주장한다. 우리는 고통을 피하고 행복을 찾으려고 하는 보편적인 욕망에서 모두 똑같다. 이 진리가 자비와 도덕적 행동의 토대이다. 중도불교에 따르면, 공의 교리를 동화시키고 자비를 실천하는 것이 진정한 행복에 이르는 왕도다.

우리의 심오한 상호 의존, 모든 사람과 사물과 함께 공존하는 것은 우리가 우주의 중심으로서 우리의 자기를 세울 수 없다는 것을 의미한다. 그렇다. 그것이 진실이다. 우주적 팽창을 관찰하는 관찰자가 자신을 팽창의 중심이라고 보듯이, 우리는 자아가 우리 경험의 중심, 내적, 외적 드라마의 중심이라고 느낀

50. 산을 내려오는 일본의 붓다

다. 그러나 불교도들은 우리의 전통적인 자아, 경험의 초점, 우리가 그토록 깊이 소중하게 여기는 실체, 영적 수행과 관계된 실체는 진

정한 마음이 아니라고 강조한다. 우주의 팽창과 같이 진정한 마음은 중심과 시공의 자리가 없다. 그 실재와 효과에도 불구하고, 이 진정한 마음은 시공 안에 객관화되거나 발견될 수 없다. 이 확대된 마음의 이해는 우리가 자기애적인 심리적 난국에서 벗어날 수 있도록 도와주며, 다음 장에서 볼 것처럼, 외부세계, 곧 자연과의 통일 가능성을 제공한다. 이제 우리는 벨 실험에서 볼 수 있는 탈지역적 상호 의존성이 훨씬 더 일반적인 상호 의존성이나 공의 특별한 경우로 보여지는 것을 이해할 수 있다. 그것은 나의 그림자 투사를 담고 있는 사람과 노숙자 거지에 대한 진정한 자비를 요구한다. 이로써 그들의 고통이 곧 나의 고통이 된다. 보살은 우선적으로 고통을 가져올 수밖에 없는 삶의 진리에 묶여 있는 수많은 사람들을 해방시키려고 한다. 그는 단지 자신의 개인적인 고통에서 벗어나려고만 하지 않는다. 다른 사람들이 고통 받는 한, 우리의 진정한 영적 영웅인 보살도 상호 의존성 때문에 고통을 받는다.

중도불교의 관점에서 볼 때, 개성화이든 완전한 해방의 추구이든 우리의 발전은 의미, 평화, 고통의 종식에 대한 나 개인의 사적인 욕망만으로는 동기부여가 될 수 없다. 우리의 행복, 우리의 가장 깊은 성취는 모든 지각 있는 존재들의 고통을 감소시키는 것을 통해서 온다. 현재의 달라이 라마가 말하듯이, "진정한 행복은 자신의 행복에 대한 제한된 관심이나 가까이에서 느끼는 이들의 관심에서 오는 것이 아니라 모든 지각 있는 존재에 대한 사랑과 자비를 발전시키는 데서 온다."[2] 우리의 정상적 태도를 완전히 뒤집은 것이지만, 중도불교도들에 따르면, 가장 깊이 깨달은 형태의 자기 이익은 다른 사람들의 복지에 대한 깊은 관심이라고 한다. 이런 식으로, 나의 가장 높은 목표와 주변 사람들의 필요 사이에 어떤 충돌도 일어나지 않는다. 다시 달라이 라마는 "바보 같은 이기적인 사람들은 항상 자기 자신을 생각하고 있고, 그 결과는 부정적이다. 현명한 이기적인 사람은 남을 생각하고 남을 최대한 도와주며, 그 결과 자신들도 이익을 얻는다"³고 말했다. 이것은 미국의 현재 정치적 태도를 직접 공격하는 말일 수 있지만, 이것이 바로 순수한 티베트 불교이다.

요약해 보자. 일반 상대성 이론이 어떤 하나의 기준 틀이나 관점의 중요성을 감소시켰듯이, 중도 공(空) 역시 우리의 자아-중심주의에 대한 뿌리 깊은 심리적 속박, 즉 다른 사람들의 곤궁에서 우리의 책임을 너무 쉽게 외면하려는 속박을 없애게 한다. 그러나 공이나 어떤 사람이나 사물의 본질적이거나 독립적인 실재의 결여는 어떤 것이든 사라진다는 것을 의미하지 않는다. 상대성 이론처럼 보편적인 법칙이 있다. 중도에서 고통의 보편적인 진리와 철저한 상호 의존의 궁극적인 진리는 우리가 다른 사람들의 이익을 위해서, 그리고 궁극적으로 우리 자신을 위해서 자비를 가지고 행동할 것을 요구한다.

벨의 부등식 분석과 실체

여기서 나는 우리가 9장에서 벨의 부등식 분석에 대해 토론할 때, 실제로 중도불교에서 공에 초점을 맞추고 있었다는 것을 보여주려고 한다. 우선 9장의 긴 인용문에 요약된 양자역학에 대한 아인슈타인의 반대로 돌아가 보자. 아인슈타인은 대상들 사이에서 전파되는 어떠한 영향도 진공에서 빛의 속도보다 작거나 같은 속도로 전파되어야 한다고 요구했다. "A에 대한 외부 영향은 B에 즉각적인 영향을 미치지 않는다. 이것은 '지역성 활동의 원리'(principle of local action)로 알려져 있다." 예를 들어, 아인슈타인 자신의 일반 상대성 이론에서 중력장이나 시공간 4차원 곡률의 변화는 빛의 속도로 시공간의 한 지점에서 다른 지점으로 전파된다. 이 지역성 원리는 이전 장에서 벨의 부등식을 간단히 도출하는 데 결정적인 역할을 하고 있으며, 이것을 시스템의 두 부분의 분리를 보장하는 데 사용하는 다른 모든 일반적인 해석에서 결정적인 역할을 한다.⁴

아인슈타인은 대상들은 두 가지 방식으로 독립적으로 존재한다고 생각했다. 첫째, 그들은 우리의 지식이나 인식과는 무관하다. 그는 "무엇보다도 먼저 물리학의 개념은 실제 외부세계를 지칭한다. 즉 ... 그 관념들은 지각하는 주체와 무관하게 '실재한다고 하는 존재'를 주장하는 사물에 대해서 논한다"고 말한다. 아인슈타인은 대상들이 분명이 마음-독립적인(마음과 별도의) 존재를 가지고 있다고 본다. 둘째, 대상들은 서로 독립적이다. "구체적인 시간 안에서 이 사물들이 '다른 공간의 부분에 놓여 있는 한,' 서로 독립적인 존재를 주장하는 것은 물리학에서 소개된 사물들의 배열에 필수적인 것으로 보인다. 따라서 공간적으로 거리가 있는 사물들의 상호 독립적인 존재라는 가정이 없다면, 일상의 사유, 곧 우리에게 익숙하다는 의미에서 물리적인 사유에 기원을 둔 가정은 가능하지 않을 것이다." 다시 말해서, 우리가 실험에서처럼 대상들이 상호작용하지 않도록 대상들을 분리하면, 대상들은 상호 독립적인 존재를 가지게 된다.

티베트의 승려이자 학자였던 게셰 켈상 갸초(Geshe Kelsang Gyatso)도 이 두 가지 형태에 대해서 말한다. "우리가 평범한 존재라면 모든 대상은 본래적으로 존재하는 것처럼 보인다. 대상들은 우리의 마음과 무관하고 다른 현상들과도 무관한 것 같다."5 비록 아인슈타인은 서양 고전 과학을 옹호하고 있고, 게셰 갸초는 고대 불교 전통을 옹호하고 있지만, 근본적인 차원에서 그들은 같은 것을 말하고 있다. 물론 그들이 반대 입장을 주장하고 있지만 말이다.

우리가 아는 것과 상호 작용에 관계없이 존재하는 대상들, 곧 중도불교도들이 말하는 "자신의 쪽에서 보았을 때 존재하는 것처럼 보인다"는 대상들에게 아인슈타인이 집중한 것은 실체에 대한 정확한 묘사이다. 사실 그가 어떻게 실체를 좀 더 정확하게 묘사할 수 있었을지 상상하기는 쉽지 않다. 따라서 9장에서 물리학을 다룰 때 우리는 실제로 중도불교에서 말하는 공의 핵심에 초점을 맞추고 있었다. 벨의 정리 분석의 핵심 문제들과 중도 공의 교리 사이의 이런 밀접한 상응은 매우 이례적이다. 그렇다. 실체는 아인슈타인이 생각하는 것보다 더 많은 것을 포함하지만, 양자역학과 중도불교에 대한 주 비평가의 우려가 겹치는 큰 영역에서는 그것들 둘 다 독립적이거나 실체를 다루고 있다. 물론 아인슈타인은 이 독립적인 존재가 모든 물리학에 본질적인 것이라고 주장하는 반면, 벨의 부등식에 대한 실험적인 위반은 이것을 강력히 부인하고 있다. 우리는 중도불교도들이 독립적 존재를 부인하는 것이 궁극적인 진리이며, 대상의 가장 심오한 본성이라고 주장하는 것을 보았다.

나는 달라이 라마가 과학에서 잘 확립된 사실에 대해 집중하고, 실험이 실제로 벨의 부등식을 확인한다면, 그는 중도불교 이론과 실천의 핵심인 공을 포기하는 것을 고려해야 할 것이라는 점을 삽입해 넣고자 한다. 반면에 우리는 물리학에서 발견한 것을 결코 해석해서는 안 된다. 심지어 그것이 특정한 세계관을 입증하는 벨의 부등식과 같이 근본적인 것들이라고 해도 해석해서는 안 된다. 그럼에도 불구하고 현대의 양자론과 전통적인 공 철학이 조화를 이루는 것을 보는 것은 매우 만족스러운 일이다. 현대의 양자론은 현대 물리학 실험실에서 확인되었고, 전통적인 공 철학은 외딴 티베트 절들에서 확인되었다.

불교도들이 늘 강조하듯이, 실체와 분리성에 바탕을 둔 세계관에 대한 헌신은 엄청난 윤리적 의미를 내포한다. 이 관념은 유명한 물리학자 데이비드 봄(Davin Bohm)에 의해서 반영되었다.

현재 인류가 공동의 이익은 물론 실제적인 생존을 위해서 함께 협력하지 못하게 하는 사람들(인종, 국가, 가족, 직업 등) 사이에 광범위하게 만연되어 있는 차별심은 사물이 본래 나누어지고, 단절되어 있으며, 보다 작은 구성 요소로 "부서지는 것"이라는 사유 방식에 기인한다. 각 부분은 본질적으로 독립적이고, 자기-존재적인 것으로 여겨진다.[6]

아인슈타인에 대하여 공평하게 말하자면, 나는 그가 실체에 대해서 깊이 연구하였지만, 그의 윤리적, 정치적 행동은 전체 과학 공동체의 본보기였다고 생각한다. 그의 철학적인 세계관은 윤리적 의미를 가지고 있었다. 그러나 그의 분리성의 이데올로기는 양자역학의 동시성과 역설을 제대로 인식하지 못하게 하는 것에서부터, 그 뒤를 따라서 엄청나게 피를 흘리게 하는 인종차별과 민족주의에 이르기까지 다양한 어려움을 초래하게 하였다

이런 분리성의 이데올로기나 대상들 안에 실체가 있다는 잘못된 개념을 보호하려는 반복적인 경향은 종종 표준 양자역학에서 발휘된다. 거기서 과정을 사물로 바꾸고, 흘러가는 경험의 흐름을 실체처럼 보이게 하는 별개의 블록으로 채우려는 마음의 경향은 이론과 실험에 의해서 갑자기 멈춘다. 철학자들은 이 과정을 독립적으로 존재하는 것처럼 보이는 고정된 것으로 바꾸는 정신의 반복적인 경향을 구체화하는 경향이라고 부른다. 예를 들어, 광자는 측정할 때 유령이 나타나는 것 같은 확률로 분출되는 가장 수명이 짧은 실체이지만, 우리는 그것들을 시공간에서 잘 정의된 궤적을 따라서 이동하는 구체적이고 현존하는 실체로 구체화하는 경향이 있다. 아주 종종 우리는 그것들이 완전하고 자족적이며 거리의 조건이나 결과와 무관하다고 암묵적으로 가정한다. 교실, 실험실, 또는 동료들과의 토론에서 우리는 보통 벨 실험에 대해 "상관된 두 개의 광자가 반대 방향으로 보내진" 실험이라고 말한다. 한 쪽에서 측정한 결과가 다른 쪽에서 발견된 것과 밀접하게 연관되어 있다는 점에서 광자는 상관관계가 있다. 머리로는 상관된 빛이 분리된 방식으로 생각될 수 없다는 것을 알고 있지만, 보통 이렇게 분리된 방식의 사고 습관에 빠진다. 우리는 종종 이것이 특정한 적용을 더 쉽게 한다고 주장함으로써 이런 사고 습관을 실용적이라고 합리화한다. 다시 말해서, 우리는 본래적이고 비관계적인 존재를 잘 정의된 궤적을 따라 이동하는 독립적인 입자 모양의 광자로 간주함으로써 빛에 끊임

없이 귀속시키는 것이다. 이렇게 타고난 경향을 과학 철학자 폴 텔러(Paul Teller)는[7] "특이론"의 병이라고 불렀다.

간섭관측기 분석에서 보았듯이, 비록 빛이 관측되기 전까지는 광자가 아니지만, 우리는 일반적으로 빛이 측정이나 원거리 사건에 독립적으로 잘 정의된 궤적을 가진 독립적으로 존재하는 실체로 인식한다. 휠러(Wheeler)의 지연된 선택 시험은 제8장에서 이 관점의 오류를 극화한다.

비록 그것이 우리의 정상적인 기능 방식을 근본적으로 뒤바꾸는 것이기는 하지만, 중도불교는 현상의 가장 높은 진리, 곧 그들의 가장 근본적인 본성은 본래적으로 의존적이고, 상호 관련성이 있는 본성이라고 주장한다. 현상의 본질은 고립된 정체성이 아니라 그 연결성과 연관성이다. 일반적인 사고방식은 상관관계와 같은 관계를 대상에게 부여하지만, 이런 속성들은 독립적으로 존재하는 빛의 일차적 특성에 부수적인 것으로 생각한다. 또는 텔러(Teller)가 표현하듯이, 일부 양자의 속성들(상관된 빛의 특성과 같은)은 본래적으로 관계되어 있다. 즉 그들의 본질적인 관계는 그들의 비관계적이거나 독립적인 속성을 감독하거나 능가하지 않는다.

벨의 부등식을 시험하기 위한 실험은 가장 근본적인 의미에서 상관관계가 빛에 대한 본질적이고 일차적인 것이라는 사실을 보여준다. 현상의 궁극적인 진리는 현상들의 실체의 공이라는 점에서, 현상들은 가장 근본적으로 상호 의존적이며 상호 관계되어 있다. 우리는 빛의 속도를 넘어서는 것이건 다른 것이건 연결들을 통해서 본래적으로 존재하는 실체들을 관계시키기를 시도함으로써 이 상관 관계적 속성들에 대해서 설명하려고 할 수도 없고, 또 해서도 안 된다. 다른 한편 "측정에 따라서 '광자'로 지정되는 본질적으로 한쪽의 관계형 실체는 다른 한쪽의 관계형 실체와 본래적으로 관련되어 있어서 이 둘이 전체론적으로 고려되어야 한다"고 말하는 것은 언제나 너무 번거로운 것이 된다. 그러나 구체화하거나 참여적이게 하는 우리의 정상적인 사고방식을 억제하는데 어려움이 있음에도 불구하고, 중첩의 원리를 가진 양자 형식주의는 이것을 수학적 언어로 표현한다.

벨의 부등식 분석을 떠나기 전에, 그 분석의 본질적으로 부정적인 결과를 우리 자신에게 상기시킬 필요가 있다. 벨의 부등식 장 마지막에서 강조했듯이, 그 분석은 상관관계에 있는 쌍들의 상호 독립적인 존재를 부인하지만 이전에 잘못된 신념의 자리에 다른 원칙이나 설명을 놓지 않는다. 대신에 우리는 의존성, 상호 연결성, 얽힘 등과 같은 개념들만을 갖는다. 정확히 같은 방식으로, 중도불교도들은 공을 확정할 수 없는 부정으로 전개한다. 곧 공은 실체를 어떤 식으로든 다른 원칙으로 대체하지 않고, 그것을 부인한다. 현상들에 대한 지고의 진리는 그것들이 상호 의존적이고, 상호 연관되어 있다는 것이다. 이 외에 더 이상의 것이 말해질 수도 없고, 말해져서도 안 된다. 그렇지 않으면 우리는 우리들을 윤회에 더욱 확고하게 고정시키는 본래적으로 존재하는 또 다른 우상을 세우는 것이 될 것이다.

양자역학과 다양한 다른 분야들 사이에서 많은 비교가 이루어질 수 있다. 그러나 중도 불교의 가장 근본적인 원리인 공(emptiness)이 양자역학의 중심적인 신비(mystery), 즉 양자역학의 나누어질 수 없는 본성과 밀접하게 관련되는 것을 비교하는 연구가 거의 이루어지지 않았지만, 우리의 이해를 분명히 한다. 현대 물리학과 해탈로 가는 고대의 길, 그리고 현대의 실험적 형이상학의 결과와 중도 지혜의 정수(精髓) 사이에 있는 이런 연관성은 어떤 직접적인 의미에서도 중도불교가 옳다는 것을 증명하지 못한다. 그러나 그것은 "뱀의 밧줄"이나 "거북이 털로 만든 스웨터"와 같은 진기한 예보다 공을 설명하는 더 현대적이고 설득력 있는 예를 제공한다. 더 중요한 것은, 벨의 부등식에 대한 실험 위반에서 드러난 비분리성에 대한 성찰은 자연에 존재하는 심오한 상호 연결성에 대한 우리의 인식을 심화시킬 수 있고, 결과적으로 공에 대한 우리의 이해를 심화시킬 수 있다. 공을 인식하는 것은 양자역학에서든지 동시성을 고려하든지 간에 본래적이거나 독립적인 존재를 투사하려는 우리의 경향에 대항하도록 도움을 준다. 공에 대한 이해는 실험실 물리학과 동시성 경험에서 비분리성을 이해하는 데 도움이 되는 철학적 관점을 구축하는 데 기여할 수 있다. 그런 견해는 위의 인용문에서 데이비드 봄(David Bohm)이 언급한 많은 분열을 치유할 수 있을 것이다. 심지어 그것은 분리성에 대한 인간 본래의 오랜 헌신 앞에서 매일 더 상호 의존적으로 되어가는 세상에서 우리의 생존을 지켜내는 데 도움을 줄 수도 있다.

공의 열매

우리는 모두 외부세계가 인과적으로 우리의 내면 상태에 영향을 미칠 수 있다는 생각에 익숙하다. 여러 날 동안 차가운 비가 내린 후, 따뜻한 태양이 구름을 뚫고 나오면, 내 영혼은 솟구친다. 늦은 봄 서리에서 사과꽃이 모두 갈색으로 변하고 땅에 떨어지는 것을 보면 슬퍼진다. 외부세계와 내면세계 사이의 이런 인과적 상호작용에 놀라울 것은 없다.

그러나 상관관계에 있는 광자(또는 종 공명기)가 일부 비인과적 연결, 즉 에너지 교환 없이 순간적인 상호 의존성을 보일 때, 그것들은 분리되고 고립된 실체에 대한 나의 뿌리 깊은 신념에 심각하게 도전한다. 양자역학의 탈지역성의 영향은 독립적으로 존재하는 실체들 사이의 인과적 상호작용으로 이해될 수 없다. 실체나 텔러가 특이론이라고 말하는 것을 탓하려는 나의 성향은 양자 현상들의 특징인 탈지역성, 본질적 관계성에 대한 그 어떤 이해도 방해한다.

양자역학에 대한 나의 논의는 양자역학의 가장 근본적이고 충격적인 세 가지 측면, 즉 비인과적 성격(7장), 우주의 참여적 성격 또는 완전한 객관성의 결여(8장), 탈지역성 또는 상호 연결성(9장)을 강조해왔다. 이런 발견은 우리의 상식적인 관념들(또는 투사들)과 반대되지만, 공의 관점에서, 대상들의 최고 진리는 상호 의존성과 관련성이라는 개념과 독립적이거나 객관적인 존재의 결여라는 점에서 기대할 수 있다. 물론 이 모든 것은 뉴턴 물리학에 내재된 낡은 유물론과 우리의 성찰 없는 세계관과 극명한 대조를 이룬다.

동시성에서 경험의 가장 불안하고 구속적인 측면은 내면세계와 외부세계 사이에 진정한 의미의 비인과적 관계가 있다는 것과 정신과 물질 사이에 어느 정도의 일치가 있다는 것을 암시한다. 내가 주장했듯이, 우리는 대개 우리의 내면세계가 외부세계와 완전히 독립적으로 존재한다는 가정을 하고 있으며, 외부세계는 그 자신의 본질적인 존재, 그 자신의 자기-본성을 가지고 있다고 생각한다. 내면세계와 외부세계가 우리에게 기쁨이나 슬픔을 가져올 수 있도록 인과적으로 관계될 수 있다는 것은 사실이지만, 만약 우리가 현상들이 독립적으로 존재하며, 인과적이거나 분리적으로만 상호작용한다고 잘못 생각한다면, 우리는 자연에 대한 양자 이해를 위반하고 있는 것이며, 적어도 보다 높은 의미가 비인과적으로 전개되는 우리의 경험들 가운데 얼마를 이해하지 못하도록 스스로 닫아버리는 것이 된다. 동시성적 경험은 분리됨과 인과적 상호 작용에 대한 이런 제한된 관점을 부인한다. 또한 동시성적 경험은 비인과적 상호 의존성, 내면세계와 외부세계의 연합 안에 스스로를 표현하는 의미의 직접적 경험을 우리에게 가져다 준다. 우리는 본질적으로 존재하는 대상과 객체에 대한 이 거대한 편견에 사로잡혀 있기 때문에, 이런 상호 의존성을 받아들이기가 매우 어렵다. 의미의 깊은 암시에도 불구하고, 이 편견은 우리로 하여금 동시성을 단지 우연한 기회로 여기도록 몰아간다. 곧 동시성을 실제로 아무 관계도 없고, 그들의 독립적인 존재에 덧씌워진 우연한 관계일 뿐인 사물들의 우연한 조합으로 여기게 한다. 나는 공에 대한 인식, 즉 우리가 상호 의존적으로 세상과 더불어 일어난다는 관념이 동시성의 가능성 뿐만 아니라 동시성의 자연스러움을 이해하도록 도울 것이라고 기대한다. 또한 공에 대한 인식은 마음과 통일을 이루는 데 출발점이 되어야 하는 현대 물리학의 자연에 대한 우리의 인식을 깊게 하는 데 도움이 될 것이다.

　슈뢰더에 의한 이 장의 첫 인용과 달라이 라마에 의한 이전 장의 인용문은 모두 서구 과학과 동양 철학 사이의 교차를 통해서 비옥하게 된다는 생각에 힘을 실어준다. 매우 다른 이 사상가들은 옳을 수도 있다. 가장 어린 과학 중 하나인 심리학은 우리에게 동시성을 이해하기 위해서 상호 연결성을 연구하라고 요구하는 반면, 가장 오래된 과학 중 하나인 물리학 역시 탈지역성을 이해하기 위해 상호 연결성을 연구하라고 요구한다. 그러나 우리가 단지 심리학과 물리학으로만 우리 자신을 제한한다면, 우리는 제기된 어려운 문제들을 해결할 수 있는 충분히 넓은 틀을 찾지 못할 수도 있다. 우리는 상호연관성이나 상호 의존성을 설명해서 흘려보내야 하는 골칫거리로 여기기보다는 객관적이고 주관적인 현상에 대한 가장 높은 진리로 여기는 중도불교도들로부터 교훈을 얻을 필요가 있다. 다시 말해서 물리학자들과 심리학자들이 자연의 매우 신비하고, 골치 아픈 사실로 생각하는 것들이 중도 불교에서는 중심적인 관심사가 된다. 상호 의존성은 이상한 속성이 아니라 가장 높은 진리, 즉 모든 현상의 궁극적인 본성이다. 아마도 양자역학과 동시성을 이해하는 데 도움을 주는 것보다 훨씬 더 중요한 것은 상호 의존성이 우리가 살고 있는 지구가 살아가는데 필요한 자비의 태도를 키워가도록 도움을 줄 수 있다는 점일 사실일 것이다.

동시성적 막간 8
독서 초대장

비록 나는 융의 책을 여러 번 읽었지만, 아직 몇 권의 책을 읽지 못하고 있었다. 그 중 한 권이 『아이온』이다. 『아이온』은 융이 마지막으로 연구했던 책 중 하나이며, 몇 년 동안 반복적으로 작업한 책이다. 이 책에는 물병자리 시대의 도래, 기독교의 몰락, 에로스와 로고스의 역설적 측면 등 많은 주제가 논의되고 있다. 나는 나의 동시성적 경험에서 이 마지막 주제를 경험하였다.

나는 상담사로서 융의 관념들을 많이 사용한다. 내가 기술하고자 하는 사건의 시작 즈음에, 나는 이미 6년 동안 상담을 하고 있었고, 일, 아내, 공부에 온전히 몰입하면서 사랑스럽고 힘든 결혼 생활을 하고 있었다. 내 사무실 배치에 대해서도 알 필요가 있다. 나의 사무실은 14x16 피트 크기였고, 나는 그 방 가운데 있는 책상에서 일하였다. 방의 서쪽 벽과 북쪽 벽으로는 책장들이 늘어서 있다(첨부된 사진 참조). 이 책꽂이 선반들 중 일부는 책이 빽빽하게 차 있지만, 볼링겐 출판사에서 나온 양장판 융 전집을 비롯해 대부분이 깔끔하게 정리돼 있다.

어느 날 친구이자 내담자인 케이(Kay)와 돈(Don)이 점심시간에 나와 약속을 잡으러 왔다. 그들은 그들의 관계에 대해 논의하기를 원했다. 나는 3년 동안 그들 각각과 여러 번 상담했지만, 주로 직업적인 문제나 개인적인 발달에 관한 문제에 관해서 이야기했었다. 우리가 다가오는 약속을 정하기 위해 의논하고 있을 때, 내 책장에서 책이 한 권 떨어졌다. 전에는 이런 일이 없었기 때문에, 나는 다소 놀랐다. 그 커플이 떠난 후, 나는 떨어진 책으로 갔고, 그것이 『아이온』이라는 것을 알았다. 책장을 보니 어떻게 떨어졌는지 알 수 없었지만 책 내용이 낯설어 그 사건을 조금 더 생각해 보았다. 언젠가 읽으려고 했는데, 항상 융의 책은 읽기가 쉽지 않은 일이었기 때문에 그렇게 서두르지 않았다.

『아이온』을 읽겠다는 마음 다짐은 다른 때와 마찬가지로 더 나은 것도,

더 나쁜 것도 없이 거의 기억하지 않은 채 까맣게 잊고 있었다. 며칠 후 어느 토요일 밤 늦게 같은 커플이 내 사무실에 나타났다. 나는 여전히 사무실에 남아 지난 몇 주간의 상담 내용을 옮겨 적고 있었다. 그들은 그들의 관계에 대한 우리의 논의를 계속하기 위해서 곧 나를 다시 만나야 한다고 고집했다. 오늘 저녁의 침입은 이례적이었지만 그렇다고 나에게 특별한 경험은 아니었다. 하지만 그들의 문제가 나에게는 특별하거나 위기에 처한

책상과 선반에 있는 융의 책들 사이의 거리를 주목해보라.

51. 문제의 사무실

것처럼 보이지 않았기 때문에 그들이 그렇게 서두르는 것은 나를 의아하게 했다. 그럼에도 불구하고, 나는 다른 모임을 갖기로 동의했고, 약속을

적는 수첩을 꺼내는 순간 또 책장에서 책이 떨어졌다. 이상한 일이었다. 이번에도 전과 똑같은 책 『아이온』이었다. 이번에는 책이 책장에서 거리를 두고 떨어지는 바람에 하마터면 내 책상 위에 떨어질 뻔했다. 케이인지, 돈인지 누가 이것을 알아차렸는지 모르겠지만, 나는 확실히 알아챘고, 그 책을 읽으려고 마음 먹었다.

하지만 나는 그 다짐을 지키지 못하고 있었다. 우리는 두 번째 모임을 가졌는데 그것은 첫 번째 상담과 거의 똑같았다. 같은 달 말에 그들은 나를 그들의 집으로 초대했고, 우리는 좀 더 비공식적인 환경에서 논의를 계속했다. 이것이 나에게는 불편하게 느껴졌지만, 어쩌면 달라진 환경이 내 사무실의 격식 때문에 억제했을지도 모르는 것들을 표면화시킬 수 있다고 생각했다. 공식적인 역할과 규칙을 내려놓은 다른 환경은 문제들을 드러나게 했다. 나는 부부가 서로를 위해, 그리고 결혼에 대해서 가지고 있는 많은 이상들과 그들의 메마른 실제 관계가 극명하게 대비되는 것을 보기 시작했다. 이것은 나의 결혼생활과 너무나 닮은 유사점이었고, 우리의 대화가 계속되면서 나는 비로소 이 점을 진정으로 인식하게 되었다.

몇 달이 지났고, 사무실 안팎에서 더 이상의 발전은 일어나지 않았다. 그때 그 커플이 사무실에서 다시 만나고 싶다고 말하면서 나에게 다가왔다. 그들이 사무실을 떠날 때, 이제 익숙한 책인 『아이온』이 책장 선반에서 떨어져 책장에서 몇 피트 떨어진 곳에 있는 내 책상에 부딪혔다. 이번에 나는 그 책을 집으로 가져가서 읽기 시작했다. 처음에 나는 책의 내용을 그 커플과 연관 지을 수 없었고, 나와 그들의 관계와도 연관 지을 수 없었다. 그러나 나는 책을 읽으면서, 마음에 궤변적인 세계관과 철학에서 "모든 답을 찾으려고" 할 때, 그리고 심정적으로 몇 가지 "순진한"(메마른) 감정에 국한되었을 때 생기는 특정한 정신적 위기를 말하는 융의 토론을 접하게 되었다. 그는 이것을 로고스와 에로스의 양극화, 곧 일종의 자아와 자기의 교착상태라고 말한다. 그때 자아는 정신의 발달에 필요한 것이 무엇인지 알고 있지만 그런 지식은 재난적인 것이다. 왜냐하면 지식에는 더 이상 신비가 남아 있지 않고, 마음속에는 더 이상 발견해야 할 생명체가 없기 때문이다. 융은 다음과 같이 말하면서 이런 상태에 따르는 위험을 논한다.

> 그러나 자아 인격과 의식 세계의 강조는 무의식의 상들이 심리적으로 묘사되고, 결과적으로 자기가 자아와 동화되는 균형을 쉽게 가정할 수 있다. 의식세계는 이제 무의식의 실재를 위해서 수준을 낮추어야 하고 … 의식의 세계를 희생하여 꿈을 위한 공간을 만들어야 한다. … 자아의 가정은 도덕적 패배에 의해서만 꺾일 수 있다.[8]

그때 나는 비록 융이 우리에게 경고하였지만 '도덕적 패배'와 나는 '모든 해답을 가지고 있다'는 말이 무엇이 의미하는지, 그리고 어떻게 아니마와 연관될 수 있는지 깨닫지 못했다.

> 지성적 입장에 빠진 사람은 때때로 아니마로 가장하여 적처럼 자신을 마주보고 있는 자신의 감정을 만나게 될 것이다. … 그러므로 어떤 것을 지성적으로 뿐만 아니라 그것의 감정적 가치를 따라서 어떤 실현하기 어려운 위업을 이루기 원하는 사람은 좋든 싫든 간에 더 높은 연합인 대극의 합일(a coniuntio oppositorum)을 위한 길을 열기 위하여 아니마/아니무스 문제에 직면해야 한다. 이것이 전체성을 위한 피할 수 없는 선결 조건이다.[9]

그리고 그는 나중에 우리에게 이 통합의 대가가 얼마나 큰 것인지를 말해준다.

> 원형이 우세한 곳에서 원형의 고태적 본성을 따라서 우리의 모든 의식적인 노력과 반대로 우리에게 완전함이 강요된다. 개인은 완벽을 추구할 수 있지만 ('너의 하늘 아버지가 완전한 것처럼 너희도 완전하라') 그의 완전성을 위해서 그의 의도들의 대극으로부터 고통을 받아야 한다.[10]

이 어려움은 나의 내담자의 상황에도 확실히 적용될 수 있었다. 남자 친구는 학교를 떠나려고 하지 않는 대학원생이었다. 그는 지금 세 번째 박사과정에 있으면서 과학철학의 역사와 같은 극히 지적인 주제에 관한 분야를 연구하고 있었다. 반면 여자 친구는 줄리어드를 졸업하고 클래식 피아노 연주로 경력을 쌓기 위해 노력하고 있었다. 나 또한 내 자신에게서도 같은 양극화/정체를 보았다. 나의 정신세계는 신-플라톤 철학이라는 특정한 사상을 세상의 진리라고 확신한 반면, 나의 마음은 매우 형식적이고 선한 의지에서 나온 결혼이 전부라고 생각하고 있었다. 나는 나의 철학적 추구와 나의 결혼이 흔들려서는 안 되고 그렇게 바꾸어져서도 안 된다고 생각하였다.

『아이온』에서 융은 이 상황에서 우리가 가진 자원은 두 가지뿐이라고 말한다. 첫째, 우리는 기도해야 한다. 그렇다. 여기에서 융은 실제로 심리학은 그 문제를 해결할 수 없다고 말한다. 그것은 영적 위기라는 것이다. 그리고 만일 자아와 자기 사이의 미묘한 삶의 균형이 건강하게 유지되려면, 우리는 영적인 자원을 가져와야 한다. 그는 개인을 은총으로 인도할 수 있는 역사적인 예수, 곧 그분의 현존을 선택한다. 그러나 나는 인도에서 나의 길을 찾았다. 어느 쪽이든 융은 심리학적 역설이 의미 있는 상황을 만들어 내기 위해서는 진정한 영적 능력이 필요하다는 것을 분명히 한다. 융은 이냐시오 로욜라의 말을 인용해 다음과 같이 말한다.

> 인간의 의식은 끝까지 (1) (신의, Deum) 더 높은 통합으로부터 그 하강을 인식할 수 있고, (2) 이 근원에 대하여 반드시 세심한 관심을 기울여야 하며, (3) 지적이고, 책임감 있게 명령을 실행하며, (4) 그렇게 함으로써 정신 전체가 최적의 삶과 발달에 이르도록 창조되었다.[11]

두 번째 자원은 인간, 곧 참 인간이다. 여기서 융은 많은 사람들이 "융 학파의" 도그마라고 여기는 것에서 벗어나, 심리적 투사의 교리를 넘어서 자기-화육의 교리로 나아가야 한다고 말한다. 즉 우리는 자기가 우리의 자아나 몸 안에 그 모든 본성을 표현할 수는 없지만, 특히 에로스를 통해서 타인의 삶 속에서, 그리고 타인의 삶으로서 객관적으로 표상해야 한다는 것을 알고 있다.

그래서 우리가 우리 자신 안에서 찾아낸 충동이 '신의 의지'로 이해되어야 한다고 말할 때, 나는 그 충동이 자의적인 소망과 의지로 간주되어서는 안 되며, 우리가 어떻게 올바르게 다루어야 하는지 배워야 하는 절대적인 것으로 간주되어야 한다고 강조하고 싶다. 의지는 부분적으로만 충동을 통제할 수 있다. ... 나는 "신의 뜻"이라고 할 때 사용된 "신"이라는 용어를 좋아할 수밖에 없다. 여기서 내가 말하는 신은 기독교적인 신이라는 의미보다는 디오티마가 '사랑하는 소크라테스여, 에로스가 강력한 다이몬(daemon, 고대 그리스 신화 속에 나오는 반신반인의 존재)이다'라고 말했을 때 의도했던 의미에서의 신이다. 그리스어 다이몬(신, daimon)과 다이모니온(신성, diamonion)이라는 말은, 비록 그 윤리적 결정이 인간에게 맡겨져 있다고는 해도, 신의 섭리나 운명과 같이 외부에서 인간에게 부여되는 결정적인 힘을 표현한다.[12]

집단적 무의식의 요소로서 아니마와 아니무스의 환원 불가능성은 아니마와 아니무스가 집단적 무의식의 원형의 전체로서 자기 안에 있어야 한다는 것을 암시한다. 아니마와 아니무스가 자기 안에 있고, 자기는 그 모든 요소들을 세상에 대한 우리의 경험으로 나타내야 하기 때문에, 환원할 수 없는 자율적인 원형은 우리 경험 안에 상상적으로 존재하는 것일 뿐만 아니라 자아의 바깥에서도 나타나야 한다. 그러므로 자아와 독립된 자기의 원형으로서 아니마와 아니무스는 우리의 삶에 반드시 나타나야 한다.

예를 들어서 말하자면, 마침내 돈(Don)이 안정을 찾아 (마침내 취득한) 박사학위 과정은 내가 학문을 떠나 절로 갔을 때, 버렸던 바로 그 과정이었다. 또한 나는 학문을 위해서 클래식 음악을 발달시키는 것을 뒤로하고 (나는 항상 주립 교향악단에 있었다) 떠났었다. 내 자신의 삶과 이런 것들이 연관이 있다는 것을 알아차리는 데는 어느 정도의 시간이 걸렸다. 세 번째로 책이 책장에서 떨어지는 사건이 있은 다음에야 비로소 나는 나에게 어떤 의미가 있는 것으로 이 커플에 대해서 생각하기 시작했다.

그 의미는 자랐다. 다음 2년 동안 나는 그들과 함께 상담을 계속했지만, 그들의 결혼은 지속될 수 없었다. 상담이 거의 끝날 무렵, 나는 돈에게 몇 달 동안 수련회 센터에 들어가 일을 정리하는 것으로 휴식을 취할 것을 제안했다. 그런데 나의 제안을 따른 것은 돈이 아니라 그의 아내였다. 그 직후 나는 나의 아내와 인도로 갔고, 돌아온 지 몇 주 후, 우리의 결혼 생활은 갑자기 끝이 났다. 그리고 1년 반 후, 나는 케이와 함께 인도에 갔고, 우리 둘은 결혼하여 부부가 되었다. 돈은 마침내 학위를 마쳤고, 케이는 아주 어린아이들에게 음악을 가르치는 쪽으로 그녀의 직업을 바꾸었다.

그동안 일어난 일들은 많은 고통, 기쁨, 굴욕, 통찰, 명료성, 그리고 혼란이었고, 이 모두가 『아이온』이 책장에서 떨어졌던 이상한 사건에 자극받은 평범하고 잔잔한 질문에서 출발했다. 사건이 끝날 무렵 많은 사람들이 근본적으로 변해 있었고, 마침내 삶이 움직이기 시작했다.

그러면 왜 『아이온』이었을까? 글쎄, 그 첫 만남이 나중에 일어날 것의 모든 요소를 가지고 있었지만 아무도 그것을 알아채지 못하였다. 맞다. 그 관념은 방 안에 있었지, 우리 안에 의식적으로 심지어 억압된 채 있었던 것이 아니었다. 그렇지만 그 누구도 그 순간 힘을 알아차리지 못했다. 보통 그렇듯이 어떤 일이 일어날 때는 감정적, 지적, 감각적, 직관적 등 한 가지 기능이 고조되는, 즉 어떤 것이 일어날 것 같은 정서적 분위기가 있다. 때로는 그 정서가 반대로 나타나기도 한다. 부정적으로 판명된 것에서 행복을 얻는 것이다. 때로는 그 정서가 직접적이기도 하다. 강한 것으로 판명된 것에는 우울이 담겨있다. 하지만 이 상황에서, 아무런 정서적 분위기도 없었고, 심지어 무엇인가 있어야 한다고 의심조차 하지 않았다. 그런데 그 관념이 그 사건 안에 존재했던 것이 틀림없다. 그렇지만 그 관념이 그렇다고 인식되지 않아서 우리들 중 어느 누구도 그 관념을 의식할 수는 없었다. 따라서 그 관념은 스스로를 다른 방식으로 드러내야 했다. 『아이온』은 우리들 가운데 적어도 한 명에게 있어야 하는 그 관념을 간직하고 있었다. 우리가 그것을 보지 못했기 때문에, 그 책은 있는 그대로의 상황이나 그 책 안에 있는 관념이 표현될 필요가 있었다. 그 책이 담고 있는 그 관념은 무엇이었을까? 음, 그것은 우리 모두 안에 있는 자아-자기 관계의 결정적인 상태를 반영하는 그림자, 아니마, 아니무스의 역할들의 화신이었다. 말하자면 우리 네 사람 모두는 자아를 자기에 맞서게 하면서 어떤 형태의 "정신적인" 발달과 개성화에 헌신했다. 내 첫 번째 아내는 로고스를 발전시키는 길을 택했고, 그녀의 감정을 가둬놓았다. 케이는 그녀의 지적 발달을 포기하면서 에로스의 길을 선택했다. 돈(Don)은 로고스의 길을 선택했고, 철학에 대한 순수한 지적인 접근을 고수했다. 나는 에로스의 길을 향해 헌신했고, 자기에 대한 감정적 접근을 따랐으며, 이런 발전을 예측하는 데 필요한 분석적 차별을 박탈당했다. 『아이온』을 읽는 것은 내가 원형적 자리를, 더 중요하게는, 자아-자기 싸움의 맥락을 알아보는 데 도움이 되었다. 나의 독서는 외부 상황을 어떻게 보느냐에 영향을 미쳤고, 그 해결의 실마리를 찾는 데에도 영향을 미쳤다. 융은 "정신적"이라는 맥락(심리적 정직성에 대한 위약인 경우가 너무 많기 때문에, 나는 보통 생명의 위기상황에서 하고 싶지 않은 어떤 것)에 어떤 일을 배치하는 일은 적절하고 필요한 것처럼 보인다고 하였다.

 책이 "세 번"이나 반복해서 책장에서 떨어졌던 것은 그것이 일어나고 있는 일과 그것이 의미하는 것에 대한 나의 둔감함과 저항 때문이라고 생각한다. 나는 정말로 관계의 궁극적인 변화에 대해서 눈치채지 못하였다. 나는 나의 결혼이 끝날 것이라고 생각하지도 않았고, 케이와 내가 결혼할 것이라고 생각하지도 않았다. 나는 케이를 여자로 "주목하지"도 않았다. 그녀는 돈처럼 단순히 나의 내담자였다. 사실 우리의 감정이 우리 중 누구에 대해 표면화되기까지는 상당한 시간이 걸렸다. 마침내 그 감정이 나타났을 때, 내가 가지고 있던 정말 도움이 되는 유일한 안내자는 바로 그 책이었고, 우리는 인도에서 그것을 발견하였다.

 융은 불가사리를 자기의 상징으로 사용하는 다양한 중세 작가들의 말을 빌려온다. 융의 말을 들어보자.

이 불가사리는 너무 많은 열을 발생시켜서 닿는 모든 것에 불을 붙일 뿐만 아니라 스스로 음식을 만들기도 한다. 그러므로 불가사리는 억제할 수 없는 진정한 사랑의 힘을 상징한다. ... 이 물고기는 바다 한가운데서 영원히 빛나고, 닿는 것은 무엇이든 뜨겁게 달구어 불길로 만든다, 곧 성령의 불길이 되게 한다.[13]

제12장
심리학적 입장: 덕과 악

여전히 모든 과학은 정신의 기능이고, 모든 지식은 정신에 뿌리를 두고 있다. 정신은 우주의 모든 불가사의 가운데서 가장 위대한 것이며 대상으로서의 세계의 필수 요건(*sine qua non*)이다.

— C.G. 융.[1]

의식적으로 경험하는 투사들

1970년 봄, 나는 한 달에 한 번, 캘리포니아 빅 수르(Big Sur California)에 소재한 에살렌 연구소(Esalen Institute)에서 열리는 여러 종류의 심리학 연수회에 참석하였다. 그곳에서는 안개가 자욱한 태평양을 비추고 있는 햇빛으로 인해 산들이 파도 속으로 떨어져 내리는 것을 볼 수 있다. 돌을 갖고 전복 껍질을 두드리는 해달의 짧고 날카로운 딸깍 소리가 파도 소리를 뚫는다. 자연 온천욕, 태평양으로 미끄러져 들어오는 붉은 태양, 고운 향의 마사지 오일 등 이 모든 이미지들이 쉽게 마음에 떠오른다. 하지만 그때 가장 기억에 남는 경험은 압도적인 자연의 아름다움에서 벗어나서 행해진 간단한 집단 수행에서 비롯되었다.

우리는 임의로 상대를 정했고, 몇 피트 사이를 두고 서로 바라보며 바로 앞에 앉았다. 그런 다음 아무 말도 하지 않고 움직이지 않은 채 상대방의 눈썹 사이에 시선을 고정시키고 집중했다. 우리는 무엇을 기대해야 할지에 대한 암시도 받지 않고 그저 정신을 집중하고 분심을 내려놓은 채 마음을 조용히 하라는 말만 들었다. 우리는 이 집중을 20분 정도 강도 높게 해야 했다.

나는 집중해 본 어느 정도의 경험이 있어서 이 수행은 어렵지 않았다. 처음에는 예상치 못한 일이 일어나지 않았다. 처음 10여 분 동안은 심리적 불편함 없이 내 앞에 있는 여성에게 집중해야 하는 도전이었다. 그 집단이 며칠 동안 함께 진지한 심리 작업을 해왔기 때문에, 이것은 어렵지 않았다.

52. 에살렌 연구소 근처의 빅 수르

갑자기 그 여성의 얼굴이 어머니의 얼굴로 변했다! 그것은 분명히 어머니의 얼굴이었고, 나를 찬찬히 바라보았다. 이것은 나를 매우 불안하게 했다. 집중력이 떨어지자 어머니의 얼굴 모습도 사라졌다. 나는 충격에서 정신을 가다듬고 상대 여성의 눈썹 사이의 점에 다시 초점을 맞췄다. 잠시 후 이 매력적인 여성의 얼굴은 위협적인 눈빛과 함께 주름진 노파로 변했다. 나는 그 흉측한 얼굴을 넋을 잃고 바라보았다. 이상하기는 했지만, 나는 앞으로 곤두박질쳤다. 1분

남짓한 사이에 나는 문득 거울을 들여다보듯 나를 돌아보는 내 얼굴을 보았다. 이미지나 감정적 반응에 너무 몰입해 눈썹 사이 지점에 집중하지 못하면 파트너의 평범한 얼굴이 돌아왔다. 나는 그 지점에 대한 엄격한 집중력과 무의식적 이미지 수용 사이에서 미묘한 균형을 유지해야 했다.

이 경험에서 정신은 그 자체의 실체와 상상력으로 세계를 만들어 냈고, 시간과 공간의 외부세계에 그것을 투사했다. 일반적으로 투사는 완전히 무의식적인 과정이며 따라서 더욱 설득력 있고, 왜곡되며, 감정적으로 불안하다. 이 연습을 통해서 나는 그 과정을 의식적으로 엿볼 수 있었고, 그 때문에 특히 보람이 있었다.

무의식은 그림자의 표현이든, 아니마나 노현자의 표현이든, 계속해서 강력한 이미지를 투사한다. 융이 "투사는 세상을 자신의 이미지의 얼굴로 바꿔놓는다"[2]고 말했을 때 나의 경험을 문자 그대로 묘사한 것이었다. 그것은 심리적 사건이며, 우리가 투사를 인식하고 철회할 때 개성화의 중요한 이정표가 된다. 그러므로 우리가 객관적이라고 믿었던 것은 우리의 정신이 감정으로 가득 찬 바깥 세계의 이미지들에 의해서 우리에게 다시 반영되는 것으로 보인다. 우리가 이것을 분명히 볼 때에만 투사의 강요와 왜곡은 깨진다. 그것은 마치 이른 아침 빅 수르의 안개를 칼로 베는 햇살의 빛줄기와 같다. 우리는 우리의 이상과 행동이 어떻게 흐려졌고, 감정적으로 이렇게 끌려갔는지, 그리고 우리의 환상이 바깥으로 어떻게 이런 식으로 투사되었는지 놀라워했다. 얼마나 정신이 우리를 속이고, 교육시켰으며, 얼마나 진리를 모호하게 만들면서 드러냈는지! 그것은 힌두교에서 절대자인 브라만을 베일로 씌우고 드러내는 환영(Māyā)이라는 우주 원리의 심리적 반영과 같다. 정신과 환영은 둘 다 실재를 모호하게 하고 펼쳐 보인다. 심리학에서 투사는 투사된 대상을 가리고 투사하는 주체를 드러낸다. 투사의 제거는 우리를 대상으로부터 자유롭게 하고, 우리의 자기 지식을 증가시키며, 우리가 이전에 투사했던 감정 에너지와 심리적 속성을 회복시킨다. 마치 신선한 공기를 들이마시는 사람처럼, 우리는 오래된 환상과 오래된 투사의 강박적인 힘으로부터 해방되어 자유를 즐기게 되고, 되찾은 재능과 내용을 경축한다.

이런 경험은 집중 수행 전에 나에게 일어났지만, 그 수행은 몇 분 안에 몇 가지의 강력한 투사를 만들었고, 그것을 감정적으로 경험하게 하였으며, 몇 분 안에 철회할 수 있게 하였다. 그것은 어떻게 정신세계가 우리가 객관적인 실재로 받아들인 우리의 세계를 만드는지 보여주는 생생한 깨달음이었다. 불행하게도 우리에게 정신 체계가 있는 한, 우리는 항상 우리의 환상을 투사하면서 산다.

앞에 든 예에서는 내가 투사한다는 것을 아는 것이 너무 쉬웠기 때문에, 나의 예는 오해를 불러일으킬 수 있다. 그러나 우리가 투사에 사로잡힌 동안에는 불쾌하거나 매력적인 내용이 분명히 그 대상 안에 있다고 완전히 확신한다. 그 내용은 우리가 통제할 수 없는 외부세계, 곧 우리가 그것을 보는 그곳에 있다는 것을 조금도 의심하지 않는다. 만약 내가 그 여성을 위협적인 노파라고 완전히 믿었고, 그녀가 나를 파리하고 해치려는 마녀 같은 늙은 여성으로 등장한 것이라는 관념에 사로잡혔다면, 나의 예는 더 좋았을 것이다. 물론 그때 나는 그것이 그렇게 빨리 해체되어 투사로 인식되는 것을 볼 수 없었기 때문에, 그것을 투사의 한 예로 사용할 수는 없었다.

융과 심층심리학계는 정신의 힘이 우리의 세계를 창조한다는 사실을 매일 경험하였다. 이 임상 경험은 이 장의 주제인 융의 "심리학적 관점"의 주요 원천이다. 이 관점은 융이 동시성을 이해하려고 시도하는 틀이기 때문에, 내가 좀 더 자세히 설명하겠다. 또한 나는 그 관점에 대한 심리학적인 비평과 철학적인 비평 모두를 제공하려고 한다. 융의 견해에 대한 장점과 단점을 논함으로써, 나는 심리학, 물리학, 불교를 하나의 통일된 동시성의 모델로 묶으려는 길을 준비하겠다.

융의 심리학적 관점

궁극적이거나 철학적인 질문에서 융은 언제나 경험적이고 현상학적인 입장을 유지하려고 애썼는데, 그는 이것을 '심리학적 관점'이라고 불렀다. 그는 자신의 주된 관심사는 환자를 돕고, 경험적으로 알 수 있는 것을 고수하며, 모든 형이상학적 주장을 피하는 것이라고 거듭 말했다. 그는 그의 생각들을 심리학적이고, 경험적인 힘을 명확히 표현하는 것을 넘어서, 그의 견해를 완전히 표현하려는 철학적인 틀을 만드는 것은 자신의 역할도, 의무도 아니라고 생각하였다. 물론 그의 관념의 깊이와 내면의 경험이 풍부하기 때문에 이런 입장을 유지하는 것은 쉽지 않았다. 그의 자서전 편집자이자 절친한 동료인 아니엘라 야페(Aniela Jaffé)는 『기억 꿈 생각』(Memories, Dreams, and Reflections)의 서론에서 두 사람의 융이 있다고 지적한다. 첫째 융은 『융 전집』에 등장하는 경험적 과학자 융이고, 둘째 융은 그

53. 아니엘라 야페

의 자서전에서 나오는 "신과 그의 개인적인 신에 대한 경험을 말하는"[3] 종교적인 융이다. 이 장에서 나는 그의 경험론의 표현인 융의 심리학적 관점으로부터 시작하여 동시성에 대한 철학적 모델을 만들려고 한다. 융은 그것을 완전히 설명해서 철학적 위상을 부여하려는 의도는 없었지만, 그것은 그가 일생 동안 유지했던 철학적 위치의 중요한 측면을 분명하게 나타낸다. 융의 심리적학 관점은 나의 모델에 좋은 출발점이 된다. 다음 장에서 나는 종교적인 융에게 돌아갈 것이다.

융은 여러 곳에서 심리학적인 관점을 서술하지만, 가장 좋은 것 가운데 하나는 다음과 같다.

지금까지 나는 내가 서 있던 기반에 의문을 갖지 않고 실제적인 과학적 사고의 관점에 대한 나의 성찰에 기초하였다. 그러나 내가 말하는 심리학적 관점이 무엇인지 간단히 설명하기 위해서, 나는 실제적인 관점의 배타적 타당성에 심각한 의문이 제기될 수 있다는 것을 보여주어야 한다. 순진한 마음이 가장 실제적인 것이고, 곧 물질이라고 생각하는 것을 한 예로 들어보자. 우리는 물질의 본성에 대해 가장 어렴풋한 이론적 추측만 할 수 있고, 이런 추측은 우리의 마음에서 만들어진 이미지들일 뿐이다. 내 눈과 마주치는 파도 운동이나 태양 방출은 나의 지각에 의해서 빛으로 변환된다. 내 마음은 이미지 저장과 함께, 세계에 색과 소리를 준다. 그리고 내가 "경험"이라고 부르는 지극히 실제적이고 합리적인 확신을 가장 단순한 형식으로 보면, 매우 복잡한 정신적인 이미지의 구조다. 그러므로 어떤 의미에서 마음 그 자체 외에는 직접적으로 경험되는 것이 없다. 모든 것이 마음을 통해서 매개되고, 번역되고, 걸러지고, 우화화되고, 왜곡되고, 심지어 마음에 의해서 변조된다. ...
우리가 세상에 대해서 알고 있는 것, 그리고 우리가 우리 자신 안에서 직접 알고 있는 것은 멀리 모호한 출처로부터 흘러나오는 의식적인 내용들이다. 나는 사물 안에 있는 본질(*esse in re*)이라는 실제적인 관점이나 지성으로서만의 본질(*esse in intellectu solo*)이라는 이상주의적 관점의 상대적 타당성에 이의를 제기하는 것이 아니라, 아니마 안에 있는 본질(*esse in anima*)이라는 심리학적 입장에서 이 대극들을 통합하고자 한다. 우리는 바로 이 세상에서 이미지 속에서만 살아간다.[4]

융에게 마음의 작용으로서 상상력의 영역인 정신은 우리가 직접 즉각적으로 경험하는 유일한 실재다. 우리가 가장 미묘한 미적 반응을 경험하고 있든, 치과의사의 드릴을 경험하고 있든, 모든 경험은 "지나치게 복잡한 정신 이미지의 구조"다. 우리는 정신적 이미지, 사유, 관념 외에는 어떤 것도 직접 경험하지 않는다. 우리는 완전히 무의식적-의식적 전체인 정신의 고치 안에 갇혀있다.

융에게 있어서 이 주장은 경험적 사실이며, 우리가 직접 경험하고 내성적으로 접근한 경험이다. 그것은 미묘한 철학적 주장이나 믿음의 비약도 필요로 하지 않는다. 우리는 걸어 다니는 감각 경험이든 꿈이든 환상이든 경험을 살펴보고, 우리가 직접 아는 것은 마음속의 이미지뿐이라는 것을 깨닫는다. 치과의사의 드릴 소리, 나의 두려움, 날카롭게 뚫고 들어와서 몹시 괴로움을 주는 그 아픔은 가장 근본적인 의미에서 모두 같은 본성을 가진 마음속의 강력한 이미지이다.

> "우리는 바로 이 세상에서 이미지 속에서만 살아간다."

모든 경험이 정신에서 반짝이는 이미지의 복합체라고 말하는 것은 경험에서 그 어떤 생생함도 빼앗아 가지 않는다. 돌은 그만큼 단단하고 무겁고 고통과 기쁨도 극심하다. 그러나 그 모든 경험은 정신을 그 본래의 위치로 고양시키고, 즉각적인 경험으로부터 가능한 모든 물질적 요소를 제거한다. 우리가 알 수 있는 모든 대상은 그것이 외부세계에서 감지되든 내부세계에서 느껴지든 시간과 공간 안에서 정신이 만들어낸 이미지 속으로 구체화된 정신이다. 따라서 융은 이 장의 첫 번째 인용문에서 "정신은 우주의 모든 신비 가운데서 가장 위대한 것이며 대상으로서의 세계의 필수 요건(sine qua non)이다"라고 말한다.

융은 어떤 물질이 나의 감각적 경험에 기초한다는 일반적으로 받아들여지는 세계관을 기꺼이 인정하려고 한다. 객관적이고 물질적인 세계가 분명히 그를 위해서 존재한다. 융에게 있어서 물질적인 드릴, 치아, 신경 등은 우리의 인식의 '아래'나 '뒤'에 존재한다. 지각이 유효할 때, 지각은 이 물질적 "실재"에 연결된다. 그럼에도 불구하고 우리는 이런 물질적인 대상을 직접 경험하지 않는다. 우리는 단지 물질적인 대상이 마음속에서 만들어내는 "멀리 모호한 출처로부터 흘러나오는" 이미지들만을 알고 있다. 우리는 물질세계가 그 자체나 본질에서 무엇인지에 대해서 말할 수 없다. 왜냐하면 "우리는 물질의 본성에 대해서 가장 어렴풋한 이론적 추측만 할 수 있고, 이런 추측은 우리의 마음에서 만들어진 이미지들일 뿐"이기 때문이다. 우리의 감각 인식의 기초가 되는 알려지지 않고, 궁극적으로 알 수도 없는 어떤 기질이 우리의 경험의 공통의 기반이 된다고 추정할 수 있다. 예를 들어, 우리는 오늘이 맑은 날이라는 것에 동의할 수 있다. 많은 사람들에게 객관적인 세계에 대한 필요성은 우리의 경험에 안정성과 공유된 객관성을 부여하는 어떤 정신을 뛰어넘는 세계, 곧 "물질"이 존재한다는 명백한 증거이다. 융이 말한 대로, "정신적으로, 오직 정신적으로만 매개되는 존재 형태가 있다 하더라도, 모든 것이 그저 정신적인 것이라고 말하기는 어려울 것이다."[5]

54. 융

294 · 동시성, 양자역학, 불교: 영혼 만들기

융에게 있어서, 이 물질은 궁극적인 마음의 본성과 함께 그 자체로 영원히 알 수 없다. 우리는 물질과 마음 어떤 것도 직접적인 경험의 대상으로 만들 수 없다. 우리는 물질에 접근할 수 없을 뿐만 아니라 마음도 마음 그 자체를 직접 알 수 없다. 우리는 나무나 바위 같은 외부 대상이나 고통이나 즐거움 같은 내적인 대상은 알 수 있지만, 이미지 없는 그 자체를 직접 알 수 없다. 지각의 주체는 그 스스로를 있는 그대로 또는 순수하게 알 수 없거나, 유일한 지각의 대상이 될 수 없다. 왜냐하면 이것은 모든 경험의 특징인 주체(자아), 대상(알려진 것), 그들 사이의 관계(지식)라는 세 부분으로 나뉘는 것이 허용되지 않기 때문이다. 융에 따르면 "우리는 그 사실로 인해 의식적이고 우리의 경험적 성격을 나타내는 자아-콤플렉스에 알려지게 된, 곧 성찰된 상태에 대해서만 즉각적인 경험을 하기 때문에, 자아가 없거나 내용이 없는 다른 어떤 종류의 의식은 사실상 생각할 수 없는 것으로 귀결된다."[6]

융의 심리학적 입장 때문에 그는 다음과 같이 주장한다.

> 우리는 "형이상학적인" 마음이나 정신보다 물질에 대해서 훨씬 더 많이 알고 있다고 착각함으로써 물질적 인과관계를 과대평가하고, 그것만으로도 우리 삶에 대한 진정한 설명이 가능하다고 생각한다. 그러나 물질은 마음만큼이나 이해할 수 없는 것이다. 궁극적인 것에 대해서는 아무것도 알 수 없다. 그리고 이것을 인정할 때 우리는 비로소 평형상태로 돌아간다.[7]

그러므로 심리학적 관점은 정신의 우선성을 인정한다. 그러나 융은 그가 쓴 최고의 이론적인 논문인 "정신의 본성"(On the Nature of Psyche)에서 정신(psyche)은 한쪽 끝에는 이해할 수 없는 물질(matter)이 또 다른 끝에는 초월적인 정신 원리인 영(spirit)이 자리하는데, 물질과 영, 둘 다 알 수 없다는 점을 보여주려고 한다. 비록 원형이 주로 영의 본성을 위한 것이지만[8] 동시성적 경험들로 인해 융은 원형이 영과 물질의 양극에 참여한다고 주장한다. 즉, 원형은 그 자체가 궁극적으로는 표현될 수 없고, 초월적이며(정신양), 영과 물질 모두의 기초를 이룬다. 표현될 수 없고, 초월적인 원형은 물질과 정신 둘 다를 구성하고 "우주적 경외로움 가운데 가장 큰" 정신을 받치는 대들보를 형성한다. 그러므로 융은 결정적으로 비-경험주의적인 방식으로 다음과 같이 주장한다.

> 정신과 물질은 하나의 같은 세계에 포함되어 있고, 게다가 서로 지속적으로 접촉하고 있으며, 궁극적으로 표현될 수 없는 초월적 요인에 기초하고 있기 때문에 정신과 물질은 하나의 동일한 것의 다른 두 가지 측면이라는 주장이 가능하기도 하고, 충분한 개연성이 있다고 할 수도 있다. 내가 보기에 동시성적 현상들은 이런 방향을 가리키는 것처럼 보인다. 왜냐하면 동시성적 현상들은 정신적인 것과 정신적이지 않은 것 사이에 아무 인과적 연관도 없으면서 정신적이지 않은 것이 정신적인 것처럼 행동할 수 있고, 그 역도 마찬가지임을 보여주기 때문이다.[9]

정신과 물질의 기초가 되는 연합은 초월적이고 즉각적인 경험을 할 수 없기 때문에, 융은 그것에 대해 말을 적게 하거나 모호하게 말한다. 그렇지만 융은 중세의 개념인 하나인 세계(*Unus Mundus*)를 언급하고 있고, 나는 이 주제를 다음 장에서 확대 발전시켜 볼 것이다. 비록 융은 동시성적 경험이 하나인 세계와 같은 근본적인 연합을 가리킨다고 자주 언급하지만, 더 자주 그림 55에 요약된 경험주의와 형이상학적 주장의 결합인 심리학적 관점을 확고히 고수한다. 그림의 왼쪽에는 적어도 잠재적으로 알 수 있는 의식-무의식적 총체성인, 정신으로 병합 되는 알 수 없는 물질 영역이 있다. 오른쪽에는 본질적으로 물질처럼 알 수 없는 초월적 정신이나 영의 영역이 있다. 세 영역은 겹치지 않는다. 하나는 특정할 수 없는 방식으로 다른 것과 합쳐진다. 표상할 수 없는 원형은 정신을 구성하고 영과 물질 모두에 뿌리를 두고 있다.

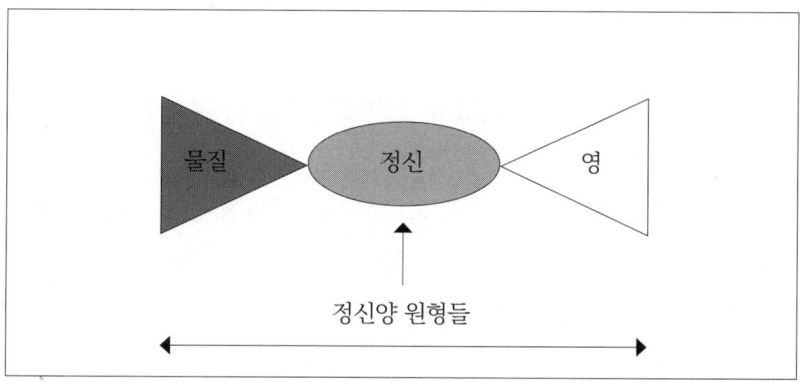

55. 융의 우주론

융의 관점에 대한 심리학적 책임

내가 융을 매우 높게 평가하고 있음에도 불구하고, 나는 그의 심리학적 관점에 있어서 몇 가지 심각한 결점을 지적해야 한다. 그렇게 하면서 나는 돌아가신 앤서니 다미아니(Anthony Damiani)가 "내가 이 거인들을 비판해야 한다면 그것은 무릎을 꿇은 자세로 하는 것이다"라고 말한 것을 애틋하게 기억한다. 그런 마음가짐으로 진행하도록 노력해 보겠다.

심리학적 관점은 진정한 만족과 겸손함으로 이어질 수 있다. 일단 우리가 이미지의 세계, 곧 정신적인 세계에서만 살고 있다는 것을 깨닫는 충격으로부터 회복되면, 우리는 그것이 과학적이든 철학적이든 신비적이든 간에, 모든 궁극적인 주장을 넘어서 자연스럽게 이 심리학적 관점을 취하게 된다. 융은 우리가 정신의 이미지만을 알 수 있기 때문에, 정신 너머에 있다고 주장하는 어떤 것에 대해서도 진정한 지식을 가질 수 없다고 추론한다. 그래서 과학적이든 철학적이든 종교적이든, 모든 궁극적인 진술은 단지 정신의 구조에 의해 조건화된 환상, 곧 심리학적 원형에서 비롯된 놀이에 지나지 않는다. 융이 말하듯 "우리의 형이상학적 개념은 단순히 인간화된 이미지와 의견으로 초월적 사실을 표현하지 않거나 매우 가설적인 방식으로만 표현한다." 융에게 있어 심리학적인 인간은 지구적이고 초월적인 만물의 척도가 되었다. 코페르니쿠스가 우리를 우주의 중심에서 제거했다면 융의 심리학적 관점은 우리를 다시 중심에 놓으면서 이번에는 정신에 갇히게 하였다. 이런 관점에서 융은 필연적으로 진정한 형이상학적 원리를 심리학적 원리로 취급하면서 어쩔 수 없이 심리학의 희생양이 되게 한다. 하지만 융은 이런 평가가 공정하지 않다는 것을 분명히 하려고 한다. 예를 들어, 『융합의 비의』(*Mysterium Coniunctionis*)에서 융은 다음과 같이 말한다.

> 심리학은 형이상학적 관점의 객관적 타당성에 대해 찬성하든 반대하든 형이상학적 관점에 대한 그 어떤 주장도 진전시킬 수 없다. 나는 심리학적 설명은 필연적으로 심리주의가 되어야 하거나 아니면 그 반대가 되어야 한다는, 즉 형이상학적 주장이 되어야 한다는 완고하고도 괴상한 개념의 거짓을 밝히기 위해서 여러 곳에서 이 진술을 반복하였다. 정신이란 뇌로도 형이상학으로도 축소될 수 없는 그 자체로 경이로운 세계이다.[10]

그럼에도 불구하고, 심리학적 관점으로만 연구할 때, 연구자들은 초월적인 주장을 진지하게 평가하는 치열한 작업을 제대로 할 수 없다. 예를 들어, 우리는 심리학 내에서 융이 말한 '신의 이미지'만 연구할 수 있을 뿐, 결코 신을 직접 연구할 수 없다. 우리는 이런 정신적 내용의 기초가 되는 진리에 대한 주장에 대해 침묵해야 한다. 심리학적 관점에서 우리는 요가 수행을 통해서 정신을 뛰어넘을 수 있는 가능성에 대해서 불가지론적인 태도를 유지해야 한다. 다음의 토론에서 알 수 있듯이, 융은 그런 초월을 단지 원형적 주제로만 생각했고, 엑스타시를 위한 욕망이라고 했다. 따라서 융에 따르면, 서양의 플라톤과 플로티누스, 인도의 붓다와 아디 샹카라(Adi Shankara) 등 위대한 철학자-현자들이 신과의 연합을 이룸으로써 인간의 한계를 초월하고 대극의 세계를 극복한다고 말하는 것은 단지 원형적 충동의 표현일 뿐이다.

아마도 우리는 융에게 좀 더 관대할 수 있고 그가 인식론적으로 겸손했다고 말할 수 있다. 그리고 상대적으로 적대적인 지적 분위기에서 활동해야 했던 융의 관점은 과학적 존경에서 얻은 대가였다. 자신의 경험과 일치하는 - 그중의 하나가 동시성이다 - 현대의 과학적, 경험적 존경의 영역에 머무르려는 융의 욕망은 자신의 심리학과 형이상학에 기초한 글들 사이에 긴장을 초래했다. 그러나 나는 과학적 융과 형이상학적 융 사이에 긴장이 얼마나 큰지를 주장하면서 융을 반대했던 많은 사람들이 융에게 심리주의의 혐의를 두는 것에 관심이 없다. 대신 나는 심리학적 관점이 위에서 언급한 우쭐함은 어떻게 조장하는지 보여주기 원한다. 심리학적 관점에 내재된 이런 위험의 예를 보여주겠다.

1944년 70세에 이르러 융은 고인이 된 친구 하인리히 짐머(Heirich Zimmer)가 쓴 위대한 아시아의 현자 라마나 마하르시에 관한 책에서 "인도의 성자들"[11]이란 제목으로 서문을 썼다. 라마나는 대단히 뛰어난 영적 인물이자 완전한 불이론(不二論, nondualism)의 대가였다. 이 말은 그가 모든 대극의 쌍을 초월했었다는 뜻이고, 내용이 없는 순수 의식을 지속적으로 경험하면서 동시에, 몸 안에 있으면서 완전히 해방된 지반 묵타(jivan mukta)라는 경험적 다중성의 세계와 접촉을 유지했다는 뜻이다. (라마나의 책 중 하나는 동시성의 예를 설명하기 위해서 동시성적 막간 6에서 다룬 "노래하는 돌"에 언급되어 있다). 융은 인도 방문 중 기회가 있었을 때 라마나를 방문하지 않은 것에 대해 고인이 된 하인리히 짐머가 융을 용서했는지를 물으면서 글을 시작한다. 이 관념에로 돌아가 융은 다음과 같이 말한다.

어쩌면 나는 슈리 라마나(Shri Ramana)를 방문했어야 했다. 그러나 나는 내가 미처 놓쳤던 것을 보완하기 위해 인도에 두 번째 여행을 간다면, 또 같은 결말로 이어졌을 것이다. 나는 그 계기가 특별했음에도 불구하고 정말 유명한 그 분을 개인적으로 방문할 마음이 없었다. 사실, 나는 그가 독특하다고 생각하지 않는다. 그는 항상 그랬고, 앞으로도 그저 그럴 그런 인물이다. 그러므로 그를 찾아야 할 필요가 없었다. 나는 인도 어디를 가든 그를 보았다. 라마크리슈나의 사진에서, 라마크리슈나의 제자들이 있는 곳에서, 불교 승려들 사이에서, 그리고 수없이 많은 다른 인도인들의 모습에서 나는 그를 보았다.[12]

여기 행동에서의 심리학적 관점의 특별함이 있다. 심리학적 관점에 따르면, 우리는 정신을 초월할 수 없기 때문에, 라마나는 무시간적인 초월의 신화를 살아내면서 단지 원형적 주제만을 표현하고 있었다. "그는 항상 그랬고, 앞으로도 그저 그럴 것이다. 그러므로 그를 찾아야 할 필요가 없었다." 융은 라마나를 정신의 연대를 실재로 파열시키는 인물이 아니라, 해방을 향한 무시간적인 원형적 갈망, 곧 어떤 "유형"으로 생각했기에 그를 방문하지 않기로 결정하였다. 몸 안에 있으면서 정신의 대극을 완전히 초월한 진정한 지반 묵타(jivan mukta)와의 만남은 융의 심리학적 입장이 지닌 한계와의 대결이었을 것이다. 라마나는 정말 지반 묵타였는가? 그런 상태가 가능한가? 그의 생애와 작품에 대해 연구해 보면 그의 자리가 실재보다 더 높게 추앙을 받게 된 것으로 보인다. 이 부분을 보다 더 잘 알 수 있는 자리에 있는 이들은 라마나를 20세기 인도 정신의 가장 위대한 예 중의 하나로 보았다. 융은 그의 명성을 알고 있었다. 라마나가 진정으로 정신을 초월했는지는 나의 주된 관심이 아니다. 그렇지만 그가 심리학적 관점을 진정으로 초월했을지도 모르는 독특한 영적 현상인지에 대해 세심한 조사를 할 가치는 충분했다. 짐머의 책 서문에서 융은 이 점을 옹호하며 글을 쓰고 있다.

아마도 독자는 내가 융에게 공정하지 않다고 생각하거나 이 진술이 상황에 맞지 않는다고 생각할 수 있다. 그러나 1947년 "인도의 성자들"을 쓴 지 3년이 지난 후, 융은 라마나에 대해 자신이 썼던 글에 대해 편지를 보내온 미즈 박사를 향해 라마나에 대한 융 자신의 비판을 옹호하는 내용의 편지를 다시 써서 보냈다. 융은 다음과 같이 미즈 박사에게 답하였다.

나는 65년 동안 완벽한 균형을 유지하며 살아온 사람의 삶이 가장 불행하다고 생각한다. 내가 그런 기적의 삶을 살지 않기로 선택한 것은 퍽 다행이다. 완벽한 균형의 삶은 얼마나 비인간적인가! 그런 삶에서 나는 아무런 재미도 만날 수 없을 것이다. 완벽한 균형은 정말 놀라운 일이지만 일 년 내내 매일 그런 놀라운 삶을 산다고 생각해보라. 더 나아가서 나는 전체적으로 자기와 동일시하지 않은 것이 훨씬 더 바람직하다고 생각한다. 이런 모델이 인도에서 높은 교육학적 가치로 여겨진다는 사실에 참으로 고마움을 느낀다.[13]

여기서 융은 우리에게 "자기와 동일시하지 말라"고 충고한다. 이것은 정신의 삶이나 심리학을 위한 건전한 조언이 될 수 있지만, 라마나는 인도의 아드바이타 베단타(Advaita Vedanta)의 대표이다. 그 전통은 정신이 지고의 자리에 있는 자기보다 훨씬 낮은 수준의 실재라고 이해한다. 사실 주관적이면서도 객관적인 모든 현상들은 지고의 자리에 있는 자기와 비교했을 때 궁극적으로는 환상적인 것으로 이해된다. 아드바이타 베단타에서 절대자와 같은 본성을 지닌 초월적 자기와의 이런 동일시는 영적 탐구의 자연스럽고 피할 수 없는 결과이다. 만약 우리가 인간을 정신적 삶과 그 대극들에 감금되어 있는 상태로 정의한다면, 이런 동일시는 "완전히 인간 안에서" 이루어진 것이 사실이다. 반면에, 우리의 참된 본성에 대한 자아의 방해를 해체하게 될 때 자비의 완전한 개화, 즉 지고의 인간사랑

(humanism)이 이루어진다. 융은 어떻게 그런 비범한 성취를 "재미"가 없다고 불평하며 대수롭지 않게 여길 수 있었을까? 어쨌든, 융은 확실히 라마나를 특별히 방문할 가치가 없다고 생각했다. 같은 편지의 말미에 융은 이렇게 쓰고 있다.

내가 마드라스(Madras)에 있을 때 마하르시(Maharshi)를 볼 기회가 있었다. 하지만 그 무렵 나는 별 가치도 없는 지혜를 좇는 압도적인 인도의 분위기와 명백한 이 세상의 허영에 젖어, 12명의 마하르시가 서로 위에 있었다고 한 들 더 이상 거기에 신경 쓰지 않았다.[14]

심층심리학과 인도 사상을 동시에 공부한 사람이라면 융의 이 같은 태도는 깊은 실망감을 안겨준다. 마빈 스피겔만 박사가[15] 나에게 깊은 인상을 주었듯이, 이 두 전통의 학생들은 융의 오만함 때문에 큰 손실을 입었다. 만약 융이 라마나 마하르시를 방문했다면, 이 영적 거인과의 교류가 융과 그의 관념을 변화시켰을지도 모른다. 비록 라마나가 그의 근본적인 생각에 도전했다고 느끼지 않았더라도, 융은

56. 라마나 마하르시

아마 우리에게 라마나에 대한 훨씬 더 깊은 심리학적 이해를 제공해 주었을 것이다. 어느 경우든, 이 위대한 사람들의 후손들은 그들이 만나지 않았기 때문에 정신적인 유산에서 더 가난해졌다.

마음이 물질과 분리될 수 있는가?

앞 절에서 우리는 융의 심리학적 관점을 심리학적으로 비판했다.

이 절에서는 융의 입장을 철학적으로 확장시키고 다음 장에서 논의된 그의 관념의 확장을 준비하려고 한다.

융에 따르면 "우리는 물질의 본성에 대해서 가장 어렴풋한 이론적 추측만 할 수 있으며, 이런 추측은 우리의 마음이 만들어낸 이미지에 불과하다"고 한다. 융은 지속적으로 물질을 본질에 있어서 알 수 없는 것으로 특징 짓기 때문에 그 본성에 대해서 결코 단호한 태도를 취하지 않는다. 여기서 나는 우리가 "실제적인 관점의 ... 상대적 타당성에 이의를 제기하지 않는다"는 것이 맞지 않는 것을 보여줄 것이다.

나는 이전 장들에서 많은 사람들이 물질의 정의, 본질적 특성, 즉 그 실체나 아인슈타인이 말하는 "그렇게 존재함"이라고 생각하는 것이 양자역학의 공식과 무관하게 시험 물리학에 의해 거부되어 왔다는 것을 보여주었다. 이 "물질의 본성에 대한 이론적 추측"이나 보다 적절하게 자연에 부과된 투사에 대한 추측은 물리학에서의 최근의 연구들이 밝혀낸 것처럼 "흐릿할" 뿐만 아니라 분명히 맞지도 않는다. 비록 물질에 대한 믿음을 주장하는 대부분의 사람들이 물질에 대한 자연적 관점을 발견한다고 해도, 예컨대 적어도 최근 연구들이 물질의 본성을 부인하기 전에, 융이 아인슈타인의 실재론에 동의했을지는 논쟁의 여지가 있다. 만약 융이 물질에 대한 정확한 견해를 가지고 있다고 해도 물질에 대한 융의 정확한 견해를 이해하는 것보다 객관적인, 즉 마음 바깥이나 마음과 상관없는 것으로 간주되는 물질에 대한 '상식적인' 믿음에서 나오는 것을 검토하는 것이 더 중요하다. 나는 이 절과 다음 절에서 비판한 물질의 개념은 양자역학에서 나오는 물질에 대한 견해가 아니라 우리 대부분이 성찰 없이 받아들이는 고전적인 뉴턴-데카르트의 이원론적 견해에 더 가깝다는 것을 강조하려고 한다.

일반적인 질문은 다음과 같다. 우리가 정신의 누에고치 속에서 산다면, 우리는 어떻게 마음과 상관없는 물질의 현실적 속성이 물질에 대한 우리의 정교한 이론과 실제로 일치하는지 입증할 수 있을까? 우리가 결코 우리의 정신의 태반에서 벗어날 수 없고, "모든 과학은 정신의 기능이며, 모든 지식은 대상인 세계의 필수 요건인 ... 정신에 뿌리하고 있다면," 어떻게 우리는 물질의 자궁이라고 알려진 것과 접촉할 수 있을까? 비록 대부분의 사람들이 공유하고, 객관적인 세계의 본성을 설명하는데 물질이 필요하다고 생각하지만, 융이 강조하듯이, 물질은 있는 그대로의 것에 도달될 수 없으며, 물질의 속성은 결코 직접 검증될 수 없다. 우리가 자연 안에 살면서, 자연의 이론을 산출하는 정신적이거나 마음의 세계의 참된 본성이 그렇기 때문이다. 양자혁명의 창안자인 맥스 플랑크(Max Planck)가 말했듯이, "외부세계에 대해서 우리가 형성한 모든 관념은 궁극적으로 우리 자신의 인식의 반영일 뿐이다. 우리는 자기-의식에 반하는, 곧 자기-의식과 무관한 '자연'을 논리적으로 말할 수 있을까?"[16]

다른 말로 하자면, 만약 우리가 어떤 마음과 무관한 물질적 대상이 숲 속에 있는 나무나 현미경 아래 있는 직물 등이 우리 지각의 기초를 이룬다고 생각한다면, 우리의 지각이 물질적 실재에 적합한지 결정하기 위해 나무나 직물이라고 알려진 것과 나무나 직물에 대한 우리의 이미지를 어떻게 비교할 수 있겠는가? 물질적 실재라는 것은 영원히 나의 경험 밖에 있어야 하며, 결코 직접적으로 관찰될 수 없고, 나의 즉각적인 이미지와 비교될 수 없으며, 결코 지식의 대상이 되어서는 안 된다. 이것은 과학 철학에서 진리의 검증 이론이 안고 있는 매우 어려운 문제이다. 일부 검증론자들은 우리의 과학적 이론이 물질적 대상의 실제적 본성에 더 가까운 것이라고 주장한다. 이 견해에 반대하는 사람들은 이것이 원칙적으로 입증될 수 없다고 주장한다. 그들은 이론에서 우리가 바랄 수 있는 것은 내적 일관성과 그 예측한 것들에 대한 점점 더 강력한 경험적 적절성, 즉 진리의 일관성 이론이라고 주장한다. 이 토론들을 더 자세히 검토할 필요는 없다. 우리가 살아야 하는 물질의 자궁이라고 알려진 어떤 것이 현재와 미래에 항상 우리의 손이 닿지 않는 곳에 있다는 것을 깨닫는 것으로 충분하다.

마음과 무관한 물질을 제기하는 것에는 많은 문제가 뒤따른다. 일반적으로 이해되는 바와 같이, 마음과 물질은 상상할 수 있는 가장 다른 원리들 중 두 가지이다. 따라서 우리는 물질과의 직접적인 접촉을 배제하는 정신세계에서 살기 때문에 물질이 마음 외부에 존재한다는 것은 불합리한 신앙의 조항이 된다. 그렇다. 우리의 상식적인 견해는 마음과 무관한 물질이 분명한 사실임을 제안하지만, 성찰은 그것이 미신의 한 조각이고, 거대하고 근거 없는 편견에 가깝다는 것을 드러낸다. 더욱이 우리가 물질이 우리의 정신적인 경험을 만들어 내거나 우리의 정신적인 경험을 위한 기초를 제공한다고 말한다면, 우리는 무의식적으로 가장 이질적인 두 가지 원리인 마음과 물질 사이의 마술적인 상호 작용을 불러일으키고 있는 것이다. 미신과 마술은 우리의 불쌍하고 무지몽매한 조상의 유산으로 돌려질 뿐만 아니라, 객관적인 것을 생각하는 사람들의 뇌리를 떠나지 않는다.

'존재하다'(exist)라는 동사를 우리가 무의식적으로 사용하는 것은 물질에 대한 우리의 잘못된 신념들을 뒤섞는 것이다. 우리는 생각 없이 존재를 시간과 공간 속에 있는 것, 인간의 의식의 모든 제한과 한계를 지닌 인간 지각자에 의해 알려진 것을 의미한다고 생각한다. 그림 57에 나타난 트리케라톱스의 예를 들어보자. 그것은 인간의 의식과 무관하게 존재하는 어떤 것의 좋은 예처럼 보인다. 왜냐하면 그것이 존재했을 때 어떤 인간도 곁에 없었기 때문이다. 하지만 우리가 공룡으로 가득 차 있고, 인간이 없는 세계를 생각할 때, 단지 인간이 제거되었을 뿐, 우리는 실제로 모든 보통의 감각적인 속성들을 가지고 시간과 공간 속에서 우리 자신의 것과 같이 존재하는 세계를 상상한다. 예술가가 트리케라톱스의 이미지를 재구성할 때, 그는 사람이 그곳에 있었다면 인지할 수 있는 이미지를 만들어낸다. 어떤 세계, 심지어 인간이 없다고 하는 어떤 세계에서의 뼈든 일반 상대성 이론의 방정식이든 간에 우리가 선택한 어떤 증거로 우리에 의해서 생각 속에서 고려되고, 상상되고, 떠올려지고, 창조되어야 한다.

우리가 상상하거나 고려할 수 있는 유일한 세계는 지각에 주어지는 세계, 즉 인식할 수 있는 세계이다. 당신은 "그러면 우리가 어떻게 사람이 거주하지 않는 무인 세계를 상상할 수 있을까?"라고 물을 수 있다. 그 대답은 단지 우리의 마음에 있는 이미지가 우리가 알 수 있는 유일한 세계이기 때문에 그것을 상상 속에서 그려내는 것 외에 다른 방법이 없다는 것이다. 지각되지 않는 세계는 정의상 상상할 수 없고, 인식할 수 없으며, 용어를 적절히 사용해서 말한다면, 비-존재적이다. 폴 브런튼이 말하듯이, "경험이라는 것은 그것을 아는 행위와 다르지 않다. 따라서 세계는 세계에 대한 우리의 생각 속에 존재한다."[146] 또는 과학적인 측면에서, 슈뢰딩거 박사는 "마음은 자연철학자가 보는 객관적인 외부세계를 그 자체 안에 세운다"[18]고 말한다. 또는 융은 심리학적인 측면에서, "정신은 우주의 모든 경이 가운데서 가장 위대한 것이며, 대상으로서의 세계의 필수요건이다"라고 말한다. 간단히 말해서, 세계를 인식된 것으로 생각하지 않고는 대상으로서의 세계에 대한 일관된 개념이 없다.

트리케라톱스는 짝(its mate)이나 벼룩이나 발아래 있는 파충류에게 어떻게 보일까? 이런 견해들조차 어쩔 수 없이 인간의 관점의 축소나 변화를 강요할 것이다. 우리는 다른 것은 생각할 수 없다. 자연에 대한 객관적인 설명을 제공하는 과학이라는 신화에도 불구하고, 모든 대상들과 속성들은 이것들을 보는 사람과 밀접하게 조화를 이룬다. 말하자면 대상과 속성은 그것을 지각하는 사람이 없다면 아무것도 아닌 것이다. 그렇다면 어떻게 하면 우리가 마음과 무관한 세계에 대해서 적합하게 말할 수 있을까? 중도불교도들은 주체와 주체의 세계가 서로에 대한 연기(緣起, codependence) 속에서

57. 인간이 생각해낸 트리케라톱스 상

함께 생겨나야 한다고 강력하게 주장한다. 마음과 세계의 상호 의존은 그들의 공, 실체의 결여를 표현한다. 동시성적 경험에서 우리는 우리의 정신과 세계의 상호 의존성에 대한 경험적 증거도 얻는다. 우리가 공룡이나 빅뱅을 연구하거나 실험 가능한 예측을 할 때, 우리는 과학적 원리의 일관성(consistency), 정합성(coherence), 적절성(adequacy)을 탐구하는 것이다. 우리는 우리의 마음을 탐구할 뿐만 아니라 우리의 마음이 중요하고 필수적인 부분인 자연을 탐구하는 것이다. 우리는 본래적으로 존재하는 물질세계나 마음과 무관한 물질세계를 연구할 수 없다. 사실 우리가 어떻게 마음과 독립적으로 존재하는 세계를 인식할 수 있는가에 대한 질문은 잘못된 물음이다. 왜냐하면 기능하는 마음도 인식된 대상도 독립적인 존재를 가지고 있지 않기 때문이다.

폴 브런튼은 시간 속에서 마음에 앞서는 세계의 불가능성을 강조한다. 그는 유물론자의 견해를 언급하면서 다음과 같이 말한다.

그것은[유물론자의 견해는] 각 개인이 자신의 감각만을 알고 있기 때문에 자신의 세계만을 알고 있다는 것을 망각한다. 그리고 [유물론자의 견해는] 인간의 의식과 그것이 의식하는 세계 사이의 일치는 완전하며 불가분의 관계라는 것을 망각한다. 우리는 마음을 세계와 분리하지 말고 나란히 놓아야 한다. 세계는 시간적으로 마음을 앞서가지 않으며. ... 시공간의 세계가 가능하도록 기여하는 개인의 마음의 건설적인 활동이다.

사람이 살지 않는 세계는 과학적 발달론 밖에서 결코 존재했던 적이 없었다.[19]

다음 장에서는 왜 개인의 마음이 단지 "시공간의 세계를 만드는데 기여"하는지에 대해서 설명할 것이다. 이것은 다음 장에서 보여 주겠지만 유아론(solipsism)이 아니다. 그 토론을 짧게 예상하자면, 그것은 높은 지능이 우리 안에 들어온 세계를 생각하고, 우리 개인의 마음이 그 세계에 인간 지각의 특정한 시간과 공간 형태를 부여하기 때문이다.

생리학자의 간격

심리학적 관점에 대한 융의 설명으로 돌아감으로써 관련된 인식론적 문제를 논의해보자. 여기서 융은 "내 눈과 마주치는 파동의 운동이나 해의 방출은 내 지각에 의해 빛으로 변환된다"고 말한다. 이 말은 빛에 대한 나의 지각으로 변환되었다고 말하는 것이 더 정확했을 것이다. 어쨌든 융은 항상 정신 너머의 근거에서 오는 생리적인 자극이 지각으로 바뀐다는 일반적인 견해를 받아들인다. 우리는 이것을 그의 논문 "영과 삶"(Spirit and Life)에서 볼 수 있다. 여기서 그는 지각의 생리학적 기초에 대해서 지속적으로 말한다. 예를 들어, 뜨거운 대상을 만지면서 발생하는 반응을 논하는 과정에서 그는 "하지만 척수에서 일어나는 일은 이름이나 이미지를 장착할 수 있는 기록이나 이미지의 형태로 지각하는 자아에 전달되는 것"이라고 결론짓는다. "이런 반사 궁형의 기초 위에서 그것은 안으로는 움직이는 자극이고, 밖으로는 충동이 뒤따르는 자극이다. 우리는 마음 아래 있는 과정에 대한 어떤 관념을 형성할 수 있다."[20]

그러나 여기서 심각한 철학적 문제가 발생한다. 틀림없이 생리학이 지각의 중심적인 역할을 하지만, 신경과 뇌의 전기화학적 과정은 우리가 지각하는 것이 아니다. 최신 모델이 아무리 정교해도 아무도 전기화학 두뇌 과정을 지각하지 못한다. 융이 분명히 이해했듯이, 우리는 신경, 신경망, 복잡한 뇌 활동 중 하나가 아닌 색, 빛, 소리, 느낌으로 가득한 이미지의 세계에서 살고 있다. 그렇다. 몸과 정신은 상호 의존적이지만 폴 브런튼이[21] 말하는 "생리학자의 간격", 곧 뇌의 물질적 충동과 지각적 이미지인 상상적 세계 사이의 건널 수 없는 간격(gap)을 간과하는 것은 중대한 실수다. 우리는 망막 흥분, 신경 자극, 뇌의 넓은 부분의 신경망 기능을 경험하는 것이 아니다. 우리는 일몰을 보고, 사랑하는 사람의 얼굴을 만지며, 축축한 지구의 냄새를 맡고, 초콜릿을 맛보고, 현악 사중주를 듣는다.

물리학의 철학적 기초에 관심을 가진 몇몇 과학자들은 뇌의 신경학적 과정과 경험된 지각 사이의 이 큰 간격을 인정했다. 예를 들어, 20세기의 가장 위대한 물리학자 가운데 한 명이자 양자역학의 위대한 설립자들 중 가장 심오한 철학자였던 어윈 슈뢰딩거를 생각해 보자. 그는 다음과 같이 말한다.

내가 여기서 물리학자의 설명도, 생리학자의 설명도, 소리의 감각에 대한 어떤 특성도 포함하고 있지 않다는 것을 당신이 느낄 수 있도록 좀 더 자세히 설명하였다. 이런 종류의 설명은 다음과 같은 문장으로 끝나곤 한다. 신경 자극은 뇌의 특정 부분에 전달되며, 여기서 그것들은 소리의 연속체로 등록된다. 우리는 공기 중의 압력 변화가 귀의 고막의 진동을 만들어 낼 때 압력의 변화를 따라갈 수 있고, 그 움직임이 어떻게 작은 뼈의 사슬에 의해 다른 막으로 전달되는지, 그래서 결국은 위에서 설명한 다양한 길이의 섬유로 구성된 달팽이관 내부의 막의 일부들로 전달되는지 볼 수 있다. 우리는 그런 진동 섬유가 접촉하는 신경 섬유의 전기와 화학적 전도 과정을 어떻게 설정하는지 이해할 수 있을 것이다. 우리는 대뇌피질까지 이 전도를 따라갈 수도 있고 심지어 거기서 일어나는 몇몇의 것들에 대한 객관적인 지식도 얻을 수 있다. 그러나 우리는 과학적인 구도에는 담기지 않고, 우리가 말하는 귀와 두뇌를 가진 사람의 마음에만 있는 이 "소리로 등록된 것"을 어디에서도 발견하지 못할 것이다.[22]

물질적 뇌 과정과 살아있는 지각적 이미지는 본질적으로 다르다. 물질적 충동이 아무리 복잡하더라도 어떻게 인식된 이미지로 변할 수 있는지에 대한 문제를 얼버무리면 우리는 심각한 실수를 하는 것이다. 그러나 융은 "이런 식으로 우리는 정신의 본성에 대한 관념을 형성할 수 있다"[23]고 말한다. 그러나 융이나 신경과학의 어떤 현대

> 그러나 우리는 과학적인 그림에는 담기지 않고 우리가 말하는 귀와 두뇌의 사람의 마음에만 있는 이 "소리로 등록된 것"을 어디에서도 발견하지 못할 것이다.

연구자도 신경 세포에서 지식, 즉 뇌 속에 단순 과정이 반사된 이미지로 이행된 것을 설명할 수 없다. 뇌의 정신적 이미지와 물리적 과정의 영역은 질적으로 완전히 다르기 때문에 정신세계와 물질세계, 즉 우리가 매 순간 깨어있으면서 경험하는 이미지화된 세계와 갈릴레오, 뉴턴, 그리고 그들의 추종자들이 우리에게 준 세계 사이에 다리를 놓을 수 없는 큰 간격이 나타난다. 만약 당신이 융이 그랬듯이 외부 물질에 대한 믿음과 우리가 오직 관념과 이미지의 세계에서 살고 있다는 인식으로 시작한다면, 지각을 이해하려고 노력하는 사람은 물질과 마음 사이의 이 넘을 수 없는 간격에 다다를 수밖에 없다.

물질적, 전기화학적 자극이 감각 자료나 지각으로 변환되는 방법에 대한 이 문제를 논의하면서, 매우 존경 받는 현대 분석 철학자 힐러리 퍼트남(Hilary Putnam)은 다음과 같이 말했다.

이게 설명인가?
우리가 전혀 이해하지 못하고 이론의 밑그림조차 가지고 있지 않은 종

류의 연결을 포함하는 "설명"은 설명할 현상보다 더 불분명한 것을 통한 설명이다. ... 감각 자료 이야기의 모든 부분은 추정이고 - 이론이며 - 가장 독특한 종류의 이론이다. 그러나 전통적인 철학이 "감각 자료"에 부과한 인식론적 역할은 감각 자료가 과학 이론과는 독립적으로 우리가 절대적으로 확신하는 것이 되도록 요구하였다. 우리가 17세기부터 물려받은 과학적 실재론은 아직 그 모든 신망을 모두 상실하지는 않았지만, 그것은 우리에게 끔찍한 세계의 그림을 보여주었다. 이제 우리는 세계에 대한 다른 그림을 찾아야 할 시간을 맞았다.[24]

나는 우리가 세계의 다른 그림을 필요로 한다는 퍼트남의 말에 전적으로 동의한다. 17세기 과학계의 거인들이 우리에게 물려주었고 아직도 놀랍도록 융의 심리적인 관점에서 살아 있는 것은 이 장에서 내가 지적하려고 했던 것처럼 "끔찍스럽다"라는 말이다. 브런톤과 슈뢰딩거가 속한 동서양의 오랜 전통을 따라서, 나는 다음 장들에서 이 난국에 대한 다른 그림, 다른 철학적 해법을 제시하겠다. 이제 뇌 과정이 정신과정의 원인이 되게 하는 것은 옳지 않다는 것을 인식하기에 충분하다. 확실히 뇌 과정과 정신 과정은

58. 어윈 슈뢰딩거

상관관계가 있지만, 물질적인 과정은 결코 정신적인 이미지로 해석될 수 없다. 뇌 상태는 많은 정신 상태를 위해 필요할 수 있지만 우리의 지각을 설명하기에는 충분하지 않은 것이다.

폴 브런튼이 말하듯이, "작가가 펜을 사용하는 것처럼 정신은 뇌를 사용한다고 말하는 것은 논리적으로 타당하다. 신체는 단지 도구일 뿐이고 기구의 한계나 변화는 자연스럽게 표현된 신성을 수정하거나 바꾼다."[25]

동시성적 막간 9
더 높은 자기를 경험하기

　우리는 종종 선형(線形) 연속체로 삶을 경험하는 것에 한계를 느낀다. 태어나서 죽을 때까지 한 사건은 다른 사건을 선형적으로 따르는 반면, 더 높은 관점에서 보면, 우리의 모든 삶은 동시적으로 존재한다. 일부 미국 원주민들은 꿈의 세계에서 우리가 미래나 과거나 우리의 삶에서 다양한 시간에 접근할 수 있고 선형적인 순서에서 벗어난 사건을 경험할 수 있다고 믿는다. 예를 들어, 나의 인생을 바꾸는 동시성적 사건의 씨앗은 동시성적 사건 이전에 일어났던 꿈에 담겨 있었다는 것이다. 그 꿈은 미래의 동시성적 경험을 반영하고, 그 다음에 이 책에 대한 나의 공헌을 암시한다. 정상적으로 깨어있는, 의식의 제약에 얽매이지 않은 내 꿈은 미래에 두 개의 뚜렷한 시간대로 뛰어들 수 있게 해주고, 그 본질은 다음과 같은 꿈의 형상으로 어우러졌다.

　나는 위즈덤스 골든로드 철학연구 센터(Wisdom's Goldenrod Center for Philosophic Studies)에서 있었던 중요한 회의에 늦었다. 골든로드는 내가 있는 곳에서 몇 마일 떨어져 있었고, 나는 시간에 맞추어 도착할 수 없다는 것을 깨닫고 난감함을 느꼈다. 바로 그때 내면의 목소리가 "날아보는 게 어때?"라고 물었다. "물론이지." 나는 앞으로 기울였다가 땅에서 몸을 들어 올리면서 생각했다. 나는 생각처럼 빨리 목적지에 도착했고, 나의 밑에서 기다리는 사람들을 내려다보고 있었다. 나는 천천히 내려와서 빅터 맨스필드(Victor Mansfield) 옆에 자리를 잡았다. 그는 나를 못마땅한 눈으로 쳐다보더니 엄한 목소리로 꾸짖었다 그는 내 이름을 대며, "사람들 앞에서 그렇게 해서는 안 돼!"라고 말했다. 나는 그가 옳다는 것을 알고 당황해 했다.

　나는 수년 후 내가 빅터의 책에 기여하고 있다는 것이 매혹적임을 발견한다. 이 책에서 나의 기여는 내가 중력을 무시하고 공중에서 정지된 사건에 기초한 동시성적 경험을 포함한다. 예상할 수 있듯이 빅터는 내가 익명으로 남는 것이 적절하다고 생각한다. 그는 내가 공공장소에서 비행하는 것을 원하지 않는다!

꿈과 깨어 있는 삶 속에서 날았던 '나'는 신체와 동일시하는 작은 '나'가 아니라 우리 모두가 떨어져 있고 우리 모두가 접근할 수 있는 집단적이거나 보편적인 '나'다. 나는 혼자 힘으로 그것을 직접 경험할 만큼 행운아였다. 그러므로 내가 이 경험을 개인의 의식보다 훨씬 더 큰 전체의 일부로 익명으로 연관시키는 것은 적절하다.

더 높은 실재는 기대하지도 않았던 방식으로 나타난다. 나는 걸어서 대학에 가는 길이었다. 혼잡한 4차선 고속도로로 가는 교차로에 다가가서, 건너기를 기다렸다. 차가 오지 않는 것을 확인하고, 나는 걸어가기 시작했고, 고속도로 길을 반쯤 건너고 있을 때 갑자기 어디선지 모르게 속도를 내는 차가 옆길에서 고속도로로 방향을 틀어 들어왔다. 충돌의 충격으로 나는 공중으로 높이 날아올랐다. 잠깐 동안 내 몸은 우주를 지배하는 자연의 법칙에 저항했다. 측정 가능한 차원에서 생명을 이어주는 잠정적인 규칙과 조직력은 자동차 위에서 공중 부양하는 내 몸처럼 갑자기 중단되었다. 운전대 뒤에 있던 여자는 은색 차의 후드에서 내 모습이 공중으로 튀어 날아오르는 것을 보면서 괴로워하며 머리를 움켜쥐었다.

마치 꿈에서처럼 나는 그 사고를 다른 시각에서 보고 있었다. 나의 새로운 의식의 중심은 아래에서 일어나는 것보다 훨씬 위에 있었다. 번쩍이는 통찰력 속에서 나는 밖으로 움직여 나와 위에서 보고, 듣고 있다는 것을 깨달았다. 말하자면 내 아래에서 맴도는 형태로 남겨져 있는 육체적인 눈과 귀로 보고, 듣는 것이 아니었다. 나는 위기를 초월하여 보는 자, 곧 참 자기(the Overself)를 통해 보면서 실재를 냉정하게 분리된 가운데서 직접적으로 경험했다. 그 순간까지 나는 무시간적이고, 불변하며, 숨겨진 관찰자, 즉 우리 모두 안에 거하는 진정한 자기(true Self)인 참 자기의 관념을 지성적으로만 받아들였었다. 특정한 중심에서 발견되는 보편적 존재의 내재(immanence)는 신체와 인격의 죽음을 초월한다. 그리고 나서 나는 이 더 높은 자기(higher Self)를 통해서 그 사고를 목격하는 나 자신을 발견했다. 내가 늘 생각하는 나의 바깥에 내가 존재한다는 것은 얼마나 역설적인가! 그 더 많은 육체적인 자기인 내 몸은 진로를 이탈한 차가 완전히 멈출 때까지 꼼짝하지 않고 위로 올라가서 위험에서 벗어났다가 땅에 떨어졌다.

운전사가 차에서 내려 나에게 달려왔다. 그때쯤 나는 내 몸 속에 다시 들어가 있는 나 자신을 발견했다. 방향 감각을 잃은 나는 눈을 뜨고 올려다 보았다. "괜찮으세요? 무엇을 도와 드릴까요?" 나를 내려다보는 걱정스러운 얼굴에 초점을 맞추면서, 나는 점차 새로운 위치에 적응해 갔다. 그 충격은 너무 강력해서 벗겨진 내 신발이 날아가 인접한 차선에 떨어졌다. 운전사가 신발을 가지러 가면서 나는 다시 내가 애착을 느끼는 무거운 덩어리로 방향을 바꾸고 모든 것이 온전한지 살피면서 천천히 일어섰다. 나는 내 작은 손가락과 왼쪽 엉덩이에 작은 멍만 있는 것을 발견하고 놀랐다. 하지만 나의 또 다른 부분은 아직도 분리된 채였다. 구두를 가지고 돌아온 운전사와 차에 함께 타고 있던 승객이 나를 도와서 길가로 갔다. 우리는 사고 후 통상적인 절차에 따라서 필요한 모든 정보를 교환했다. 나는 사고 현장에서 한 블록 밖에 떨어지지 않은 곳에 살기 때문에 혼자 집으로 돌아가 사고를 신고할 수 있다고 설명했다. 나와 내 몸은 그 사고에서 신체적인 부상을 당하지 않았다. 다른 차원에서 나는 깊은 동요와 동시에 깊은 평화에 빠졌다. 나의 평화로운 상태는 곧 고양되었고, 어린아이 같은 기쁨의 경이로운 상태로 바뀌었다. 세상은 더 생생하게 다가왔다. 나는 이 세상과 세상에 거하는 이들이 이렇게 아름다운 것을 본 적이 없었다. 이것은 더 높은 기능 상태로 확장되었다. 나는 나의 사고를 목격했던 그 여자에게는 알려지지 않은 세계를 접촉했던 것이다.

그날 오후 나는 대학원 미술 세미나에서 집단비평을 가르쳤던 대학으로 갔다. 나는 내 주위의 모든 사람들에게 깊은 사랑을 느꼈다. 우리의 교류는 영감을 받았고, 그것은 마치 나의 에너지가 흘러나와서 내 학생들을 씻겨주는 것 같았다. 그들은 그들 자신들 안에 있는 어떤 새로운 차원을 개방하였다. 3시간 동안 우리는 매혹되었고 깊은 의미와 통찰력이 있는 토론에 몰두하고 있는 우리 자신을 발견했다.

집에 돌아오자마자 나는 누워서 쉬었다. 그러자 머리는 온통 이미지로 가득 채워졌다. 그때 경험을 판단하고, 분류하는 내 마음의 일부인 지성이 그날의 사건들을 정리하기 시작했다. 나의 합리적인 마음은 내가 충격에 빠졌다고 주장했다. 분명히 그 사고 동안 나는 정상적인 현실이 영화 속 일련의 정지와 같은 장면 하나 하나로 느려지는 정신적 충격을 경험하고 있었다. 시간과 움직임은 왜곡되었다. 공중에서 내가 경험한 정지를 설명해 줄 수 있는 것이 또 무엇이 있을까? 나의 유체 이탈 경험에 대해서 말하자면, 충격도 그 환상을 설명해 줄 것이다. 그런 끔찍한 아픔에 대한 두려움이 내 몸을 의식하지 못하게 했을 것이다. 나는 빛이 점점 줄어들고, 좁아지며, 그림자가 나를 스치는 것을 느꼈다.

59. 초기 비행기 — 화가가 그린 세부도

더 높은 실재에 대한 나의 소중한 짧은 경험이 갓난아기가 경험하는 엄마의 젖가슴처럼 내게서 멀어져 가고 있을 때 나는 걷잡을 수 없이 울었다. 나는 마음속 깊은 곳에서 내가 받은 선물을 붙잡을 수 있게 해달라고 간청했다. "오, 제발, 제발 내가 이것을 잃어버리지 않게 해주세요!" 나의 가장 깊은 절망의 바로 그 순간, 내가 나의 모든 존재를 가지고 간청했던 것은 동시성적 경험으로 되어서 대답되었다. 그 순간 누군가 문을 두드리고 있었다. 나는 얼른 눈물을 닦고 대답하러 갔다. 나는 낯선 사람을 찾기 위해 문을 열었는데, 그 여자는 새로 세든 집 근처에 살고 있다고 말했다. 그녀는 차에 치이고 나서 내 기분이 어떠했는지를 물었다. 그녀는 그 사고를 목격했고 평생 이런 일을 본 적이 없었기 때문에 모든 직장 사람들에게 그것에 대해 이야기했다고 설명했다. "왜?" 내가 물었다. "왜 당신은 하늘로 올라가서 내려오지 않았느냐?"라고 그녀가 말하였다. "저것이구나!" 나는 내가 필요로 하는 대답을 받았다. 우리 집 문 앞에 있던 그 여자는 객관적인 관찰자로서 내 경험을 입증해 주었다.

잠시 동안 신비한 힘이 내 몸을 중력에 저항하게 하고, 내 의식을 육체로부터 분리시켜 위에서 사건을 내려다볼 수 있게 하였다. 내가 그저 내 몸만이 아니라는 것을 실제 경험을 통해서 알게 된 것은 정말 선물이었다. 나의 평범한 삶은 그것을 지배하는 것처럼 보이는 물리적 법칙보다 더 높아졌고, 문은 또 다른 실재로서 가는 길을 열었다. 이제 내가 더 고양된 순간에는, 나의 내면의 시야가 실재의 가면을 깨부수면서 표면으로 나온다는 것을 깨달았다. 나에게는 세계가 굳건하다는 환상이 사라지고, 해체되기 시작하면서, 그 세계는 생각의 형태로 투사된 신기루이며, 인상들의 소용돌이라고 지각하였다. 내가 경험했던 변화와 또 다른 자기-인식으로의 돌파는 나와 우주와의 관계에 대한 인식까지 지울 수 없을 정도로 변화시켰다. 표면적으로 나는 내 삶으로 돌아와서 사고 이전과 같이 계속해서 앞으로 나가고 있다. 오래된 습관의 끌어당김과 나의 오래된 대처 방식은 나를 물질적 우주와 결속시키는 것처럼 보인다. 그러나 차이점은 나는 이 세계에 있지만 더 이상 완전히 이 세계에 있지 않다는 것이다. 나 스스로와 거리를 두는 것이 더 자연스럽다. 이제 문이 열렸으니 비인간적인 관찰자인 참 자기(Overself)의 자세로 돌아가는 길을 찾을 수 있다. 이런 인식의 변화는 지각할 수 있는 세계 너머에 존재하는 전체성을 암시한다. 거기 있다고 생각되는 나 자신의 중심핵으로부터 본 짧은 경험, 즉 또 다른 관찰자의 눈을 통해서 본 그 순간은 나에게 인식의 핵과 그 탈지역적 본성을 깨닫게 해주었다. 나는 이제 내가 내 몸에 독점적으로 얽매여 있지 않다는 것을 깨달았다. 결과적으로 내면세계와 외부세계를 분리했던 경계가 희미해지기 시작하였다.

책장에서 떨어진 책들과 공중에 떠 있는 몸을 통해 만난 앞의 두 동시성적 이야기들은 물리학자에게 특별한 어려움을 안겨준다. 이런 동시성적 사건들에서 정상적인 물리 법칙은 중단되거나 정지된 것인가? 나는 주인공들이 그들의 경험을 정확하게 묘사했다고 확신한다. 기술된 내용에는 아마도 알려진 물리적 법칙의 위반에 대해 논쟁할 충분한 여지가 있을 것이다.

만일 우리가 융의 동시성에 대한 이해를 내면세계와 외부세계 모두에서 의미에 대한 비인과적 표현으로 엄격히 적용한다면, 우리는 원형이나 무의식이 이런 특별한 사건들을 야기시켰다고 믿어서는 안 된다. 여기서 원인은 융과 물리학자들이 이 용어를 사용하는 방식으로 사용된다. 인과관계는 관련되지 않기 때문에, 이 말은 우리가 동시성에서 어떤 물리적 법칙도 위반하지 않는다는 것을 의미하는 것처럼 보인다. 반면에, 정상적인 감각 경로 밖의 지식이 동시성에서 얻어질 때, 이것은 알려진 물리적 법칙을 위반할 수 있다. 우리가 이해하는 이 단계에서 나는 동시성이 알려진 물리적 법칙을 위반하는지에 대한 답을 하지 않은 채 남겨두어야 한다고 생각한다. 비록 나는 그렇지 않다고 말하는 것을 선호하지만 말이다.

제13장
동시성을 위한 철학적 모델

우리가 직접 마주하게 되는 사물의 유일한 형태로서 구체적인 유일한 경험은 우리 자신의 개인적인 삶이다. 우리 사유의 유일한 범주, 즉 철학 교수들이 말해주는 것은 우리 인격의 범주이며, 그 밖에 다른 모든 범주는 인격의 범주의 추상적인 요소들 가운데 하나이다. 그리고 사건들의 어떤 조건으로서 인격의 과학적 부분에 대한 이런 체계적인 부정, 그 자체의 본질적인 내면적 본성에서 우리의 세계가 철저하게 비인격적 세계라는 엄격한 신념은 상상컨대 시간이 흐를수록 우리의 후손들이 자랑스러운 과학에 가장 놀라워 할 바로 그 결점, 곧 그들의 눈에 관점도 없이 근시안적으로 보게 한 생략으로 판명될 수도 있다.

- 윌리엄 제임스[1]

세계의 창조자인 마음

어느 날 아침 일찍 두 남자가 우리 집 앞 잔디밭에서 큰 소리로 떠들어서 나를 불시에 깨웠다. 그들은 나를 놀라게 했고, 나는 왜 그들이 그렇게 사려 깊지 못한지 상상할 수 없었다. 시골 외딴 곳에 있는 우리 집에서 이렇게 이른 시간에 저들은 무엇을 하고 있는 것일까? 나는 침대 가까이 있는 창문을 통해서 앞 잔디밭을 조심스럽게 내다보기 위해 침대에서 일어났다. 모든 것이 고요했다. 오직 내 심장만이 빠르게 뛰고 있었다. 이곳 시골에서 자주 경험하듯이, 손에 만져지는 평화가 산비탈을 뒤덮고 있었다. 이슬이 맺힌 풀 위에서 새벽의 낮은 태양이 반짝였다. 새 몇 마리가 노래하며 나무 사이를 날

아다녔다. 떠들던 사람들은 어디 갔지? 조금 전까지도 떠드는 소리가 들렸는데, 나는 다른 창문을 통해 마당 이곳저곳을 살펴보았다. 미풍조차 불지 않았다. 아내가 침대에서 뒹굴며 나에게 무슨 일이냐고 졸리듯 물었다. 나는 대답할 수 없었다.

나는 우리의 크고 시끄러운 개 블랙 랩(Black Lab)이 오늘 아침에 소리를 내지 않았다는 것을 상기했다. 만약 내가 들었던 소리의 극히 일부만 그가 들었더라도 그는 무섭고 긴 굉음을 내며 폭발했을 것이다. 블랙 랩의 청력은 나보다 낫지 않은가? 무슨 일일까? 꿈을 꾼 게 틀림없어. 그럴 수 있을까? 그 목소리는 너무 크고 가까이에 있었어. 모든 의미에서 진짜였다고. 그러나 개는 짖지 않았고, 집 근처에서는 사람의 흔적을 찾아볼 수 없었다. 나는 이 모든 것을 재구성하려고 노력했지만 두 목소리의 생생함과 설득력 있는 실재에도 불구하고 꿈을 꾸었다는 사실이 틀림없다고 인정해야만 했다.

침입자 꿈은 아마 당신이 가지고 있었을 흔한 원형적 주제다. 이것이 심리학적인 측면에서도 흥미로울 수 있지만, 나는 지식 이론적인 관점, 즉 인식론적으로 그 꿈을 살펴보기를 바란다. 이것은 이미 앞선 장에서 말했던 초기 기독교인들이 사자에게 갔던 것과 같은 맥락이다. 이런 관점에서 보면, 여기 그 자신의 실체를 가지고 하나의 실재를 창조하고, 그것을 자신이 만든 시간과 공간에 투사하는 마음의 능력을 보여주는 훌륭한 예가 있다. 침입자들의 물리적인 흔적이 없었음에도 불구하고 이 모든 것은 극히 실제적인 것처럼 느껴졌다. 어떤 끔찍한 악몽이 보여주듯, 정신은 그 자체의 실체에서 극 전체를 창조하고, 어떤 깨어있는 경험과 같은 실제감을 부여하는 힘을 가지고 있다. 이 침입자의 꿈은 너무 생생하고 강렬해서 꿈이라고는 생각조차 할 수 없었다. 그것은 넘쳐흘러 깨어있는 삶으로 이어졌다. 어떤 사람들은 이것을 최면 환영이라고 부르는데, 잠과 깨어 있음 사이나 깨어있음과 잠 사이의 전환에서 분출되는 특이한 경험이다. 우리가 그것을 환영이라고 부르든 꿈이라고 부르든 상관없다. 본질적인 점은 그것이 전적으로 그 자체의 본질로 설득력 있는 세계를 창조하는 마음의 힘을 보여준다는 것이다. 나의 세심한 탐색과 특히 블랙 랩의 침묵은 침입자들이 정신적인 허구였음이 틀림없다는 것을 확신시켜 주었다. 이성은 이미지를 지배해야만 했다. 왜냐하면 그 경험의 본질적인 어떤 것도 그것을 깨어있는 의식과 구별하는데 도움을 줄 수 없었기 때문이다.

다행스럽게도, 이것은 나에게 드문 경험이지만, 마음의 창조, 투사, 그리고 실재를 투사하는 힘을 극화한다. 불교의 언어를 사용해 말한다면, 나는 사람들이 본래적으로나 독립적으로 존재하고, "자신의 편"으로부터 존재하며, 가능한 한 실재한다고 생각했다. 사실 내 마음은 마음의 상상적 실체로 그것들을 만들었고, 그 다음에 그 창조물에 실체를 전가시키거나 투사하였다.

앞의 장들에서 나는 심리학, 물리학, 철학에서 나온 주장들을 마음에 있는 독립적인 세계(a mind-independent world)의 존재에 의문을 제기하기 위해 사용했다. 그 주장들은 그릇된 견해를 제거하려 했다는 점에서 대체로 부정적이었다. 이번 장에서 나는 좀 더 건설적이고, 주관성과 객관성의 모든 차원을 동시에 아우르는 보다 확장된 마음의 견해를 그려보겠다. 꿈에 대한 인식론적 분석의 힌트를 얻어서, 나는 마음이 깨어있는 세상을 만들며, 독립적인 실재에 대한 잘못된 믿음을 가지게 한다는 관념을 더욱 완전하게 발전시키려고 한다. 그러나 이것이 우리의 경험에 대한 객관적인 내용을 부정하거나 우리의 마음이 그들이 원하는 바를 자유롭게 창조할 수 있다는 것을 암시하지 않는다. 그런 문제는 나중에 다룰 것이다. 이제 심리학적인 투사와 환각으로부터 꿈에 이르기까지 마음의 창조적인 힘을 보여주는 여러 가지 현상들에 집중해 보자. 꿈들이 마음의 건설적인 힘을 보여주는 가장 극적인 예이기 때문에 나는 꿈에 초점을 맞추고자 한다.

누가 끔찍한 무서운 꿈에서 깨어나지 못하거나, 다른 사람들의 욕망에 휘둘리는 꿈을 꾼 적이 있는가? 그런데 그 무시무시한 괴물이나 욕망의 대상은 어디에 있을까? 꿈의 주인공과 그녀의 몸을 포함한 꿈의 각 요소는 오직 그것들을 만든 사람의 마음, 곧 꿈꾼 이의 마음속에 기반을 두고 있다. 꿈의 어떤 요소에 대한 외부의 물질적 근거는 존재하지 않는다. 그것들은 모두 꿈꾼 이의 창작에 불과하며, 상상력은 그 자신이 창조한 시간과 공간 속에서 설득력 있게 만들어진다. 우리가 꿈에 관심을 두고 있는 한, 꿈은 일관성 있고 설득력 있는 실재가 된다.

심리학적인 투사, 환각, 그리고 꿈에서 마음은 자신이 그 밖으로 드러난 것들의 창조자라는 것을 완전히 잊는다. 마음은 마음의 내용과 이미지를 객관화시키지만 결코 마음 그 자체가 아니다. 예를 들어, 꿈에서 겉으로 드러나는 대상과 주체가 있는 세상이 펼쳐지지만, 꿈의 마음, 즉 극 전체를 제공하는 창조적 원리는 결코 자신을 객관화시키지 않는다. 나는 자신을 객관화할 수 없는 마음의 무능이 마음에 대한 순수한 객관적인 연구를 부분적인 견해에 한정시킨다고 주장했다.

심리학적인 투사에서, 어떤 객관적인 요소는 보통 우리가 우리의 개인적 속성을 걸어두는 것에 존재한다. 그렇다. 우리가 허풍쟁이나 거짓말쟁이라는 이유로 싫어하는 사람이 사실 우리의 개인적 속성의 투사일 수 있다. 하지만 그에 대한 나의 왜곡과 감정적 강박관념은 나로 하여금 이 속성들 가운데 어느 정도가 진정 그 사람 안에 있는지, 그리고 얼마나 내 안에 있는지를 결정할 수 없게 한다. 투사는 본질적으로 나의 세계에 대한 시각을 모호하게 한다. 환각은 객관적인 요소가 훨씬 적은 반면, 꿈은 대개 객관적인 요소가 전혀 없다. 그러나 꿈은 분명히 객관적이고, 설득력 있는 사람과 사물들로 세상을 채우는 마음의 능력을 완전히 표현한다.

투사, 환각, 꿈은 그 자체로 일상의 깨어있는 세계가 오로지 정신적인 것이라는 사실을 증명하지는 못하지만, 마음의 창조력을 도표로 생생하게 보여준다. 이런 현상들을 이용하여, 나는 전체 세계가 정신적인 것일 뿐이고, 물질적인 기초는 존재하지 않으며, 중도불교도들이 말하듯이, 마음과 상관없거나 본래적으로 존재하는 세계에 대한 개념이 가장 교묘한 투사라는 관념을 밀고 나가겠다.

비록 이 철학적인 입장이 학문으로서의 현대 철학에서는 유행하지 않지만, 동양과 서양 모두에서 오래된 것이다. 예를 들어, 불교에서 유심학파(唯心學派)는 중도학파에서 직접 성장했다. 그 이름이 의미하듯이 유심은 우리가 마음만을 경험할 수 있다고 말한다. 아무리 육체적으로 보여도 모든 대상은 그것들의 기반이 되는 어떤 마음과 무관한 세계는 없으며, 단지 다양한 종류의 생각일 뿐이다. 유심학파는 중도학파의 현상 분석을 대부분 받아 들인다. 그것은 모든 대상이 원인과 조건, 전체와 부분, 그리고 정신적인 지칭에 의존한다는 것에 동의한다. 유심은 특히 정신적인 지칭이나 전가가 가장 중요한 현상 의존 양태라는 중도의 가르침을 강조한다. 유심은 마음과 분리된 세계와 직접 접촉하는 것이 불가능하다는 점에 초점을 맞춰서 이런 비정신세계의 존재를 주장하는 것은 무용지물이라고 주장한다. 비록 나는 이 장에서 유심의 전통적인 주장을 그대로 반복하거나 중도와 유심의 활발한 논쟁을 검토하지는 않겠지만, 유심 불교도가 좋아할 만한 것을 이전 장에서 논의했기 때문에, 이 장에서는 이전 장보다는 좀 더 많이 제시해보고자 한다. 일반적으로 나는 융의 심리학적 관점처럼 중도불교적 입장을 편리한 강령으로 삼거나 유심론적 관점, 곧 유심불교와 유사하기는 하지만 동일하지는 않은 유심론적 관점을 구축하기 위한 도약점으로 삼을 것이다.

유심 불교도들과 내가 "정신"이나 "마음"이라는 단어를 어떻게 사용하는지 확실히 말해두겠다. 우리는 물질과 마음을 대비시키지 않는다. 왜냐하면 물질로 의미될 수 있는 것은 단지 마음이 취할 수 있는 특정한 형태로 마음의 범주 안에 포함되기 때문이다. 물론 우리가 기준 틀에 크게 의존하는 시공간 안의 표상 가능태, 곧 관찰자 의존적이고 탈지역적인 상호 연결의 가능태로서 물질의 양자적 관점을 택한다면 이것은 더 쉽게 이해될 수 있다. 그러나 최근의 양자의 발견에도 불구하고, 우리들 대부분은 여전히 불교도처럼 독립적인 존재의 반복적인 투사로 고통받는 뉴턴적 물질관을 가지고 있다. 이처럼 물질에 대한 더 원초적이거나 본능적인 관점은 우리의 유심론 이해에 일반적인 장애가 되기 때문에, 아래의 논의에서 나는 대체로 이전의 물질관에 반대하고 있다. 물론 그 논의는 훨씬 더 실속이 없는 양자 물질을 논할 때도 이어진다. 앞 장에서 논했듯이, 물질에 대한 관점이 어떠하든, 마음과 무관한 세계나 마음과 무관한 물질은 정합성이 없는 개념이다. 하지만 이것은 은하계에서 글래디올라에 이르는 모든 종류의 대상들이 내 몸 밖에 존재한다는 의미다. 마음이 뇌에 국한되지 않고, 몸이 글래디올라와 같이 마음속에 있는 관념의 복합체임을 상기한다면 우리는 이 오류를 더 쉽게 피할 수 있다.

서양에서는 버클리 주교와 그의 많은 후계자들이 유심학파와 매우 유사한 관점을 발전시켰다. 나는 특정한 형태의 관념론은 합리적으로 유지될 수 있고, 그런 입장의 많은 이점 가운데 하나는 그것이 동시성에 대한 설명을 가능하게 한다는 것을 보여주고자 한다. 이것은 또한 심리학자나 철학자들만큼 과학자들에게도 관심의 대상인 우주적 원리인 마음 안에 심리학적 발달과 영적인 발달을 이루게 한다.

마음 안으로부터 비롯된 세계

비록 그의 글 가운데 어떤 내용들은 그의 심리학적 관점을 유심론적으로 확장시키도록 제공하지만, 융은 나의 유심론적인 견해, 즉 나의 유심론에 동의하지 않을 수도 있다. 예를 들어 타비스톡 강연에서 자기에 우주적 차원이 있는 것인가에 대한 거듭된 질문에 답하면서 철학적으로 드러낸 융의 진술을 생각해보자. 융은 다음과 같이 진술한다.

이것은 정말 철학적인 질문이다. 이 철학적 질문에 답하기 위해서는 많은 인지 이론이 필요하다. 세계는 우리가 그린 그림이다. 오직 어린아이 같은 순수한 사람들만 세계가 우리가 생각하는 것이라고 상상한다. 세계의 이미지는 자기가 투사된 것이고, 자기의 세계는 세계가 내사된 것이다. 그러나 오직 철학자의 특별한 마음만이 정적이고 고립된 것들이 존재하는 세계의 평범한 그림을 뛰어넘는다. 만약 당신이 그 그림을 넘어서서 평범한 마음에 지진을 일으킨다면, 우주 전체가 흔들릴 것이고, 가장 신성한 신념과 희망이 뒤틀릴 것이다. 그러나 나는 왜 사람들이 사물을 동요시키려고 하는지 모르겠다. 그런 동요는 환자나 의사에게 좋지 않다. 그러나 그 동요는 아마 철학자에게 좋을 수 있다.[2]

나는 문제의 질문에 답하기 위해서 인식론으로의 여행이 필요하다는 융의 의견에 동의한다. 우리는 이미 이 인식론적 연구를 많이 했다. "우리는 바로 이미지의 세계에서만 산다"고 말한 융의 심리학적 관점에 대해 전 장에서 말한 것을 회상해보라. 이것은 "세계는 우리가 그린 그림이다"라고 말한 융의 의미를 명확히 한다. 물리학 토론에서 우리는 보통 "정적이고 고립된 것들이 있는 세계"를 믿는다는 것을 안다. 그러나 중도불교도들을 포함한 많은 사람들은 독립적으로 존재하는 것으로 가득 찬 이런 세계는 과학적으로 모순되고, 철학적으로는 옹호될 수 없다고 하였다. 융이 말하듯이, 모든 즉각적인 경험은 마음속의 복합적인 이미지일 뿐이기 때문에, 우리가 직접 세계에 대해서 경험하는 모든 것은 그것에 대한 우리의 정신적인 그림이다. 아니면 윌리엄 제임스가 이 장을 여는 첫 번째 인용문에서 말했듯이, "우리가 직접 마주하게 되는 사물의 유일한 형태로서 구체적 유일한 경험은 우리 자신의 개인적인 삶이다."

"세계의 이미지는 자기의 세계의 투사이다"라는 말을 더 확대해 보자. 우리가 직접 경험할 수 있는 모든 것은 이미지이기 때문에 "세계의 이미지"는 가장 섬세한 직관에서부터 우리가 발을 딛고 걷는 땅에 이르기까지 경험의 모든 요소들을 포함한다. 내가 앉아 있는 딱딱한 의자와 강아지의 비단 같은 귀는 아동기의 기억이나 어젯밤의 꿈들이 이미지인 것처럼 이미지들이다. 하지만 이 이미지들은 어디서부터 생겨나는가? "자기의 세계"는 우리 개개인의 삶의 무의식적인 샘물이며, 완전히 객관화할 수 없는 내면의 세계이다. 그렇기 때문에 융은 상징적인 방법을 개발한다. 융에게 있어서, 자기의 원형은 우리의 내적, 외적 삶 속에서 스스로를 표현하는 지적인 조직 원리이다. 나는 그의 문장을 온 세상이 마음 밖에서 주어진 것이 아니라 마음 안에서, 특히 자기로부터 주어진다는 의미로 이해한다. 폴 브런튼이 말하듯이, "우리가 바깥 세상을 경험하고 있다고 믿을 때, 실제로는 내면을 경험하고 있는 것이다."[3]

감각 지식의 세계는 확실히 몸의 외부에 있다. 예를 들어, 내 책상은 분명히 몸의 바깥 쪽에 있다. 그러나 우리 몸 밖에서 비롯되고, 생리학자의 커다란 간격을 어느 정도 가로지르는 감각 경험과는 달리, 신체를 포함한 전체 세계의 이미지는 마음의 심층으로부터, 즉 "자기의 세계"에서 비롯된다. 앞의 절에서 나는 마음의 사유를 마음 스스로가 만든 시간과 공간 속으로 외재화한 다음, 그것을 독립적인 대상으로 잘못 생각하는 마음의 힘에 대해서 논하였다. 따라서 마음은 확실히 자신의 사유를 외재화하거나 객관화하고 자신의 사유의 독립적인 실재를 전폭적으로 믿는 힘을 가지고 있다. 이 모든 것들, 즉 객관적인 지속성, 외재성, 독립성은 마음을 강력하게 유지하고 있는 관념들이다. 비록 세계가 분명히 객관성과 지속성을 가지고 있지만, 그것이 마음 밖의 독립적인 물질세계의 존재를 입증하지는 않는다. 이 세계의 피투성(被投性), 객관성, 지속성을 설명하는 존재론적인 질문을 향후의 과제로 미루고, 나는 여기서 세계는 외부의 물질 영역보다 마음의 심층에서 솟아오른 것이라는 관념에 초점을 맞추어 보도록 하겠다.

우리가 융과 함께 정신적인 이미지의 세계만을 경험한다고 믿는다면, 마음의 외부에 대해서 말하는 것은 어떤 의미일까? 우리가 말하는 세계가 아무리 마음의 외부에 있는 것으로 생각한다 하더라도, 우리는 세계를 인식하는 바로 그것으로 세계를 즉시 마음속으로 가져온다. 나는 초기 기독교인들이 사자에게 가는 꿈에 대한 인식론적 논의에서 그것을 명확히 하려고 했다. 거기에서 나는 꿈속에서는 꿈을 꾸는 마음 바깥에 있는 어떤 것을 추상적으로 생각하는 것조차 불가능하다고 논하였다. 아무리 꿈 밖의 무엇인가를 상상하려고 해도, 그것은 불가능했다. 왜냐하면 그것은 즉시 자기-포함적인 꿈의 세계에 통합되었기 때문이다. 기다리는 마음 바깥에 있는 세계에 대한 우리의 개념도 마찬가지다. 우리가 인식하는 것은 무엇이든지 마음속에 있어야 한다.

칸트가 오래 전에 보여주었듯이 시간과 공간은 마음의 기능 양태들이지 대상에 본질적인 것이 아니다. 예를 들어, 마음이 꿈의 이미지를 지각할 때, 그것은 반드시 그 이미지들을 이미지들이 스스로 만드는 시간과 공간 안으로 둔다. 일반적으로 꿈을 꾸든 깨어 있든 어떤 경험을 하기 위해서는 마음이 그 목적을 위해서 만들어진 시간과 공간에 그것을 배치함으로써 그 내용을 알아야 한다. **따라서 이런 사고의 공간적 범주들을 마음 자체에 적용하고, 그것을 상자처럼 내부와 외부를 가지고 있는 공간에 확장된 것으로 논의하는 것은 오류이다.** 마음의 안과 밖을 말하는 것은 정말 말도 안 되는 소리이고, 무의미한 소리이다. 우리가 지금 세계에 대해서 강력하게 유지해온 신념, 곧 "상식"과 맞서고 있기 때문에 나는 아인슈타인의 상대성에 의지하여 마음이 어떻게 우로보로스(Uroboros)인지, 다시 말해서, 완전히 자기-충족적인 전체인지를 설명하는데 도움을 얻으려고 한다.

나는 융의 동시성에 대한 글을 인용하면서 7장을 열었다. "시간과 공간은 그 자체로는 아무것도 아니다. 이것들은 의식적인 마음의 구별하는 활동에서 나온 실체화된 개념들이다. 그리고 시간과 공간은 운동 가운데 있는 몸의 행위를 묘사하기 위해서 서로 뗄래야 뗄 수 없는 필연적인 기준 틀들을 구성한다. 그러므로 시간과 공간은 본질적으로 기원에 있어서 정신적이다." 그 장에서 나는 우리의 일반적인 관념과는 확연히 다른 시간과 공간에 대한 물리학자들의 관점을 논했다. 이 분석은 "시간과 공간은 그 자체로는 아무것도 아니다"라는 것과 "기원에 있어서 정신적"이라는 것을 증명하지 못했지만, 그 방향으로 움직여 갔다. 만약 시간과 공간이 이 세상에 내재되어 있지 않고, 그 대신 마음이나 정신에 의해서 경험을 질서짓고, 표상하기 위해서 이용되는 양태라면, 그런 구조나 양태를 그들의 제작자, 곧 마음이나 정신 자체에 적용하는 것은 잘못된 것이다. 마음은 바깥과 내면이 있는 공간에 있지 않다. 같은 이유로 우리는 진짜 시작이나 끝을 가진 것처럼 시간에 따라서 마음을 제한할 수 없다. 이런 방식으로 우리는 어떻게 동시성이 시간과 공간의 정상적인 제약을 초월할 수 있는지, 어떻게 다양한 신비 전통과 종교 전통이 몸의 탄생과 죽음을 인정할 수는 있지만 마음의 시작이나 끝을 인정할 수 없는지에 대한 통찰을 얻는다.

특수 상대성 이론에서 아인슈타인은 4차원적 시공간 연속체를 얻기 위해서 3차원적 공간을 시간과 통일했다. 물론 3차원적 세계에서만 활동하는 우리는 4차원적 시공간 연속체를 상상하는 데 큰 어려움을 겪는다. 여기서 우리는 갈릴레오의 상속자가 되어야 하며, 우리가 어떤 공간적 차원과 같은 기반에서 시간을 다루어야 한다는 것을 보여주기 위해 수학에 의지해야 한다. 우리는 시공간이 완전히 서로 얽혀 있다는 것을 더욱더 깨달아야 한다. 예를 들어, 상대성을 다룬 장에서 카지노의 기존 틀에 있는 스페이스타임 샘 상자의 고속 도어의 동시 닫힘에 대해서 논의하였다. 다른 틀에 있는 관찰자에게 이 사건들은 동시 발생적이지 않으며, 시간과 공간 둘 다 이 사건들을 분리한다. 말하자면 시간과 공간은 진정으로 4차원적 시공간 속에 얽혀 있다. 이제 특수 상대성 이론에 대한 빠른 검토를 통해서 일반 상대성 이론에 대하여 한 문장으로 된 정의를 하겠는데, 그것은 범퍼 스티커에 넣을 만큼 충분히 짧다: 물질은 4차원적 시공간을 곡선으로 굽어 나아가게 하고, 그렇게 곡선으로 굽어 나간 시공간은 물질이 어떻게 움직여야 하는지를 말해준다. 예를 들어, 우리의 태양으로 알려진 물질의 농도는 그 근처에서 4차원적 시공간을 곡선으로 굽어 나가게 한다. 이 곡률은 행성의 궤도를 4차원적 시공간으로 안내한다. 모든 힘에 대한 이야기와 거리를-둔-활동(action-at-a-distance)은 움직이는 대상들에 미친 곡선으로 나아간 4차원적 시공간의 지역적 영향에 의해 대체되었다.

우주의 빅뱅 모델은 일반 상대성 이론의 가장 아름다운 적용 가운데 하나다. 그 안에서 우주는 굽은 4차원적 시공간의 연속적 팽창이다. 그러나 천문학을 시작하는 학생들은 항상 이렇게 묻는다. "우주는 어떤 공간으로 팽창하는가? 팽창하는 시공간 연속체 바깥에는 무엇이 있는가?", "빅뱅 전에 무슨 일이 있었나?" 그 대답은, 바깥에 무엇이 있는지 혹은 마음에 앞서 무엇이 있었는지에 대한 질문처럼, 빅뱅은 어디에서나 동시 발생적으로 일어나며, 우주 밖에는 아무것도 존재하지 않는다는 것이다. 빅뱅 전으로 확장할 것도 없고, 빅뱅 이전의 시간도 없다. 우주가 존재하는 전부다. 심층심리학자들이 말하듯이, 이것은 앞의 그림에서 보았듯이 자급자족하는 뱀이나 용이 자신의 꼬리를 먹는 것으로 상징되는 원형적인 우로보로스의 한 예이다. 정확히 같은 방법으로, 마음 바깥에 존재하는 것은 아무것도 없다. 바깥이 없다면, 우리는 안이라는 것에 어떤 의미를 줄 수 있을까? **마음의 내용이 우리에게 존재할 수 있는 전부인 것이다.**

그러므로 안(within)으로부터 우리에게 주어진 세계에 대해 말하는 것은 마음 밖(without)에서부터 세계가 온다고 말하는 것만큼 나쁘다. 말하자면 내가 공간적 설명을 암시하는 것처럼 "안에"(within)라는 말을 사용하거나, 저기를 암시하기 위해 "없이"(without)라는 말을 사용한다면 말이다. 그러므로 내가 세상이 우리에게 내면(within)으로부터 주어진다고 말할 때, 나는 마음의 심층 안이나 마음의 본질이나 핵심에서 나온 것을 말한다. 불행하게도 심층이나 핵심과 같은 단어들도 원치 않는 공간적 함축성을 가지고 있다. 나는 이런 용어들이 공간적 의미를 가지는 것에 반대한다. 그런 이해로 우리는 아직도 경험의 세계가 마음의 "외부"가 아닌 "내부로부터"(from within) 또는 마음의 심층으로부터 우리에게 주어진다는 관념의 무엇이 그렇게 문제가 되는지 물어볼 수 있다. 사실, 그것은 세상에 대한 악명 높은 좋지 않은 직관과 세계에 대한 우리의 투사를 뒤집는다. 심리학적 관점의 확실한 신봉자는 내가 마음이나 물질의 본질에 대해 아무것도 확실히 알 수 없다고 주장할지 모른다. 그러므로 마음 바깥에 있다고 생각되는 세계가 감각 지식의 원천이라고 믿거나, 지각적인 세계가 마음의 심층으로부터 주어진다고 주장하는 것은 똑같이 그럴 듯 하고, 똑같이 부인할 수 없는 일이다.

60 . 우로보로스

그러나 이 소심한 불가지론적 입장은 알려진 지식의 원천(독립된 물질세계)과 영원히 단절되어야 한다는 검증가의 난국에 대한 해결책을 제공하지 않는다. 이 불가지론적인 입장은 "생리학자의 간격" 문제도 해결하지 못한다. 마지막으로, 동시성이 암시하는 연합을 이해하는 데 아무런 도움이 되지 않는다.

우리가 단지 이미지의 세계만을 경험하고, 어떤 추정된 물질이 그 본성상 도달할 수 없는 것이며, 마음의 외적인 세계가 정말로 상상할 수 없는 것이라면, 생리학자의 간격은 넘을 수 없는 것이고, 마음은 정말 겉으로 보이는 외적인 세계처럼 자신의 사유를 투사할 수 있는 것이라면 마음에 외부적인 세계의 오류나 마음으로부터 독립된 물질의 오류에 집착할 명분이 없어진다. 우리는 정신적인 세계에서만 살고 있다. 왜냐하면 폴 브런튼이 말한 것처럼 "사물에 대한 사유로부터 떨어져 존재하는 사물은 없기"[4] 때문이다. 물리학은 그 표상이 우리의 참여를 필요로 하는 탈지역적이고 상호 연결된 양자세계를 받아들이도록 강요받았다. 이 혁명은 그 수행자들의 철학적인 선입견에도 불구하고 일어났다. 마찬가지로, 우리의 선입견에도 불구하고, 동시성적 현상들이 암시하는 내면세계와 외부세계 사이의 연합은 마음 바깥에 있는 세계에 대한 우리의 믿음에 도전한다. 동시성에 대한 철학적 주장, 물리학적 분석, 그리고 심리학적 경험들 모두는 우리에게 실체(實體)의 곡해된 투사, 마음 바깥의 세계에 대한 잘못된 신념을 버리라고 한다.

몇몇 잘못된 개념들 피하기

마음이 세계의 이미지를 투사할 때, 그것은 세계의 일부인 우리의 신체와 함께 경험적 성격이나 자아를 구성한다. 융이 "세상의 이미지는 자기의 세계의 투사이다"라고 말할 때, 그 자기는 그것, 즉 자아를 경험하는 경험적 성격과 함께 상상세계로 펼쳐지는 마음이다.

동시성이 암시하는 내면세계와 외부세계의 연합에 크게 영향을 받은 융의 문장에 대한 나의 해석에서, 몸과 영혼이나 몸과 정신은 확실히 구별된다. 그러나 그것들은 본질적으로 동일한 것, 즉 사유로 구성되어 있다. 따라서 우리는 "동시성 원리는 신체-영혼의 문제를 해결하는 데 도움을 줄 수 있는 속성을 가지고 있다"[5]고 융이 말했을 때 그가 무엇을 의미하는지에 대한 최소 하나의 예를 가지게 되었다.

융은 자아는 항상 어떤 알려진 내용과 연관되어야 한다고 바르게 주장한다. 하지만, 올바르게 인식하는 사람은 자아, 경험적 성격, 자기를 위한 왜곡된 대리인이 아니다. 만약 자아가 올바른 인식자라면, 자아는 의식 안에 있는 대상으로서 자아를 인식하는 것이 불가능하다. 왜냐하면 자아는 객관적으로 자신을 알 수 없기 때문이다. 오히려 올바르게 인식하는 사람은 세상을 투사하지만 스스로는 표상된 세계 안에 자리를 차지하지 않는 보다 포괄적인 마음이다. 아름다운 석양과 거기에 미적으로 반응하는 나의 자아는 내 개인의 마음이 보여주는 이미지와 구별 가능한 부분이다. 자아는 일몰만큼 만족스러운 것이다. 이와 유사하게, 꿈꾸는 마음은 꿈속의 경험을 가진 경험적 꿈 자아를 가지고 꿈의 세계를 투사한다. 꿈꾸는 마음은 꿈 대상들과 꿈꾸는 빅터의 자아를 그의 꿈꾸는 몸과 함께 존재 안에서 생각한다. 비록 우리가 꿈속에서 이 꿈꾸는 마음에게 어떤 자리를 내어줄 수는 없지만, 꿈꾸는 마음은 이미지를 내고, 그 이미지를 인식하는 참된 인식자이다. 다시 말해서, 마음은 이미지와 경험적 성격을 객관화할 수 있지만, 그 자체를 객관화 할 수는 없다.

이 유심론의 관점에서 발생하는 자연스러운 오해를 미리 막아보려고 노력해보겠다. 내가 꿈 인식론을 사용하는 것과 세계가 안으로부터 주어진다는 관념은 깨어있는 세계가 온통 꿈이나 환상이라는 것도 아니고, 순전히 주관적이라는 것도 아니다. 깨어 있는 세계는 가능한 한 실재적이다. 이 세계의 모든 기쁨과 슬픔은 언제나처럼 부인할 수 없다. 대상들은 언제나 단단하고 실체적이다. 그러나 그것은 모든 대상과 주관적인 상태들이 단지 사유 속에서의 구성이라는 순수한 정신적인 성격을 부인하지 않는다. 나는 세계가 어떤 면에서 주관적이지 않은지, 그리고 어떻게 우리 사이에 그것을 공유할 수 있는지에 대해 몇 쪽에 걸쳐서 논의를 전개할 것이다. 지금으로서는 지금까지의 모든 논의가 환상적 세계로 이어지지 않는다는 것을 깨닫는 것만으로 충분하다. 폴 브런튼이 말했듯이, "세계는 환상도 꿈도 아니고 비유적으로 둘 다와 같다."[6]

또 다른 자연스러운 오해를 미리 막아보려고 노력해보겠다. 우리는 마음이 연속체라는 것을 알아야 한다. 이 세상에는 서로 다른 힘을 가진 다양한 차원의 마음이 있지만, 이것은 모두 오직 하나의 마음이다. 예를 들어, 마음의 한 측면은 우리의 정상적인 정신 기능 양태에 접근할 수 없는 사건에 대한 시공간 초월적인 지식인 융의 "절대지"(絶對知)와 접촉할 수 있다. 유심의 더 높은 측면은 이 문장을 읽고 그 의미를 발견하려는 마음과는 그 표현과 힘에서 차이가 있다. 만약 우리가 마음을 다양한 힘을 가진 연합으로 인식하지 못한다면, 모든 종류의 오해가 발생할 수 있다. 예를 들어, 우리는 우리의 자아, 곧 우리의 개체 성격과 관련된 제한된 마음이 가장 먼 은하계로부터 초현미경적 세계에 이르기까지 우주를 구체적으로 표상하는 것이라고 잘못 생각할 수 있다. 사실 자아와 그 세계는 더 큰 마음에서 함께 생겨난다. 우리는 마음의 연합을 몇 개의 구별되고, 분리된 여러 마음들로 분열시키는 함정에 빠져서는 안 된다. 그러면 우리는 자아를 더 큰 창조적 원천으로부터 분리시키게 되고, 더 높은 선으로부터 영원히 단절된다. 그때 유한은 무한에 대한 구속력을 잃게 된다. 그 대신 가장 평범한 경험 안에 모든 마음의 힘들이 현존한다는 것을 인정하는 것이 목표다. 무한은 항상 유한을 동반한다. 아니면 윌리엄 블레이크가 "순결의 조짐"(Auguries of Innocence)에서 전한 말을 들어보라.

모래 한 알에서 세계를 보고
들꽃에서 하늘을 보라.
당신의 손바닥 안에 무한을 담고
시간 안에 영원을 담아보라.

개인적인 성찰 실습

때때로 철학적 논쟁은 그것이 맞더라도 우리를 차갑게 남겨둔다. 나는 여기서 분석적 철학보다 이미지와 개인적인 경험에 더 의존하는 다음의 작은 연습을 해보겠다. 비록 개인적인 경험을 가지고 그것을 하려고 하지만, 사실은 폴 브런튼의 철학적 주장에 의해서 영감을 받은 것이다.[7] 내가 하는 일을 이해했다면, 이제는 당신이 직접 자신의 경험을 가지고 연습해 볼 수 있다. 당신은 가족 사진첩을 한 번 보고 당신의 생각을 보충할 수도 있다. 만약 그것이 당신의 오래된 사진들을 포함하고 있다면, 이 사진들은 우리의 논의에 훨씬 더 많은 감정을 가져오도록 도울 것이다

내가 생생하게 기억할 수 있는 가장 초기의 경험 가운데 하나는 할아버지가 토끼와 노는 것이었다. 길고, 부드럽고, 털이 많은 귀와 소심하고, 경련이 일어나는 코, 토끼들은 토끼집의 희미한 빛 속에서 내 주위를 깡충깡충 뛰어다녔다. 다른 가족들은 토끼들이 나를 아주 기쁘게 해준다는 것을 분명히 알고 있었기 때문에 자주 나를 토끼집으로 데리고 가곤 했다. 어느 날 할아버지는 그것을 요리하기 위해 내가 매우 사랑하는 친구들이었던 토끼들 중 한 마리를 잡으러 왔다. 토끼의 피는 너무 빨갰고, 팔딱이던 토끼는 아주 빨리 경련을 멈추었다. 나는 깜짝 놀랐고 무서웠다.

몇 년을 지나 중학교 2학년으로 가 보겠다. 그때 어머니는 내 의지와 달리 무도회 댄스 학교에 다니라고 나를 설득했다. 나는 그 젊은 숙녀들과 팔이 닿지 않도록 주의하였고, 내 커다란 신발이 섬세

한 발가락 위를 누르지 않도록 부지런히 내 발을 관찰하였다. 나는 마루 위에서 긴장하면서 움직였고, 열을 받은 재킷과 넥타이 아래로는 흥분 때문에 땀이 흘러내리고 있었다. 레슨이 끝났을 때, 나는 바깥으로 나가 시원한 밤공기를 깊이 들이마셨다. 나는 어린 소녀들과 폭스트롯(사교댄스의 일종) 춤을 추었던 아름다운 기억 이상의 것을 가지고 있다. 나는 여전히 내 재킷에 전해진 그녀들의 향수가 주는 취기 어린 혼합된 냄새를 맡을 수 있었다. 나는 그 풍성한 꽃다발이 주었던 달콤한 욕망의 분출로부터 회복되지 못했다.

우리들 중 몇 명은 코카콜라를 사러 약국에 갔다. 나는 여전히 향수를 내뿜고 있는 어린 꽃들과 부드럽게 대화하려고 노력하면서 얼음이 채워진 큰 잔을 가지고 놀았다. 긴 빨대를 입에 넣고, 잔을 들었다. 잔을 기울여 빨대로 콜라를 마실 필요가 있는지 헷갈려서 넥타이와 흰 셔츠에 콜라를 부었다. 이때 나는 테이블 밑으로 기어들어가거나 적어도 서늘하고 어두운 밤 속으로 도망치고 싶었다.

다음은 20년 후의 내 모습을 상상하며 미래를 바라보겠다. 내가 그때까지 살아 있다고 가정하면, 내 얼굴의 주름은 점점 더 많아지고, 깊어질 것이며, 턱은 더 무거워지고, 머리카락은 귀를 넘어서 자랄 것이다. 아마 나는 더 현명하고, 더 차분하고, 더 동정심이 많거나, 아니면 더 혼란스럽고, 불안하고, 비탄을 경험하고 있을 것이다.

과거에 대해 말하자면, 내 오래된 털북숭이 친구 토끼들은 어디에 있을까? 따뜻한 밤공기에 소용돌이쳤던 저 아름다운 소녀들은 어디에 있을까? 얼음 같은 액체가 내 가슴으로 쏟아져 내렸던 당혹감은 어디에 있을까? 분명히, 이것들은 모두 기억, 이미지, 감정들이다. 요컨대, 그것들은 모두 사유들이다. 아무리 공포가 생생하고, 욕망이 달콤하며, 당혹감이 뜨겁다고 한 들, 이제 이 모두는 추억, 곧 사유가 되었다.

주름지고 우글쭈글한 노인으로서 내 미래는 어떨까? 미래는 아직 오지 않았기 때문에, 그것은 오직 상상과 사유 속에만 있을 수 있다. 미래의 모든 가능성은 나의 과거의 기억만큼 많은 사유 속에 잠겨 있다. 또한 우리는 현재를 진정으로 관찰할 수 없음을 알아야 한다. 우리가 현재를 관찰하려고 할 때 그것은 신비하게 과거로 흘러 들어간다. 현재를 파악하려는 순간 현재는 역사 속, 곧 기억 이미지의 세계로 변한다. 게다가 상대성 이론에서 배웠듯이, 물리학에서 사용되는 현재의 이상화된 개념조차 특정한 기준 틀에 크게 의존한다. 즉 현재의 이상화된 개념은 거의 보편적이지 않다. 현재가 상상된 미래와 기억된 과거 사이의 지속 시간 없는 전환인 나의 특정한 기준 틀 내의 최소한의 전환점에 불과하기 때문에, 모든 경험은 정신적이다. 우리 자신의 성격과 세계에 대한 모든 경험은 다름 아닌 상상력이다.

  오래 전에 사라진 토끼집으로 다시 걸어 들어가, 희미한 빛에 눈을 적응시키고, 토끼 냄새를 맡고, 심지어 50년 전 친구들의 먼 후손들의 요람을 흔들어준다고 할지라도, 이것은 다시 복합적인 일련의 이미지들일 뿐이다. 부드러움, 냄새, 그리고 모든 광경은 단지 정신의 이미지일 뿐이고, 내 개인적인 마음속의 사유들일 뿐이다. 그 이상도 그 이하도 아니다. 나는 어떤 독립적 실체가 나의 감각 보고서 밑에 존재한다고 생각할 수 있다. 그러나 그것은 결코 나의 지각의 대상이 아니며, 어떤 식으로든 그것을 직접 경험하지 않는다. 나는 나의 감각 보고서에 감금되어 있는데, 그것은 다름 아닌 정신적인 이미지들과 생각들이다. 내 감각 보고서의 기초가 되는 어떤 "실재하는" 물질적인 대상이 있다는 생각은 거대한 편견이며, 보증되지 않은 형이상학적 가정이고, 비합리적인 신앙의 조항이다. 힐러리 퍼트남이 생리학자의 간격을 논하면서 말했듯이, "우리가 17세기부터 물려받은 과학적 실재론은 아직 그 모든 신망을 상실하지는 않았지만, 그것은 우리에게 끔찍한 세계의 그림을 보여주었다. 이제 우리는 세계에 대한 다른 그림을 찾아야 할 시간을 맞았다."[8]

  그럼에도 불구하고 세계는 우리의 의지에 속하지 않는 객관적이거나 주어진 내용을 가지고 있다. 우리는 실제로 우리끼리 어떤 것들을 공유한다. 그렇다면 어떻게 마음으로부터 독립된 물질을 신뢰하는 관념을 가지고 이것을 이해할 수 있을까?

객관성 설명하기

우리는 세계의 공유된 객관성, 곧 자아의 의지와 무관한 세계의 분명한 표상을 설명할 필요가 있다. 위에서 설명한 관념론에 동의하는 동서양의 많은 전통들은 우리에게 세계에 대한 관념과 함께 "내부적으로" 보여주는 어떤 더 높은 마음, 우주적 지능, 세계 마음이나 세계의 영혼을 불러일으킨다. 그런데 몇몇 전통들 사이에는 미세한 차이들이 존재한다. 그래서 나는 폴 브런튼[9]과 앤서니 다미아니[10]가 공식화한 관념론을 따를 것이다.

내면에서 보이는 세계는 꿈의 이미지로 펼쳐지는 정신적 충동처럼 비공간적이고 비시간적인 형태를 가지고 있다. 공포든 욕망이든 꿈을 만들고 조직하는 정신적 충동은 비공간적이고, 비시간적인 것이지만, 꿈을 꾸는 사람의 마음은 정신의 이 기본 구도를 완전히 신체화된 시공(時空) 속에서의 꿈 모험으로 펼쳐놓는다. 비슷한 방식으로, 개인의 마음은 세계 영혼의 충동을 받아서 상상력의 내용으로 시공간 속에 투사된다. 정신은 항상 어떤 형태의 시공간에서 이미지를 만들어야 하지만, 더 높은 지능은 시공간에서 존재하는 물질을 제공하지 않고, 본질적인 내용을 제공한다.

이 더 큰 원리나 우주 지능은 공유되고 지속적인 세계의 본성을 설명한다. 예를 들어, 나와 함께 사과나무를 보는 것을 상상해 보라. 세계 영혼은 우리가 동의하는 바 지속적이고, 우리가 공유하는 나무의 기본 구도를 내면적으로 우리의 마음에 준다. 우리 개개인의 마음은 개개인의 정신-신체적인 구조의 특수성을 따라서 변환된 나무의 특정한 공간과 시간의 형태를 우리 각자에게 보낸다. 또한 세계 영혼의 입력의 일부인 우리의 몸은 나무와 다른 기하학적 관계를 가지고 있고, 우리의 신체적 한계가 다르며(나의 눈은 당신의 눈과 다르다), 우리의 심리학적 연관성은 다양하다(당신은 어린시절 사과나무에서 떨어진 나쁜 기억을 가지고 있다). 이 모든 것들과 그 이상의 것들은 우리 개개인의 마음을 표현하는 측면들이다. 개인의 마음은 주어진 내용(나무와 우리의 심리학적 구조)을 받고 우리에게 객관성, 시간과 공간 형태, 심리학적 왜곡을 조장한다. 브런튼이 말했듯이, "세계는 보편적인 마음의 발명품이다. 그러나 보편적 마음은 인간의 마음속과 마음을 통해서 작용한다. 그것이 제시하는 것은 모든 인간에게 공통적이다."[11]

아마도 간단한 기술적 은유가 도움이 될 것이다. 현재 개발 중인 디지털 기반 HD TV를 생각해 보라. 이 프로그램은 0과 1 또는 오프와 온의 긴 문자열로 암호화 된다. 방송 신호는 TV 세트에 의해 수신되고, 암호가 해독되며, 증폭되고, 소리와 함께 고해상도 영상으로 보인다. 디지털 신호는 우리가 지각하는 동영상 이미지나 소리와 전혀 다른, 예-아니오의 비트(bit)로 된 복잡한 문자열일 뿐이다.

그럼에도 불구하고 이 디지털 비트 문자열은 모양, 색상, 이동 및 소리에 대한 모든 정보를 포함한다. 비트 문자열과 유사하게, 비공간적, 비시간적 정신적 충동은 세계 영혼에 의해 우리 각자에게 방송된다. 텔레비전 수신기와 유사하게, 우리 개개인의 마음은 자극을 받아서 색, 움직임, 소리, 감각의 나머지 기능들과 함께 그 자극을 해독하고 시공간 속으로 투사한다.

물론 그 비유는 몇 가지 중요한 방법으로 분해된다. 예를 들어, 비트 문자열은 시공간에 있는 반면 세계 영혼이 제공하는 정신적 충동은 그렇지 않다. 더 이상한 것은 우리의 정신-신체적인 유기체는 정신적 충동에 포함되어 있다. 우리의 신체-마음 복합체가 시공간 안에 미리 존재하고 세계 영혼으로부터 신호를 받는 것은 아니다. 오히려 우리의 정신-신체적인 유기체, 곧 수신-암호 해독-증폭을 위한 정보는 정신적인 충동의 일부이다. 이것은 바로 빅터와 그의 몸이 꿈으로 펼쳐지는 정신적인 충동의 일부인 것과 같다.

비록 그것에 대해 체계적이지는 않지만, 융 또한 어떤 초월 원칙에 호소한다. 예를 들어, 융은 그의 글 전반에 걸쳐서 정신과 물질의 기초가 되는 통합된 토대로서 하나인 세계(Unus Mundus)를 언급한다. 그는 이 통합원리에 대해 구체적으로 논의한 적은 없지만 상당 부분 동시성적 경험을 바탕으로 이 원리를 내세웠다. 예를 들어, "이 원리[동시성]는 인과적으로 관계가 없는 사건들의 상호 연결이나 연합이 있음을 시사하며, 따라서 하나인 세계로 아주 잘 표현될 수 있는 존재의 통합된 측면을 가정한다."[12] 하나인 세계의 주요 측면은 (시간적으로가 아니라) 논

61. 폴 브런튼

리적으로 경험의 세계 이전에 존재하는 통합된 잠재적 세계라는 것이다. 하나인 세계는 아직 시공간에서 구체적인 대상들로 분해되지 않는다. 융은 이것을 아직 아무것도 실재하지 않았던, 즉 둘과 다(多)로 나누어지지 않고, 여전히 하나인 세계였던 "창조 첫날의 잠재 세계 ... 하나의 가능태의 세계, 자기가 과거, 현재, 미래의 개별적 성격의 토대이자 기원인 것처럼 모든 경험적 존재의 영원한 근거"[13]라고 기술한다.

융은 이 하나인 세계라는 신비한 관념으로 무엇을 의미하고자 하는가? 하나인 세계의 관념은 그의 후기 글에 아주 많이 등장하지만,

그것에 대한 정의나 설명은 거의 하지 않는다. 이 관념을 가장 자세하게 다룬 것은 그의 마지막이자, 가장 권위 있는 연구서인 『융합의 비의』(*Mysterium Coniunctionis*)의 마지막 장에서이다. 여기서 그는 전문가가 추구했던 하나인 세계와 합일하는 세 차원을 논한다. 아마 단순한 심리학적 예가 이 원리를 이해하는 데 도움이 될 것이다. 나의 예는 앤서니 다미아니(Anthony Damiani)가 세미나에서 자주 사용했던 내용에서 가져온 것이다.

  우리가 때때로 꿈 없는 깊은 잠에서 서서히 깨어나는 상태를 생각해 보라. 마음이 아무 생각이나 감정도 없이 잠잠하고 완전히 고요하다고 상상해보라. 우리는 완전히 깨어있지만, 신체에 기초한 동일시, 개인적 정체성, 개체 존재감이 없는, 곧 그렇게 선택의 여지가 없는 자각을 가지고 있다. 세계가 우리의 욕망과 기대에 의해 분리되지 않고 터진 곳이 없는 전체로 보인다. 대상은 나타나지만, 세계는 여전히 통일되어 있고, 평화롭고, 신체에 기초한 주체에 대항하여 대상들로 잘려나가지 않는다. 우리는 이 상태에 완전히 도달하지 못할 수도 있지만, 꿈 없는 잠에서 살며시 깨어났을 때 우리는 적어도 가끔 그 상태에 대한 암시를 얻는다. 이 상태에서 우리는 어디에 있는지, 심지어 우리가 누구인지도 모르고 단지 우리가 존재한다는 것만 안다. 구체화된 대상들과 더불어 자아인 "나"에 대한 개인적인 감각은 아직 우리의 사고에서 비롯된 것이 아니기 때문에, 우리는 마음의 타고난 연합을 산산조각 내지 않았고, 우리 자신과 세계 사이에 어떤 반대도 존재하지 않는다. 우리는 많은 가능한 경험들이 흐를 수 있는 통일된 잠재적 상태에 있다. 만약 우리가 이 설명을 우리에게 정보를 주는 우주 원리, 즉 하나인 세계로 바꿀 수 있다면, "아직 아무것도 '실재'하지 않았던, 즉 둘과 다(多)로 나누어지지 않고, 여전히 하나인 세계였던 "창조 첫날의 잠재세계, ... 하나의 가능태의 세계, 자기가 과거, 현재, 미래의 개별적 성격의 토대이며, 기원인 것처럼 모든 경험적 존재의 영원한 근거"라고 말했던 의미가 무슨 의미인지 알 수 있는 어떤 암시를 얻을 수 있다.

내가 정말 좋아하는 것은 하나인 세계를 정신적이거나 보다 적절하게는 영적 원리로 이해하는 것이지만, 융은 이것이 물질적인 원리인지 정신적인 원리인지에 대해 중립성을 유지하려고 한다. 하나인 세계에 대해 논하면서 융은 다음과 같이 말한다.

> 비록 우리가 경험을 통해 정신적 과정이 물질적인 과정과 관련이 있다는 것을 알고 있지만, 그렇다고 해서 우리는 이 관계가 무엇으로 구성되어 있는지, 어떻게 그것이 가능한지를 말할 수 있는 위치에 있지 않다. 정확히는 정신적인 것과 물리적인 것은 상호 의존적이기 때문에, 종종 그것들은 우리의 현재 경험 너머 어딘가에서 동일할 수 있다고 추측되었다. 그렇다고 이 추측이 물질주의나 정신주의의 자의적 가설을 확실하게 정당화하지는 않는다.[14]

지금쯤이면 내 견해가 융의 인용문과 다른 지점이 어디인지 분명해졌을 것이다. 그런 말을 반복하지는 않겠다. 대신 만약 우리에게 뉴턴적인 물질보다는 객관적인 경험을 주는 세계 영혼이나 하나인 세계라는 이 관점이 맞는다면, 왜 그것이 우리의 상식적인 믿음에 반하는 것처럼 보이는가? 라는 질문을 해보자. 힌두교에서는 무지의 본질은 불가해하기 때문에 설명할 수 없다고 한다. 그럼에도 불구하고 나는 분석을 해볼 것이다.

어떤 내용이 자아와 관련되는 모든 평범한 지식이 객관화의 한 형태임을 상기하는 것부터 시작하라. 일반적인 객관적 양태로 어떤 내용을 알기 위해서 우리는 그것을 주체와 구별해야 하며, 경험적 성격을 통해서 빛나는 인식의 빛으로부터 구별해야 한다. 우리의 주관성을 알려고 시도할 때 심층심리학조차 상징적으로 그렇게 하는데, 이것이 객관화의 특정한 형태이다. 물론 내가 강조했듯이, 자연과학은 객관적인 양태로 인식하는 것에 완전히 경도되어 있다.

이런 자연과학의 객관적 양태에 배타적으로 몰입하는 것이 대체로 마음의 본질은 말할 것도 없고 상대성과 양자역학 모두의 가장 중요한 발견의 일부를 이해하는 데 어려움을 겪게 한다.

마음이 마음의 세계를 객관화할 때, 그 본성은 객관화할 수 없기 때문에, 반드시 자신을 그림에서 배제한다. 슈뢰딩거는 이 과정을 "객관화"라고 부른다. 그는 "마음은 자연철학자의 객관적인 외부세계를 마음 자신의 것으로부터 분리하여 세웠다. 마음은 자신을 배제하는 단순한 장치, 곧 개념적 창조에서 마음을 철수하는 것 외에는 이 거대한 작업에 대처할 수 없었다. 그러므로 후자는 그 창조자(마음)를 포함하지 않는다"[15]라고 말한다. 이때 우리는 대상에 너무 매료되어 슈뢰딩거가 "인지의 주체"(Subject of Cognizance)라고 부르는 진정한 주체는 배경으로 밀려난다. 그 이유는 특별히 진정한 주체가 과학 영역인 객관적으로 존재하는 대상의 "실재 세계"에 존재할 수 없기 때문이다.

우리는 진정한 주체를 객관화할 수 없기 때문에 물리학은 적어도 그것이 객관적인 태도를 유지하는 한, 주체와 대상 사이의 관계를 결코 다룰 수 없다. 몇몇 저명한 물리학자들과 철학자들은 이 점에 대해서 명확하지 않다. 즉 객관적 양태에 대한 과학의 배타적 몰입은 더 깊은 마음의 본질에 접근할 수 없게 만든다. 마음이 우리의 세계 이미지를 투사하기 때문에, 우리가 이미지에 머무르는 한, 우리는 투사자, 즉 그 뿌리를 결코 알 수 없다.

주체와 객체의 범주를 정말 초월하는 진정한 주체는 그 자신의 창조의 한 측면인 자아로 알려진 정신-신체적 복합체와 너무 얽혀 있어서, 포괄적인 개인의 마음이나 영혼으로서 우리의 참된 본성과 지위를 망각하게 된다. 이것은 정말 영혼의 상실이다. "모든 우주의 경이들 가운데서 가장 큰 것"으로 정신을 기리는 이전 장의 첫 인용문 직후 융은 계속해서 이렇게 말한다. "서양인 가운데 아주 적은 수를 예외로 하고는 이 사실에 거의 주의를 기울이지 않는 것이 매우 이상하다. 외부 대상에 대한 지식이 쇄도하면서, 모든 지식의 주체는 일시적으로 존재하지 않는 것처럼 보일 정도로 사라졌다."[16]

마치 우리가 고화질 TV를 보는 것처럼, 투사된 이미지를 보는 것은 주인공의 성공과 승리에 너무 몰두해서 그녀와 동일시하기 시작하는 것과 같다. 동일시가 너무 완전해지면 그녀의 아픔과 기쁨은 우리의 것이 된다. 그러면 TV 주인공에 대한 모든 혐오와 이해는 깊이 실제적인 것이 되고, 우리는 디지털 신호 너머의 의미와 생명을 가지고 이 전자 이미지를 투사하고 있다는 사실을 잊게 된다.

영혼의 상실과 진정한 주체를 간과하는 이 조건은 어떻게든 우리의 지각을 만들어내는 마음 외부에 존재하는 마음인 독립적인 세계가 있다고 생각하는 것과 같은 오류의 토대를 제공한다. 슈뢰딩거가 말했듯이, "세상은 한 번밖에 주어지지 않는다. 아무것도 성찰되지 않는다. 원본과 거울에 비친 이미지는 동일하다. 시공간 안으로 확장된 세계는 우리의 표상(Vorstellung)일 뿐이다. 버클리가 잘 알고 있었듯이, 경험은 우리에게 그 외에 다른 어떤 것이 되는 단서도 주지 않는다."[17] 슈뢰딩거는 시공간에 미리 존재하는 물질적 세계를 부정하고 있다. 그것은 어떻게 해서든 이차적으로 정신 안에 반영된 것이다. 우리 내면의 귀에 들려오는 음향의 파동은 우리가 들을 때까지 많은 변환을 거친 소리가 아니다. 소리는 듣는 것이다. 지각이 중요한 것이다. 이것은 융이 말하는 것임에도 불구하고, 어떤 기초를 이루는 물질의 결과인 "두뇌의 단순한 과정"의 반사된 이미지가 아니다. 그렇다. 두뇌와 그 복잡한 상태는 지각과 조화를 이루지만, 두뇌와 거기에 연관된 모든 관련 지식은 우리가 제일 많이 느끼는 두려움과 환상만큼 매혹적인 마음의 영역 안에 있다.

동시성 이해의 한 모델

한 쪽에서는 유물론자와 이원론자, 다른 쪽에서는 관념론자들이

나 유심론자들 사이의 세대를 넘는 논쟁에 대한 나의 짧은 논의가 이 존경할 만한 논쟁거리를 잠재우지는 못할 것이다. 유심론에 대한 나의 논의는 그런 견해에 의해서 제기되는 모든 철학적 질문들에 답하는 것도 아니다. 나의 목표는 심층심리학, 물리학, 관념론 철학 등 이 책에서 채택한 주제에 대한 철저한 분석을 제공하는 것이 아니다. 그 대신 나는 이런 다양한 분야가 서로 동시성에 대한 나의 관점을 어떻게 조명하고 지원하는지에 대해서 논하고자 한다.

물리학의 측면에서 나는 양자적 물질관을 틀에 의존하는 시공간에서의 발현을 위한 비인과적 가능태, 곧 정교하게 관찰자 의존적이고 탈지역적으로 상호 연결되어 있는 가능태로 삼는다. 심리학적인 측면에서, 나는 동시성을 진정한 현상으로 받아들이고 어떻게 우리의 마음이 아니라 우리 몸 바깥의 세계가 우리의 가장 깊은 정신 상태와 그렇게 미묘하게 깊이 엮일 수 있는지 이해하려고 노력한다. 심층심리학은 더 높은 지성이 우리의 심리학적이고, 영적인 발달에 특별하고, 구체적인 관심을 갖는다는 수많은 증거들을 보여준다. 이 책의 많은 예들이 그것을 증명한다. 현대 과학적 세계관 내에서 이 모든 것을 이해하는 것은 상당한 도전이다. 나는 모든 경험이 마음에서 비롯된 것이며, 마음으로부터 독립적인 물질적 대상들이 우리의 상상력의 허구, 곧 정신세계에 던져진 투사라고 생각하는 것이 그 도전을 만날 수 있게 한다고 생각한다. 거기에는 긍정적인 설명적 가치가 들어있다. 이제 동시성에 내포된 의미, 시공간, 비인과론, 연합이라는 이 네 가지 주제로 다시 돌아가서 살펴보자.

1. 동시성에 담긴 의미

동시성에서 내면세계와 외부세계를 비인과적으로 연결하는 원형적 의미는 현상을 이해하는 데 중요한 역할을 한다. 나는 이 책에서 제시하는 다양한 동시성적 경험들이 내면세계와 외부세계 모두에서 펼쳐지는 초월적 의미의 신비한 표현임을 분명히 하기를 바란다. 동시성은 영혼 만들기이고, 우주적 자기나 의미로서의 영혼이 드러난 것이며, 내면세계와 외부세계 모두에서 비인과적으로 연결된 사건들을 통한 가르침이다. 만약 우리에게 내면의 눈이 있다면, 자기는 우리에게 변환과 개성화에 필요한 경험과 의미를 제공할 것이다. 유심론적 해석에서, 물리적 세계와 정신은 궁극적으로 같은 본성을 가지고 있는 것으로 보이고, 더 큰 마음의 작용에 뿌리를 두고 있으며, 그에 따라서 의미 있는 상호 연결이 가능하고, 심지어 자연스럽기까지 하다. 아마 이 통일된 세계관 안에서 우리는 꿈에 대한 인식론적 분석에 다시 호소함으로써 동시성을 더 깊이 이해할 수 있을 것이다.

꿈을 만들고, 꿈에 의미를 부여하는 원형 콤플렉스의 관점에서 보면, 꿈의 주체가 꿈의 대상과 의미 있게 관계하는 것은 놀랄 일이 아니다. 사실 꿈에 대한 심리학적 이해는 이런 의미와 꿈 이미지가 추상적인 원형 콤플렉스의 기본적인 실재와 갖는 상호 관계를 정확하게 탐색하는 것을 목표로 한다. 마찬가지로, 깨어있는 의식 안에 그 어떤 살아있지 않은 물질도 존재하지 않고, 세계가 정말 우주적인 지성인 의미 단위의 표출이라면, 우리의 내면적인 삶과 외적 경험이 서로 깊이 연결되어 있다는 것이 왜 그렇게 놀라운 것이어야 하는가? 결국 내면과 외부는 동일한 이미지의 대비되는 색깔들, 곧 세계 이미지 안에 있는 다른 사유 형태들일 뿐이다. 심리적 콤플렉스가 불인과적으로(noncausally) 꿈의 여러 부분에 질서를 주고, 의미 있게 만들 듯이, 원형도 내적이고 외적인 깨어있는 세계를 그렇게 구조화하는 것이다. 만약 내면세계와 몸-바깥의 세계가 모두 동일하게 마음으로 이루어져 있고, 동일한 근거, 곧 우리 존재의 중심에 있는 우주적 원리인 더 높은 자기라면, 이 세계들이 우리의 발전과 의미 있게 연결되어 있지 않다면, 그것은 놀라운 일이 될 것이다. 어쩌면 이 세상의 진정한 본질을 이해할 수 없는 우리의 무능함만이 동시성을 그렇게 희귀하게 만드는 것인지도 모른다. 어쩌면 우리가 유심론의 진리를 좀 더 완전히 이해할 수 있다면, 융이 일반적인 비인과적 질서 짓기라고 했던 동시성을 계속 인식할 수 있을 것이다. 그러면 상호 연결은 자연스럽게 탈지역적 물리학에서부터 동시성에 이르기까지 다양한 방식으로 스스로를 표현한 것이 된다.

뛰어난 지성이 세계 안에 있는 자아인 우리에게 이 세계를 구체적으로 표상하게 한다는 관념은 더 큰 맥락에 개성화를 위치시키고 인식하게 한다. 이때 개성화는 대극을 다룸으로써 전체성을 성취하는 것 이상의 것에 관심한다. 이제 우리 개개인의 마음이 모든 매혹적인 대상과 쓰라린 실망을 가진 경험적 세계, 곧 자아가 고통 받고, 배우고, 죽는 세계의 창조자임을 이해할 수 있는 한 옥타브 높은 의미를 갖게 되었다. 유심론이 강조하듯이, 세계 마음은 우리의 정신-신체적 본성을 포함하는 우리 세계의 내용을 개개인의 마음에 제공한다. 마음과 무관한 물질은 불가능한 생각이다.

2. 동시성의 시공간 초월

상대성이 보여주는 바와 같이 시간과 공간은 고정되거나 절대적이지 않고, 관찰자의 기준 틀에 따라 달라진다. 융은 "그 자체로 공간과 시간은 아무것도 아니다. 그러므로 그것들은 본질적으로 기원에 있어서 정신적이다"[18]라고 주장했다. 융의 칸트적 관점에 따르면 시간과 공간은 대상이나 세계에 본래적인 것이 아니라 정신 기능의 산물이다. 유심론자는 우리 개인의 마음은 세계 마음이 제공한 추상적 내용에게 객관적 지식과 자아의 발달에 필요한 특정한 시공간 형태를 준다는데 동의한다. 그래서 융의 견해와 조화를 이루면서, 마음은 우리에게 시간과 공간을 제공한다. 다시 말해, 개인의 마음은 우리의 경험을 위해서 이 형태를 사용하는 것이다. 이것은 바로 그 경험의 형태나 양태가 그것들을 사용하는 마음을 구속하지 않는다는 것을 뜻한다. 그러므로 더 높은 마음의 측면은 마음속의 내용인 시공간에 묶인 자아가 이용할 수 없는 지식에 다가간다. 융이 "절대지"라고 말한 지식, 곧 어떤 동시성적 경험에 극적으로 드러난 시간과 공간을 초월하는 지식은 초월적 자기의 지혜가 드러난 것이다. 융은 시간과 공간의 범주에 앞선 이 차원에서는 경험적 성격이 존재하지 않기 때문에 이런 현현을 "주체가 없는 상(像)"이나 원형이라고 불렀다.

개인의 마음은 꿈의 마음이 자신이 창조한 시간과 공간 안에 이미지를 보여주는 것처럼 우리 경험의 표상 안에 시간과 공간의 범주들을 사용한다. 이것은 깨어 있는 시간과 공간의 경험적 타당성을 부인하는 것이 아니라, 개인의 마음이 시공간 범주에 제한되지 않는 신비로운 측면인 어떤 기능이나 힘을 가지고 있다는 것을 의미한다. 이 높은 마음과의 접촉을 통해서 우리의 자아는 시간과 공간의 정상적인 한계를 뛰어넘는 정보의 동시성 경험을 엿볼 수 있다.

종교적이고 신비적인 관점에서 볼 때 논리적으로 시간과 공간의 작용 이전의 이 마음의 측면이 우리의 참된 불멸성이다. 이 객관화할 수 없는 마음의 본질은 시간의 무한 연장이라는 의미에서 불멸을 말하는 것이 아니라 시간과 공간의 완전한 초월이라는 의미에서 불멸을 말한다. 우리는 결코 객관적으로 이 마음의 옥타브를 알 수 없기 때문에 어떤 상이나 이미지도 없는 명상 속에서, 우리 존재의 아주 조용한 깊이에서 그것을 찾는다. 이 명상들은 적어도 분리된 신체 기반의 자아에 대한 일시적인 일식(eclipse)과 무한으로의 병합을 추구한다. 이런 경험들은 정신의 한계, 곧 다음 장이 보여주듯, 융은 불가능하다고 생각한 어떤 것을 초월하고 있음이 분명하다.

3. 동시성의 비인과적 본성

내 해석으로는 왜 동시성이 비인과적인지 이해할 수 있다. 영감을 얻기 위해서 나는 잠시 물리학으로 돌아가 보겠다. 표면에 파동의 움직임이 있는 컵 안에 든 커피를 생각해보자. 액체 표면에 있는 각 점의 위치와 속도를 아는 고전 물리학자는 나중에 표면의 상태가 어떠할지를 완전한 확실성을 가지고 예측할 수 있다. 우리는 컵의 옆면을 반사하고 서로 간섭함으로써 지금 나타나는 모든 파도와 잔물결이 어떻게 발달할지 정확하게 예측할 수 있다. 이 고전적인 시스템은 결정론적이다. 즉 동일한 초기 조건들은 항상 동일한 시공간적 발달을 제공한다. 양자역학에서는 어떤 특정한 측정 이전에 파동 함수나 확률 분포도 결정적으로 발달한다. 즉 주어진 시간에 시스템의 파동 함수를 지정하고 시스템이 아무런 측정 없이 발달하는 경우, 양자역학은 나중에 정확한 파동 함수를 완전 확실하고 정확하게 예측한다. 시스템에 측정 상호 작용이 없을 때, 우리는 내 커피 잔에 있는 파동의 발달만큼이나 정확하고 완전하게 파동 함수의 발달을 예측할 수 있다. 그러나 고전적인 경우 우리는 커피의 물리적 파동을 가지고 있는 반면, 양자 사례에서는 오직 확률파, 측정의 비물리적 가능성, 시공간 사건으로의 발현 가능성만을 가지고 있다.

비록 측정되지 않은 가능성이 결정론적으로 발달했다고 말하지만, 결정론은 일반적으로 객관적인 사실과 사건들, 즉 시공간에서 발달하는 잘 정의된 실체들을 언급하기 때문에 이것은 오해의 소지가 있다. 확률파는 객관적인 사실, 사건, 또는 잘 정의된 대상이 아니라 사실과 사건에 대한 잠재성이나 가능성이다. 아마 측정되지 않은 양자 시스템의 잠재성은 모든 원치 않는 뉴턴적 의미를 갖는 결정론적으로 보다는 완전히 합법적으로 발달한다고 말하는 것이 더 정확할 것이다.

양자역학에서 그것은 예측 불가능하거나 비인과적 사건들을 야기하는, 어떤 주어진 기준 틀로부터 만들어진 독특하거나 특정한 측정의 출현이다. 구체적인 측정의 침입은 확률의 합법적인 발달에서 예측할 수 없는 시공간 사건으로 급격한 전환을 일으킨다. 어떤 가능성이 실현될지, 어떤 가능성이 물리적 사건이 될지는 말할 수 없다. 만약 우리가 할 수 있다면 자연은 우리가 알고 있는 것처럼 통계적인 것이 아닐 것이다. 사실, 참여 양자 우주에서 우리의 특별한 측정 개입은 피할 수 없이 통계로 이어진다. 가장 가능성이 높은 가능성은 가장 자주 시공간 사건에 영향을 미치지만 측정에서 발생하는 특정 시공간의 사건에 대해 잘 정의된 원인은 존재하지 않는다. 그들은 정말 비인과적이다.

물리학에서 얻은 이런 관념들로, 하나인 세계(Unus Mundus), 통일된 잠재 세계, (시간적으로가 아니라) 논리적으로 우리의 경험의 세계 앞에 있는 원리에 대한 융의 설명으로 돌아가 보자. 융은 이것을 "창조 첫날의 잠재세계, 아무것도 실제로 존재하지 않았던, 즉, 둘과 다(多)로 나뉘었지만 여전히 하나였던 잠재적 세계, 모든 경험적 존재의 영원한 근거"[19]라고 말한다. 이 "잠재적 세계, 모든 것의 영원한 근거"는 측정 전의 파동 함수와 유사하다. 관측되지 않은 양자 시스템과 마찬가지로, 하나인 세계는 시공간에서 구체적인 대상이 아니라 발현을 위한 통일된 가능성이나 잠재성으로 구성된다. 융은 원형을 비슷한 방식으로 본다. 그는 "원형은 **정신적 개연성**을 나타낸다"[20]고 말한다(강조는 융이 한 것이다). 양자역학에서 이것은 오직 개인이 비인과적 시공간 사건이 나타나는 것을 관찰할 때만 일어난다. 측정을 통한 우리의 참여가 비인과론을 만들어낸다. 이와 유사하게, 독특한 의식적 중심인 특정한 개인이 하나인 세계에서 가능성을 실현할 때, 비인과론이 우리의 세계로 들어온다. 특정한 관점, 즉 의식의 유한한 중심을 도입하는 것은 필연적으로 비인과론을 가능성에서 현실성으로 전환시킨다. 하나인 세계 안에 있는 가능성에 객관적인 존재를 부여할 때, 즉 세계를 공동 창조할 때, 우리 개인의 마음은 필연적으로 모든 역사와 독특함을 지닌 특정 정신-신체적인 중심을 가져다준다. 이것은 항상 비인과론의 표현을 수반한다. 동시성적 경험에서 우리는 하나인 세계의 연합을 엿볼 수 있지만, 그것을 엿볼 수 있는 것은 의식의 특정한 중심, 곧 개인의 마음을 통해서 오며, 따라서 그것의 비인과적 본성이 보장된다.

4. 동시성이 의미하는 연합

융은 그의 심리학적 관점을 설명하면서 "내가 '경험'이라고 부르는 지극히 실제적이고 합리적인 확실성은 가장 단순한 형태로 매우 복잡한 정신적 이미지의 복잡한 구조이다. 그러므로 어떤 의미에서 마음 자체 외에는 직접적으로 경험되는 것은 없다. ... 우리는 이미지의 세계에서만 직접적으로 사는 것이다"[21]라고 하였다. 융의 경험론을 조금 더 멀리 보면, 우리는 물질을 직접 경험하는 것이 불가능할 뿐만 아니라, 마음에서 독립된 것으로서 물질을 보는 것도 모순된 개념이란 것을 깨닫게 된다. 이 깨달음이 있은 후에야 우리 자신과 세계에 대해 완전히 유심론적인 견해를 가질 수 있는 길이 준비된다. 그리고 파란 것과 파란 것에 대한 나의 내적 경험 둘 모두의 "실체"는 동일한 것, 곧 내 개인의 마음에 있는 관념들, 하나인 세계 안에 일어나는 가능성의 실현 때문에 거대한 통합이 일어난다. 우리의 내재적인 사유 습관, 무의식적 성향, 자연에 던지는 실체의 투사 때문에, 우리는 이 개념을 받아들이는데 큰 어려움을 겪는다. 그럼에도 불구하고, 그것은 합리적인 분석에 의해 지지될 수 있고, 동시성으로 얼핏 볼 수 있으며, 동서양의 많은 전통에 따르면, 더 높은 명상에서 경험될 수 있다.

다음의 동시성적 이야기는 아픔 한 가운데서 우리에게 의미를 보여주고, 의미로 안내하면서 더 높은 지성인 자기의 통합된 지혜를 생생하게 보여준다.

동시성적 막간 10
교훈 적용하기

    나는 2주 동안 몇 번이나 똑같은 꿈을 꾸었다. 그 장면은 울창한 삼림 위로 우뚝 솟은 험준하고, 삭막한 산이 높이 솟아 있었지만, 봉우리는 그리 높지 않았다. 많은 사람들, 남자들과 여자들이 있었는데 그들 대부분은 나이가 많은 노인들이었다. 그들은 중앙의 오른쪽을 향해 있었고, 산 위에 나보다 조금 위쪽으로 있었다. 그들은 모두 검정색 옷을 입었고, 대부분 검정색 예복을 입고 있었다. 모든 것이 침울하고, 조용하고, 말 없이 기다리는 분위기였다. ... 그들은 실제 깨어 있는 것 같지 않았다. 나는 그들 가운데 특히 한 할머니의 늙고, 각진 얼굴을 기억한다.

    실제로 꿈에서 나는 그들의 얼굴을 알아보지 못한 것 같다. 그렇지만 이들은 나의 가족 전체의 모임으로 생각되었다. 가족 중에 내가 알아볼 수 있는 가족이 그곳에 있었지만, 나는 꿈에서 보았던 낯익은 얼굴들을 기억하지 못한다.

    왼쪽으로, 다시금 약간 위쪽에 있는 산 위에서 나는 그때 마흔한 살이었던 아버지를 보았다. 그는 놀고 싶어하고, 될 대로 되라는 분위기를 지닌, 어딘가 장난기 넘치며, 두려움을 모르는, 말하자면 다소 말썽꾸러기 같은 분위기를 풍기고 있었다. 나는 사진을 통해서 기억하는데, 아버지는 제 2차 세계 대전 초기에 젊고 화려한 폭격기 조종사로서 "용기"가 넘치는 분이었다.

    그의 왼쪽에는 멀리 뻣뻣한 다이빙대처럼 생긴 가파른 절벽 위로 툭 튀어나온 날카로운 바위가 있었다. 그는 그 바위 위에 올라가더니 모인 사람들에게 마치 "이건 전혀 무섭지 않아, 무섭지 않아!"라고 말하려는 듯이 그 위에서 신나서 펄쩍펄쩍 뛰기 시작했다.

    튀어나온 바위가 조각이 나면서 무너졌고, 아버지는 그것과 함께 입을 크게 벌린 절벽 아래 계곡의 심연 속으로 빠져 들어갔다. 나는 그의 추락이 시작되는 부분만 보고 매번 그 지점에서 꿈에서 깨어났다. 거의 20년이 지난 지금, 비록 내가 깨어났을 때 느꼈던 감정을 정확하게 기억한다고 확신할 수는 없지만, 나는 지금 그것을 극적이고 달갑지 않은 임박한 변화, 큰 신비, 불확실성의 혼합으로 기억하고 있다. 내가 기억하는 것은 내가 다시 잠을 자고 다음날 아침 눈을 뜬 다음, 그 꿈을 기억하지 못했거나 밤에 꿈에서 깨어났던 것을 기억하지 못했다. 이 일은 나중까지도 계속되었다.

62. 제 2차 세계대전 폭탄 투하 조종사

여기서 주목해야 할 점은 아버지가 이 시간 직전에 정밀 건강검진을 요할 정도로 업무와 관련된 스트레스를 받고 있었다는 점이다. 그의 의사는 매우 긍정적이었다. 만약 그가 10파운드를 줄인다면, 그는 아마 군복무를 시작했을 때처럼 열아홉 살의 건강한 몸을 가질 수 있다고 말해주었다.

나와 아버지와의 관계는 결코 쉬운 것이 아니었다. 예를 들어, 그는 가끔 "가족을 선택할 수는 없지만 친구를 선택할 수는 있다"고 말하고는 하였다. 그는 그의 가족과 잘 지내지 못했고, 어머니의 가족과도 잘 지내지 못했다. 그럼에도 불구하고, 그는 민간 직업과 주방위군 공군 소령으로 계속 근무하면서 많은 사람들에게 사랑과 존경을 받았다.

몇 년 동안 아버지가 우리와 친구가 되기를 원한다는 것이 아주 분명하게 다가왔다. 하지만, 어떤 이유에서든, 그가 나에게 진심으로 우정을 느끼게 하는 무엇인가를 내가 그에게 보여주지 않았다는 것도 분명한 사실이다. 아주 간단히 말하자면, 아버지는 완벽주의자였다. 그는 무엇인가를 잘하는 것을 첫 걸음으로 삼았다. 그 다음, 그리고 아마 더 중요한 것은 그것을 쉽게 보이게 하는 것이었다. 우리 관계에 있어서, 내가 아무리 열심히 노력해도, 내가 그를 기쁘게 하거나, 다른 사람들이 내가 얼마나 잘했다고 생각하든지 간에, 그의 첫마디는 항상 내가 어떻게 그것을 더 잘할 수 있을 것인가에 대한 것이었다. 나는 항상 그가 사실 옳다는 것을 알고 있었기 때문에 뼈저리게 아팠다. 느낌의 수준에서, 나는 내가 열네 살 때 아버지와 나누었던 대화 이전에는 아버지로부터 단 한 순간도 직접적인 칭찬을 받았던 기억이 없다.

어느 금요일 저녁, 그가 퇴근하고 집에 돌아온 다음 아버지와 내가 나누었던 대화에 새로운 일이 일어났다. 그 이야기의 주제는 중요하지 않았다. 하지만 내가 해야 할 말에 아버지가 정말 관심이 있다고 느낀 것은 그때가 처음이었다. 그것은 아버지가 실제로 나를 좋게 생각하고, 지적인 의견을 가지고 그것을 관철할 수 있는 나의 능력을 존중한다는 것을 안다는 것을 느낀 첫 경험이었다. 그것은 정말 놀라운 일이었다. 그는 마치 그의 친구들과 대화하는 것처럼 나와 대화를 나누었다.

다음날 나는 당시 가장 친한 친구와 하룻밤을 묵었다. 아침에 친구와 나는 그의 집 앞에 나가서 야구를 하기 시작했다. 전화벨이 울렸다. 첫 번째 전화 벨이 울리는 동안, 나는 그 전에 내가 꾸었던 모든 꿈들을 기억했다. ... 그리고 훨씬 더 많은 것을 기억했다.

나는 처음으로 지난 2주 동안 반복되는 꿈을 꾸고 깼었던 기억이 떠올랐다. 그리고 나는 그 전날 밤, 같은 금요일이나 토요일 아침 일찍 같은 꿈을 꾸었지만, 꿈의 뒷부분은 달랐다. 이번에는 내가 아버지가 떨어지는 순간 깨어나지 않았고, 아버지가 바닥까지 떨어지는 것을 끝까지 지켜보았다. 그리고 이때 나는 잠에서 깨지 않았다.

나는 알고 있었다. 전화를 받으면서, 전화기 너머로 들려오는 소리를 듣기도 전에 나는 "알아요"라고 말했다. 정말 내가 그것을 어떻게 알았는지 전혀 몰랐음에도 불구하고 내가 그렇게 "알아요"라고 말했을 때, 나는 어머니가 울음을 억누르며 "네 아버지가 오늘 아침에 돌아가셨어"라는 말을 하려고 애쓰는 것을 듣고 있었다.

"네, 알아요. 곧 집에 갈게요."

나는 집으로 돌아오는 길에 충격과 커다란 깨달음, 아마 이해할 수 없는 신비가 뒤섞인 것을 느꼈다. 그 외에는 공허함과 모든 것이 공중에 매달린 것 같다는 느낌이 들었다. 나중이 되어서야, 내가 집에 도착하여 어머니가 부탁한 첫 번째 일을 할 때, 화가 치밀어 올랐다. 세탁물을 밖에 널기 위해 지하실에 있는 세탁기에서 빨래를 꺼내면서, 나는 위층에서 어머니가 겪고 있는 억울해 하는 것에 분노를 느끼기 시작했다. 일단 바깥에 나와 옷을 가지런히 걸어놓자 내 눈은 태양을 향했다. 그리고 분노가 수정처럼 맑아졌다. 내 존재의 모든 조직이 하늘을 질주하여 태양의 중심을 뚫고 나가서 이것을 야기하거나 허락한 사람의 목구멍에 손을 대고, 일어난 일을 설명하고 싶었다.

분노는 나의 전체적인 심리적 존재의 지속적이고 근본적인 상태였고, 이 분노는 거의 7년 동안 지속되었다.

그 기간 동안, 나는 친구의 전화벨이 길게 울리는 동안 깨닫게 된 예언적인 꿈과 인식의 순간 동안 내 안에서 작용했던 그 모든 것과의 접속을 더 자주, 더 오래, 더 많이 이해하려고 하였다. 나는 내 안의 무엇인가가 정말 알고 있다는 것을 알았다. 나는 내 꿈에 훨씬 더 많은 관심을 기울였고, 그것들을 기억하기 위해서 아침에 천천히 일어나는 법을 배웠으며, 점점 더 내면의 암시를 받아들이는 정신적 자세를 길렀다. 나는 점점 더 믿을 만한 정보를 얻기 위해 이 외부적인 정보보다는 "내면"(within-ness)을 바라보았다. 그리함으로써 나는 누군가가 내 아버지의 주치의가 그랬던 것처럼 실제로 일어나는 일에 눈을 감을 수 있는 "인식-훈련"을 습득했다.

얼마 지나지 않아서, 나는 아침에 떠올린 꿈 이미지들과 낮에 일어났던 사건들 사이에서 일상의 연결고리를 보기 시작했다. 나의 깨어있는 삶에서 일어났던 많은 일들은 사실 내 꿈에서 거의 문자 그대로 예상된 것이었다. 다음 단계로 넘어가는 데는 그리 오래 걸리지 않았다.

꿈에서 일어난 일이 마음에 들지 않으면 깨어 있는 삶에서도 같은 일이 일어나지 않게 할 수 있다는 사실을 알게 되었다. 깨어 있는 삶에서도 똑같은 상황이 발생했을 때 꿈에서 내가 한 행동이나 말을 하지 않도록 아주 조심해야 했다. 대안이 무엇일지 전혀 몰랐지만 나는 종종 꿈이 미리 짜놓은 결과를 피할 수 있다는 것도 알았다.

얼마 후, 이 능력은 사라졌다. 그러나 내가 사건들에 어떻게 접근해야 하는지에 대한 의식적인 태도를 발전시키기 전까지 이 능력은 남아 있었다. 나는 내면의 태도와 행동이 내 인생에서 일어나는 상황의 결과를 결정짓는 강력한 요소라는 것을 깨달았다. 마치 외적인 "상황"이 원재료인 것처럼 개인이 그것에 어떻게 반응하느냐에 의해서 최종 결과로 형성되는 것이다. 즉 외적인 상황이 반응을 변화시키고 결과를 변화시키는 것이다. 그래서 나는 외적인 것들을 재정비해서 문제를 해결하는 일을 하려고 하기보다 그 문제에 대한 나 자신의 내적인 자세를 좀 더 의식하게 함으로써 보다 신중하게 선택하면서 문제를 해결하려고 하였다.

제14장
조화를 이루고 불화를 드러내기

어떤 생각이 떠오를 때마다 당신은 "아니오!"라고 말하라. 그리고 그 즉시 그 생각을 잘라 내라. 대부분의 동양 전통에서 이것은 아주 유명한 수행 방침이다. 생각이 떠오를 때마다 생각을 잘라 내라. 그 생각을 안으로 들이지 말라. 자르고, 자르고, 자르기를 계속하라. 매우 힘들지만, 몇 달이 지나면, 당신은 여기저기서 조금씩 성공하기 시작하고 당신 주변에 고요함을 느끼기 시작할 것이다.

— 앤서니 다미아니.[1]

나는 할 수 있는 한 모든 사람에게 이렇게 말한다. 요가를 공부하라. 그러면 당신은 요가를 통해서 무한한 것을 배울 것이다. 그러나 요가를 적용하려 하지 마라. 왜냐하면 우리 유럽인들은 우리가 이런 방법들을 정확하게 적용할 수 있도록 구성되어 있지 않기 때문이다. 사실이 그렇다.

— C. G. 융.[2]

융과 함께 도상에 서서: 심리학적으로 세계를 함께 창조하기

앞서 언급했듯이, 융에게는 신중하고 경험적인 과학자와 그렇게 많은 비범한 내적 경험을 했던 사람들에게 느껴지는 어떤 부담이 있다. 나는 그의 심리학적 관점을 살펴보면서 그를 경험주의자라고 생각하였다. 여기에서 나는 융이 아프리카에서 겪은 유명한 경험에 대해 소개하려고 한다. 이 절에서 나는 그것을 심층심리학적 관점에서 해석할 것이다. 다음 절에서는 동일한 경험을 유심론적 관점에서 살펴볼 것이다.

융이 마지막으로 쓴 글 가운데 1959년 여름에 쓴 것은 그가 1925년 말 케냐와 우간다에 갔던 기억을 적은 글이다. 그는 아티 평원(Athi Plains)에 대해 다음과 같이 말하고 있다.

이 넓은 대초원(savanna)의 낮은 언덕으로부터 웅장한 경치가 우리에게 펼쳐졌다. 지평선 바로 앞까지 가젤, 영양, 누, 얼룩말, 흑 멧돼지 등 거대한 동물의 무리가 보였다. 무리는 풀을 뜯고, 고개를 끄덕이며, 느린 강물처럼 앞으로 나아갔다. 맹금류의 음울한 울음소리는 거의 들리지 않았다. 이것은 영원한 시작의 고요함이었고, 언제나 그랬듯이, 비존재 상태의 세계였다. 그때까지 아무도 그것이 이 세계라는 것을 알지 못했다. 나는 동료들을 멀리하고 완전히 혼자라는 느낌이 들 때까지 그들과 떨어져 홀로 멀리 나아갔다. 거기서 나는 지금으로 존재하였다. 그때 나는 이것이 바로 세계라는 것을 인식했지만, 이 순간 그가 실제로 이 세계를 창조했다는 사실을 깨닫지 못했던 첫 번째 사람이었다.
거기서 의식의 우주적 의미가 나를 압도하며 명확하게 다가왔다. "자연이 불완전한 채 남겨놓은 것을 예술이 완전하게 한다"라고 연금술사들은 말한다. 보이지 않는 창조행위에서 인간인 나는 객관적인 존재를 부여함으로써 세상에 완전성의 도장을 찍는다. 우리는 보통 이 행위를 창조주께만 돌린다. 그렇게 함으로써 우리는 삶을 마지막 세세한 부분까지 계산한 기계로 본다는 것을 생각하지 못한다. 기계로서의 삶은 인간의 정신과 함께 감각 없이 움직이며, 사전에 알려지고 미리 정해진 규칙을 따른다. 이처럼 어떤 쾌활함도 없는 시계추 같은 환상에서 인간, 세계, 신의 드라마는 없고, "새로운 해변"으로 이어지는 "새로운 날"이 없으며, 단지 몽롱하게 계산된 과정만 있을 뿐이다. 나의 오랜 푸에블로 친구가 떠올랐다. 그는 그의 친구들인 푸에블로 사람들의 존재 이유는 그들의 아버지인 태양이 매일 하늘을 가로지르는 것을 돕기 위한 것이라고 생각했다. 나는 그가 가진 믿음의 의미의 충만함을 부러워하면서, 우리 자신의 신화에 대한 희망 없음을 둘러보았다. 이제 나는 그것이 무엇인지 알았고, 더 많이 알게 되었다. 그는 창조의 완성에 없어서는 안 될 존재이다. 사실, 그 자신은 세계의 두 번째 창조주이다. 그는 세계에 홀로 객관적인 존재를 주었다. 그 객관적 존재가 없었더라면, 수 억 년이 지나도록 들리지도 않고, 보이지도 않으며, 묵묵히 먹고, 낳고, 죽고, 하면서 이 세계는 비존재의 가장 깊은 밤 속에서 미지의 종말을 향해 나아가고 있을 것이다. 인간의 의식은 객관적인 존재와 의미를 창조했고, 인간은 존재의 위대한 과정에서 없어서는 안 될 자신의 자리를 찾았다.[3]

아프리카에서 융은 푸에블로 친구에게 "의미의 충만함"을 준 신화와 동등한 가치를 지닌 자신만의 신화를 발견했다. 여기서 우리는 융의 전 생애를 의미 있게 구성했던 중심 신화에 대해서 언급하고 있다. 분명히, 우리가 융의 경험을 이해할 수 있다면, 우리는 그와 그의 작품에 대해 훨씬 더 깊이 이해할 수 있을 것이다. "인간 의식이 어떻게 객관적인 존재와 의미를 창조했고, 인간이 존재의 위대한 과정에서 없어서는 안 될 자신의 자리를 찾았다"는 것을 이해했다는 것은 분명히 대단한 경험이다. 여기서 나는 융의 심리학적 관점에서 세계를 객관적이게 함으로써 세계에 완전의 수여자, 공동 창조자로서의 정신이 가진 역할을 논할 것이다.

융에게는 정신 밖에 존재하는 물질적인 세계(첫 번째 창조)가 존재하며, 어떤 모습으로든지 정신 안에서 이미지(두 번째 창조)를 만들어 내는 공간과 시간 속에서 경험하는 객관적인 세계가 있다. 융에 의하면, 인간이 세계를 인식하지 않을 때, 세계는 "비존재" 상태로 있게 된다. "그것이 이 세계였다는 것을 알도록 현존하는" 누군가가 필연적으로 있어야 한다는 것은 "비존재"라는 용어의 특별한 사용처럼 보일 수 있다. 하지만 이것은 융이 세계를 대상으로 하고 또 경험적 주체, 자아, 이미지화된 대상 사이의 관계를 설정하기 위해서 정신이 필요하다고 생각했음을 상기시킨다. "정신 세계의 본성에 대하여"라는 글에서 융은 "정신은 우주의 모든 불가사의 가운데서 가장 위대하며, 대상으로서의 세계의 필수요건(*sine qua non*)이다"라고 말한다.[4] 우리가 세계를 심리학적으로 체험하지 않는다면, 다시 말해서 정신 안에 있는 시간과 공간 안에서 펼쳐지는 이미지들로 체험하지 않는다면, "비존재" 상태, 즉 객관적이지 않은 상태로 남게 된다. 그 모든 우수성과 한계를 지닌 인간의 의식에 의해서 밝혀지기 전까지 세계는 "이 세계"가 아니다. 오직 인간의 의식 속에서만 세계는 "대상으로서의 세계"가 된다. 만약 융의 시간과 공간이 "기원에 있어서 본질적으로 정신적"이라면, 시간과 공간이 세계에 내재적이지 않기 때문에, 우리의 세계에 대한 시간과 공간의 견해는 정신적으로 알려진 세계의 존재로부터 온다.

융은 첫 번째 창조를 "들리지 않고, 보이지 않으며, 묵묵히 먹고, 낳고, 죽고, 머리를 끄덕인다"고 표현한다. 심리적으로 알려지지 않은 그런 세계는 오직 "미지의 종말까지 존재하지 않는 가장 심오한 밤"에만 존재한다. 우리에게 만약 그것이 정신적으로 알려지지 않았다면, 그것은 존재하지 않을지도 모른다. 우리는 심리적으로 알려지지 않은 세계인 "첫 번째 창조"에 대한 융의 묘사가 상징적인 것임에 틀림없다는 것을 분명히 해야 한다. 그 이유는 "머리를 끄덕인다"라고 표현하는 것은 "우리가 알고 있는 것처럼, 정신적인 대상으로 그것을 그려내기 때문이다. 세상은 정신적으로 알려지기 전까지는 객관적이지 않기 때문에, "첫 번째 창조"의 알려지지 않고 객관적이지 않은 세계에 대해 말하기 위해 상징적인 언어 이외의 어떤 것도 사용할 수 없다."

융은 아프리카에서의 경험을 구체적으로 언급하지는 않지만, 자서전에서 이 부분을 쓸 무렵, 『융합의 비의』를 완성하고 있었다. 그곳에서 그는 자신의 아프리카 경험에 명확하게 적용되는 철학적 설명을 하는데, 아티 평원에서 겪은 그의 경험에 대한 나의 해석을 확인시켜주고 있다. 융은 이렇게 쓰고 있다.

인간 이전에 존재했던 모든 세계는 거기에 물리적으로 존재했다. 그러나 그것들은 이름 없는 사건이었고, 구체적인 현실체가 아니었다. 왜냐하면, 창조 전체를 담을 수 있는 단어로 말할 수 있을 만큼 현존하는 최소한의 정신적인 요소도 아직 존재하지 않았기 때문이다. 아직 저것은 세계이고, 이것은 나이다! 라고 말할 수 없었다. 아직 시작 단계의 의식적 콤플렉스, 자아, 어둠의 아들이 알고 있다는 듯이 주체와 대상을 나누어 세상과 스스로에게 음성과 이름을 부여하면서 구체적인 존재 속으로 몰아넣었던 그 날이 세계의 첫 아침이었고, 원초적 어둠 이후의 첫 해돋이였다.[5]

융이 쉰 살이었을 때 처음 자신의 인생의 신화를 충분히 알게 된 아프리카에서의 경험에 대해 그의 나이 80대 중반에 이르러 성찰한 것은 더 넓은 상황에 의미의 관념을 배치했기 때문에 그의 자서전과 『융합의 비의』 둘 모두에서 내가 가장 관심을 가지게 된 부분이었다. 이 책의 두 번째 장에서 나는 무의식적 보상과 개성화의 관점에서 융의 의미에 대한 개념을 검토했다. 토론의 초기 단계에서부터, 예를 들면 마리-루이제 폰 프란츠가 개성화는 "보편적 의미와 자기 자신의 연결"을 찾는 작업이라고 말했을 때처럼, 의미의 심오함을 내포하고 있다.[6] 융에게 객관화를 통한 주체와 대상의 타고난 연합을 나누는 것은 세계의 공동 창조자로서의 정신의 역할을 가장 두드러지게 한다. 궁극적으로, 우리의 개성화 사건은 우리에게 이 위대한 진리를 가르쳐주는 퍼즐이나 모자이크의 모든 조각이다. 여기서 교육용 재료는 교과서, 논문, 시험이 아니라 삶의 희로애락, 좌절, 두려움, 지구촌 존재의 만족이다. 이것들은 정신이 세계의 공동-창조자이자 완성자로서 정신의 존엄성과 지위를 우리에게 가르치기 위해 사용하는 자료들이다. 여기서 "인간 의식은 객관적인 존재와 의미를 창조했고, 인간은 존재의 위대한 과정에서 없어서는 안 될 자신의 자리를 찾았다."

융과 함께 도상에 서서: 철학적으로 세계를 함께 창조하기

이 절에서 나는 동일한 아프리카 경험을 가지고 유심론적 관점에서 해석하려고 한다. 이것은 심리학적 관점과 유심론적 관점을 구별하는데 도움이 된다. 그러나 유심론은 심리학적 해석을 부정하거나 정신의 중요성을 약화시키지는 않는다.

앞의 두 장에서 강조했듯이, 유심론적 관점에서 볼 때, 세계는 어떤 개인의 마음에 의해서 알려져 있지 않는 한, 시공간에 존재하거나 주어지거나 제시되지 않는다. 융은 이러한 견해를 고집하는 듯하지만, 일관성을 보이지는 않는다. 예를 들어, 그는 『융합의 비의』에서 "인간 이전에 존재했던 모든 세계는 거기에 물리적으로 존재했다"고 말한다. 그러나 "물리적으로 거기에"라는 말은 어떤 객관적인 존재를 암시해야 하는데, 사실 그것은 물리적 시간과 공간에서의 존재처럼 들리기까지 하기 때문에 "그 자신이 홀로 세계에 객관적인 존재를 부여한 세계의 두 번째 창조자"라는 그의 이해와 모순된다.

마음의 모든 것을 포괄하는 기능이 동시에 자아와 경험적 세계를 표상적 존재로 형상화한다는 유심론자에게 이런 혼란은 존재하지 않는다. 유심론자에게 있어서 인간이 출현하기 전에 "수억 년 동안 묵묵히 먹고, 낳고, 죽고, 머리를 끄덕이는 것"으로 **우리가 알고 있는 것처럼** 그렇게 거대한 무리가 존재했다고 생각하는 것은 옳지 않다. 그렇다. 무리와 그들의 세계는 그들 자신을 위해 어떤 존재를 가질 수 있다. 하지만 그것은 그들의 마음 판이라고 우리가 **상상하는** 것 안에 있는 어떤 내용으로서만 존재를 가질 수 있다. 세계에 대한 그들의 견해는 물론 우리 마음속에 있는 하나의 구성이다. 우리가 인간이 출현하기 전에 있던 세계에 어떤 종류의 존재를 부여하려고 했든지, 우리는 우리 마음속에 그것을 생각하거나 상상하거나, 형상화해야 한다. 그렇게 하면서 마음의 어떤 내용으로서의 존재를

세계에 부여해야 한다. 순수한 물질 세계, 어떤 마음도 없는 세계는 인식될 수 없고, 상상될 수도 없으며, 확실히 정신의 창조의 시공간 안에 존재하지 않고 "물리적으로 거기"에 존재하지도 않는다.

유심론자는 심리학적 관점과는 다르다. 왜냐하면 융은 "첫 번째 창조"인 물질세계를 정신 밖에 존재하는 것으로 위치시키기 때문이다. 이와는 대조적으로, 유심론자는 내면과 외면, 정신과 물질 둘 다 가능한 세계는 마음속에 있는 거대한 사유의 복합체이며, 물질은 단지 사유의 한 종류일 뿐이라고 말한다. 세계는 우리와 무관한 어떤 존재를 가지고 있다. 우리는 유아론(唯我論)을 가지고 살지 않는다. 세계 영혼(World Soul)이나 세계 마음(World Mind)은 세계의 사실성과 발달의 궁극적인 보증이다. 그럼에도 불구하고, 아름다운 일몰을 보든지, 인간보다 먼저 있던 지구 이론을 생각하든지, 세계에 대한 우리의 경험은 여전히 우리 마음속의 내용으로만 알려져 있다. 인간이 출현하기 전에 인간이 존재하지 않던 세계는 융이 자신의 인생의 신화를 찾은 것에서 만난 만족감처럼 마음 안에 있는 내용이다.

유심론적 해석에서 우리의 공동 창조는 세계 영혼이 제공하는 추상적인 내용을 우리 개개인의 마음이나 정신에서 객관적인 공간과 시간의 존재로 생각하는 데서 온다. 사물이 사유다. 마음에는 오직 한 가지 표현(presentation), 우리와 세계영혼이 공유하는 오직 하나의 창조만이 존재한다. 선재하는 어떤 물질세계도 정신에 의해서 점령되지 않으며 자아의 대상으로 인식되지 않는다. 슈뢰딩거가 말했듯이, "세상은 한 번밖에 주어지지 않는다. 아무것도 성찰되지 않는다. 원본과 거울에 비친 이미지는 동일하다. 시공간 안으로 확장된 세계는 우리의 표상(Vorstellung)일 뿐이다. 버클리가 잘 알고 있었듯이, 경험은 우리에게 그 외에 다른 어떤 것이 되는 단서도 주지 않는다."[7] 물론 우리 개인의 마음을 위한 이 고양된 역할은 자아의 활동과 혼동되어서는 안 된다. 왜냐하면 개인의 마음은 자아를 자아에 객관적으로 보이는 세계와 함께 존재한다고 생각하기 때문이다. 우주적 마음의 원리는 인류에게 존엄성과 심지어 위엄을 부여한다. 그러나 진정으로 이 원리와 접촉하는 것은 우리의 성격, 우리의 심리학을 뛰어넘어, 우리 존재의 참된 근거 속으로 침투하는 것을 필요로 한다. 그리고 마음은 객관성의 창조자이고, 결코 대상일 수 없으며, 따라서 대상이 없는 명상을 필요로 한다.

어쩌면 꿈의 인식론은 우리가 세계를 같이 창조하는 것을 설명하는데 도움을 줄 수 있다. 내가 불안한 마음으로 잠이 들었다고 상상해 보라. 이때 나는 두 차례의 기말고사를 치르는 꿈을 꾼다. 그런데 이 시험을 위해서 공부하지도 않았고, 그 시험이 어디서 나왔는지도 알 수 없는 것을 알게 된다. 나는 기말고사가 치러지는 방을 정신없이 뒤진다. 이 예에서 추상적이고 형태도 없는 불안은 꿈의 시간과 공간에는 존재하지 않는 본질적인 내용이고, 원초적인 의미다. 구체적이고 완전하게 형성된 두 번의 기말고사에 대한 시공간과 꿈 이미지들인 나의 준비 부족과 정신없이 방을 찾아보는 것은 불안의 이차적인 객관화이다. 추상적인 불안과 유사한 원초적인 내용이나 의미는 세계 영혼의 입력이다. 이 내용은 우리 경험의 연속성과 공동체성을 제공하기 때문에 정말로 객관적이다. 그러나 나의 불안과 같은 세계 영혼의 원초적인 입력은 실재임에도 불구하고, 공간과 시간에는 존재하지 않으며, 정신 이미지의 복합체도 아니다. 슈뢰딩거가 말했듯이, "세계는 한 번밖에 주어지지 않는다. 아무것도 성찰되지 않는다." 오직 내 개인의 마음, 나의 기능적 상상력, 정신이나 나의 영혼이 세계 영혼의 추상적인 입력을 구현하고, 그것을 시공간적 이미지로 입히며, 자아를 객관적으로 만들 때에만 비로소 우리는 정상적인 경험의 세계를 갖게 된다.

유심론적 맥락에서, 첫 번째와 두 번째 창조에 대해서 말하는 것도 가능하다. 그때 첫 번째 창조는 마음이 자아-객체로 분열되기 전에 시간적이고 공간적인 세계의 이미지를 구성할 때 일어난다. 때로는 마음이 매우 조용하고, 끊임없는 내면의 대화가 잦아들며, 우리의 욕망과 기대가 쇠퇴하는 확연히 미적, 창조적 순간, 우리는 시간과 공간속에서 제시되는 세계에 대한 경험을 하지만 자아와 대극을 이루는 겉으로 보기에 독립적인 대상으로 부서져 들어가지는 않는다. 개인의 정체성, 대상을 인식하는 자아감은 대부분 사라진다. 그 자리에 종종 기억에 남는 평화를 동반하는 통일된 세계가 들어선다. 앞 장에서 나는 아무 생각 없이 깊은 잠에서 깨어나는 것을 묘사함으로써 마음 상태의 이런 느낌을 표현하려고 하였다. 이 상태는 보통 오래 지속되지 않는다. 그러므로 오래된 정신적 습관은 이 통일된 세계를 특별한 대상들로 잘린 세계 안의 모든 혐오와 욕망을 표현하는 친숙한 자아로 분해한다. 이것이 두 번째 창조이다. 비록 첫 번째 창조가 종종 신비적 의식의 목표이기는 하지만, 이 두 창조들은 여전히 개인의 마음속에 있는 내용들이다.

유심론 안에서 우리는 불교도들이 세상을 부처의 자궁이라고 말하는 것이 무엇을 의미하는지 이해할 수 있다. 우리는 거대하고, 무관심한 물질세계에서 방황하는 무의미한 정신적 존재도 아니고, 로버트 프로스트가 묘사한 것처럼 "잠깐 유행하는 미생물에 의한 전염병"도 아니다. 그 대신 우리 개인의 마음속에 꽃 피우는 통일된 세계는 우리 자아가 우리 존재의 더 깊은 진리, 공동 창조자이자 세계의 완성자로서의 우리의 역할을 배우는 학교다. 동시성적 경험에서 특정한 무의식적 보상이 구현되는 것과 함께 우리는 내적인 세계와 외적인 세계, 정신과 물질 및 물질의 본질적 연합과 보편적 의미의 조각들인 비인과적 의미와 동시성적 혼합을 극적으로 경험한다. 거기서 우리는 자아와 그 세계의 상호 의존적인 본성을 경험한다. 우리가 그 경험을 올바르게 이해한다면, 우리는 그 경험 안에서 자아의 활동으로 "의식의 우주적 의미"를 오해하지 않는다. 그 대신 우리는 자아와 우리가 생각 없이 물질세계라고 부르는 것이 하나인 세계의 이미지를 이루는 대조적인 색들이나 우리의 개인적 마음에 의해 시공간 형태를 갖는 사유라고 생각한다.

긴장과 불협화음

이 책의 대부분에서 나는 심층심리학, 물리학, 이상주의 철학 사이의 조화와 상호 보완적인 관계를 보여주려고 노력해 왔다. 간혹 심리학적 관점, 특히 라마나 마하르시에 대한 융의 태도를 논할 때처럼 긴장과 부조화가 표면화되기도 했다. 이 절에서 나는 몇 가지 주요 주제 중 더 많은 불일치를 드러내고 있다. 나는 이 토론이 동시에 조화들에 대한 우리의 인식을 분명하게 하고 그 차이점에 대한 더 깊은 성찰로 우리를 자극하기를 바란다.

일부 융 학파 분석가들을 포함한 많은 사람들은 융 심리학과 인도 사람들의 영성의 몇몇 해석이 제시하는 영적인 길 사이에는 어떤 갈등도 존재하지 않는다고 생각한다. 그러나 심층심리학과 영성에 대한 나의 문헌 연구와 수행자들과의 개인적인 경험과 내 나름의 수행은 이것들과 다른 것을 말해주고 있다(이 장을 시작하면서 제시한 인용문은 그 핵심을 보여주고 있다). 정신과 그 모든 대극들로부터의 해방을 약속하는 불교와 힌두교(베단타) 같은 인도의 영적 전통과 심층심리학 사이에는 궁극적인 목표와 방법에 있어서 충돌이 존재한다(간단히 말해서 나는 이것들을 해방 철학이라고 부른다). 나는 융 심리학이 이런 전통에 어떻게 부합하는지 완전한 답을 가지고 있지 않다. 그러나 이 장의 첫 인용문에서 언급된 요가에 대한 융의 충고에도 불구하고, 나와 다른 많은 사람들은 심층심리학과 해방 철학들 모두의 빛에서 명상에 중점을 두면서 살려고 한다. 그래서 우리 가운데서 많은 사람들에게 이것은 단지 흥미로운 지적 관심에 머물지 않는다. 비록 이 문제가 여기에서 주어진 것보다 훨씬 더 확장된 논의를 필요로 하지만, 완전성은 최소한 긴장의 명시적인 인정을 요구한다.

1. 원리의 차이들

당신이 자기의 원형이라고 부르는 어떤 더 높은 지능이 우리의 삶을 인도하고 있다는 것을 깨닫는 것은 영감과 평안함의 커다란 원천이다. 하지만 이 진리의 생생한 깨달음을 얻는 것은 분명히 단지 몇 가지 투사들을 제거하고 몇 가지 꿈을 해석하는 것 이상을 필요로 한다. 이것은 평생의 노력을 요한다. 불교의 가르침에 따르면 이 것은 여러 번의 생애를 거친 심리적이고 영적인 노력을 필요로 한다. 융에게 개성화의 과정은 우리를 안내하는 어떤 것, 즉 북극성 같은 것이지만, 실제로 우리는 결코 그 목적지에 도달하지 못한다. 반면에, 해방 철학들은 정신과 모든 대극들을 초월하고, 깨달음을 이루며, 모든 경험이 중단 없이 영적인 것이라는 것을 지속적으로 의식하는 상태에 도달하는 목표를 내세운다. 개성화를 해방의 준비로 여기더라도, 개성화와 깨달음의 과정, 정신의 안내를 받는 것과 정신의 한계를 뛰어넘는 것 사이에는 큰 차이가 있다. 자기의 안내를 실현하는 개성화는 흔적도 없는 정신의 사막에서 흔적을 찾는 것과 같다. 반면 신성의 한 조각으로서 우리의 참된 지위를 계속 유지하면서 정신의 끝없는 표상을 인식하는 해방은 오아시스에 영구적인 캠프를 설치하는 것과 같다. 우리는 끝없이 펼쳐지는 광활한 사막을 알고 있다. 그러나 사막의 고난과 끝없는 대극의 놀이에 굴하지 않는다.

개성화와의 간단한 비교를 위해서 해방에 이르는 길을 두 부분으로 나누는 것이 좋다. 첫째는 일치를 통해 객관화 할 수 없는 주체, 즉 진정한 주체를 인식하면서 우리의 가장 깊은 존재의 신성한 고요함으로 침투하는 부분이다. 객관적이지 않게 되면, 우리는 다른 사유의 내용처럼 진정한 주제와 관계를 맺을 수 없다. 그러나 우리 존재의 핵심에서 이런 인식은 모든 경험을 밝게 한다. 이 원칙에 우리를 접촉하게 하는 엄청난 명상 수련은 완전히 형태 없는 무사상태(thought-free state, nirvikalpa samādhi)의 성취에서 절정에 이른다. 완전한 형태가 없게 된 이 상태는 정신을 초월한다.

앤서니 다미아니는 현혹적인 형태들의 영역인 정신과 형태가 없는 영성 사이를 분명하게 구분한다. 『마음 들여다보기』(Looking into Mind)에서 앤서니는 형태 없는 진정한 영적 들여다보기를 기술한다. 자기 학생들과의 대화에서 앤서니는 다음과 같이 말한다.

63. 앤서니 다미아니

당신이 힐끗 들여다볼 때, 시공간 연속체는 존재하지 않는다. 사유의 형태는 없는 것이다. 당신은 완전무결한 침묵 가운데 있다. 당신이 거의 숨을 쉬지 않으면서 거의 좋아하지 않는 것을 생각하면, 당신에게는 천국과 지옥이 다시 시작된다. 그것이 절대적 침묵을 불러오는 것이다.

정신의 경험을 한 많은 사람들은 그 정신이 영혼이라고 생각한다. 나는 그 실수를 꽤 많이 하였다. 정신은 영혼이 아니다. 정신은 공이 아니다. 정신은 그것이 부여되었든, 구현되었든, 아니면 정신 그 자체의 영역, 곧 미묘한 영역에 있든, 유기체의 살아있는 형태이다. 정신은 결코 영혼이 아니고 참 자기(the Overself)도 아니다.

... 그 영적인 경험은 아무리 교묘하고, 아무리 천사같이 보여도 어떤 형태가 개입되어 있고 어떤 형태이기 때문에 당신은 항상 영적인 경험을 인식하게 될 것이다. 참 자기의 영적 경험에는 이런 것이 아무 것도 없다. 그러므로 만약 당신이 명상하는 동안 어떤 신성한 존재가 내려와

서 이마에 키스를 했다는 느낌을 받는다면, 그것은 정신적인 것이지 영적인 것이 아니다. 당신이 경험할 수 있는 다양한 종류의 정신적인 경험들은 끝이 없다.[8]

영적 여정의 두 번째 단계는 무사인식(thought-free awareness)이라는 첫 번째 단계의 성취를 현상 세계로 끌어들이도록 요구한다. 두 번째 단계에서 수행자는 세상에서 다른 사람들을 위해서 자기를 내려놓은 이타심으로 일하면서 신성에 대한 지속적인 인식을 유지해야 한다. 예를 들어 라마나 마하르시가 성취한 이 상태를 인도 사람들은 지반 묵타(jivian mukta), 곧 살아 있으면서 완전한 불이적(不二的) 상태나 완전한 해방의 조건인 사하자 사메디(sahaja samèdhi)라고 부른다. 불교에서는 이것이 불성, 곧 완전한 깨달음의 상태이다. 여기에는 대극의 완전한 초월이 존재한다. 이제 윤회(samsāra)와 열반(nirvāna), 현상(appearance)과 실재(reality), 다원성과 연합, 행동과 고요함, 그리고 삶의 다양한 대극은 해방 속에서 극복된다. 이와는 대조적으로, 대극의 문제는 융의 연구의 중심이었고, 그는 항상 우리가 이런 전통들이 가르치는 것처럼 대극을 완전히 극복할 수 없다고 주장했다. 예를 들어, 융은 "모든 것은 그것의 존재를 위해 그 자신의 대극을 요구한다. 모든 것은 무로 사라져 없어질 것이다. 자아는 자기를 필요로 하고 그 반대도 마찬가지이다."[9] 융에게 있어서 모든 대극을 초월하는 것은 불가능하다. 한 쌍과 조화를 이루고 나면 다른 쌍이 우리에게 나타날 것이 확실하다. 대극의 이런 지속적인 긴장 없이는 생명이 없다. 융이 말한 대로 "완전한 해방은 죽음을 의미한다."[10]

2. 수행의 차이들

심층심리학과 해방 철학 사이의 차이를 좀 더 명확히 하기 위해,

융의 적극적 상상의 기법으로 잠시 눈을 돌려서 이것을 진보된 형태의 명상과 대비를 시켜보겠다. 이 장을 열면서 제시한 융의 인용문이 보여주듯이, 융은 명상이 서양 정신에는 적합하다고 생각하지 않았다. 대신에 그는 적극적 상상을 배양하는 것이 우리로 하여금 원초적인 대극들인 의식적 마음과 무의식적 마음, 자아와 원형 들 사이에 건강하고 창의적인 대화를 발전시키게 한다고 생각했다. 융학파 분석에서 적극적 상상은 분석 과정을 심화시키고, 한 사람에게 평생 의식과 무의식 사이의 대화를 이어갈 수 있는 기법을 주기 위해서 종종 학습된다. 그것은 분석가와는 독립적으로 개성화 과정을 수행할 수 있게 하는 기법이다. 한마디로 꿈에 관심을 기울이는 것 외에 융에게 적극적 상상은 대극을 다루는데 가장 중요한 심리학적 기법이다. 이런 중요성에 비추어 볼 때, 융이 적극적 상상에 대해서 그렇게 많이 저술하지 않은 것이 놀랍다. 그래도 적극적 상상에 대해 가장 잘 다룬 곳은 그의 마지막 주요 저서인 『융합의 비의』 (Mysterium Coniunctionis)의 마지막 장과 전집 8권에 나오는 "초월적 기능"(The Transcendent Function)이라는 제목의 논문이다. 바바라 한나의 『영혼과의 만남: 적극적 상상』(Encounters with the Soul: Active Imagination)[11]과 마리-루이제 폰 프란츠의 『정신치료』 (Psychotherapy)[12]도 유용한 참고 자료이다.

『융합의 비의』에서 융은 우리에게 적극적 상상을 꿈이나 환상 이미지나 심지어 느낌으로 시작할 수도 있다고 말한다. 그 관념은 의도적으로 이미지에 집중해서 그것으로 하여금 스스로 극적인 환상으로 변환하도록 허락하는 것이다. "연쇄적인 환상 이미지들은 발전하여 점차 극적인 인물이 된다. 즉 수동적인 과정이 행동으로 된다. ... 달리 말하면 당신은 눈을 뜬 채 꿈을 꾼다."[13] 그러나 이 과정이 단순한 내적 오락 이상의 것이 되려면 우리는 적극적으로 참여해야 한다. 우리는 무의식과의 대화를 발전시켜 의식의 대극들과 무의식 사이에 어떤 조화를 가져올 필요가 있다. 융은 다음과 같이 말한다.

그는 줄거리와 결말에 무관심할 수 없다. 배우들이 하나 둘 등장하고 줄거리의 내용이 깊어짐에 따라서 그들은 모두 그의 의식적인 상황과 어떤 목적적 관계를 맺고 있으며, 그가 무의식적인 상황에 의해서 다루어지고 있으며, 그것이 그의 앞에 이런 환상적 이미지들을 나타나게 한다는 것을 알아차린다. 따라서 그는 분석가에 의해 연극에 참여하도록 강요받거나 격려 받고, 관객석에 그냥 앉아 있는 대신, 정말로 그의 다른 자아와 함께 그것을 해냈다고 느낀다.[14]

환상의 인물과 자아 사이에 대화가 설정된다. 우리는 "그의 의식적인 상황에 대한 의도적인 관계"를 밝혀내기 위해서 진정한 대화를 전개한다. 사실 융은 모든 연금술 과정을 적극적 상상의 본보기로 여긴다. 예를 들어, 나중에 『융합의 비의』에서 그는 "간단히 말해서, 연금술적 작업은 우리에게 적극적 상상의 심리적 과정과 동등한 것으로 보인다"[15]라고 말한다.

이 대화를 전통적인 요가 명상 기법(힌두교와 불교 둘 다)과 대조해보라. 여기서의 관념은 평범한 일상 활동에서든 명상 중에서든 우리의 마음속에 지속적으로 흐르는 사유를 따라가지 않는 것이다. 명상을 시작할 때, 요가 기법은 항상 우리에게 사유들을 알아차리고, 지나가게 하지만 사유들에 특별한 관심을 주지 않고, 우리의 관심으로 그것들을 자극하지 말라고 말한다. 이 관점에서 볼 때 마음은 끊임없이 문제와 근심, 고민, 욕망을 불러일으키는 무자비한 기계로 우리를 윤회, 곧 대극의 고통스런 극에 묶어놓는다. 우리가 결코 원하지 않는 것은 명상 속에 있는 우리의 사유들과의 대화이다. 우리가 집중력을 기르면, 우리는 마음을 고요하게 하는 데 더 의욕적이고 씩씩해질 수 있다. 이미 내가 명상에서 형성된 모든 경험을 무시하도록 격려한 것으로 인용한 앤서니 다미아니는 명상을 위한 모든 대상이나 소품을 분사하는 보다 의욕적인 접근법의 극적인 예를 보여준다.

사유가 떠오를 때마다 "아니오!"라고 말하라. 그리고 바로 그것을 끊어버리라. 이것이 대부분의 동양 전통에서 시행되는 매우 유명한 수행법이다. 이 수행법들은 당신에게 말한다. 사유가 떠오를 때마다, 그 머리를 잘라내라. 그것이 안으로 들어오게 하지 말라. 자르고, 자르고, 계속해서 잘라 내라. 매우 힘들지만, 몇 달 후에 당신은 여기저기서 약간의 성공을 거두기 시작하고 주변의 고요함을 느끼기 시작할 것이다. 선원(禪院)에서 그것은 가장 인기 있는 수행 가운데 하나이다. 이것을 화두(話頭) 수행이라고 하며, 그 기법은 아주 간단하고 직접적이다.

다음을 상상해 보라. 비가 온 후, 당신이 바깥에서 땅을 바라보고 있는데 갑자기 벌레가 나온다. 아마 이런 장면을 본적이 있을 것이다. 비슷한 방법으로, 당신이 계속해서 당신의 마음을 보고 있다. 명상하는 동안 이것을 하면 속도가 점점 빨라진다. 왜냐하면 그것이 당신에게 정도에서 시작하게 했기 때문이다. 하지만 일단 당신이 그 기술을 배우고 나면, 당신은 옷을 세탁하거나, 접시를 닦거나, 쓸거나 그런 종류의 일을 하는 동안 당신의 마음을 볼 수 있다. 기법은 그와 같다. 우리가 비가 온 후에 땅을 본다고 말했던 것과 같은 방식으로, 당신은 당신의 마음을 들여다보고 있다. 당신은 어떤 사유가 떠오를 때마다 들여다보고, 또 들여다보고 한다. 만약 어떤 사유가 떠오르면, 당신은 그것을 바로 잘라버릴 것이다. 그냥 그것이 올라오도록 내버려두지 않을 것이다. 마치 작은 벌레가 나타나면, 그 머리를 잘라내고, 벌레가 나오도록 놓아 두지 않는 것과 같다. 그래서 같은 방법으로, 당신은 계속해서 당신의 마음을 들여다본다. 사유가 떠오르고 당신은 그것을 멈추게 한다.[16]

이 접근법에는 명상할 만한 사유나 대상이 없다. 대상이 없는 명상 속에서 우리는 직접 마음의 공(空), 침묵을 응시하고 모든 방해되는 사유, 환상, 감정을 잘라낸다. 우리는 명상을 하는 동안 사유를 끊는 것과 마찬가지로 식기 세척과 같은 세속 활동 속에서도 살아 있는 수행의 접근 방식을 취할 수 있다.

이와 반대로 심층심리학은 적극적 상상이나 다른 기법을 통해서 정신 안에 있는 이미지를 배양하여 정신의 지도를 받아 우리가 그 이미지의 목적을 분별할 수 있도록 한다. 그러나 해방 철학들은 사유의 파문을 잠재우고자 한다. 그래서 우리가 부처님 마음이라고 부르든 인간이라고 부르든 객관화할 수 없는 의식이 유한한 성격을 통해 빛을 발할 수 있도록 한다. 이들 해방 철학들은 지적인 역설을 수반함에도 불구하고, 유한이 무한을 만날 수 있고, 우리가 그 대극을 극복할 수 있다고 가르친다.

해방 철학들은 우리에게 조용한 마음을 기르라고 말한다. 왜냐하면 오직 침묵을 통해서만 무한이 드러날 수 있고, 우리가 세상을 함께 창조하는 것과 우리의 가장 깊은 신성을 감사할 수 있기 때문이다. 융이 잘 알고 있었듯이, 이 관념은 인도의 관점뿐만 아니라 서구의 가장 위대한 신비주의자들이 가지고 있는 관점이기도 하다. 예를 들어 융이 가끔 인용하는 마이스터 에크하르트는 우리가 어떻게 신의 말씀을 사유의 잔물결 하나 없이 오직 자족적이고, 단일한 영혼 안에 육화하는지 묘사한다. 에크하르트는 다음과 같이 말한다.

먼저 본문을 살펴보자. "침묵 속에서 비밀스런 말씀이 내게 들려왔다." 아, 선생님! – 이 침묵은 무엇이며, 그 말은 어디서 들을 수 있습니까? 내가 지금까지 말했듯이, 우리는 영혼의 가장 순수한 요소, 영혼이 가장 고양된 곳, 영혼의 핵심, 바로 그곳 영혼의 본질에서 말할 것이다. 침묵은 어떤 피조물도 들어갈 수 없는 그곳에 있고, 어떤 관념도 있을 수 없는 그곳에 존재한다. 그곳에는 영혼이 생각하지도 행동하지도 않으며, 그 자신에 대해서든 다른 것에 대해서든 어떤 관념도 향유하지 않는다.[17]

이제 융은 이런 침묵의 상태를 인격의 해체라고 말한다. "침묵이 존재하는 그 만큼 우리는 존재하지 않는다."[18] 에크하르트는 지고의 의식이 우리를 소유해야 하고, 그 반대는 안 되며, 실제로 침묵의 상태가 일어날 때 "우리는 존재하지 않는다"는 것에 동의할 것이다. 이처럼 보다 낮은 자기의 비존재는 무한이 육신을 입을 수 있는 전제 조건이다. 그러나 이것은 완전한 소멸을 의미하는 것이 아니다. 결국 부처나 지반 묵타는 그의 추종자들이 비슷한 깨달음을 얻도록 격려하는 세계에서 활동하기 때문이다.

요약하자면, 융 심리학에서의 이론과 실제는 모두 해방 철학들과 다르다. 융은 우리에게 대극의 긴장이 항상 활력을 불어넣는 것이 분명하다고 말하는 반면, 해방 철학은 우리에게 궁극적인 목표는 모든 대극의 완전한 초월이라고 말한다. 융은 무의식과의 대화, 즉 깨어 있는 동안 꿈꾸기, 사유를 제거하는 것의 반대를 발전시키기 위해서 적극적 상상이 사용되어야 할 기법이라고 제안한다. 그러나 융은 "유럽인들에게는 충분히 뒤틀린 자신의 본성을 억누르는 것은 순전히 독이다"[19]라고 말한다. 또 같은 글 후반부에 그는 "나는 원리상 요가의 방법을 적용하지 않는다. 왜냐하면 서양에서는 어떤 것도 무의식에 강요되어서는 안 되기 때문이다"[20]라고 말한다. 반면 해방 철학들은 작용하는 마음을 완전히 억압하기 위해서 정신의 산물이나 형태를 철저히 인정하지 않기를 원한다. 그래서 다미아니는 "자르고, 자르고, 계속해서 잘라 내라"고 말한다.

협상과 조화가 가능한가?

아마 융이 해방 철학들에 대한 관심이 크게 높아지고, 그들과 관련된 학문이 쏟아져 나오는 오늘의 상황에서 활동했다면, 이런 전통들과 심층심리학과의 관계에 대해서 다르게 느꼈을 것이다. 이것은 확실히 가능하다. 내가 심층심리학과 해방의 차이를 강조했지만 브런튼[21]과 다미아니[22]는 심리발달과 궁극적인 영적 깨달음을 결합하고, 대극들로부터 해방된 것과 대극 안에 개성화를 결합하는데 상당한 노력을 기울였다. 여기서 나는 그들의 광범위한 이론적 논의를 검토하기보다는 불협화음을 해결할 수 있는 하나의 실질적인 방법을 제시하는 것에 초점을 맞춰보겠다.

명상에 대한 중요한 경험을 가진 사람이라면 누구나 마음의 침묵 속으로 강하게 밀어 넣으면 무의식으로부터 온갖 불쾌한 분출이 일어날 수 있다는 것을 안다. 성격의 결핍과 결함, 정상적인 상황에서 무의식 속에 잠복해 있을 수도 있는 해결되지 않은 심리적 갈등이 의식으로 억지로 밀어 올라올 수 있다. 마음을 집중시키는 법을 배우는 것은 보통 마음을 진정시키는 효과가 있다. 하지만 더 깊이 들어가려고 시도하는 것은 스컹크를 굴에서 몰아내는 것과 같은 시기들이 불가피하게 있다. 그리고 이렇게 파낸 정서적인 내용들은 심리적으로 큰 동요를 일으키고 명상을 매우 어렵게 만든다. 또한 그것들은 명상을 강조하는 영적 공동체에서 흔히 볼 수 있는 온갖 과잉과 불균형을 초래할 수 있다. 나의 경험에 의하면 명상으로 인해서 발생하는 문제들을 치유하는 데 반드시 더 많은 명상이 필요한 것은 아니다. 여기서 심층심리학은 진정한 해법이 될 수 있다. 심층심리학은 우리에게 통찰력을 주고, 혼란에 질서를 가져오며, 일반적으로 우리가 의식 속에 불거져 나온 내용물을 통합하도록 도와줌으로써 내용물을 무장 해제시킬 수 있기 때문이다. 물론 이것은 지적인 과정이기도 하고 감정적인 과정이기도 하다.

예를 들어, 다미아니가 주창하는 명상에서의 의도적인 "잘라 내기" 식의 접근은 매우 불쾌한 이미지나 감정을 폭발시키는 결과를 초래할 수 있다. 이것은 명상 수행을 강하게 밀어붙일 때 더 가능성이 높다. 그림자에 대한 객관화가 어떤 전통에서는 "문턱의 거주자"라고 부르는 의식 속으로 강요된다고 가정해 보자. 이렇게 불안하게 하는 경험은 한번 일어나면 잘라 내기가 쉽지 않다. 영웅적인 방법은 이미지에 대한 더 이상의 반응을 고의적으로 제거하는 것이다. 명상 안이나 밖에서 그런 부정적인 감정이나 사유가 떠오를 때마다, 우리는 강제로 그것들을 잘라내고 싹을 잘라낸다. 하지만 이 일을 할 수 있는 사람은 거의 없고, 용이 동굴을 빠져나가기 전에 그 용은 죽일 수 있는 힘을 가진 사람은 거의 없다.

이런 상황에서 명상을 하기 위해서는 참수하는 칼이 아니라 심층 심리학에 대한 우리의 지식으로 용과 맞설 수도 있다. 그리고 나서 우리는 그것의 의도를 발견하고 의식적이고 건설적으로 우리의 삶에 그 힘을 통합하기 위하여 적극적 상상을 통해서 용을 대화에 참여시킬 수 있다. 명상에서 배운 집중력 기술을 통해 우리는 그 이미지를 꾸준히, 그리고 생생하게 마음에 담을 수 있고, 그것이 우리에게 말하도록 하기 위한 전제 조건이다. 누가 적극적 상상을 해왔는지 아는 사람이 있듯이, 여러분은 합리적인 집중력 없이는 이 수행을 시작할 수 없다. 만약 우리가 그 이미지를 고정적이고 생생하게 기억할 수 없다면, 그 과정은 시작조차 할 수 없다. 우리는 실제 변환이 일어나지 않고 혼란스러운 이미지 속에서 빙빙 돌기만 한다. 그러므로 명상에서 배운 집중할 수 있는 기법은 적극적 상상에 중요한 도움이 될 수 있다. 적극적 상상을 통해서 발생할 수 있는 심리적 통합이 차례로 대상 없는 더 깊은 명상에 필요한 자아의 힘과 마음의 평정을 가져다 줄 수도 있는데, 이것은 이미지나 내용 없이 객관화할 수 없는 인식에 직접 침투하는 것이다.

그러나 경고음을 울려야 한다. 자아의 힘과 다뤄야 할 이미지나 느낌의 종류, 그리고 그 사람의 환경에 따라서, 특히 명상에서 배우는 집중 능력이 증가하면 적극적 상상을 시도하는 것은 매우 위험할 수 있다. 이미지나 느낌은 실행이 아니라 대화를 통해, 그것들을 이해하거나 의도를 알아내려고 할 때, 우리를 장악하여 우리의 일상에서 현실화될 수도 있다. 예를 들어, 명상에서 엄청난 분노가 떠오른다면, 적극적 상상으로 이런 감정에 집중하는 것은 그런 분노의 매우 해로운 폭발을 일으키는 데 도움이 될 수 있다. 우리는 우리의 의식적인 상황에 대한 분노의 목적적 관계를 이해하는 데 필요한 자아의 힘과 통찰력이 없을지도 모른다. 에너지를 통합하기 보다는 우리가 가장 원하지 않을 때 그것을 강제적으로 실행할 수 있다. 이런 상황에서 정신 위생은 우리가 그 사유와 대화를 나누기보다는 "끊을" 것을 요구한다. 반면, 융은 우리에게 내용물을 무의식 속에 밀어 넣는다고 해서 내용물이 사라지지 않는다고 가르친다. 대신 그들은 자아의 안내를 뛰어 넘는 통제되지 않는 방법으로 분출할 수 있는 더 많은 자유를 방치하고 누린다. 이런 이유 때문에 민감한 분석가에게는 종종 적극적 상상의 현명한 사용이 필수적이다. 이런 이유에서 융은 그런 중요한 기술에 대해 거의 쓰지 않았다.

  적극적 상상과 대상이 없는 명상은 원리와 수행에서 너무 다르기 때문에, 우리가 동시에 원리와 수행을 적용한다면 그것들은 서로를 무효화할 수 있기에 덜 위험할 수도 있다. 물리학에서 파동과 입자가 다른 것처럼 명상의 원리와 수행이 다르기 때문에, 우리는 이것들을 보완적인 것으로 이해해야 하며, 동시에 가능한 것이 아니라 전체를 파악하는 대안적인 방법들로 이해해야 한다. 만약 우리가 원리와 수행을 뒤엉키게 하면, 그것들은 서로 반대로 작용하다가 서로를 무효화할 수 있다. 우리가 사유들을 무시하고 더 깊이 들어가야 할 때, 우리는 그것들을 쫓아내고, 우리가 그것들에게 주목(attention)하여 활력을 불어넣고, 그것들이 우리에게 말하게 할지도 모른다. 그리고 나서 우리는 무의식 속에서 올라오는 모든 고혹적인 사유에 의해 매우 빠른 주목으로부터 내동댕이쳐진다. 반면, 우리가 한 점에 집중하여 이미지를 꾸준히 잡고 거기에 필요한 정신 에너지를 부여하면서 적극적 상상을 시작하지만, 그 이미지가 말할 기회를 충분히 주지 않는다면, 적극적 상상은 성공할 수 없다. 여기서 우리는 비록 통제된 환경, 담아주는 것 또는 훈련된 집중에 의해 만들어진 연금술적 증류기 안에 있지만 그것이 꽃을 피우게 해야 할 때 환상을 억누르고 있는 것이다.

  비록 융이 나의 우선 순위 결정에 동의하지는 않겠지만, 나는 심층심리학이 영적 수행에 도움이 될 것이라고 제안한다. 다음의 동시성적 막간에서 우리는 이 분야들이 균형을 갖는 법에 대한 전체적인 과정을 배우지 않고, 이런 문제를 해결하려고 시도하는 한 사람을 만난다. 비록 이 책의 다른 이야기들만큼 동시성적인 측면이 두드러지지는 않지만, 그 경험은 직접적으로 이 장의 관심사를 다룬다. 그것은 심층심리학의 디오니소스적인 열정과 해방 철학들의 아폴로적인 상승의 균형을 맞추는 것의 중요성을 강조한다.

> **동시성적 막간 11**
> **균형 잡는 것을 배우기**
>
> 위에서 설명한 대로 나는 20년 이상 대상이 없는 명상을 수행해 왔다. 나는 능숙함이나 집중력도 얻지 못했지만, 그럼에도 그것은 나의 가장 가치 있는 활동 중 하나였다. 내가 융 심리학에 발을 들여놓은 것은 적어도 나의 명상 수행만큼이나 오래되었다. 지난 20년 동안 나는 해방감이라는 면에서 모든 대극의 쌍으로부터 융의 관념과 대상이 없는 명상의 목표와 수행, 개성화 또는 심리적 전체성과 자기-실현 사이의 긴장을 점점 더 많이 인식하게 되었다.
>
> 다른 배경 정보: 나는 폴 브런튼(브런튼 자신과 다른 사람들이 PB라고 부름)과 여러 차례 서로 왕래하며 장기 방문을 할 수 있는 행운을 누렸다. 내가 70~80대의 PB와 함께 시간을 보냈을 때, 그는 내성적인 영국인의 성격을 통해 히말라야 영성을 발산했다. 그는 건조한 유머 감각, 철학적 신비주의에 대한 아폴로적인 접근, 비상한 침착함, 그리고 일상적인 삶의 격동으로부터 거의 비인간적인 초연한 삶을 살고 있었다. 분명 PB는 다른 면을 가지고 있었지만, 이런 자질들이 당시 나에게 가장 인상적인 것으로 각인되었다.
>
> 몇 년 전, 어떤 학문적 연구에 대해 융학파 분석가인 PB와 공동 작업을

하는 동안, 나는 캘리포니아에 있는 그의 집을 여러 번 방문했다. 또 반대로 내가 동부 해안에 있었을 때 그가 나를 방문하곤 했다. 내가 방문했던 어느 날 저녁 작업을 마치고 자리를 뜨려는 순간 그가 "좋은 꿈을 꾸시길 바랍니다"라고 말했다. 물론 융 학파 분석가가 한 이 말은 잘 자라고 말하는 공손한 방법 이상의 것이다. 방문 기간 동안 우리는 종종 함께 아침식사를 하면서 전날 밤 꾼 꿈에 대해 토론했다. 그 꿈들은 때때로 우리의 학문적 연구에 직접적으로 기여했다. 나는 종종 그와 심층심리학과 해방 철학들 사이의 관계에 대해 내가 느끼는 당혹감을 나누었다. 그가 나에게 좋은 꿈을 꾸라고 소원을 빌었던 밤 나는 다음과 같은 생생한 꿈을 꾸었다.

아내와 나는 포도주를 많이 마셨다. 그녀는 아주 유쾌해했다. 그녀의 웃음소리는 시끄러울 정도로 자연스럽고, 꽉 찬 느낌이었고, 태평스러웠다. 나도 많이 취했지만, PB를 방문할 예정이니 조용히 하고 술 좀 깨라고 그녀에게 충고했다. 우리 둘 다 우리의 상태와 행동이 PB의 깊은 평화에 완전히 어긋난다는 것을 알았기 때문에, 우리는 술을 마신 것에 대한 죄책감으로 모임에 가면서 흐트러지지 않으려고 최선을 다하였다.

우리는 거대한 빅토리아 시대의 저택을 감싸고 있는 지붕이 있는 커다란 현관에 앉아 있는 PB를 우연히 만났다. 가까이 다가가자 PB의 멋진 평온함과 함께 세밀한 나무 난간의 아름다움이 눈에 띄었다. 우리가 다가갔을 때 그는 무엇인가 글을 쓰고 있었다.

PB는 친절하게 인사하며 우리에게 새로운 형태의 명상을 가르칠 것이라고 말했다. 그는 우리에게 옷을 모두 벗으라고 하였다. 내 아내, PB, 그리고 나는 당황하지 않고 옷을 벗었다. PB는 새로운 명상 기법을 시연했다. 우리는 다 같이 그것을 따라했다. 왼발로 서서 오른발 뒤꿈치를 오른쪽 엉덩이에 대고 양손의 손가락을 맞물리게 해서 오른쪽 정강이를 위로 들어올렸다. 우리 셋은 모두 이런 자세를 취했고 벌거벗은 채 빅토리아 시대의 아름다운 현관을 뛰어다녔다.

나는 웃으면서 깨어났고 이 기이한 꿈에 완전히 어리둥절했다. 아내가 깨어났을 때, 나는 새로운 명상 기술을 시연했다. 그녀는 곧 나와 함께 뛰어다녔다. 잠시 후 나는 분석가인 친구에게 이 새로운 명상을 보여주었는데, 그 분석가는 종교와 신비주의에 대한 폭넓은 연구에도 불구하고, 그가 그런 비전(祕傳, esoteric)의 기술에 대해 들어본 적이 없다고 인정하였다. 새로운 캘리포니아 스타일의 명상에 대해 깡충깡충 뛰고 웃은 후, 내 분석가 친구는 같은 날 밤 그가 꾸었던 꿈에 대해 다음과 같이 들려주었다.

그는 융 학파 분석가들과 함께 시골을 걷고 있었다. 그는 죽음에서 돌아온 고인이 된 X 박사와 친밀한 대화를 나누고 있었다. 그는 다른 융 학파 분석가들이 X 박사를 알아볼 수 없거나 그를 무시하고 있었기 때문에 기분이 나빴다.

나는 이 꿈이 내 친구에게 어떤 의미인지 이야기하지 않겠다. 중요한 상징은 수년 전 사망한 캘리포니아의 주요 융 학회의 중심인물인 X 박사이다. 내 친구와는 전혀 친분이 없었던 X 박사는 PB의 초창기 학생이었다. 사실 PB는 X 박사에게 융 학파 분석가가 되라고 강하게 추천했었다. 최근 나는 X 박사가 PB와 다른 사람들이 깔아놓은 영적 여정과 융 심리학의 관계에 대한 글을 쓰는데도 어느 정도 이미 노력을 기울였다는 것을 알게 되었다. X 박사의 이런 측면을 내 친구는 알지 못했다. 동시성적인 관점에서, 친구의 꿈은 나의 PB 꿈과 의미 있는 객관적 상관관계를 맺는 역할을 했다. 우리 둘은 두 꿈의 동시성이 두 꿈의 중요성을 강조한다는 것을 깨달았다.

나는 뇌리를 떠나지 않는 이 꿈에 대해 열심히 생각해 보았지만 아직도 그것을 완전히 이해하지 못하고 있다. 그럼에도 불구하고, 내 친구의 꿈의 의미는 제쳐두고 그 꿈에 대한 몇 가지 관념을 제시해보겠다. 대극의 긴장감이 내 꿈을 통해 발휘되고 있다. 아내와 나는 술에 취했고 PB의 깊은 평온과 대조적으로 떠들썩했다. 나의 배경으로는 무의식이 다양한 취객을 쉽게 선택할 수 있었지만, 그것은 포도주를 선택했다. 융이 『융합의 비의』에서 말한 것처럼 "이 이미지는 철학적 포도주의 진정한 정수

(quintessence)이자 미덕(virtue)이다. 그러므로 미덕은 적절한 동의어이다. 왜냐하면 액체 형태의 포도주는 몸을 나타내지만 알코올로서 포도주는 '천상의 미덕'과 일치하는 것으로 보이는 영이기 때문이다." 여기에 몸과 정신을 하나로 묶는 상징이 있다. 박카스나 디오니소스에 대한 우리의 숭배는 그리스인들이 그를 황홀한 연합의 신이라고 불렀듯이 PB뿐만 아니라 빅토리아 시대의 현관(porch)의 위엄과도 대비된다. PB의 아폴로적이고 고양된 영성을 감안할 때, 그가 벌거벗고 한 발로 깡충깡충 뛰어 다닌다는 관념은 거의 어울리지 않는 신성불가침이다. 사실 옆에 소개한 그림이 정확하고 아름답기는 하지만, 처음에는 나에게 큰 충격이었다.

당장은 이미지의 우스꽝스러운 본성을 제쳐두고 긍정적이고, 통합적인 면을 보라. 이 명상은 벌거벗거나 가식과 보호의 결여를 필요로 한다. 그것은 또한 박카스의 신봉자들에게 특히 어려운 어떤 것, 곧 한

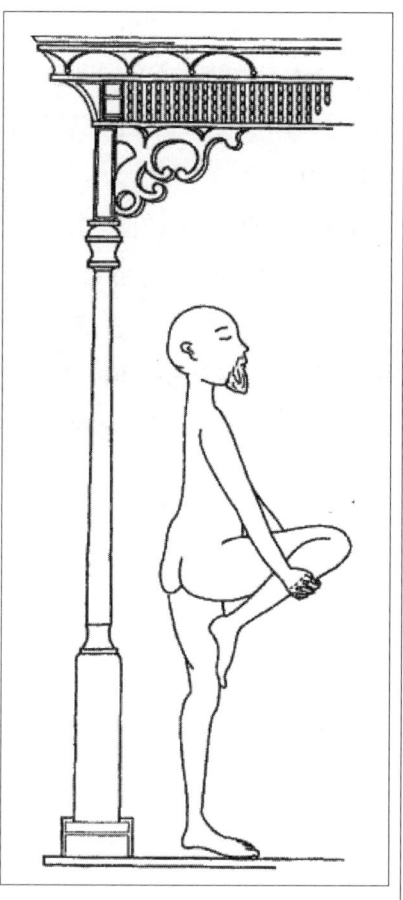

64. "새로운 명상 기법"

번에 한 발로 서는 역동적인 균형을 요구한다. 평온하고 초연한 현자 PB는 듣는 사람들을 꾸짖거나 쫓아내지 않고 균형 잡힌 명상을 가르쳤다. 통합을 가리키는 또 다른 측면은 PB가 벌거벗은 채 깡충깡충 뛰어다니는 명상을 보여주었고, 우리와 함께 하기 위해서 자신의 엄격한 영성을 파계한 것처럼 보이기 때문에 발생한다. 마지막으로, 우리가 신체 의식의 없앰을 목표로 하는 대부분의 진보된 명상 기법과 대조적으로, 이 명상은 신체적인

것을 강조하는 영적인 기법이었다. 그 명상은 신성한 춤이나 영적인 성찰의 운동적인 형태에 가까웠고, 신체적으로 건강한 사람들에게만 적합했다. 또한 이 깡충깡충 뛰기가 왼발에 있었다는 점도 의미심장해 보이는데, 전통적 관념에 따르면 왼쪽은 내 본성의 비이성적이고, 무의식적인 면인 음의 측면을 강조한다. 요약하자면, 벌거벗고 깡충깡충 뛰는 PB의 이미지는 디오니소스와 아폴로, 심층심리학의 열정과 해방 철학의 금욕적인 높이를 연합시킨다.

아마도 그 꿈의 메시지는 디오니소스 학파와 아폴로 학파, 심층심리학과 금욕적인 해방 철학의 균형을 맞추는 것을 배워야 한다는 것이다. 초기 그리스인들이 일 년 중 8개월 동안 델피에서 아폴로를 숭배하고 나머지 4개월 동안 디오니소스를 숭배했던 것처럼, 나는 어떻게든 내 삶에서 이 힘의 균형을 맞추는 법을 배워야 한다. 이 꿈은 또한 내가 진정으로 PB가 누구였는지 너무 좁게 이해하고 있다는 것을 암시하는 것일지도 모른다.

사건의 동시성적 측면, 즉 X 박사와 함께 하는 친구의 꿈이 이 의미를 보완하고 확인시켜준다. X 박사는 그의 인생과 저술에서 심층심리학의 모든 열정과 PB의 엄격한 영적 요구의 균형을 맞추려고 시도하고 있었다. 나는 내면의 심리적인 사건(내 꿈)과 내 친구의 꿈에서 - 내 친구에게는 객관적이고 나에게는 주관적이긴 하지만 - 같은 의미가 드러난 것을 경험하였다.

비록 그 경험에 대한 나의 잠정적인 해석은 심층심리학에 대한 디오니소스적인 요구와 해방 철학의 아폴로적 규율 사이의 조화를 모색하도록 격려하지만, 자세한 내용은 명확하지 않고 균형도 모호하다. 이 모든 것 외에도, 아마 이 꿈은 명상에 대한 나의 무겁고 지나치게 진지한 태도를 조롱하고 있는 것일 수 있다. 그럼에도 불구하고, 나는 깡충깡충 뛰면서 한편으로 꿈을 관상하고, 또 다른 한편으로 균형을 찾으려 하고 있다.[13]

제15장
동시성과 개성화

우리의 외적인 경험을 포함한 모든 인간 존재는 궁극적으로 정신적인 것이기 때문에, 모든 인간을 위한 진정하고 항구적인 행복에 이르는 유일한 길은 모든 인간에게 궁극적인 것, 사유를 내려놓은 마음의 발광, 사도 바울이 하늘나라의 입성이라 불렀던 (지성적인) 이해를 뛰어넘는 내적 평화이다.

- 폴 브런튼[1]

새로운 태도의 요구

가슴으로부터

나카무라 여사가 이웃을 바라보며 서 있을 때 그녀가 이전에 보았던 어떤 하얀 것보다도 더 하얀 불빛이 번쩍였다. 그녀는 옆집에 사는 남자에게 무슨 일이 생겼는지 몰랐다. 어머니는 반사적으로 그녀의 아이들에게로 움직였다. 그녀는 한 발자국(그 집은 폭발의 중심에서 1.2 Km 정도 떨어져 있었다)을 내디뎠다. 그때 무엇인가가 그녀를 낚아채 높이 올라갔고, 그녀는 높이 치솟은 침대 단을 뛰어넘어 옆방으로 날아가는 것 같았다. 그리고는 그녀의 집의 부서진 파편들이 그녀의 뒤를 따랐다.

그녀가 땅에 떨어져 내렸을 때 목재들이 그녀의 주위에 떨어졌고, 쏟아지는 기와들이 그녀를 덮쳤다. 그녀가 파묻혔기 때문에 모든 것이 어두워졌다. 파편들은 그녀를 깊이 뒤덮지는 않았다. 그녀는 몸을 일으켜 흙더미에서 일어섰다. 그녀는 한 아이가 우는 소리를 들었다. "엄마, 나를 도와줘

요." 그리고 그녀의 막내 아이인 다섯 살 먹은 미예코가 가슴까지 파묻혀 움직일 수 없는 것을 보았다. 나카무라 여사가 아이를 향해 정신없이 걷기 시작했을 때, 그녀는 다른 자녀들의 모습을 보거나 들을 수는 없었다.[2]

머리로부터

1945년 8월 6일 오전 8시 15분 일본 히로시마에 투하된 핵분열 폭탄 폭발로 나카무라 여사와 그녀의 아이들이 파묻혔다. 12.5 킬로톤의 TNT의 에너지 방출은 우라늄 238 핵의 발사나 분열에서 비롯되었다. 이 폭탄은 이전의 그 어떤 재래식 폭탄보다 약 10,000배 더 강력했고 오늘날의 핵폭탄보다는 약 100배 덜 강력했다. 히로시마에서는 내부 방사선, 충격파, 화재, 방사능 낙진이 복합적으로 발생하여 14만(+/-1만) 명이 사망했다. 사흘 뒤인 오전 11시 2분, 플루토늄 239 핵분열 폭탄이 나가사키에 22킬로톤의 TNT 에너지를 방출해 7만(+/-1만) 명이 사망했다.[3] 이 폭탄들은 2차 세계대전을 종식시켰다.

65. 히로시마 원폭

거의 반세기 동안 핵무기는 다모클레스의 검처럼 우리의 머리 위에 걸려 있다. 불행히도, 우리의 핵의 칼은 너무 오랫동안 우리와 함께 있었기 때문에 우리는 그것에 싫증이 나면서도 안주하며 살아가고 있다.

기술적인 진보 덕분에 이제 미사일 하나가 독립적으로 유도된 여러 개의 탄두를 정확하게 전달할 수 있으며, 각각은 1945년의 고물폭탄보다 훨씬 더 강력하다. 북반구 어느 곳이든 대공 미사일은 발사한 지 20분 이내, 잠수함 미사일은 발사된 지 7분 이내에 목표물을 타격할 수 있다. 그런 "진보"는 히로시마와 나가사키를 왜소하게 만들 몇 가지 괴물 같은 시나리오를 쉽게 상상할 수 있게 한다. 구소련과 미국이 군축을 위해서 취한 작은 조치들이 다행스럽기는 하지만, 우리는 핵 확산과 핵 테러 가능성까지 겹치면서 핵 악몽에서 벗어날 수 없게 되었다. 핵무기 제조에 대한 지식이 매우 널리 퍼져 있기 때문에 적당한 수단을 가진 어떤 단호한 국가도 그것을 만들어서 소형 승합차로 전달할 수 있다. 1945년에 우리는 핵시대로 돌진했고 되돌릴 수 없게 되었다.

첫 번째 핵무기가 일본에 떨어졌을 때, 많은 사람들은 인류가 생존하기 위해서는 근본적인 변화가 필요하다는 것을 깨달았다. 그러나 2차 세계대전 말기에 그려졌다가 몇 년 전 극적으로 해체된 세계 정신의 커다란 분열인 철의 장막은 도표로를 통하여 생생하게 냉전을 상징하였고, 필요한 변혁을 가로막았다. 그 시절 이후 기술의 발전은 문제를 더욱더 집요하게 만들고, 다행히도 냉전의 종식은 우리에게 필요한 변화에 영향을 줄 또 다른 기회를 주고 있다. 비록 문제가 기술의 발전과 핵 확산으로 인해 더 복잡해졌다고 하더라도 말이다. 이제 우리에게 또 다른 기회가 주어지고 있고, 약간의 희망이 존재하고 있다.

나는 "핵의 '분리'에 의해 방출된 거대한 파괴 에너지를 가진 원자폭탄이 세계정신의 일반적인 분열, 이성과 신앙, 과학과 종교, 영과 본능에 대한 적절한 상징이라고 오랫동안 생각해왔다"[4]라고 말한 마빈 슈피겔먼에게 동의한다. 이런 분열의 형태와 다른 형태들, 예를 들면, 머리와 심장(앞 페이지의 폭격 설명에서 이야기한), 의식과 무의식, 동과 서, 개인과 집단, 남성과 여성의 긴장으로 인해 모든 세대가 크게 고통을 받는다. 물론 모든 세대와 문화는 어떤 형태로든지 깊은 분열을 겪는다. 우리가 자아를 가지고 있는 한, 우리는 이런저런 종류의 대극들, 즉 분열로부터 고통을 받는다. 불교도들이 말하듯이, 우리가 공의 궁극적인 진리에 동화되지 않고, 본성과 서로에 대한 깊은 상호 의존성을 받아들이지 않는 한, 우리는 사성제가 가르쳐 준대로 고통을 받는다. 우리의 현재 상태를 전례 없이 만드는 것은 과학이 우리의 적을 섬멸할 수 있는 힘을 가져다주었고, "핵 겨울"(nuclear winter)을 수강한 학생들이 우리에게 말하듯이 지구 전체의 생명까지 섬멸할 수 있는 힘을 가져다준 것이다. 냉전의 절정기였던 때 뿐만 아니라 냉전 이후의 오늘날에도 그 상황은 변하지 않았다.

 1993년 가을 『뉴욕타임스』[5]는 러시아가 "죽음의 손"(dead hand) 기술을 보유하고 있다고 보도했다. 이 기술은 우리가 비록 핵을 이용하여 러시아의 모든 군사 지도자들을 전멸시킨다고 할지라도 전면적인 핵 보복을 가할 수 있는 러시아의 정교한 기술이다. 타임즈는 이 기술이 인간의 개입 없이 어떻게 표적 탄두를 발사할 수 있는지에 대해서 자세하게 보도하고 있다. 분석가들이 걱정하는 것은 이런 복잡한 기술의 오작동이 진짜 일어날 수 있다는 점이다. 더 큰 복잡한 기계를 구성하는 어떤 간단한 기계도 오작동하면 이 행성에서 인간의 생명을 말살시킬 수 있다. 달리 말하면, 이것이야 말로 궁극적인 기술적 악몽이다. 그런 현실들은 우리가 이전의 어떤 시대와도 매우 다른 환경에서 살고 있다는 것과 근본적으로 새로운 적응을 필요로 한다는 것을 분명히 한다.

 융은 그의 가장 훌륭한 논문 가운데 하나인 "정신에너지 발생론"

에서 우리에게 우리의 개인적인 환경이 바뀌면, 이전 환경에 조화롭게 적응할 수 있게 했던 오래된 태도가 더 이상 적절하지 않다고 가르친다. 새로운 환경에 적응할 수 없다는 것은 우리의 리비도, 즉 정신에너지의 흐름이 끊긴다는 것을 말한다. 리비도는 오래된 익숙한 길을 따라서 조화롭게 흘러갈 수 없다. 우리는 우리의 오래된 기능으로는 만족이나 자양분을 얻을 수 없다. 융은 "이런 증상들은 리비도의 흐름의 중단을 나타내며, 그 중단은 항상 대극의 쌍들이 무너지는 것에 의해서 나타난다"[6]고 말한다. 대극을 부풀리는 것과 더불어 이런 리비도의 중단은 이전의 의식적 태도를 평가절하한다. 우리의 낡은 태도는 쓸모없어 보인다. 심지어 역효과를 낳기도 한다. 이제 우리는 새로운 환경에서 어떻게 기능해야 할지 모른다. 그때 이전의 적응에서 조화롭게 바깥으로 흐르던 잉여 에너지는 이제 무의식 속으로 향하게 된다. 이런 무의식으로의 리비도의 퇴행은 원시적이고, 원초적이며, 일반적으로 미분화된 정서적 고통을 지닌 정신적인 내용을 불러온다. 융이 무의식의 "점액"(slime)이라고 말한 것을 불러온다. 그럼에도 불구하고, 심층심리학은 이 유해한 점액 속 어딘가에 새로운 발전의 씨앗이 있음을 반복적으로 보여준다. 우리가 이 씨앗들을 식별하고 배양할 수 있다면, 그것들은 신선하고 만족스러운 경로를 따라서 건전한 리비도의 건강한 적응과 흐름을 허용하는 새로운 태도로 발전할 수 있다. 우리가 낡은 태도에 오래 집착할수록 우리의 퇴행은 더 고통스럽고, 점액은 더 비호감적이 되며, 새로운 태도와 창조적인 적응을 깨닫기 전에 더 많은 고통을 겪게 한다.

심층심리학에서 얻은 통찰을 현재의 심리학, 즉 개인 심리학보다 더 넓은 영역에 적용시켜 보자. 가장 경직된 역사 관찰자라도 현대 물리학의 가장 독성이 강한 결실인 핵무기 덕분에 우리는 근본적으로 다른 환경을 갖게 되었고, 새로운 적응이 요구된다는 것을 인정한다. 핵보유국들은 더 이상 전면전을 통해서 갈등을 해결할 수 없다. 우리의 에너지, 집단적 리비도는 익숙한 경로를 따라서 흐를 수 없다. 이런 리비도의 단절은 원자의 분열에서 방출되는 파괴력에 의해서 강력하게 상징되는 "대극의 쌍들의 분열"에 기여한다. 무의식으로의 리비도 퇴행은 적어도 부분적으로는 격렬한 민족주의, 인종 차별주의, 전체주의, 편협성의 증가에 책임이 있다. 이것들은 무의식의 점액에 대한 몇 가지 원시적이고 정서적인 고통을 지닌 표상들이다. 물론 우리의 오래된 태도에 더 오래 집착할수록, 고통은 더 커진다. 변화하는 환경에 창의적으로 적응하기는커녕 한 종으로라도 살아남으려면, 근본적으로 새로운 태도들이 요구된다.

독립적 실체에 대한 믿음에 바탕을 둔 고전 물리학의 구태의연한 이데올로기가 우리의 당면한 과제에 기여할 수 있을까? 물론 가인이 그의 아우 아벨을 죽인 이래로 우리는 가장 깊은 분열과 분리의 감정을 가지고 있었다. 그럼에도 불구하고 9장에서 물리학자 데이비드 봄의 말을 다음과 같이 인용한바 있다.

인류가 지금 공동선과 심지어 인류의 생존을 위해서 협동하지 못하게 하면서, 사람들(인종, 국가, 가족, 직업 등) 사이에 광범위하게 펴져 있고, 만연된 사고의 핵심은 본래부터 사물들은 나누어져 있고, 연결되어 있지 않으며, 전체를 구성하는 부분들이 작은 조각들로 "깨져 있다"는 생각이다. 각 부분을 본질적으로 독립적이고, 자존적인 것으로 간주하는 것이다.[7]

달라이 라마는 봄의 말에 진심으로 동의하고 같은 말을 사용해서 본래적이거나 독립적 존재에 대한 우리의 믿음이 모든 고통의 근원이라고 주장한다. 무의식이든 잘못된 철학관이든 무지는 도덕적 결과를 낳는다.

우리에게 핵분열과 핵융합 폭탄을 제공했던 동일한 현대 물리학이 우리를 치유하고 생존하는 데 도움을 줄 수 있는 새로운 태도의 실마리를 제공할 수 있을까? 세계 정신에 어떤 치유를 나타내기 위해서 원자의 분열을 대체할 새로운 상징이 있을까? 나는 상대성 이론과 양자역학이 각각 그들 나름대로 "본래적으로 분열되고, 단절되고, 더 작은 구성 요소로 분리되는" 봄이 묘사하는 것과 전혀 다른 세계를 우리에게 제공한다는 것을 보여주려고 하였다. 참여 양자 우주의 탈지역성이나 비분리성은 특히 양자 이론의 철학적 기초 위에서 일하는 사람들에게 각광을 받았다. 최근의 이 연구는 우리에게 상호 연결성이 양자 시스템의 부분들의 독립적인 존재보다 더 근본적이고 더 실제적인 깊은 수준에서 본질적으로 연결된 세계, 곧 근본적으로 상호 연결되고 상호 의존적인 세계를 제시한다. 이 결과의 큰 장점은 역사상 최고의 물리적 이론인 양자역학의 이론적 구조와 무관한 실험과 분석에서 나온다는 점이다. 따라서 이 결과는 예를 들어, 몇몇 발견이 다음 세대의 이론에서 뒤집힐 수 있는 양자역학의 특이성과 밀접하게 연관되어 있는 것보다 훨씬 더 심오하고 지속적인 가치를 지닌다. 그러므로 우리는 탈지역성과 비인과론이 경험적으로 타당한 자연 이론에서 발견되어야 한다는 것을 안다. 이런 이해는 자연에 대한 우리의 가장 확고하면서도 거짓된 새로운 지향점을 가로막는 일부 투사들을 제거하는 데 도움이 된다.

그러나 우리는 이 새로운 이해를 더 넓은 영역에 적용하기는커녕 양자역학에서 탈지역성의 의미를 완전히 동화시키지 못했다. 탈지역성은 이해하기에 너무 쉬운 분열이나 해리보다 훨씬 더 추상적인 생각이기 때문에 더욱 어려운 점이 있다. 따라서 탈지역성은 상징화하기가 더 어렵다. 섬뜩한 버섯구름처럼 강력한 아이콘을 사용할 수 있는 것은 없기 때문에 이런 추상적인 관념을 더 넓은 영역에 적용하는 것은 훨씬 더 어렵다. 그럼에도 불구하고, 탈지역적 양자역학에서와 같이, 인간, 인종, 국가 간의 상호 연결이 우리의 작은 자아, 국적이나 국가의 독립적인 존재보다 더 근본적이고, 더 현실적이라는 것을 우리가 깨달을 수 있다면 정말 굉장할 것이다. 세계의 현실을 고려할 때, 이런 전망의 혁명은 극단적으로 예견되는 것처럼 보인다. 그러나 핵시대에 살아남으려면 근본적인 태도 변화가 필요하다. 역사는 우리에게 갈릴레오가 위험을 무릅쓰고 옹호했던 코페르니쿠스 혁명이든, 탈지역성에 대한 우리의 새로운 이해든, 태도의 커다란 변화나 집단적 정신의 근본적인 변화는 물리학에서 완전히 이해되기까지 더 넓은 영역에서 느껴지기까지 시간이 걸린다는 것을 가르쳐준다. 그럼에도 불구하고, 양자의 탈지역성은 분명히 근본적으로 중요하고, 우리의 핵 환경에 더 건강한 적응을 가능하게 하는 새로운 태도를 개발하는 것을 돕는 것으로 결실을 맺을 것이다. 아마도 그것은 우리가 필요한 새로운 방향을 개발하는데 도움을 줄 수 있는 점액의 씨앗들 가운데 하나일 것이다.

또한 심리학적인 측면에서 우리는 동시성으로부터 유용한 단서를 얻을 수 있을 것이다. 사례 자료와 분석은 우리의 내면세계와 독립적으로 서 있는 엄격한 인과 법칙에 의해서 인도된 별개의 물질세계의 오래된 관점이 동시성을 이해하는 데 적절하지 않음을 보여준다. 심리학에서 항상 그렇듯이, 우리가 새로운 관념을 증명하기 위해 물리학을 발전시킬 수 있는 설득력 있는 주장을 제공하는 것은 훨씬 더 어렵다. 그러나 융이 히로시마와 나가사키 이후 10년 만에 동시성에 대한 선구적인 연구 결과를 발표한 다음 우리는 많은 것을 배웠다. 그 이후 우리는 초월적 의미가 내면세계와 외부세계 모두에서 비인과적으로 나타날 수 있다는 관념을 더욱 충분히 인식하게 되었다. 내가 이 책을 통해서 강조했듯이, 현대 물리학은 동시성의 실재를 증명하지도, 설명하지도 않는다. 오히려 현대 물리학은 그 원리를 더 쉽게 수용할 수 있는 훨씬 더 정확하고 수용적인 세계관을 제공한다.

과거에 우리는 너무 빨리 그것의 기술력과 물질적 영역에서 이룩한 성취로 문화를 판단하지 못했다. 만약 당신이 "불 지팡이"나 소총의 힘으로 문화를 소개하려고 한다면, 이것들은 분명히 당신에게 가르칠 것이 거의 없을 것이다. 그런 면에서 중국 공산주의의 침략 이전의 티베트(히로시마와 나가사키 이후 약 10년 후)는 우리에게 가르쳐 줄 것이 아무것도 없다. 그들은 기도용 바퀴에만 바퀴를 사용했을 뿐 교통수단이나 기계에는 이용하지 않았다. 하지만 더 최근에 우리는 그들의 "내면을 대하는 기술"(inner technology)의 풍부함과 깊이를 인식하게 되었다. 그들의 공(空) 관점은 고대적인 뿌리에도 불구하고 특히 현대적 고리를 가지고 있다. 탈지역적 물리학이나 동시성적 경험에서 자신을 표현하는 상호 의존성을 이상한 것으로 여기기보다 중도불교도들은 이 성질을 모든 주체와 대상의 궁극적인 진리로 여긴다. 탈지역성과 동시성은 공 안에 잘 들어맞으며, 이것은 모든 실체가 갖는 상호 연결성이나 상호 의존성의 깊은 형태를 암시한다. 아마도 티베트인들에게 행해진 대량학살에서 비롯된 더 큰 세계를 지향하는 가장 큰 축복은 공과 보편적 자비라는 그들의 동반자적 관념에 우리가 노출되었다는 점일 것이다. 아마도 이것은 어떻게 새로운 발전의 씨앗이 정신적 퇴행의 점액 안에서 발견되는지 보여주는 예일 것이다.

나는 불교의 유심학파(중도 전통에서 비롯된)와 융의 심리학적 관점을 바탕으로 유심론(唯心論)을 발전시키려고 노력해왔다. 이런 형태의 관념론은 동시성에 대한 포괄적인 이해를 제시한다. 나는 유심론이 의미, 비인과론, 시공간 초월, 연합의 동시성에 의해서 제기된 네 가지 주요 문제들을 어떻게 해결할 수 있는지를 보여주고자 하였다. 이 관점에서 우리는 과학과 철학 모두에서 우리의 이해를 그렇게 방해해 온 데카르트의 이원론을 인간과 자연에 대한 통일된 관점으로 대체한다. 이것은 인간과 자연이 모두 세계 마음의 작인임에도 불구하고 우리 개인의 마음에 제시되는 세계 이미지의 한 측면들임을 보여준다. 양자역학과 심층심리학에서 상호 의존성은 가장 근접한 경험인 우리의 마음이 가장 가까운 직관으로부터 가장 먼 은하계에 이르기까지 내적이며 외적인 세계 모두를 제공한다는 점에서 그 근거를 찾을 수 있다.

 유심론은 아마 오늘날 그런 비옥한 땅을 찾는 잔인한 물질주의를 극복하는 데 필요한 씨앗을 제공할 수 있을 것이다. 나의 희망은 심층심리학, 현대물리학, 관념론 철학의 종합 안에 씨앗과 치료 연고를 주어 핵시대를 안내하는 새로운 태도를 개발할 수 있도록 돕는 것이다. 이 가능성을 염두에 두고, 나는 유심론의 함축적 의미를 도출해내고 그것을 보다 동시성과 밀접하게 연결시켜 보겠다.

 중단되지 않는 영적 경험

 융과 유심론자들이 우리에게 말하는 것처럼 세계가 자기의 투사라면 모든 경험은 세계 안에서 본래적인 자기의 의미를 가진다. 만약 우리가 충분히 지각한다면, 모든 경험은 영혼의 계시의 다음 단계인 자기의 설계를 드러낼 수 있다. 외부세계는 우리의 발전과 의미 추구에 무관심하거나 반대되는 것이 아니라, 그 계시 안에 있는 하나의 요소이다. 우리의 꿈에 주목하는 것이 정신 발달을 돕는 것처럼, 내면과 외면이 똑같이 더 높은 마음의 표현이라면, 외부의 깨어있는 세계에 들어 있는 의미에 주목하는 것도 우리의 발전에 도움이 된다. 이런 식으로 모든 경험은 의미를 가지며, 모든 경험은 영혼이 펼쳐지는 데 역할을 한다. 이런 빛에서 우리의 기쁨과 슬픔을 이해하는 것은 삶을 신성화하고, 신성의 내재에 감사하는 하나의 형식이다. 폴 브런튼이 말했듯이, "여기서 경험의 심리학적 분석은 국경을 넘어서 종교로 들어가는 것 같다. 왜냐하면 마음은 실재하는 것이지 무(아무것도 아닌 것, no-thing)가 아니기 때문이다. 마음은 그 자체로 존재한다. 게다가 모든 경험은 인간이 그것을 약화시키기 위해 어떤 일을 했든 중단되지 않는 영적 경험이다."[8]

 절제된 표현으로 유명한 폴 브런튼은 이 말을 강조체로 표현함으로써 정말 강조한다. 하지만 이 문장을 어떻게 이해할 수 있을까?

특히 "모든"이라는 단어와 "중단되지 않는"이라는 단어를 고려한다면? 수용소나 정치적 고문 등 현대 생활의 남다른 야만성을 겪는 사람들조차 "중단되지 않는 영적 경험"을 하고 있다는 말인가? 자연의 장엄한 아름다움의 장면이나 특히 서정적인 음악 구절에 의해 마음이 높이 고양될 때, 그것은 우리를 정신적 혼란과 충돌에서 벗어나 우리를 고양시키는 영적인 경험으로 인식하기 쉽다. 하지만 우리가 서로에게 가하는 극도의 잔인함은 어떨까? 불교에서는 사성제의 첫 번째 교리의 핵심은 진정한 고통이 모든 생명에 만연한다고 주장한다. 뉴스 매체를 빠르게 훑어보면 이 사실이 확인된다. 그렇다면, 어떻게 그런 고통이 "중단되지 않는 영적 경험"이 될 수 있을까?

 그 문제는 두 가지 차원에서 대답할 필요가 있다. 첫째, 깨달음을 얻지 못한 자아를 위해서는 사성제의 첫 번째 진리만이 존재한다. 즉 모든 생명은 고통으로 오염되었다. 이 차원에서 일상생활의 아픔과 고통은 그들 자신을 넘어 더 깊은 진실에 도달하지 않는다. 우리는 고양이에게 고문당하는 생쥐처럼 고통을 당한다. 아니 그보다 더 심하게 고통을 당한다. 왜냐하면, 쥐와는 달리, 육체적 고통에 심리적 고뇌를 더하기 때문이다. 불교와 다른 위대한 전통들은 우리에게 고통으로부터 휴식을 제공하지만, 그럼에도 불구하고 그것은 잔인한 사실이다. 공 교리는 결코 고통의 현실을 부정하지 않는다. 둘째, 모든 경험을 자신의 마음의 계시로 이해하는 수행자에게는 결국 마음이 세계 영혼의 표현이고, 그때에만, 오직 그때에만 수행자의 경험이 중단되지 않고 영적인 것으로 알려진 모든 경험이 된다. 우리들 대부분은 아마 우리가 좋아하기보다는 깨달음에 이르지 못한 것에 더 가까운 이 두 극단 사이에서 우리 자신을 발견할 것이다. 이해의 희미한 빛, 경험의 목적과 의미에 대한 어떤 암시가 없다면 우리의 자아는 진정한 고통이 모든 삶에 스며있다는 사성제의 첫 번째 명제를 결코 넘어가지 못한다. 때때로, 심지어 큰 고통 속에서도 이 고통은 의미가 있고, 궁극적으로 교훈적이며, 계시적이라는 것이 드러난다. 여기 구속의 은혜의 경험이 있다. 물론 개인을 위한 정확한 의미나 중요성은 독특하여 종종 발견하기 어렵다. 그럼에도 불구하고, 아픔은 영적 전달자 가운데서 가장 위대한 것이고, 우리를 개성화 과정으로 입문시키며, 의미 추구의 시작이고, 영적 삶의 토대이다. 몇몇 동시성 이야기들이 이 점을 강조한다.

통합의 경험에서 느껴지는 자비

특정한 무의식적 보상 외에 동시성적 경험이 주는 커다란 선물 가운데 하나는 내면세계와 외부세계 사이의 통합을 경험적으로 보여주는 것이다. 벨의 부등식에 대한 실험적 반박은 양자 세계가 지역성과 관계없이 연결된 것과 상호 의존 되어있고, 인과관계가 부분적인 진리에 불과하다는 사실을 증명한다. 또한 중도불교에서 온 것이든, 아니면 완전히 정신적인 세계를 위한 보다 일반적인 철학적 주장에서 온 것이든 위에서 논한 몇몇 논의들을 이해하는 것도 가치 있는 일이다. 그러나 내면세계와 외부세계의 연합에 대한 체험적 느낌이 가장 설득력 있는 경우가 많다. "꿈의 결혼식"의 여성처럼 동시성적 이야기는 "이제는 내가 이미 철학, 융 심리학, 그리고 창의적이고 투사적인 마음의 능력에 대한 신비주의에서 공부했던 것을 진지하게 받아들이기 시작할 수밖에 없었다"고 썼다. 마리-루이제 폰 프란츠에 따르면, 통합의 경험은 동시성의 가장 본질적이고 인상적인 측면이다. 그녀는 다음과 같이 말한다.

> 동시성에서 확실히 가장 본질적이고 인상적인 것은 ... 영혼과 물질의 이중성이 동시성 안에서 없어지는 것처럼 보인다는 사실이다. 그러므로 그것들은 모든 존재의 궁극적인 통합을 보여주는 **경험적 지표**이다. 융은 중세 자연철학의 용어를 사용하여, 이것을 **하나인 세계**(Unus Mundus)

라고 불렀다.⁹

블랙 엘크의 오글랄라 수우(Oglala Sioux)와 같은 소위 "원초적" 사회는 적어도 그들의 전통이 파괴되기 전에는 "모든 존재의 궁극적인 통합"에 더 가깝게 살았다. 이런 사회에서는 종종 우리가 개인 각자의 마음의 핵심에 머무르는 세계 마음을 통해 우주와 연결된다는 인식이 있었다. 우리의 유한한 마음속에 무한한 마음이 깃든다는 것은 우주와의 근본적인 연합을 보장해 준다. 이런 실현은 항상 타인에 대한 깊은 관심과 개인적이고 사회적인 평화에 대한 진정한 열망으로 쟁점화된다. 세계 마음을 위해서 와칸-탕카(Wakan-Tanka)라는 용어를 사용하는 블랙 엘크는 다음과 같이 아름답게 묘사한다.

인간의 영혼 안에서 우주와 그 모든 힘을 깨닫고 우주의 중심에 와칸-탕카(Wakan-Tanka)가 거하며, 이 중심은 정말 어디에나 우리 각 사람 안에 가장 중요한 첫 번째 커다란 평화가 있다는 것을 깨달을 때, 우리 각자 안에 존재한다. 그러나 무엇보다도 당신은 내가 자주 말했지만 먼저 인간의 영혼 안에 진정한 평화가 있다는 것을 알기 전까지는 국가 간에 평화가 결코 있을 수 없다는 것을 이해해야 한다.¹⁰

블랙 엘크의 "인간의 영혼 안에 있는 평화"는 폴 브런튼이 "사도 바울이 하늘 나라의 입성이라고 부른 지적 이해를 뛰어넘는 내면적 평화"를 말한 이 장의 첫 인용구를 그대로 반영하고 있다. 동서양을 막론하고 다양한 전통은 우리의 근본적인 통합을 이해하고 우리의 내적 평화로부터 진정한 세계 평화가 흐른다는 이 관념을 공유하고 있다. 예를 들면, 지금 달라이 라마가 "모든 사람들은 가족, 국가, 그리고 국제적인 맥락에서 평온과 평화에 대해 이야기하는 것을 좋아하지만, 내면의 평화 없이 어떻게 진정한 평화를 만들 수 있을까?"

라고 말할 때 이 사실을 반향해준다.[11]

불행하게도 통일된 세계에 대한 비전에서 나오는 이 평화를 우리들 가운데 소수만이 직접 이용할 수 있다는 점이다. 심지어 그때도 그것은 보통 산발적으로 그렇다. 그럼에도 불구하고, 만약 우리가 외부세계와 내면세계, 즉 자연과 자아가 모두 우주적 자아의 표현이라는 것을 합리적으로 인식할 수 있다면, 우리는 합리적인 분석을 기반으로 구축하고, 동시성적 경험, 양자역학의 비분리성, 그리고 위대한 신비적 전통에 의해서 뒷받침되는 세계의 철학적 통일을 가져올 수 있을 것이다. 이런 변화는 자연과 우리 자신에 깊이 던져진 우리의 많은 투사들을 제거하고, 거대한 심리적 방향의 전환을 요청한다. 나는 이런 통합의 경험을 좀처럼 얻어내지 못했지만 언제나 목표로 제시된 융이 『융합의 비의』의 끝부분에서 말한 하나인 세계와의 3단계이자 마지막 단계의 결합의 의미라고 생각한다.

상호 연결과 상호 의존에 기반을 둔 세계관은 세계의 철학적 통일을 가져오는데 도움이 될 뿐만 아니라, 티베트 불교에 따르면, 그것은 동료에게 매이지 않는 자비의 미덕을 발전시키는데 본질적이다. 달라이 라마는 어디를 가든지, 어떤 청중에게 연설하든지, 불교학자들이든지, 전국 TV 시청자들이든지 간에 항상 보편적인 자비의 원리를 강조한다. 더 나아가서 그는 자비의 수행을 지치지 않고 계속해서 격려한다. 공(空)이나 상호 의존의 실현은 우리에게 그것을 자비의 수행으로 표현하도록 요구하는 반면, 그런 수행은 공에 대한 우리의 이해를 깊게 한다. 달라이 라마는 이런 자기 관심의 가장 깊은 깨달음의 형태를 다음과 같이 묘사하고 있다.

우리 각자는 모든 인류에 대하여 책임이 있다. 우리는 이제 다른 사람들을 진정한 형제자매로 생각하고 그들의 고통을 줄여주면서 그들의 복지에 관심을 가져야 한다. 자신의 이익을 완전히 희생할 수는 없더라도 다른 사람들의 걱정을 잊어서는 안 된다. 우리는 모든 인류의 미래와 유익에 대해서 더 생각해야 한다.

또한 만약 당신이 당신의 이기적인 동기, 즉 분노 등을 억제하고 다른 사람들을 향해 더 많은 친절과 자비를 기르려고 한다면, 궁극적으로는 당신 자신이 다른 것보다 더 많은 유익을 얻을 것이다. 그래서 나는 가끔 현명한 이기적인 사람이 이런 식으로 수행해야 한다고 말한다. 어리석은 이기적인 사람들은 항상 자신만을 생각하고, 그 결과는 부정적이다. 현명한 이기적인 사람들은 다른 사람을 생각하고, 그들을 도울 수 있는 한 많이 도와주며, 그 결과 자신들도 유익을 얻게 된다.

이것이 나의 단순한 신앙이다. 절이 필요 없고, 복잡한 철학이 필요하지 않다. 우리의 뇌, 우리의 가슴이 신전이고, 철학은 친절이다.[12]

달라이 라마의 가르침이 너무 쉽게 들리는가? 자비를 실제로 어떻게 실천할 수 있을까? 자비를 실현하고 일상생활에 도입하기 위해서 어떤 규칙이나 최소한의 지침이 있지 않을까? 티베트 불교에는 자비를 실천하기 위한 구체적인 수행과 처방이 존재하지만, 더 깊은 대답은 자비가 어떤 규칙의 집합이 아니라는 것이다. 그 대신 자비는 공을 인식하는 데 있다. 다른 말로 표현하자면, 서로에 대한, 그리고 우리의 주변에 대한 깊은 의존성을 인식한 것에 뿌리를 둔 마음

66. 달라이 라마

의 상태이다. 이런 이해로부터 모든 지각 있는 존재와 우리의 환경

에 대한 경외가 흐른다. 이런 이유만으로도 달라이 라마가 환경 문제에 대해서 그토록 깊은 관심을 가지는 이유가 분명해진다.

단지 지적인 이해만으로는 이런 심오한 영적 진리를 구현하기에 결코 충분하지 않다. 우리 본성의 완전한 변화는 평생의 철학적 연구, 명상, 수행을 필요로 한다. 나는 해방, 불성, 또는 현성이라는 용어를 서로 바꾸어 쓰는데, 이 상태는 영적인 거인들의 흔치 않은 성취이다. 고맙게도 그들은 고군분투하는 난장이인 우리에게 사다리를 내려준다.

동시성의 함정

만약 우리가 즉각적으로 융이 말한 하나인 세계와 가장 높은 차원의 융합을 이룰 수 있다면, 아마 여기서 제시된 견해는 적어도 객관적인 세계에서 의미를 읽는 상징적 직관을 발달시키는 데 지적인 지원을 제공해 줄 것이다. 많은 사람들이 무의식적으로 이것을 한다. 만약 경험이 순조롭게 진행된다면, 우리는 도(道)와 조화를 이루게 될 것이라고 생각한다. 반대로, 우리가 모든 면에서 장애물을 만났을 때, 그것은 우리가 정도에서 벗어나 대립하며, 자기의 설계와 맞지 않는 것처럼 보인다. 세상과 나의 자아가 영혼의 전개라면, 원칙적으로 모든 경험에서 상징적인 의미를 직감하는 것이 가능하다. 모든 삶이 그 의미에 대한 감수성을 기를 수 있는지, 그 자극에 대한 적절한 해석을 할 수 있는지 가르쳐 주고 있다. 깨어 있는 삶은 자기를 펼쳐내는 것이기 때문에 우리는 깨어 있는 중요한 경험을 신비한 꿈처럼 상징적으로 해석할 수 있다.

그러나 외부세계에서의 경험으로부터 의미를 읽거나, 상징적인 직관을 배양하거나, 동시성적 경험에 대한 민감성을 개발하는 것은 특히 우리가 이런 은사를 처음으로 발휘하려고 할 때, 쉽지 않은 세계에 들어서는 것이 된다. 사소한 것들을 우주적인 의미의 사건으로 바꾸는 것은 너무 쉽다. 이때 신의 계시와 현현은 평범한 것, 곧 정신병원에서의 전형적인 증후군이 된다. 정신병원에서 미친 사람들은 항상 가장 하찮고 불행한 일들로부터 신의 계시를 받는다. 제임스 힐만(James Hillman)은 원초적인 아니마의 분출처럼 심리학적으로 자기 원형의 원초적 표상들은 다양한 오류와 어리석음으로 이어질 수 있다고 경고한다.

무엇이 하찮고 무엇이 의미 있는가에 대한 질문은 의미를 부여하는 원형에 따라서 달라지며, 융은 이것이 바로 자기라고 말한다. 일단 자기가 별자리가 되면, 의미도 함께 따라온다. 그러나 원형적 사건에서와 마찬가지로 그것은 분화되지 않는 어리석은 면을 가지고 있다. 그래서 사람은 에로스에 의해서 압도될 수 있고, 사람의 영혼(아니마)이 절망적이고 우스꽝스러운 사랑의 진통을 겪듯이 잘못 놓여진 열등하고, 편집증적인 의미에 압도될 수 있다. 동시성적 사건의 사소한 내용과 그에 수반되는 거대한 의미 감각 사이의 불균형이 이 사실을 보여준다. 사랑에 빠진 사람처럼 의미에 빠진 사람은 어떤 콤플렉스 안에서든 원형의 경험에 속하는 사소한 것에 대한 자기 검증과 자기 합리화의 과정을 시작하고 그 방어의 일부를 형성한다. 그러므로 우리가 그림자에 빠져서 도덕적 장애를 정당화하든지, 아니면 아니마와 미(美)의 장애나 자기와 의미의 장애를 정당화하든지, 정신-역동적으로는 별 차이가 없다.[13]

자기-망상과 자아 확장의 능력은 무한하기 때문에, 우리는 최단 기간 내에 최대한의 합리성과 균형 같은 특성들만을 가지고 살아갈 필요가 있다. 불행하게도, 여기에는 겸손의 함양 외에는 거의 어떤 지침도 존재하지 않지만, 심지어 여기서 나는 겸손조차 자존심의 원천으로 바꿀 수 있다! 우리는 어디로 돌아서야 하는가?

동시성적 경험을 해석하는 것은 적어도 큰 꿈을 해석하는 것만큼 어렵기 때문에 문제는 여전히 더 복잡하다. 우리 자신의 꿈을 해석하는 것이 어려운 이유는 꿈이 무의식적인 큰 보상을 표현하는 경우가 많고, 그 보상을 필요로 하는 자아가 꿈 해석자가 돼서 꿈을 해석하는 가장 나쁜 자리를 차지하고 있기 때문이다. 해석이 단순하고 직설적일지라도 우리의 편견이 진실을 보지 못하게 하고, 그 대신 우리의 심리적 문제를 바탕으로 잘못된 해석을 하는 경우가 많다. 이런 모든 위험과 어려움은 적어도 동시성적 경험의 해석과 내부와 외부 사이의 연결의 비인과적 의미 추출에도 많이 적용된다. 우리는 어떤 사건도 존재하지 않았는데도 사건들에 의미를 부여할 수 있을 뿐만 아니라, 동시성적 경험에서 진정한 의미가 드러날 때조차 잘못된 해석을 하는 경향이 있다.

하지만 우리의 상징적 해석을 왜곡하고, 곡해하려는 경향에도 불구하고, 마리-루이제 폰 프란츠는 원형적 해석에 내적 논리와 객관적 의미가 있다고 주장하는데, 그녀는 이것을 "필요한 진술"(necessary statements)이라고 부른다. 이 객관적인 요소는 만약 우리가 충분한 훈련을 받고, 냉정하거나 운이 좋게 경험이 풍부한 치료자나 영적인 친구와 좋은 관계를 갖는다면 우리의 경험을 해석하는데 도움을 받을 수 있다. 그녀는 한 예를 들어 말한다.

자신이 세상의 구세주라는 정신병적 관념에 시달린 한 남성이 "악마를 쫓아내기 위해" 도끼로 아내를 공격했다. 그녀는 도움을 청했다. 경찰관과 정신과의사가 집 안에 들어가는 순간, 모두가 서 있던 통로를 밝혀주는 유일한 램프가 폭발했다. 그들은 유리 파편으로 뒤덮인 어둠 속으로 빠져들었다. 그 환자가 외쳤다. "보시오. 이것은 그리스도가 십자가에 달리던 때와 같소. 해가 저물었소." 그는 자신이 구세주임을 확신했다. 하지만 우리가 "필요한 진술", 즉 "훈련된 상상력"으로 이 상징성을 정확하게 확충한다면, 완전히 다른 의미가 나타난다. 전구는 태양이 아니다. 우주 의식의 수많은 원천의 상징이다. 그것은 인간에 의해서 만들어진 "작은 빛," 즉 그의 자아-의식을 상징한다. 그래서 이 사건은 그 남자의 자아-의식의 상실, 즉 자아의 붕괴를 의미하는데, 이것이 바로 정신증적 사건의 시작에서 일어나는 일이다. 이틀 후 그 남자와 그의 아내를 보았을 때, 나는 그 의미를 보고 그들에게 그것을 보여줄 수 있었고, 그 해석은 그 가련한 사람에게 긍정적이고 깨닫게 하는 효과를 주었다. 동시성적 사건에 대한 올바른 해석은 필수적이며 필요한 진술을 지키고 임의적인 가정에 빠지지 않는 냉철하고, 훈련된 마음에 의해서만 수행될 수 있다.[14]

이런 모든 위험에 덧붙여서 말하자면, 강력한 동시성적 경험조차 과장된 경험이 될 수 있다. 작은 목소리는 "세계가 나의 유익과 교육을 위해 의미 있게 스스로를 배열하고 있다면, 나는 분명히 매우 진보되고 선택된 사람임이 틀림없다"고 말한다. 자아가 세계와 통합적으로 관계된 높은 사람의 종이 되기보다는, 세계가 자아에 의해 동화된다. 코페르니쿠스적 혁명이 시작되는 것이다.

거의 동일한 문제들이 영적인 차원에서도 나타난다. 우리 자신의 자아는 타의 추종을 불허하는 자기-망상의 대가이기 때문에 폴 브런튼은 우리에게 철학적 규율과 유능한 안내자와의 관계를 발전시키도록 격려한다. 그는 다음과 같이 말한다.

신비주의의 목표에 이르는 길에는 인간의 잔해가 널려 있다. 왜 그럴까? 완전한 답변을 하기 위해서는 몇 가지 이유가 필요하지만, 가장 중요한 이유 가운데 하나는 다음과 같다. 평범한 인간의 상태와 성숙한 신비주의자의 상태 사이에는 신비주의 문학이 여러 가지 이름으로 말하는 위험하고, 기만적인 심리학적 영역이 있다. 그것들은 별의 평면, 중간 구역, 환상의 전당 등으로 불려왔다. 집중, 중재, 자기 정복, 공부에 대한 모든 지망자들의 초기 노력이 그들을 이 영역으로 끌어들인다. 그러나 여기서 그들의 이기주의는 그들이 불러일으킨 미묘한 힘에 의해서 자극되고, 감정적 본성은 더 민감해지며, 더 유동적으로 되고, 그들의 상상력은 더 활발해지고, 덜 제한적으로 된다. 이런 변화들과 제대로 타협하지 못한 결과는 허영심, 미신적 신뢰, 감정 폭동, 상상력 폭발이다. 이 모든 것에 대한 안전장치는 먼저 철학적 규율에 복종하고, 그 다음에 유능한 지도에 복종하는 것이다.[15]

영적 열매들

심층심리학에의 참여는 우리에게 정신적 실재와 그것의 힘에 대한 지속적이고, 살아있는 경험을 가능하게 한다. 심리학은 우리가 그 전에 가지고 있던 사유, 이미지, 감정 등 별 의미가 없는 실재로 생각했던 것이 사실은 실체적 사실과 중요한 목적을 가진 우리의 세계 전체를 구성하고 있다는 사실을 가르쳐 준다. 심층심리학과 유심론 사이에는 차이가 존재하지만, 그것들은 이 점에 전적으로 동의한다. 사유의 힘과 이미지의 힘 때문에 우리는 마음이나 정신의 산물을 인도할 커다란 책임을 갖는다. 우리는 단지 우리의 그림자를 벗어나서 살 수 없고, 모든 아니마 투사를 추구할 수도 없으며, 정신에서 오는 모든 충동을 따라갈 수도 없다. 개성화는 우리가 정신에 대해서 매우 부지런히 조사하고, 그 의도에 대해서 정신의 이미지들을 의심하고, 그 이미지들로부터 우리가 주도권을 잡을 것을 요청한다. 그런 다음 우리는 우리의 통찰력과 이상을 일상의 현실에서 구현해야 한다. 나는 개성화에서 성취된 전체성, 곧 우리 자신의 인격의 높이와 깊이를 아는 것으로부터만, 해방, 즉 모든 대극의 초월, 지혜와 자비의 완전한 구현, 인간성의 완성을 성취하기 위해 균형 잡히고 열매를 가져오는 시도를 할 수 있다고 생각한다.

해방 철학들은 우리에게 어떤 사유로부터도 자유롭고, 조용한 마음을 기르기를 바란다. 왜냐하면 침묵 속에서만 마음의 가장 높은 수준인 존재의 대상화할 수 없는 핵을 경험할 수 있기 때문이다. 물론 이것으로 인해서 우리는 이 전통들이 왜 대상이 없는 명상을 강조하였는지 이해하게 된다. 이 단계에서 우리는 정신의 위험한 유혹에 빠져서는 안 된다. 오디세우스처럼 우리는 정신의 매혹적인 이미지를 피하기 위해 돛대에 우리 자신을 묶어야 한다. 그러나 여기에는 주목해야 할 돛대가 있다. 우리는 적극적 상상이 아니고 무위의 상상, 형태가 있는 상상이 아니라 형태가 없는 상상을 원한다. 그러나 앞 장에서 내가 제안했듯이, 적어도 나 같은 초보자에게는 심층심리학과 해방 철학의 대안적이며 보완적인 융합이 가장 만족스럽고 생산적인 것으로 보인다.

두 분야 모두 우리에게 건설적인 사유의 힘을 인정하고, 우리의 정신적인 태도와 습관의 중요성에 깊은 인상을 준다. 비록 세계 마음이나 우주적 영혼이 그것의 중심적 이미지를 내부로부터 우리에게 부과하지만, 우리는 여전히 그것에 대한 우리의 반응을 형성할 수 있는 약간의 자유를 가지고 있다. 비록 그것이 종종 어렵기는 하지만, 우리는 여전히 어떻게 사건에 반응하는지를 선택할 수 있다. 만약 우리가 우리 자신을 희생자, 버려진 아이, 그림자의 놀이감, 또는 심리학적 동물원에 있는 어떤 무서운 짐승의 포로로 계속 본다면, 우리는 그 건설적인 사유의 힘으로 인해서 정말 그 희생자가 될 것이고, 그 무서운 아이나 무의식 속에서 나온 짐승이 될

> "동시성적 사건에 대한 올바른 해석은 필수적이며 필요한 진술을 지키고 임의적인 가정에 빠지지 않는 냉철하고 훈련된 마음에 의해서만 수행될 수 있다."

것이다. 반대로 우리가 마음의 거대한 조작력을 긍정적인 방향으로 돌린다면, 훌륭한 수확을 거둘 것이다. 물론 이것은 우리의 심리적 어려움을 무시하고 단지 부처가 될 수 있음을 상상하라는 의미가 아니다. 영적인 삶에는 빠른 수정이 없다. 그럼에도 불구하고, 폴 브런튼에게서 교훈을 얻을 수 있다. 그는 이렇게 말한다.

마음-본질이 "나"의 전체 구조를 만든 진정한 근거로 인식될 때, 그것은 아직 태어나지 않아서 지금은 물론 앞으로도 죽지 않을 것으로 인식될 것이다. 우리의 모든 기억들에 시간이 포함된다면, 기억들은 또한 기억 바깥의 어떤 것을 배경으로 한다는 것을 알 수 있다. 불멸을 하위 인격보다 진정한 자기의 상위 인격에 속하는 것으로 보는 이 관점은 결국 좌절된 욕망의 고뇌에 시달리게 되는 전자를 대신하게 될 것이다. 그때 인간은 이 진정한 관점을 통해서 평화를 증가시키도록 정화될 것이고, 너 좋게는 이 진정한 관점을 이해하게 될 것이다. 인간이 사유에 있어서 자신을 확고하게 하며, 실패하지 않고 이 관점과 동일시할 때, 그의 높은 개성은 아주 자연스럽게 그 관점과 태도를 공유하게 된다. 그리고 이런 태도로부터 "결국 나는 죽을 것이다"라는 생각은 완전히 사라질 것이다. 상상하는 것은 창조하는 것이다. 사람은 생각하는 대로 된다. 스스로 불멸할 것이라고 바르게 생각하는 사람은 결과적으로 불멸을 얻는다.[16]

부록
벨의 부등식에 대한 비전문가적 유추

9장에서 전개한 개념과 아인슈타인의 가정들을 이용하여 나는 여기 부록에서 실험에 대한 해석을 전개하려고 한다. 사례1의 경우 실험은 왼쪽과 오른쪽이 동일하며, 두 공명기가 함께 테스트를 통과하거나 통과하지 못하며, 세 테스트 모두에서 동등한 점수를 획득한다. 이 완벽한 상관관계로부터 우리는 적어도 두 테스트가 동일할 때 공명기는 동일한 특징을 갖는다는 것을 확실히 추론할 수 있다. 종들은 공명기의 쌍들과 짝이 맞기 때문에 이 상관관계는 그렇게 놀랍지 않다. 총가파의 시기에 품질 관리가 나빴지만 적어도 사례1의 자료가 보여주듯이 적어도 테스트가 동일할 때는 공명기들이 짝을 이뤘다.

공명기는 너무 늦어서 더 이상 아무 소용이 없을 때까지 동일한 테스트를 하는지, 하지 않는지 "인식하지" 못하기 때문에 우리는 위의 결론보다 더 많은 것을 추론할 수 있다. 우리는 다른 쪽과 분리하여 한 쪽에 하나의 독립적이고 무작위적인 테스트 선택의 자리를 완전히 확보하기 위해 지역성을 사용했다. 다음으로 결정적으로 중요한 분리 가능성 가정, 곧 공간적으로 거리를 둔 사물들의 '그렇게 존재함'(being thus)의 가정을 사용했다. 비록 분리 가능성이 단순하고 합리적이기는 하지만(철학적 물고기가 그 안에서 헤엄치는 것), 여기에 중심축을 이루는 가정이 있다. 공명기가 분리되고 실험 조합 A-A, B-B 및 C-C에 대한 완벽한 상관관계가 있는 분리가능성이나 상호 독립적인 존재는 우리가 공명기에 한 번에 하나의 실험만 수행할 수 있다고 할지라도 예술적 스타일, 청동 내용물 및 시공강도에 대해 항상 동일한 속성을 가져야 하는 것을 의미한다. 우리는 쌍이 항상 동일한 속성을 가지고 있지 않은 경우, 한 공명기가 예술적 테스트를 통과하고 다른 공명기가 실패하는 경우가 종종 발생한다는 점에 주목하여 사례1 자료와 가정들로부터 이를 추론한다.

이제 공명기는 항상 동일한 속성을 가지기 때문에, 만약 우리가 왼쪽과 오른쪽 방에서 다른 측정을 한다면 우리는 사실상 공명기의 두 가지 특성, 곧 표준 양자역학이 주장하는 것으로는 불가능한 것을 측정하는 것이다(아마 종 판매원은 상호 보완성을 저해하고 좀 더 상세한 분석에 대한 총가파의 요구를 만족시킬 수 있는 영리한 계획을 가지고 있었을 수 있다).

나는 공명기의 관련 특성 세트에 대해 다음과 같은 단축 표기법을 사용한다. a + b + c + 는 예술, 청동, 시공의 세 가지 테스트를 모두 통과한다는 것을 의미하며, a + b - c +는 공명기가 예술 테스트에 합격하고 청동 테스트에 불합격하며 시공 테스트에 합격한다는 것을 의미한다(A-B 또는 C-C에서와 같이 대문자들은 왼쪽 및 오른쪽 방에서 행해진 선택 테스트들을 위한 것인 반면 a+ b-c+와 같은 소문자는 주어진 공명기의 속성에 대한 것이다). 그렇게 되면 가능한 속성 집합은 8개가 된다. 1. a + b + c +, 2. a + b + c -, 3. a + b - c +, 4. a - b + c +, 5. a - b - c -, 6. a - b - c +, 7. a - b + c -, 8. a + b - c -. **지역성과 상호 독립적인 존재를 가정한다면, 사례 1 자료 분석은 공명기 각각의 쌍의 수들이 항상 동일한 세트를 갖는다는 것을 보여준다.** 이런 가정에서 공명기 쌍은 완전히 일치하는 쌍이어야 한다. 이제 사례2 자료에 대해 토론해보자.

사례2 자료: 각 방의 테스트들이 다르다. 테스트 조합은 A-B, A-C, B-C, B-A, C-A, C-B이다. 그렇게 되면 테스트의 4분의 1이 동일한 결과를 제공한다(양쪽 모두 합격하거나 불합격하거나 한다).

이제 우리의 과제는 사례 2에 대한 가정으로부터 어떤 결과가 따라야 하는지를 추론하는 것이다. 먼저 나는 테스트의 가능한 결과를 분석하여 자료를 평가하기 위한 틀을 제공한다. 상관관계 표 1은 각 검사실의 테스트가 서로 다른 경우 사례 2에 대한 6개의 테스트 조합 및 8개의 속성 집합에 대한 해당 상관관계 결과를 보여 준다. 6개의 열은 테스트 조합에 해당하는 반면 8개의 행은 속성 집합에 해당한다. 표의 각 항목은 "S" 또는 "D", 해당 테스트 조합에 대해 설정된 속성이 동일(Same, 둘 다 합격 또는 불합격) 또는 다른(Different) 시험 결과를 제공함을 나타낸다.

테스트 조합

속성 집합	A-B	A-C	B-C	B-A	C-A	C-B
a + b + c +	S	S	S	S	S	S
a + b + c -	S	D	D	S	D	D
a + b - c +	D	S	D	D	S	D
a - b + c +	D	D	S	D	D	S
a - b - c -	S	S	S	S	S	S
a - b - c +	S	D	D	S	D	D
a - b + c -	D	S	D	D	S	D
a + b - c -	D	D	S	D	D	S

〈상관관계 표 1〉

예를 들어, 공명기에 대해 설정된 속성은 a + b + c -이고 테스트 조합은 A-C이면, 테스트 결과는 다르다(왼쪽 공명기는 통과하지만 오른쪽 공명기는 통과하지 못한다). 이 값은 표에서 "D"로 표기된다. 몇 개의 항목이 정확한지 확인해보기를 권한다.

표에 중복이 많다는 것을 깨달으면 이미 쉽게 계산할 수 있는 작업을 훨씬 쉽게 만들 수 있다. 중복은 테스트 결과가 양쪽에서 같거나 다른지에만 관심을 둔 결과이다. 다시 말해서, 우리는 ++ 또는 -- 를 얻는 것을 구별하지 않는다. 이 경우 둘 다 S를 얻는다. 또한 +- 또는 -+ 를 얻는 것을 구별하지 않는다. 이 경우 둘 다 D를 얻는다. 그래서 전체 표는 4분의 1의 표에서 3개의 중복만이 있다. 예를 들어 왼쪽 위 사분면은 오른쪽 아래 사분면과 동일하다.

표 1을 세웠으므로 우리는 간단한 계산을 할 수 있다. 나는 극단적인 관심의 가능성을 설명하기 위해 두 가지 사례를 든다. 테스트 선택은 주어진 속성 집합에 대해 독립적이고, 무작위적이기 때문에 6개의 테스트 조합은 똑같이 자주 발생해야 한다. 결국 이것이 테스트 조합의 무작위 선택이 의미하는 것이다.

첫째, 종들의 균일한 모집단을 가정하자. 각 속성 집합은 동일한 가능성이 있다. 다시 말해서, 동일한 모집단에서 벨은 a + b-c-를 a + b + c + 또는 다른 속성 집합으로 설정할 수 있다. 동일한 모집단의 경우 표의 각 항목은 동일한 통계 가중치를 가진다. S와 같은 수의 D는 그것의 1/4에서 발생한다. 따라서 만약 우리가 이 균일한 모집단에서 많은 종의 그룹을 테스트한다면, 그들은 정확히 절반의 시간 동안 동일한 테스트 결과를 얻을 수 있다.

둘째, 분석을 완료하기 위해서 공명기가 없는 비정규 모집단이 a + b + c + 또는 a -b-c - 속성 세트를 가지지만 다른 집합은 동일하게 표현된다고 가정한다. 따라서 모든 테스트 조합에 대해 항상 S를 제공하는 속성 집합이 제거된다. 나머지 모든 속성 집합에 대해 표의 4분의 1에 하나의 S와 두 개의 D가 있다. 따라서 이런 속성 집합

(우리의 비정규 모집단)을 가진 공명기는 항상 3분의 1의 동일한 결과를 얻는다. 잠시 생각해보면, 이 비정규 모집 집단이 최소의 "S"를 준다는 것을 알 수 있다.

다른 모집단은 이런 양 극단 사이에 있어야 하므로, 속성 집합의 모든 조합은 테스트가 다를 때 적어도 3분의 1의 동일한 결과를 제공한다. 3분의 1 아래로 얻는 것은 불가능하다. 지역성과 상호 독립적인 존재를 가정할 때, 속성들의 혼합은 각 측면에서 테스트가 다를 때 최소한 3분의 1의 동일한 결과를 산출해야 한다. 이것이 벨의 부등식이 갖는 특별한 해석이다.

주석

제1장 서론

1. C. G. Jung, *The Structure and Dynamics of the Psyche, Collected Works*, Volume 8 (Princeton, NJ: Princeton University Press, 1978), 419. 앞으로는 융 전집의 표기할 때는 다음과 같이 표기할 것이다. Jung, "Synchronicity: An Acausal Connecting Principle" *CW* 8, 1978, 419.
2. Steven Weiberg, *The First Three Minutes* (New York: Basic Books, 1977), 131-32.
3. Ibid., 154.
4. Black Elk, *Black Elk Speaks, Being the Life of a Holy Man of the Oglala Sioux*, as told through John G. Neihardt (New York Pocket Books, 1959), 2.
5. Jung, "Psychology and Religion," *CW* 11, 1969, 83.
6. Gerhard Adler and Aniela Jaffé, eds. vol. 1, trans. *C. G. Jung Letters*, R. F. C. Hull (Princeton, NJ: Princeton University Press, 1975), 395.
7. Werner Heisenberg, *Physics and Beyond* (Cambridge: Cambridge University Press, 1971), 352.
8. *The Poetry of Robert Frost*, ed. E. C. Lathem (Barre, MA: Imprint Society, 1971), 352.
9. John Bell, "On the Einstein Podosky-Rosen Paradox," *Physics* 1 (1964): 195.
10. Wolfgang Pauli, "The Influence of Archetypal Ideas on the Scientific Theories of Kepler," *C. G. Jung and W. Pauli, The Interpretation of Nature and the Psyche* (New York: Pantheon Books Inc, 1955).

11 Albert Einstein, *Albert Einstein, the Human Side: New Glimpses from His Archives*, H. Dukas and B. Hoffmann, eds. (Princeton, NJ: Princeton University Press, 1981), 38.

제2장 개성화: 무의식적 보상

1 Jung, "General Aspects of Dream Psychology," *CW* 8, 1978, 255.
2 Ibid., 253.
3 Jung, "On the Nature of Dreams," CW 8, 1978, 289-90.
4 Marie-Louise von Franz, *Psyche and Matter* (Boston: Shambhala Publications, 1992), 258.
5 Jung, *Mysterium Coniunctionis*, CW 14, 1974, 546.
6 Jung, "General Aspects of Dream Psychology," *CW* 8, 1978, 241.
7 Jung, "Synchronicity," *CW* 8, 1978, 493.

제3장 동시성: 의미를 통한 비인과적 연결

1 Robert Aziz, *C. G. Jung's Psychology of Religion and Synchronicity* (Albany, NY: State University of New York Press: 1990), 1.
2 Police, *Synchronicity* (Hollywood, CA: A&M Records, 1983).
3 Marie-Louise von Franz, *Psyche and Matter* (Boston: Shambhala Publications, 1992).
4 그 인터뷰는 1990년에 이루어졌고, "영혼의 열정"이라는 제목의 3시간 분량의 아이콘 텔레비전(Ikon Television) 프로그램의 첫 번째 부분에 방영되었다.
5 Jung, "On Synchronicity," *CW* 8, 1978, 525-26.
6 von Franz, *Psyche and Matter*, 231.
7 Jung, "Synchronicity: An Acausal Connecting Principle," *CW* 8,

1978, 439.
8   Aziz, *C. G. Jung's Psychology of Religion and Synchronicity*.
9   Ibid., 64.
10 Michael Fordham, "An Interpretation of Jung's Thesis about Synchronicity," *British Journal of Medical Psychology* 35 (1962): 210.
11 참조. Jung's Synchronicity essay for a group of references on these and elated experiments, 또한 아래 각주 13을 참조할 것.
12 Jung, "Synchronicity: An Acausal Connecting Principle," *CW* 8, 1978, 482.
13 Robert Jahn and Brenda Dunne, *Margins of Reality: The Role of Consciousness in the Physical World* (New York: Harcourt Brace Jovanovich, 1987).
14 Jung, "Synchronicity: An Acausal Connecting Principle," *CW* 8, 1978, 435.
15 von Franz, *Psyche and Matter*, 257.
16 Jung, "Synchronicity: An Acausal Connecting Principle", *CW* 8, 516.
17 Ibid., 516.
18 von Franz, *Psyche and Matter*, 267.
19 Marie-Louise von Franz, *Number and Time*, trans. Andrea Dykes (Evanston, IL: Northwestern University Press, 1974).
20 모든 경계 양자 시스템(한정 크기의 양자 시스템)은 양자화된 에너지와 다른 양을 가질 것이다. 이 양자화는 양자역학의 기본 방정식에 대한 해답에 대한 단순히 공간적 경계성의 부과로부터 따라온다. 이것은 비인과적 "그저-그러-함"의 예가 아니다.
21 Jahn and Dunne, *Margins of Reality*.
22 Jung, "Synchronicity: An Acausal Connecting Principle", *CW* 8, 432.

23 Aziz, *C. G. Jung's Psychology of Religion and Synchronicity*, 60-61.
24 C. G. Jung, *Memories, Dreams, and Reflections*, ed. Aniela Jaffé (New York: Vintage Books, 1963), 314.
25 Jung, "Synchronicity: An Acausal Connecting Principle", *CW* &, 448.
26 Ibid., 485.

제4장 동시성: 예들과 분석

1 Jung, "Synchronicity: An Acausal Connecting Principle," CW 8, 1978, 482.
2 Anthony Damiani, *Looking into Mind* (Burdett, NY: Larson Publications, 1990) and *Standing in Your Own Way: Talks on the Nature of Ego* (Burdett, NY: Larson Publications, 1993).
3 Jung, "Synchronicity: An Acausal Connecting Principle," *CW* 8, 1978, 482.
4 Ibid., 506.
5 Jung, "On the Tibetan Book of the Great Liberation," *CW* 11, 1969, 476.
6 Jung, Mysterium Coniunctionss. 1974, *CW* 14, 548.
7 As quoted in Max Born's essay, "Einstein's Statistical Theories," in *Albert Einstein: Philosopher Scientist*, PA. Schilpp, ed., *Library of Living Philosophers*, vol. 7 (LaSalle, IL: Open Court, 1949), 175-76.

제5장 중세에서 근대의 세계관에 이르기까지

1 Dante Alighieri, *Divine Comedy*, Paradiso 1, 103, trans. Allen

Mandelbaum (Berkeley: University of California Press, 1982).
2   Galileo Galilei, *The Assayer* (1623), translated in Stillman Drake, *Galileo* (Oxford: Oxford University Press, 1987), 70.
3   Adapted from M. A. Orr, *Dante and the Early Astronomers* (Port Washington, NY: Kennikat Press, 1969), Figure 38.
4   Richard Tarnus, *The Passion of the Western Mind* (New York: Ballantine Books, 1993), 193-94.
5   Stillman Drake, *Galileo* (Oxford: Oxford University Press, 1987).
6   Stillman Drake, *Galileo at Work* (Chicago: University of Chicago Press, 1978), 14.
7   Stillman Drake, Galileo: *Pioneer Scientist* (Toronto: University of Toronto Press, 1990), 5.
8   Drake, *Galileo*, 70.
9   Daniel Dennett, *Consciousness Explained* (Boston: Little Brown and Company, 1991).
10 Ibid., 70.
11 Jeremy Hayward and Francisco Varella, eds., *Gentle Bridges: Conversations with the Dalai Lama on the Sciences of Mind* (Boston: Shambhala, 1992), 147.
12 Erwin Schroedinger, *What Is Life & Mind and Matter* (Cambridge: Cambridge University Press, 1967), 137.
13 Vaclav Havel, "The End of the Modern Era," *New York Times*, 1 March 1992, E18.
14 Daniel Kleppner, *Physics Today*, August 1993, 11.

제6장 자연 안에 있는 인과론과 비인과론

1   Niels Bohr, "Discussions with Einstein on Epistemological Problems

in Atomic Physics," in *Quantum Theory and Measurement* (Princeton, NJ: Princeton University Press, 1983), 26.
2 C.G. Jung, "Foreword to the 'I Ching'," *CW* 11, 1969, 590.
3 Abner Shimony, Lecture and supplied notes on "What Philosophers Should Know about Bell's Theorem," American Philosophical Association Meeting, Boston, January 1987.
4 David Bolter, *Turing's Man, Western Culture in the Computer Age* (Chapel Hill, NC: University of North Carolina Press, 1984).
5 Pierre Simon de Laplace, *A Philosophical Essay on Probabilities*, trans. E. W. Truscott and E L. Emory from the Sixth French Edition (New York: Dover Publications, 1951), 4.
6 James Gleick, *Chaos: Making a New Science* (New York: Viking, 1987).
7 C. G. Jung and W. Pauli, *The Interpretation of Nature and the Psyche* (New York: Panthenon Books,1952), originally published in German as *Naturerklaeirund und Psyche* (Studien aus dem C. G. Jung-Institut, IV) by Rascher Verlag, Zurich, 1952.
8 Ibid., 136.
9 Max Planck. *Where is Science Going?*, trans.]. Murphy (New York: W. W. Norton & Co. 1932), p. 117.
10 Niels Bohr. *Cosmic Theory and the Description of Nature* (Cambridge: Cambridge University Press,1961), 116.
11 Niels Bohr, "Discussion with Einstein on Epistemological Problems in Atomic Physics," in *Albert Einstein: Philosopher-Scientist*, ed. P. A. Schilpp, Library of Living Philosophers, vol. 7, (LaSalle, IL: Open Court,1949), 200-241.
12 Albert Einstein, B. Podolsky, and N. Rosen, "Can Quantum-Mechanical Description of Physical Reality Be Considered

Complete?," *Physical Review* 47 (1935): 777.
13   Bohr, "Can Quantum-Mechanical Description of Physical Reality Be Considered Complete?," 696.
14   Jung, "Synchronicity: An Acausal Connecting Principle," *CW* 8, 1978, 515.

동시성적 막간3: 자기의 전재성

1   H. V. Gunther, *Tibetan Buddhism in Western Perspective* (Emeryville, CA: Dharma Publishing, 1977), 119-120.

제7장 시간과 공간의 탄성

1   Jung, Dr. Carl Seelig에게서 온 편지, Feb. 25, 1953, in *C. G. Jung Letters*, vol, 2, trans. R. FE. C. Hull (Princeton, NJ: Princeton University Press, 1975), 108-9.
2   Jung, "Synchronicity: An Acausal Connecting Principle," *CW* 8, 1978, 435-36.
3   $L = L_0 (1-(v/c)^2)^{1/2}$, 여기서 v는 물체와 측정 장치 사이의 상대 속도이다.
4   V. Mansfield, "Relativity in Mādhyamika Buddhism and Modern Physics," *Philosophy East and West* 40, no.1 (1990): 59.

동시성적 막간4: 꿈의 결혼식

1   Jung, "Synchronicity: An Acausal Connecting Principle," *CW* 8, 1978, 448.

제8장 참여 양자 우주

1   Heinz Pagels, *The Cosmic Code: Quantum Physics as the Language*

of Nature (New York: Simon and Schuster, 1982), 98.

2 John Wheeler, "Law without Law," in *Quantum Theory and Measurement*, eds. J. Wheeler and W. Zurek (Princeton, NJ: Princeton University Press, 1983), 194.

3 Niels Bohr, *Atomic Theory and the Description of Nature* (Cambridge: Cambridge University Press, 1934), 115.

4 Niels Bohr, "Discussions with Einstein on Epistemological Problems in Atomic Physics" in *Quantum Theory and Measurement*, ed. J. Wheeler and W. Zurek (Princeton, NJ: Princeton University Press, 1983), pp. 45-46; originally published in *Albert Einstein: Philosopher-Scientist*, ed. P. A. Schilpp, The Library of Living Philosophers, vol. 7 (LaSalle, IL: Open Court, 1949), 200-41.

5 Wheeler, "Law without Law," 190-96.

6 Ibid., 190.

7 Erwin Schrödinger, *What is Life? & Mind and Matter* (Cambridge: Cambridge University Press, 1967), 176.

제9장 자연 안에 있는 탈지역성

1 Albert Einstein, "Einstein on Locality and Separability," trans. Donald Howard, *Studies in History and Philosophy of Science* 16, no. 3, (1985): 186.

2 D. Mermin, "Bringing Home the Atomic World: Quantum Mysteries for Anybody," *American Journal of Physics* 49 (1981): 940.

3 V. Mansfield, "Tsongkahapa's Bells, Bell's Inequality, and Madhyamika Emptiness," *Tibet Journal* 15, no. 1 (1990): 42-66.

4 전설에 의하면 이 상인은 유명한 아일랜드 물리학자 존 벨의 화신이라고 한다. 이점에 대해서는 아직도 의혹으로 남아 있다.

5   V. Mansfield and M. Spiegelman, "The Opposites in Quantum Mechanics and Jungian Psychology: Part 1, Theoretical Foundations," *Journal of Analytical Psychology* 34, no.1 (1991): 267; V. Manfield, "The Opposites in Quantum Mechanics and Jungian Psychology: Part II, Applications," *Journal of Analytical Psychology* 34, no. 1 (1991): 306.
6   Jung, "Synchronicity" *CW* 8, 1978, 480.
7   Einstein, Podolsky, and Rosen, "Can Quantum-Mechanical Description of Physical Reality Be Considered Complete?," 777.
8   Einstein, "Einstein on Locality and Separability," 187-88.
9   Alain Aspect, Jean Dalibard, and Gérard Roger, "Experimental 'Test of Bell's Inequalities Using Time-Varying Analyzers," *Physical Review Letters* 20 (1982): 1804.
10 V. Mansfield, "Mādhyamika Buddhism and Modern Physics: Beginning a Dialogue," *International Philosophical Quarterly* 29 (1981): 940.
11 양자물리학 내에서 일고 있는 최근의 마음-물질에 대한 연구를 위해서는 *Mind, Matter, and Quantum Mechanics* by Henry P. Stapp (Berlin: Springer Verlag, 1993)을 참조할 것.
12 Stapp은 자신의 책 *Quantum Mechanics*에서 최근의 연구들을 정리한 다음 이것을 자신의 연구와 비교하고 있다.

동시성적 막간 6: 철학자의 돌

1   Jean Shinoda Bolen, *The Tao of Psychology: Synchronicity and the Self* (San Francisco, CA: Harper &Row, 1979), 7.
2   von Franz, *Psyche and Matter*, 272.
3   Jung, "Synchronicity" *CW* 8, 1978, 436-37.

제10장 중도불교의 구조

1 Tenzin Gyatso, *A Policy of Kindness* (Ithaca, NY: Snow Lion Publications, 1990), 71-72.

2 Ibid., 68.

3 Tenzin Gyatso, *Essence of Refined Gold by Sonam Gystso, the Third Dalai Lama*, commented upon by Tenzin Gystso, trans. Glenn Mullin (Ithaca, NY: Gabriel/Snow Lion, 1980), 69.

4 Kelsang Gystso, *Meaningful to Behold* (London: Tharpa Publications, 1986), 122.

5 Jeffrey Hopkins, *Meditation on Emptiness* (London: Wisdom Publications, 1983); Robet Thuman, *Tsong Khapa's Speech of Gold in the Essence of True Eloquence* (Princeton, NJ: Princeton University Press, 1984).

6 Thurman, *Tsong Khapa's Speech of Gold in the Essence of True Eloquence*.

7 Tenzin Gyatso, *The Buddhism of Tibet*, trans, J. Hopkins and L. Rimpoche (London: George Allen and Unwin, 1975); T. Gyatso, *Transcendent Wisdom*, trans. B.A. Wallace (Ithaca, NY: Snow Lion Publications, 1988).

8 Kelsang Gyatso, *Heart of Wisdom* (London: Tharpa Publications, 1986).

9 Paul Brunton, *Relativity, Philosophy, and Mind*, vol. 13 of the Notebooks of Paul Brunton (Burdett, NY: Lanrson Publications, 1988), 25-26.

10 Thurman, 171

동시성적 막간 7: 영성적 삶에서 여성성을 음미하기

1 D. T. Suzuki, *Essays in Zen Buddism. Second Series* (New York:

Samuel Weiser, 1976), 153.

2   Ibid., 192.

제11장 중도 공(空)의 적용들

1   Schrödinger, *What is Life & Mind and Matter*, 140.
2   T. Gyatso, A *Policy of Kindness*, 112.
3   Ibid., 58.
4   Jarrett, "On the Physical Significance of the Locality Conditions in the Bell Arguments," *Nous* 18 (1984): 569.
5   K. Gyatso, *Heart of Wisdom*, 29.
6   David Bohm, *Wholeness and the Implicate Order* (London: Routledge & Kegan Paul, 1983), xi.
7   Paul Teller, "Relational Holism and Quantum Mechanics," *British Journal for the Philosophy of Science* 37 (1985): 71.

동시성적 막간8: 독서의 초대장

1   Jung, Aion, *CW* 9, 1975, 24.
2   Ibid., 31.
3   Ibid., 69.
4   Ibid., 165.
5   Ibid., 27.
6   Ibid., 128-29.

제12장 심리학적 입장: 덕과 악

1   Jung, "On the Nature of the Psyche," *CW* 8, 1978, 169.
2   Jung, *Aion*, *CW* 9ii, 9.

3   Jung, *Memories, Dreams, Reflections*, ed. Aniela Jaffé (New York: Vintage Books, 1963), xi.
4   Jung, "Spirit and Life," *CW* 8, 1978, 327-28.
5   Jung, "On the Nature of the Psyche," *CW* 8, 1978, 215.
6   Ibid., 189.
7   Jung, "Basic Principles of Analytic Psychology," *CW* 8, 1978, 342.
8   Jung, "On the Nature of the Psyche," *CW* 8, 1978, 215.
9   Ibid., p. 215.
10 C.G. Jung, *Mysterium Coniunctionis*, *CW* 14, 1974, 468.
11 Jung, "Holy Men of India," *CW* 11, 1969.
12 Ibid., 577.
13 Jung, *C. G. Jung Letters*, 1906-1950, vol. 1, 477.
14 Ibid., 478.
15 Marvin Spiegelman, private communication, March, 1993.
16 Max Planck, *A Survey of Physical Theory*, trans. R. Jones and D. H, Williams (New York: Dover Publications, 1960), 53.
17 Brunton, *Relativity, Philosophy, and Mind*, part 3, 8.
18 Schrödinger, *What 1s Life & Mind and Matter* (Cambridge: Cambridge University Press, 1967), 131.
19 Brunton, *Relativity, Philosophy, and Mind*, part 3, 22.
20 Jung, "Spirit and Life," *CW* 8, 1978, 322.
21 Brunton, *Relativity, Philosophy, and Mind*, part 3, 22-24.
22 Schrödinger, *What is Life? & Mind and Matter*, 171.
23 Jung, "Spirit and Life," *CW* 8, 1978, 323.
24 Hilary Putnam, *The Many Faces of Realism* (La Salle, IL: Open Court, 1987), 8.
25 Brunton, Paul, *Relativity, Philosophy, and Mind*, part 3, 13.

제13장 동시성을 위한 철학적 모델

1. William James, "Psychical Research," in *The Will to Believe and Other Essays in Popular Philosophy and Human Immortality* (New York: Dover Publications, 1956), 327.
2. Jung, "The Tavistock Lectures," *CW* 18, 1976, 60.
3. Paul Brunton, *Relativity, Philosophy, and Mind*, part 3, 26.
4. Ibid., part 3, 25.
5. Jung, "Synchronicity: An Acausal Connecting Principle," *CW* 8, 1978, 506.
6. Brunton, *Relativity, Philosophy, and Mind*, part 3, 53.
7. Paul Brunton, *The Wisdom of the Overself* (New York: Samuel Weiser Inc., 1972), 105-6.
8. Putnam, *The Many Faces of Realism*, 8.
9. Ibid., chaps. 1-8.
10. Damiani, *Looking into Mind*.
11. Brunton, *Relativity, Philosophy, and Mind*, part 3, 51.
12. Jung, *Mysterium Coniunctionis*, CW 14, 1974, 464-65.
13. Ibid., 534.
14. Ibid., 537.
15. Ibid., 131.
16. Jung, "On the Nature of the Psyche," *CW* 8, 1978, 169.
17. Schrödinger, *What is Life & Mind and Matter*, 146.
18. Jung, "Synchronicity: An Acausal Connecting Principle," *CW* 8, 1978, 436.
19. Ibid., 534.
20. Jung, "Synchronicity: An Acausal Connecting Principle," *CW* 8, 1978, 515.
21. Jung, "Spirit and Life," *CW* 8, 1978, 327-28.

제14장 조화를 이루고 불화를 드러내기

1. Damiani, *Looking into Mind*, 83-84.
2. Jung, "Yoga and the West," *CW* 11, 1969, 534.
3. Jung, *Memories, Dreams, Reflections*, 255-56.
4. Jung, "On the Nature of the Psyche," *CW* 8, 1978, 169.
5. Jung, *Mysterium Coniunctionis*, *CW* 14, 1974, 107-8.
6. von Franz, *Psyche and Matter*, 258.
7. Schrödinger, *What is Life & Mind and Matter*, 146.
8. Damiani, *Looking into Mind*. 208-9.
9. Jung, "The Holy Men of India" *CW* 11, 1969. 584.
10. Jung, Letters, vol. 1, 247.
11. Barbara Hannah, *Encounters with the Soul: Active Imagination* (Santa Monica, CA: Sigo Press, 1981).
12. Marie-Louise von Franz, *Psycho-Therapy* (Boston: Shambhala Publications, 1993).
13. Jung, *Mysteriun Coniunctionis*, *CW* 14, 1974, 496.
14. Ibid., 496.
15. Ibid., 526.
16. Damiani, *Looking into Mind*, 83-84.
17. Meister Eckhart, *Meister Eckhart: A Modern Translation,* trans. Raymond B. Blakney (New York: Harper & Row, 1941), 96.
18. Jung, *Letters*, vol. 1, 247.
19. Jung, "Yoga and the West," *CW* 11, 1969, 533.
20. Ibid., 537.
21. 예를 들면 Paul Brunton, *Advanced Contemplation, The Peace Within You*, vol. 15 of The Notebooks of Paul Brunton (Burdett, NY: Larson Publications, 1988) 과 *The Ego*, vol. 6 of The Notebooks of Paul Brunton (Larson Publications, Burdett, NY, 1987)를 참조할 것.

22 Damiani, *Standing in Your Own Way: Talks on the Nature of Ego*, 173-80.

동시성적 막간 11: 균형 잡는 것을 배우기

1 C. G. Jung, *Mysterium Coniunctionis*, *CW* 14, 1974, 478.

제15장 동시성과 개성화

1 Brunton, *Relativity, Philosophy, and Mind*, part 3, 125.
2 Eisei Ishikawa, and David Swain, trans., *Hiroshima and Nagasaki: The Physical, Medical, and Social Effects of the Atomic Bombings. The Committee for the Compilation of Materials on Damage Caused by the Atomic Bombs* (New York: Basic Books, Inc., 1981), 113.
3 John Hersey, *Hiroshima* (New York: Alfred A. Knopf, 1985), 12-13.
4 Marvin Spiegelman, "Psychology and Religion: A Psycho-Ecumenical Perspective," unpublished preprint, 4.
5 *New York Times*, Op-Ed, Friday, October 8, 1993, A35.
6 Jung, "On Psychic Energy," *CW* 8, 1978, 32.
7 David Bohm, *Wholeness and the Implicate Order* (London: Routledge & Kegan Paul, 1983), xi.
8 Brunton, *Relativity, Philosophy, and Mind*, part 3, 38.
9 Marie-Louise von Franz, *C. G. Jung: His Myth in Our Time*, trans. William H. Kennedy (London: Hodder and Stoughton, 1975), 247.
10 Black Elk, *The Sacred Pipe: Black Elk's Account of the Seven Rites of the Oglala Sioux*, recorded and edited by Joseph Epes Brown (New York: Penguin Books Ltd., 1977), 115.
11 Tenzin Gyatso, *Kindness, Clarity, and Insight*, trans. Jeffrey Hopkins (Ithaca, NY: Snow Lion Publications, 1985), 62.

12 Sidney Piburn, ed., *The Dalai Lama: A Policy of Kindness* (Ithaca, NY: Snow Lion Publications, 1990), 58.
13 James Hillman, "Peaks and Vales," in *Puer Papers*, ed. James Hillman (Dallas, TX: Spring Publications, 1987), 63.
14 von Franz, *Psyche and Matter*, 272.
15 Paul Brunton, *The Sensitives* (*The Dynamics and Dangers of Mysticism*) (Burdelt, NY: Larson Publications, 1987), 234.
16 Brunton, *Wisdom of the Overself*, 158.

참고문헌

Alighieri, Dante. *Divine Comedy*. Translated by Allen Mandelbaum Berkeley, CA: University of California Press, 1982.

Aspect, Alain, Jean Dalibard, and Gérard Roger. "Experimental Test of Bell's Inequalities Using Time-Varying Analyzers", *Physical Review Letters* 20(1982): 1804.

Azis, Robert. *C. G. Jung's Psychology of Religion and Synchronicity*. Albany, NY: State University of New York Press, 1990.

Bell, J.S. "On the Einstein-Podolsky-Rosen Paradox", *Physics* 1 (1964): 195.

Black Elk, *Black Elk Speaks, Being the Life Story of a Holy Man of the Oglala Sioux*. Told through John G. Neihardt. New York: Pocket Books, 1959.

_____. *The Sacred Pipe: Black Elk's Account of the Seven Rites of the Oglala Sioux*. Recorded and edited by Joseph Epes Brown. New York: Penguin Books Ltd., 1977.

Bohm, David. *Wholeness and the Implicate Order*. London: Routledge & Kegan Paul, 1983.

Bohr, Niels. "Can Quantum-Mechanical Description of Physical Reality Be Considered Complete?", *Physical Review* 48 (1935): 696.

_____. "Discussion with Einstein on Epistemological Problems in Atomic Physics" In *Albert Einstein: Philosopher-Scientist*, Library of Living Philosophers, Volume 7, edited by P.A. Schilpp, La Salle, IL: Open Court, 1949.

_____. *Atomic Theory and the Description of Nature*. Cambridge:

Cambridge University Press, 1961.

Bolen, Jean Shinoda. *The Tao of Psychology: Synchronicity and the Self.* San Francisco, CA: Harper & Row, 1979.

Bolter, David. *Turning's Man: Western Culture in the Computer Age.* Chapel Hill, NC: University of North Carolina Press, 1984.

Brunton, Paul. *Relativity, Philosophy, and Mind.* Volume 13, The Notebooks of Paul Brunton Burdett, NY: Larson Publications, 1988.

_____. *Advanced Contemplation, The Peace within You.* Volume 15, The Notebooks of Paul Brunton Burdett, NY: Larson Publications, 1988.

_____. *The Ego.* Volume 6, The Notebooks of Paul Brunton Burdett, NY: Larson Publications, 1987.

_____. *The Sensitives (The Dynamics and Dangers of Mysticism).* Volume 11, The Notebooks of Paul Brunton Burdett, NY: Larson Publications, 1987.

_____. *The Wisdom of the Overself.* New York: Samuel Weiser Inc., 1972.

Damiani, Anthony. *Looking into Mind.* Burdett, NY: Larson Publications, 1990.

_____. *Standing in Your Own Way: Talks on the Nature of Ego.* Burdett, NY: Larson Publications, 1993.

Dennett, Daniel. *Consciousness Explained.* Boston: Little Brown and Company, 1991.

Drake, Stillmann. *Galileo.* Oxford: Oxford University Press, 1987.

_____. *Galileo at Work.* Chicago: University of Chicago Press, 1978.

_____. *Galileo: Pioneer Scientist.* Toronto: University of Toronto Press, 1990.

Eckhart, Meister. *Meister Eckhart: A Modern Translation.* Translated by

Raymond B. Blakney. New York: Harper & Row, 1941.

Einstein, Albert. *Albert Einstein, the Human Side: New Glimpses from His Archive*. Edited by H. Dukas and B. Hoffmann. Princeton: Princeton University Press, 1981.

Einstein, Albert, B. Podolsky, and N. Rosen. "Can Quantum-Mechanical Description of Physical Reality Be Considered Complete?" *Physical Review* 47 (1935): 777.

Fordham, Michael. "An Interpretation of Jung's Thesis about Synchronicity", *British Journal of Medical Psychology* 35 (1962): 210.

Franz, Marie-Louise von. *C. G. Jung: His Myth in Our Time*. Translated by William H. Kennedy. London: Hodder and Stoughton, 1975.

_____. *Number and Time*. Translated by Andrea Dykes. Evnaston, IL: Northwestern University Press, 1974.

_____. *Psyche and Matter*. Boston: Shambhala Publications, 1992.

_____. *Psycho-Therapy*. Boston: Shambhala Publications, 1993.

Frost, Robert. *The Poetry of Robert Frost*. Edited by E. C. Latham. Barre, MA: Imprint Society, 1971.

Galilei, Galileo. *The Assayer* (1623). in *Galileo*, translated by Stillman Drake. Oxford: Oxford University Press, 1987.

Gleick, James. *Chaos: Making a New Science*. New York: Viking, 1987.

Gunther, H. V. *Tibetan Buddhism in Western Perspective*. Emeryville, CA: Dharma Publishing, 1977.

Gyatso, Kelsang, *Heart of Wisdom*. London: Tharpa Publications, 1986.

_____. *Meaningful to Behold*. London: Tharpa Publications, 1986.

Gyatso, Tenzin. *The Buddhism of Tibet*, Translated by J. Hopkins and L. Rimpoche. London: George Allen and Unwin, 1975.

_____. *Essence of Refined Gold by Sonam Gyatso, the Third Dalai Lama*. Commented upon by Tenzin Gyatso, translation by Glenn

Mullin. Ithaca, NY: Gabriel/Snow Lion, 1982.

_____. *Kindness, Clarity, and Insight.* Translated by Jeffrey Hopkins. Ithaca, NY: Snow Lion Publications, 1985.

_____. *A Policy of Kindness.* Edited by Sidney Piburn. Ithaca, NY: Snow Lion Publications, 1990.

_____. *Transcendent Wisdom.* Translated by B. A. Wallace. Ithaca, NY: Snow Lion Publications, 1988.

Hannah, Barbara. *Encounters with the Soul: Active Imagination.* Santa Monica, CA: Sigo Press, 1981.

Havel, Vaclav. Op-Ed. *New York Times* (October 8, 1993): A35.

_____. "The End of the Modern Era." *New York Times* (March 1, 1992): E18.

Hayward, Jeremy, and Francisco Varella, editors. *Gentle Bridges: Conversations with the Dalai Lama on the Sciences of Mind.* Boston: Shambhala, 1992.

Heisenberg, Werner. *Physics and Beyond.* Cambridge: Cambridge University Press, 1971.

Hersey, John. *Hiroshima,* New York: Alfred A. Knopf, 1985.

Hillman, James. *Loose Ends: Primary Papers in Archetypal Psychology.* Dallas, TX: Spring Publications, 1975.

_____. *Puer Papers.* Edited by James Hillman. Dallas, TX: Spring Publications, 1987.

Hopkins, Jeffrey. *Meditation on Emptiness.* London: Wisdom Publications, 1983.

Howard, Donald. "Einstein on Locality and Separability" In *Studies in History and Philosophy of Science* 16,3, (1985): 187-88.

Ishikawa, Rise, and David Swain, translators. *Hiroshima and Nagasaki: The Physical, Medical, and Social Effects of the Atomic Bombings.* The

Committee for the Compilation of Materials on Damage Caused by the Atomic Bombs. New York: Basic Books, Inc., 1981.

Jahn, Robert, and Brenda Dunne. *Margins of Reality: The Role of Consciousness in the Physical World*. New York: Harcourt Brace Jovanovich, 1987.

James, William. "Psychical Research" In *The Will to Believe and Other Essays in Popular Philosophy and Human Immortality*. New York: Dover Publications, 1956.

Jarrett, J. "On the Physical Significance of the Locality Conditions in the Bell Arguments." *Nous* 18 (1984): 569.

Jung, C. G. *Aion. The Collected Works of C. G. Jung*, vol. 9, IL. Princeton: Princeton University Press, 1975.

_____. *Archetypes and the Collective Unconscious. The Collected Works of C. G. Jung*, vol. 9, IL, Princeton: Princeton University Press, 1977.

_____. *C. G. Jung Letters*, vols. 1 and 2. Edited by Gerhard Adler and Aniela Jaffé. Translated by R. F C. Hull. Princeton, NJ: Princeton University Press, 1975.

_____. *Memories, Dreams, Reflections*. Edited by Aniela Jaffé. New York: Vintage Books, 1963.

_____. *Mysterium Coniunctionis. The Collected Works of C. G. Jung*, vol. 14. Princeton: Princeton University Press, 1974.

_____. *Psychology and Alchemy, The Collected Works of C. G. Jung*, vol. 12. Princeton: Princeton University Press, 1977.

_____. *Psychology and Religion. The Collected Works of C. G. Jung*, vol. 11. Princeton: Princeton University Press, 1969.

_____. *The Structure and Dynamics of the Psyche. The Collected Works of C. G. Jung*, vol. 8. Princeton: Princeton University Press,

1978.

———. *The Symbolic Life. The Collected Works of C. G. Jung*, vol. 18. Princeton: Princeton University Press, 1976.

Jung, C. G., and W. Pauli. *The Interpretation of Nature and the Psyche*. Princeton: Princeton University Press, 1955.

Mansfield, Victor "Madhyamika Buddhism and Modern Physics: Beginning a Dialogue." *International Philosophical Quarterly* 29 (1981): 940.

———. "The Opposites in Quantum Mechanics and Jungian Psychology: Part Il, Applications." *Journal of Analytical Psychology* 34, 1 (1991): 306.

———. "Relativity in Madhyamika Buddhism and Modern Physics." *Philosophy East and West* 40, 1 (1990):

———. "Tsongkahapa's Bells, Bell's Inequality, and Madhyamika Emptiness." *Tibet Journal* 15, 1 (1990):

Mansfield, Victor, and J. Marvin Spiegelman. "The Opposites in Quantum Mechanics and Jungian Psychology: Part], Theoretical Foundations." *Journal of Analytical Psychology* 34, 1 (1991): 267.

Mermin, N. D. "Bringing Home the Atomic World: Quantum Mysteries for Anybody." *American Journal of Physics* 49 (1981): 940.

Orr, M. A. *Dante and the Early Astronomers*. Port Washington, NY: Kennikat Press, 1969.

Planck, Max. *Where is Science Going?* Translated by J. Murphy. New York: W. W. Norton & Co., 1932.

Putnam, Hilary. *The Many Faces of Realism*. La Salle, IL: Open Court, 1987.

Schilpp, PA, ed. *Albert Einstein: Philosopher-Scientist,* Volume 7, Library of Living Philosophers. La Salle, IL: Open Court, 1949.

Schrödinger, Erwin. *What Is Life & Mind and Matter.* Cambridge: Cambridge University Press, 1967.

Simon, Pierre de Laplace. *A Philosophical Essay on Probabilities.* Translated by FE. W. Truscott and FL. Emory from the Sixth French Edition. New York: Dover Publications, 1951.

Spiegelman, Marvin. "Psychology and Religion: A Psycho-Ecumenical Perspective." Preprint, 1993.

Stapp, Henry P. *Mind, Matter, and Quantum Mechanics.* Berlin: Springer Verlag, 1993.

Suzuki, D.T. *Essays in Zen Buddhism: Second Series,* New York: Samuel Weiser, 1976.

Tarnus, Richard. *The Passion of the Western Mind.* New York: Ballantine Books, 1993.

Teller, Paul. "Relational Holism and Quantum Mechanics." *British Journal for the Philosophy of Science* 37 (1985): 71.

Thurman, Robert. *Tsong Khapa's Speech of Gold in the Essence of True Bloguence,* Princeton: Princeton University Press, 1984.

Weinberg, Steven. *The First Three Minutes.* New York: Basic Books, 1977

찾아보기

ㄱ

가이거 계측기 148
간섭관측기 176, 178, 179, 181, 185, 186, 200, 273
갈릴레오 46, 68, 69, 92, 102, 108-116, 135, 263, 310, 327, 388
갸초, 게셰 켈상 241, 270
갸초, 텐진 241
개성화 27, 29, 44-52, 61, 62, 90, 97, 125, 131, 135, 136, 151, 200, 222, 231, 264, 265, 268, 285, 344, 345, 359, 365, 368, 372, 376, 381, 392, 400
객관주의의 위기 126
겔룩바 계통 203
고전 물리학 136, 146, 187
고타마 228
공(空) 32, 202, 234, 249, 260, 394
공룡 305-307
괘 86, 87
구약 성서 131
군터, 허버트 153

궁극적 진리 249
그림자 240, 266, 268, 285, 315, 373, 397, 400, 401
기억 꿈 생각 291
기의 표현 47
깨달음 222, 227-229, 232, 235, 240, 244, 250, 349, 365, 367, 372, 391, 394
꿈
  구루 153
  돼지 42, 44, 52, 356
  아버지 85

ㄴ

나가사키 382, 383, 388, 389
냉전 이후 23, 384
네안데르탈인 38
노래하는 돌 220-222
뉴 에이지 사유 125
뉴턴의 중력 69

ㄷ

다모클레스의 검 383
다미아니, 앤서니 78, 89, 152, 153, 167, 297, 336, 339, 355, 366, 369
다이몬 21, 283
단테 102-115, 138, 260-264

단테의 첫 사랑 베아트리체 107
달라이 라마 126, 230, 232, 233, 241, 268, 271, 277, 386, 393, 394, 395, 396
대극 124, 125, 129, 135, 137, 228, 232, 235, 248, 281, 299, 300, 301, 345, 363-365, 367-369, 371, 372, 376, 378, 384-386, 400
대만 252, 253
던넷, 다니엘 118, 119, 121, 122
덧없음 229, 231, 232, 234, 236
데비, 가야트리 192
데카르트, 르네 55, 94, 115, 116, 261, 303, 389
도덕경 34
독립된 존재 95, 146, 249, 250
독수리 깃털 24
동시발생 57, 95, 96, 164, 222, 261
동시발생(우연의 일치) 27, 129, 148
동시성
  객관성 100
  동시성의 도전 20, 30, 92, 330, 343
  동시성의 예들 81, 82, 84
  동전 던지기 실험 148

여우 26
원형 151
의미 149
자살 27
정의 53
동시성적 현상 51, 62, 73, 90
동양 철학 21, 217, 277
동정심 334
돼지 부츠 42, 44, 52
드레이크, 스틸만 109
드 브로글리 147
들소가죽 24

ㄹ
라마나 마하르시 220, 221, 300, 301, 302, 364, 367
라스베이거스 157
라플라스, 피에르 139, 140, 141
로고스와 에로스 280
로마법 136
로크, 존 112

ㅁ
마그누스, 알베르투스 76
마빈 스피겔만 302
마음
  객관성 362
  객관화 325, 331, 341, 346

객관화할 수 없는 321, 325, 371, 374
불멸성 346
마음과 물질 33, 91, 94, 115, 116, 216, 217, 246, 305
마음의 불멸적인 면 346, 402
마음의 철학 117, 118
마이스터 에크하르트 371
마키아벨리 102
마하바라타 134, 135, 136, 137, 157
만트라 254, 255, 256, 257, 258
맨스필드, 빅터 82, 312
멀홀랜드 드라이브 129
메사추세츠 189
명상 42, 124, 152, 218, 227, 228, 229, 232, 233, 235, 248, 250, 256, 257, 258, 346, 349, 362, 364, 366, 368, 369, 370, 373, 374, 375, 376, 377, 378, 379, 380, 396, 400
무리(떼) 132, 236, 356
무아론 228, 239
무의식적 보상 29, 40, 44, 45, 46, 48, 49, 50, 51, 56, 59, 61, 62, 64, 68, 84, 131, 151, 152, 363, 392
물고기자리 40

물리적 법칙 210, 316, 317
미켈란젤로 102, 158, 159, 162
민족주의 272, 386

ㅂ

바가바드기타 134, 135, 251
바클라브 하벨 126, 127, 128
발달 과정 45, 171
방사능 70, 148, 382
버클리, 비숍 323, 342, 361
벌레 55-60, 148, 370
법과 우연 135
벨의 부등식 138, 202, 203, 212, 213, 269, 271-274, 392, 403, 407
총가파의 종 실험 207
벨, 존 31, 215, 415
변증법 248
보나파르트, 나폴레옹 140
보어, 닐스 32, 134, 142, 174, 182-184
보살 233, 235, 238, 247, 268
보상 45, 46, 48
보이지 않는 물질 38
볼렌, 진 시노다 223
봄, 데이비드 271, 275, 386
분노 87, 238, 239, 247, 353, 374, 395

분리성 201, 271, 272, 275
불가사리 285, 286
불교 265-274, 277, 300, 306, 320, 322, 323, 324, 364-369, 384, 389, 391-395
불이론 299
불이적 상태 367
붓다 230, 267
브라만 289
브라운, 조지 128
브런튼, 폴 82, 248, 306, 307, 309, 311, 325, 330, 332, 333, 336, 338, 372, 376, 381, 390, 393, 399, 401
블랙 랩 319, 320
블랙 엘크 24, 26, 33, 393
블레이크, 윌리엄 332
비인과성 29, 30, 59, 76, 90, 96, 100, 134-138, 141-149, 343, 348, 387, 389
비인과적 27, 29, 50, 52, 57, 59, 64-73, 76, 83, 91, 92, 94, 107, 108, 116, 129, 135, 137, 142, 144, 148, 150, 151, 152, 200, 222, 275, 276, 317, 343, 344, 345, 346, 347, 348, 349, 363, 388, 398, 410
비인과적 질서의 예로서의 중력 312, 316
비인과적 질서 지음 107, 108, 345
빅뱅 260, 263, 307, 328
빛
 입자성 179, 183, 185, 186
 파동성 176, 183, 186

ㅅ

사과나무 19, 236, 245, 336, 337
사두 227
사성제 229, 230, 231, 236, 239, 267, 384, 391
사유의 힘 400, 401
사자머리 산 253-256
산타 크로체 성당 102
상대성 142, 146, 149, 157, 159, 160, 163-167, 174, 261-263, 269, 306, 326-328, 335, 341, 345, 387
상호보완성 205-207, 404
생리학자의 격차 308, 309, 330, 335
샹들리에 108, 109, 188
선 46
세계 마음 336, 345, 361, 389, 393, 401

세계의 영혼 336
세계 정신 383, 387
세네카 호수 218, 238
수사슴 130, 131
순수 자기 221
슈뢰딩거, 어윈 22, 124, 149, 189, 260, 306, 309, 311, 341, 342, 361, 362
스즈키 257, 258
시간과 공간 149, 150, 153, 164, 188, 210, 214, 269, 272, 307, 308, 323, 327, 328, 332, 336-338, 342-348, 361, 362, 389
시계공으로서의 신 140
시편 131
식탁 167
신곡 103, 107, 134
신성한 진주 83, 84
신의 형상 105
실험 형이상학 274
심리학적 관점 32, 141, 225, 264, 290, 291, 292, 295-300, 302, 308, 322-324, 329, 349, 355, 357, 360, 361, 364, 389
심리학적 팽창 267

ㅇ

아라비 82, 84
아리스토텔레스 103
아미타불 255-259
아이온 278-285
아인슈타인, 알베르토 159, 200, 209-213, 262, 263, 266, 269-272, 303, 326, 327, 403
아지즈, 로버트 53, 61, 62, 74, 75
아퀴나스, 토마스 103
아폴로 36, 376, 379, 380
야페, 아니엘라 291
양자역학 140-151, 166, 174, 186, 209, 217, 236, 269, 271, 272, 274, 275, 348, 387, 389, 394, 404, 410
어머니 원형 150
업(카르마) 135, 136
에딩턴, 아서 22
에베레스트 산 203
여성 영성 251, 253, 254, 256, 257, 258, 259
연금술적 작품과 개성화 298, 339, 358-360, 368, 369, 378, 394
연민 85, 87, 129, 233
연옥 105
열반 367
염력행위 62

염불 257, 258, 259
영성적 삶에서 여성성 251
영적 전달자로서의 아픔 392
영혼 만들기 27, 52, 62, 90
영혼의 어두운 밤 152
예지 50, 51, 62
오글랄라 수우 24, 393
오디세우스 401
와인버그, 스티브 21, 22
와칸-탕카 393
외상 47
요가 228, 298, 369, 372
욕망 46, 49, 55, 76, 77, 107, 109, 228-232, 267, 268, 320, 321, 334, 336, 339, 363, 369, 402
용서 89
우로보로스 326, 328, 329
우주 대수축 38
우주적 마음 362
우주 지능 336
운명 51, 134-136, 283
원형 46
  동시성 206, 222
  자기 45, 46, 56, 152, 222, 283, 325, 365
  정신양 27, 91, 154, 296, 297
  원형적 꿈 41

유대-기독교 유산 136, 147
유물론 123, 217, 276, 307, 342
유심론 225, 322, 323, 331, 343-345, 349, 355, 360, 361, 389, 390, 400
유심론적 관점 322, 355, 360
윤회 153, 230, 234, 235, 239, 240, 246, 252, 274, 367, 369
융, 칼 구스타프
  다이몬 21, 283
  신의 의지 283
  우주적 자기 344
  융과 아인슈타인과 파울리 156
  철학적 세계관 35
  융의 푸에블로 친구 356
은하계 후퇴 38
음양 상징 183
이로쿼이 족 218
이원론 94, 116, 129, 183, 258, 303, 342, 389
인공지능 117, 122-124
인과율 20, 51
일방성 45

ㅈ

자기 45, 47-49
무소부재성 152-154
아동기 경험들 47

자아와 혼동된 264
자기-망상 175, 397, 399
자기 성찰 124
자기-인식 22, 127, 316
자아 46-49
자아-의식 398
자아중심주의 264
자아 확장 397
자유의지 141, 190, 191
쟌, 로버트 64, 71
적극적 상상 132, 368-375, 401
전동 부츠 42
전체성 45-47
전체주의 386
절대지 48, 49, 51, 76, 90, 96, 332, 346
점성술 190
  동시성 실험 72
  동시성 안에 있는 점성술 108
정신과 물질 20, 22, 27, 28, 29, 30, 33, 53, 90, 91, 94, 96, 154, 261, 276, 296, 338, 361, 363
정신양 27, 91, 154, 296, 297
정토불교 257
제임스, 윌리엄 318, 324

주역 34, 86, 89
중단되지 않는 영적 경험 390

중도불교 203, 216, 232, 234, 238, 239, 242-249, 265-274, 277, 306, 322, 324, 389, 392
지반 묵타 299, 300, 367, 372
지킬 박사 179
진스, 제임스 22
질서 지움 107, 108, 345
짐머, 하인리히 299, 300

ㅊ

참자기 82, 313
창조자 235, 318, 321, 341, 345, 357, 359, 360, 362, 363
천상계 103, 107
천왕성 190, 191, 383
철의 장막 383
철학적 만병통치 235
철학적 물고기 94-96, 403
초감각적 지각(ESP) 62, 64, 208
초능력의 상징들 63
초몰룽마 203
초월적 기능 368
취리히 132
측정 111, 150, 160, 174, 183, 186, 188, 212-214, 262, 273, 313, 347, 348, 404, 414
침묵 221, 320, 370, -373, 400

ㅋ

카누의 예 238
캘리포니아 287
캘리포니아 융 학회 378
커피 152, 154, 262, 347
케플러, 요하네스 261
코카콜라 334
코페르니쿠스 혁명 46, 49, 264, 388
콜게이트 16
크리스마스 카드 86

ㅌ

타비스톡 강의 323
타자현상학 118
탈지역성 31, 189, 198, 199, 200-202, 214, 275, 276, 277, 387-389
태극권 252
통계역학 145
투사 166, 169, 201, 206, 214, 232, 240, 246, 264-268, 275, 276, 319-324, 349, 365, 387, 394, 400
투시 62
튜링 테스트 123
트롤 이론 80-83
특수 상대성 157, 165, 261, 262, 327, 328
티베트 불교 153, 202, 203, 207, 269, 394, 395
티베트 종 203

ㅍ

파동 13, 38, 93, 149, 150, 151, 175, 176, 177, 178, 179, 181, 182, 183, 186, 188, 206, 308, 342, 347, 348, 375
파동과 입자 93, 183, 375
파울리, 볼프강 31, 32, 93, 142, 143, 216
판다바 형제단 134
팔리 경전 228
퍼트남, 힐러리 310, 311, 335
페이겔스, 하인즈 173
편집증과 의미 있는 연관들 397
편협성 386
포광산 252, 253, 256, 257
포댐, 마이클 61
포로 수용소 391
폰 프란츠, 마리-루이제 48, 53, 54, 57, 66, 68, 69, 70, 76, 222, 368, 392, 398
  영감과 참 자기 82
  우주적(보편적) 마음 337
프린스턴 공학 비정상 현상 연구

소 64
프로스트, 로버트 28, 115, 363
프사이 149, 150, 151, 152
프톨레마이오스 천문학 103
플라톤 110, 282
플랑크, 맥스 144, 304

훈 족의 아틸라 238
휠러, 존 173, 175, 185, 186, 187, 273
희생자 170, 401
히로시마 원폭 투하 382

ㅎ

하나인 세계(Unus Mundus) 291, 296, 338-340, 348, 363, 392, 394, 396
하워드, 도널드 210
하와이 호놀룰루 252
하이드 씨 179
하이젠베르크, 베르너 28, 216
한나, 바바라 368
할아버지의 토끼 333
해달 287
해방 229, 376
핵
  핵무기 383, 385
  핵 확산 383
허무주의 234, 237, 241
허블, 에드윈 263
현대 우주론 37
현현 27, 346, 397
홀렌바흐, 데이비드 196
화재 192, 382